自主性与共同体

"东方明珠大讲坛"讲演录

| 第 1 辑 |

郭为禄　叶青　主编

本书由
上海市高水平地方大学(学科)建设项目资助
列入华东政法大学建校70周年纪念文丛

编者的话

"东方明珠大讲坛"是华东政法大学为深入贯彻落实习近平总书记关于教育的重要论述和全国教育大会精神,立足"学术兴校"发展模式和"多科融合"发展格局,由科研管理部门牵头打造的代表学校最高水平的学术交流平台。自2020年3月29日开坛以来,在众多国内外一流学者的鼎力支持下,"东方明珠大讲坛"迅速引起了学界的广泛关注,产生了学界美誉度,形成了全国影响力,为华东政法大学建设"令人向往的高雅学府"做出了重要贡献。为了向莅临"东方明珠大讲坛"的各位学者致敬,向关爱"东方明珠大讲坛"的各位同仁致谢,华东政法大学携手商务印书馆,出版这套丛书,每十讲为一辑,将大讲坛的精华内容陆续结集呈现。

"东方明珠大讲坛"始于新冠疫情肆虐之际,这使它具备了与其他系列讲座不同的三个方面的鲜明特点。首先,由于疫情的阻隔,从一开始,"东方明珠大讲坛"就主要以线上方式进行。没有觥筹交错,只有知识交互;没有迎来送往,只有智慧碰撞。借助视频会议软件,学者们跨越时空,在清晨的大西洋海岸、傍晚的佘山广富林同登"云端",切磋琢磨,论道长谈,真正营造了一种高雅的学术氛围。其次,疫情让"命运共同体"的理念深入人心,促使"东方明珠大讲坛"聚焦全球共同关心的主题,超越单个学科故步自封的局限。通过遍邀各领域前沿学者参与,论坛实实在在地推动法学与政治学、历史学、传播学、社会学、语言学乃至医学、动物学、计算机科学的交叉融合，真正拓展了一种广阔的学术视野。最后，"东方明珠大讲坛"作为管理部门主动请缨"科研抗疫"的产物，由科研管理者与二级学院热心师生利用业余时间持续举办，传承着爱岗敬业的服务观念和追求真理的学术理念。二者的结合，真正凝聚了一种无私奉献、众志成城、迎难而上、苦中作乐的"科研抗疫"精神。这种精神是一流学者和广大师生支持"东方明珠大讲坛"的根本原因，这种精神将推动"东方明珠大讲坛"不断前进。

大学是研究高深学问的重地，高水平的大学一定要有一个响亮的学术交流品牌，"东方明珠大讲坛"就是这样一个品牌。作为"法学教育的东方明珠"，华东政法大学将继续坚持立德树人的根本任务，提升科研育人能力水平，落实《深化新时代教育评价改革总体方案》精神，坚决克服"唯论文"等顽瘴痼疾，努力把"东方明珠大讲坛"打造成一流学术平台，为服务中华民族伟大复兴贡献学术力量。

目 录

第1讲 法的自主性：神话抑或现实？
——世界3与法的自创生系统
....（於兴中　高鸿钧　等）3

第2讲 话语/权力分析在法学研究中的运用
....（尤陈俊　于　明　等）35

第3讲 行政协议的判断标准与合法性审查
....（余凌云　章志远　等）69

第4讲 中国崛起中的跨国司法对话
——中国法院如何促进"一带一路"建设
....（蔡从燕　何其生　等）93

第5讲 中国法律史研究的三重困境
....（陈　利　梁治平　等）133

第6讲 民法典的价值理念与立法技术
....（谢鸿飞　于　飞　等）207

第 7 讲　政治世界观的法律建构
　　·················（张泰苏　王志强　等）259

第 8 讲　民法典合同编的改革与创新
　　·················（王　轶　周江洪　等）313

第 9 讲　两种政体，三类共同体
　　——多棱视角看中国的国家形态
　　·················（徐　勇　肖　滨　等）375

第 10 讲　人权与"动物权"之辩
　　——对一种法治意识形态的省思
　　·················（梁治平　於兴中　等）415

后　记
　　························（陆宇峰）471

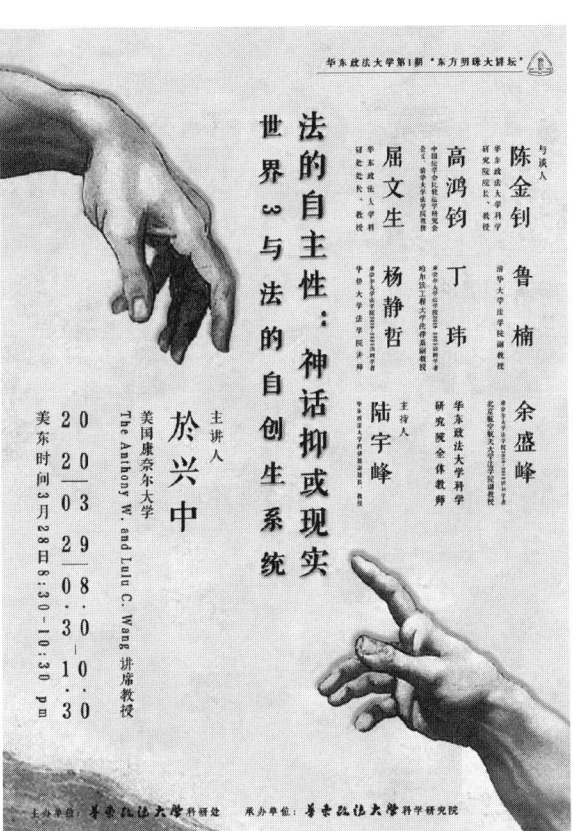

第 1 讲
法的自主性：神话抑或现实？
——世界 3 与法的自创生系统

时　间：2020 年 3 月 29 日
主持人：陆宇峰（华东政法大学教授、科研处副处长）
主讲人：於兴中（美国康奈尔大学法学院教授）
与谈人：高鸿钧（中国法学会比较法学研究会会长、清华大学法学院教授）、鲁楠（清华大学法学院副教授）、丁玮（康奈尔大学访问学者、哈尔滨工程大学法律系副教授）、杨静哲（康奈尔大学访问学者、华侨大学法学院讲师）、余盛峰（康奈尔大学访问学者、北京航空航天大学法学院副教授）、陆宇峰（华东政法大学科研处副处长、教授）、张文龙（华东政法大学科学研究院助理研究员）

一、开场致辞

陆宇峰教授（主持人）：

欢迎来到华东政法大学第 1 期"东方明珠大讲坛"。"东方明珠大讲坛"是我校正在建设的高级别学术论坛，旨在落实"学术兴校"的理念，打造具有学界美誉度、全国影响力的一流学术殿堂，营造浓厚的科研氛围和高雅的学术氛围,带动全校高水平科研成果取得进一步突破。

第1期论坛很荣幸地请到了国际知名法理学家於兴中教授。於兴中教授是哈佛大学法学博士,现任美国康奈尔大学王氏(The Anthony W. and Lulu C. Wang)中国法讲席教授。他是致力于向中文世界引介现代法理学最前沿成果的知识使者,也是引领中国法理学研究的精神领袖。今天於老师将带来题为"法的自主性:神话抑或现实?——世界3与法的自创生系统"的讲座。"法的自主性"作为法理学的经典问题,是自然法学、实证主义法学和法社会学的争议焦点。但於兴中老师将向我们表明,这个问题早已超越法学领域,引发了科学哲学、政治哲学和社会理论的关注。这种跨学科的关注,极大地开阔了我们的视野,丰富了我们对法的自主性的理解。

正是出于这一考虑,於兴中教授向主办方特别提出,希望邀请另一位在法学、社会理论、政治哲学等多个领域都有精湛造诣的学者共同讨论。这位学者就是中国法学会比较法学研究会会长、清华大学法学院高鸿钧教授。高鸿钧教授是改革开放40多年来为中国外法史研究和比较法研究做出最大贡献的学者之一。最近,法学核心期刊《清华法学》用整整一期的篇幅,刊发了他所带领的团队的印度法研究成果。高老师也是中国社会理论法学的领军人物,很多人都已经很熟悉他关于哈贝马斯(Jürgen Habermas)商谈法哲学理论的精深研究,近几年他又带着全国几十名学者共同研习更为艰深的卢曼(Niklas Luhmann)系统论法学。让我们期待高老师与於老师围绕法的自主性问题的对话。

今天在线的与谈嘉宾还有鲁楠副教授,他是清华大学法学院最受欢迎的青年教师,遍读韦伯(Max Weber)、德沃金(Ronald M. Dwokin)、卢曼的理论以及佛教经典。同时,也欢迎康奈尔大学法学院三位访问学者余盛峰、丁玮、杨静哲,以及我校科学研究院的全体老师。

你们的到来,使今天的讲座真正成为高水平、国际性的学术研讨,使这个论坛真正成为一流的学术殿堂。

为了表达对各位嘉宾的热烈欢迎,我校科研处处长屈文生教授和科学研究院陈金钊教授也来到了现场。屈文生处长是我国法律翻译界的翘楚;陈金钊院长则是华政引进的重量级学者,是我国法律方法论研究的大家。

接下来我们有请陈金钊院长作为承办方代表致辞。

陈金钊教授(华东政法大学科学研究院院长):

尊敬的於兴中老师、高鸿钧老师以及华政的各位同事、同学,大家好!

非常感谢於老师在中国抗疫取得初步胜利的时候,用现代科技进行学术交流。同时热烈祝贺"东方明珠大讲坛"第一讲开坛。在此我代表科学研究院欢迎於老师、高老师、鲁楠老师、丁玮老师、杨静哲老师、余盛峰老师等各位专家的到来。华政科研处处长屈文生教授、副处长陆宇峰教授对这次活动的选题、议程设置、会议组织等做了精心细致的安排,在此我一并表示感谢,也非常荣幸能在这里做一个开场白。

"法的自主性:神话抑或现实?"这个题目抓住了现代法学理论的焦点问题。这一题目也是法理学的基础问题,是需要中国法理学者认真研究的问题。对这一问题的深入探究,在中国具有补课的性质。之所以说补课,主要是因为中国在向西方学习法治时,没有赶上好时候。甲午海战失败后中国全面向西方学习,看到的是欧洲的不断革命以及对外殖民战争——法治不是亮点。通过学习革命,我们赢得了反侵略战争以及自身革命战争的胜利。胜利以后需要巩固胜利成果,也没有来得及学习法治,还要继续革命,以至于发生了"文化大革命"。"文革"结束后痛定思痛,我们意识到法治的重要性,发现还是法治靠得住。但在这时候,又遇到了西方法治的理论危机,这种危机与自由法学运动、现实主义法学、批判法学、后现代法学等反基础法学研究思潮结合在一起。在这种持续了一百多年的反基础法学研究中,法律的自主性等基础性特征被逐一否定,法治的不可能性在理论上占据了上风。可以说,目前中国法学深受反基础法学的影响,缺少对法律基础问题的研究。因而,法律的自主性,以及与法律自主性相关的法律的独立性、一般性、拟制性、客观性、体系性、稳定性、明确性等被称为"法律神话"的命题都需要深入研究。中国的法治刚刚开启,需要深化法治的理论,需要捍卫法律的自主性。我们需要充分意识到:法治需要逻辑、"法治是由法律所定义的社会秩序",法学思维需要以体系之名的整饬。

於兴中老师的文章我看过很多,这次找了一篇带有"法的自主性"关键词的文章《"法治"是否仍然可以作为一个有效的分析概念?》,重新看了几遍,发现於兴中老师的结论是比较悲观的。他从"法治的观念最初产生时不过是一种理想,即用预先设计好的法律规则指导并约束人的行为以避免人的任意性"开始,最后得出"法治很难成为一个有用的分析工具"的结论。其基本思路是循着反基础法学"神话"的思路。之所以说比较悲观,是因为於老师看到了"法治概念的混乱,为不同法治概念的发展提供了可能性"。这篇文章发表于 2014 年,那么,六年过去了,我们很想听一下於老师在法的自主性问题上是否有新的高见,以及高老师对此问题的看法。

於兴中老师很关心法律品格、法律生命。法律品格、法律生命与法律自主性是联系在一起的。法律的品格与法律自主性的程度有关。法律的生命其实就是法律自主运用的程度。没有法律的自主性就不会有鲜活的法律生命。正是因为法律具有自主性，才可能演绎出多样性的法律人生。我们相信，经过各位法律工匠的努力，能够演绎出中国法治的图景。法治舞台不仅是政治的安排，也是法律自主性开花结果的产物。

二、主讲环节

於兴中教授：

各位早上好！

非常荣幸能参加由华东政法大学科研处和华东政法大学科学研究院举办的"东方明珠大讲坛"，衷心希望这个讲坛越办越好，成为华政的品牌项目。

承蒙各位抬爱，给我这次作为开坛主讲人的机会，我感到非常荣幸，同时也诚惶诚恐。因此，我提议邀请我的老朋友高鸿钧教授一起聊一聊，也邀请各位青年学者一起来聊一聊，这样我心里稍微踏实一些。我开个头，抛砖引玉。

今天的题目是"法的自主性：神话抑或现实？——世界3与法的自创生系统"。刚才陈金钊教授谈得很好。我在准备材料时，还没有太多考虑这个题目与国内研究的联系及其现实意义，感谢陈金钊教授的提醒。

今天我的基本思路是从法的自主性概念入手，谈各学派对这个概念的见解和认识，不限于法律领域，也包括政治学与科学哲学等领域。法的自主性概念的主要提倡者是自由主义者，所以我先谈自由主义法学的立场;接着我会举例谈一谈结构主义的立场,涉及语言学与马克思主义的结构主义的观点;然后进入波普尔(Karl Popper)的"世界3理论"与法律自主性的关联;最后,关于法的自创生系统,这部分我就不多说了。因为在座的几位在这方面的功力都非常深厚,高老师做过很多研究,鲁楠教授和宇峰教授也都研究过这个问题,所以我请他们加入讨论,其他几位学者也来一起讨论。

尽管讲座阵容很可观,但由于时间关系,很难深入细节,为弥补这种遗憾,我们也准备了一些阅读材料,有兴趣的朋友可以看一看文章和资料,会对这个问题有更多的理解。

第一个问题,法的自主性概念。

首先介绍背景知识,即法的自主性概念如何而来。作为中国人,由于没有经历过西方历史,我们对西方概念的了解还是好像隔了一层东西。当然西方也不是很准确的说法,只是一个约定俗成的词语。我们知道荷兰人、德国人和法国人,西班牙人和意大利人,美国人和欧洲人,他们之间的差异还是很大的,而他们都归于西方。因为约定俗成,我们还是把以基督教、犹太教、希腊-罗马为主线的文化和地域意义上的文明称为西方。

让我们看看比较中西发展的历史背景会有什么发现。有些历史学家把中国的历史发展叫作"continuation",它是持续的,从秦统一到清代,大致的历史进程没有大的变化,一直到清末才有变化。这个背景,我将其称为"道德文明秩序",是一以贯之的。

西方就不一样,发生了一种"rupture",即从原来轨迹产生的裂变。西方自"文艺复兴"之后经过数次巨大变化,宗教改革、启蒙运动、工业革命等等,一系列大革命之后出现了"现代"。因此"现代"这个概念被用于分析和描述西方发展的过程,在这个场景之下,才采用传统、现代与后现代的表述。中国没有这个问题,今天我们主要谈西方。

西方的"rupture",简言之,是一种以"法律文明秩序"取代"宗教文明秩序"的过程。宗教统治退居其次,法律文明秩序取得重要地位,以理性和科学作为背景,以法律作为制度表现形式,目的在于促进经济的发展。

在西方的法律文明秩序背景下,以康德著作为代表,"启蒙运动"赋予人自主性。大写的"人"出现了,"人"成为享受权利的主体,没有自主性的主体权利便不复存在。这是法的自主性的一个面向。法的自主性的另一个面向则是专业化,最早是教士与医生,后来是法律人,专业性与专业化也与法的自主性密切关联。

这就是大体背景,限于时间就讨论到这里。

其次谈谈法的自主性概念本身。法的自主性的问题是西方法学家和法官们经过数代努力成就的理想。它的基本意思是,无论在形式上还是内容上,法律都是独立的,不受政治、宗教、意识形态等因素的影响。法律是客观的、自成体系的知识,它通过严密而富于逻辑性的规则体系和一丝不苟的正当程序,由训练有素的专业人员予以执行。唯其如此,它才能保障正义、主持公道。简言之,在一个制定良好、机制健全的法律制度中,人为的因素是微不足道的,法律是自主的。

刚才陈金钊教授已谈到,这一概念一百多年来成为指引西方法律发展的理想。这种理想在何种程度上得到实现,有没有完全实现的可能性,都需要讨论。

我们的问题是:法的自主性到底是神话,还是现实?在某种意义上,它是一种神话,因为它描述的是一种理想;但从另一种意义上,它确实在某些方面实现了,也是一种现实。

大家都知道哈佛大学昂格尔(Roberto Mangabeira Unger)教授的

著作《现代社会中的法律》,他为了批判自由主义法学,专门总结了法律的三阶段——习惯法、官僚法与法律秩序(autonomy of law—legal order)。在法律秩序中,法的自主性包括四个方面:实质性自治(内容中立客观);制度性自治(专门机构实施,如司法系统);职业性自治(律师职业发展);法律方法自治(法律人的独特的思维方式,如法律推理)。那这到底是一种神话,还是一种现实呢?应该说,在世界范围内,法律制度、法律职业以及法律思维方法的某种程度的自治基本上都实现了。这就是法的自主性的基本界定。

最后谈谈法的自主性的意义。"文艺复兴"以来的西方法律经历了从神圣化到理性化再到世俗化的转变。这一转变的实质,在于法的生命从虚无缥缈的神的怀抱,最终回到了浑浑噩噩的尘世;法的渊源从上帝的旨意转向人类理性,而理性最终又受到经验的挑战。

与此相适应,法学研究的关注也从"法是什么"这样的哲学命题,转向"有没有法"这样的现实需要;从规则中心主义转向法官本位;从相信法的绝对自主转向相信法的开放性。伴随着这种转变,两个紧密相连而又最为困惑的问题始终存在:一是法是否确定,二是法是否自主。这两个问题直接关系到法律制度存在的合理性和法学研究的必要性。如果法是不确定的,执法和司法就会因人而异,法的面前就不可能人人平等;如果法不是自主的,就势必受到人为因素的控制,摆脱不掉人治的桎梏,有关"法治"的种种议论也就只是神话而已。

第二个问题,自由主义法学的立场。

前面讲了法的自主性问题的背景以及它的重要性,接下来谈谈学者们关于这个问题都说了什么,然后大家再讨论。自由主义法学的概念是在与批判法学的辩论过程中逐渐清晰起来的。实际上,过去一百多年发展起来的自由主义法学,一般指坚持法的确定性与法的自主性,或者为现存法律制度辩护，维护公平、正义、平等、权利与法治等主要价值的这样一个流派。当然，众多法学流派的分类标准是不同的，这只是一种分类的结果。

我在哈佛读书时听过很多法学理论的课程，有一位很有意思的教授，路易斯·丹尼尔·萨根提希(Lewis Daniel Sargentich)，他是一个完美主义者，同时也是一位专注于教书的教授。他在课上就将自由主义法学分为理想主义、形式主义以及现实主义。我接下来结合这三种类型，谈谈那些在一定程度上维护法的自主性的学者们的立场。

关于理想主义，一般涉及自然法学以及法的价值等问题，其中最重要的学者就是德沃金。德沃金是一位优秀学者，写过很多书。很多人说他是自然法学家，但他可能想走的是第三条道路，如果仔细观察，他也可能是一种有原则的实用主义者。我想要强调是，他提出了一个非常重要的概念，"law as integrity"。他试图说明，在当前法律面临各种困难和挑战的情况下，在大家都知道法律已经不确定，从而不复有19世纪的法律意识和对法律的崇敬之情的情况下，法律本身还是值得保卫的。简言之，他说，法律最终是一种解释性概念，最终的要求就是"law as integrity"。有些学者将这个概念翻译成整全性，这是有问题的，因为"integrity"有两个重要含义，最重要的一个含义是指人的品质、一个人坚持的原则，是品格和品德的意思；另一个意思则是领土的完整或者现在我们常常谈论的数据的完整。德沃金的意思并不是指整全。

德沃金的理论是在更深刻的程度上理解法律现象，要在不确定中找到确定，在不自主中找到自主，他将"integrity"作为一个统御性的概念。这对法官的要求非常高，必须懂得规则、法律制度的内部情形，懂得先例，权衡各种因素，才能做出一个决定，即唯一正确的答案。

德沃金试图在自由主义阵营中将平等与自由两者融合起来，建立起某种联系,强调两者并不矛盾。但很多学者认为两者矛盾。确实,可能与德法体系相比,英美体系更注重自由。德沃金认为,"integrity"是与正义、公平以及正当程序等并立的另一个概念。认识到"integrity"的这一层面含义,那么法的自主性实际上就在某种程度上实现了。在提到这个概念时,他特意使用了拟人化的手法,给一个没有生命的实体(entity)赋予生命的品格。德沃金就是理想主义的代表,人们也认为德沃金是连贯性的维护者。

关于法律形式主义,最早由哈佛法学院老院长兰德尔(Langdell)提出,后来成为批判的对象。哈特(H.L.A. Hart)则是后来最重要的代表,他的《法律的概念》,主要是为法的自主性辩护。

法律现实主义的最早代表是霍姆斯(Oliver Wendell Holmes, Jr.)。众所周知,霍姆斯说法的生命不在逻辑而在经验。我想强调他提到"法律的生命"。在他看来,在某种意义上,法律还是一种自洽的体系。

第三个问题,结构主义。

结构主义本身就强调结构,强调各种各样的制度都有相对的自主性。这是一个很大的思想流派,大家比较熟悉的是人类学领域的列维-斯特劳斯(Claude Levi-Strauss)。更早的话,1725年维科(Giambattista Vico)的《新科学》就提出,人类社会的各项制度和原则已经反过来制约人类。后来马克思关于异化的思想也包含这样的见解,这就好比人设计了傻瓜相机,相机却把人变成了傻瓜。在某种意义上,已经创制的某种东西会反过来作用于我们,这也就是自治或自主性的意思。接下来,涂尔干(Émile Durkheim)提出了"社会事实"概念,包括很多人们不得不遵守的内容。比较重要的还有索绪尔(Ferdinand de Saussure)的语言学,他认为语言本是外在于其他系统的独立符号系统,这对法律意义重大,因为法律是用语言来描述的,语言的自主性为法的自主性提供了一定保障。

再来看马克思主义的结构主义。阿尔都塞(Louis Pierre Althusser),一位法国的马克思主义哲学家,他的贡献在于提出相对自治的概念,他对上层建筑与经济基础的关系有重要的论述。法律在他看来是相对自治的。另一位就是普兰查斯(Nicos Poulantzas),他的观点是,国家是相对自治的,不一定符合统治阶级的利益。这里只是简单谈及,后面大家再讨论。

第四个问题,波普尔的世界3理论。

波普尔认为,传统的主观世界与客观世界二分的认识论有问题。第一世界通过第二世界的作用所产生出的东西,既不属于第一世界也不属于第二世界,应该如何分类?因此就有了第三个世界,包括人创造出来的制度设计、文学作品等等。世界3本身是自治的,其发展不以人的意志为转移。比如交响乐,一旦创造出来,往后的诠释就完全不是原来的样子了。很多文学作品也是如此。简言之,世界3有其独立的生命。这个见解对法律的重要影响在于,法律的创制(议会的立法与条例、法官的判决与意见)一旦形成,一般情况下,议会和法官并不能改变这一创制结果。

如果采用世界3自主发展的观点,再结合系统论的观点,我们会发现,法律与道德,都有各自的系统。这些系统又是开放的系统,相互作用,不存在谁决定谁的问题。这也是解决法律与道德问题的一个新思路。关于这个问题我推荐了一篇文章,大家有兴趣可以读一读。

第五个问题,卢曼和托依布纳(Gunther Teubner)师徒提出的法律自创生系统理论。

卢曼是非常严谨和高产的学者,他与韦伯的学术境遇有点相似,都有些生不逢时。一个活在马克思的阴影里,一个活在哈贝马斯的阴影中。但是他们的学术地位和重要性并未受到质疑,我们仍需认真对待。由于时间的关系,我先谈到这里。接下来我把时间交给高老师,请他和我们一起讨论。

三、与谈环节

高鸿钧教授:

感谢华东政法大学科研处和科学研究院组织第1期"东方明珠大讲坛"并邀请我参与。第1期大讲坛选定的主题非常好,於兴中教授关于法律自主性的讲演视野开阔,线索清晰,重点突出。由于时间限制,於老师没有展开论述卢曼的法律系统论内容。我尝试介绍卢曼法律系统论的三个主要命题,请大家批评。

第一,卢曼认为法律是一个系统。学者们已经提出了各种各样的法律概念,例如,法律是主权者的命令,法律是规则的体系,法律是经济关系的反映,法律是社会控制的工具,等等。这些概念都从一个层面揭示了法律的特征,但都失之片面。卢曼认为法律是一个系统,这个系统不仅包括规则和原则,还包括施行这些规则和原则的组织和人员,甚至包括法律活动和法律事件。这就使得法律概念避免了单一性,具有了复杂性;避免了平面化,具有了立体性;避免了静态化,具有了动态性。

与此同时,卢曼还引入了生物学的"自创生"概念,认为法律是一个自创生系统,自我指涉,自我繁衍。韦伯曾经寄望于形式理性的法律成为"法律自动售货机",准确地为人们提供所预期的"法律产品";卢曼则认为,这种结构决定功能的"法律自动售货机"无法应对现代社会的复杂性和不确定性,现代社会需要一个功能决定结构的法律系统,用"法律变形金刚"替代"法律自动售货机"。

第二,卢曼认为法律系统与环境存在互动关系。法律系统概念预设了环境。哈特的规则论虽然将法律与政治和道德分离开来,描述了法律的自治性,但会使法律同社会相隔绝,成为一个自治孤岛。政治决定论、经济决定论和文化决定论的法律概念,虽然强调法律对社会的依赖,但会使法律受社会环境的决定和支配,丧失自主性。卢曼的法律系统论兼顾了系统与环境的关系,系统运作封闭但认知开放。法律系统在运作中仅仅根据自己的代码,对人们的行为进行合法/非法的二值判断。与此同时,法律系统认知开放,根据自己的需要从环境中吸取信息能量。这些信息和能量一旦进入法律系统,就成为法律系统的组成部分,比如道德诉求被法律系统接受,就会变为法律权利;诗性正义一旦得到法律系统的确认,就会变为法律正义。总之,卢曼的法律系统既具有自主性,又同环境保持互动,他把法律自主性研究提高到了一个新的水平。

第三,卢曼认为法院是法律系统的中心。长期以来,立法中心论一直占据主导地位。卢曼认为,立法中心论旨在避免"法官造法"的理论窘境,而法律来自民选机构和民主过程,则在逻辑上显得顺理成章。但英美法和欧陆法的晚近发展趋势都显示出,法院才是法律系统的中心。法律不是因有效而得到适用,而是因得到适用而有效。德沃金虽然认为"法院是法律帝国的首都,法官是帝国的王侯",但也强调立法的重要地位。相比之下,卢曼法律系统论毫无保留地确立了司法中心主义的立场。

鲁楠副教授：

首先，感谢华政科研处和科研院组织这场活动，并给我提供机会向於老师、高老师及各位在线师友学习。刚才於老师和高老师从法理学的角度，阐述了西方学术界关于"法律自主性"的理论探讨。我拟从法史学的角度，通过以下三点对这一问题进行补充和延伸。

第一，法律具有自主性的观念是西方法治传统的突出特点。美国著名法律史学家伯尔曼在《法律与革命》中曾概括西方法治传统所具有的十大特征，其中第一个特征就是"在法律制度与其他类型制度之间较为鲜明的区分"。而横向考察人类社会几大主要文明的法律传统，不论是古代中国、古代印度还是伊斯兰文明，都没有产生如此明确的、主张法律具有自主性的思想观念。在古代中国，法律更多地与伦理选择和政治权力相结合；在古代印度和伊斯兰社会，法律与宗教始终保持着密切的联系，甚至法律就是宗教的有机组成部分。随着人类进入现代社会，这种具有西方文明特点的"法律自主性"观念伴随着法治这种治道，显示出了现代适应性，为其他文明所继受。如果将於老师提出的"神话还是现实"这个选择理解为"观念还是实践"这个命题的话，从跨文明比较的角度来看，观念和实践始终处于密切的互动之中，观念塑造实践，实践反馈于观念，这也是人类社会互动所具有的突出特点。

第二，法律自主性的观念在西方法治传统中究竟起源于何时，围绕这个问题，在西方法律史学界和法理学界存在着争论，有五种代表性的观点。第一种观点认为起源于罗马法。可以在罗马法学家的事迹和实践当中找到法律自主的起源，这以梅因（Henry Sumner Maine）的研究为代表。第二种观点认为始于1075年的"教皇革命"。由于当时的欧洲形成了政教分治的格局，二者的相互竞争激发了独立法律体系和法律思维模式的诞生，这以伯尔曼的研究为代表。第三种观点与於老师的主张相同,认为法律自主性的观念是启蒙运动的思想结晶,它与人的独立自主观念的出现密切关联。第四种观点认为,法律自主性的观念到了19世纪才逐步成熟,代表性的观点来自韦伯。韦伯区分了四种法律的理想类型,其中形式合理性的法律才具备真正的自主性,这种法律到了19世纪才臻于完备。第五种观点是卢曼的主张。卢曼认为,人类社会的演化经历了三个阶段,分别是分隔时代、分层时代与功能分化时代,而唯有在最后一个阶段才可能产生法律自主性的命题。对于法律自主性,卢曼谈到,在18世纪的启蒙思想中,已经出现了主张法律与其他领域相分离的一些论述,但关于法律与宗教相分离的论述较为明显,关于法律与政治、经济分离的论述却并不那么显著;到了19世纪和20世纪,人们对法律自主性问题有了全新的认识,法律与其他领域的分离就变得更加清晰。

第三,法律与政治的关系是法律自主性问题的重要侧面。刚才於老师令人信服地谈到了法律自主性命题的法律道德性话题,我在这里补充另一个重要话题。这个话题在今天中国民主法治的建设过程中引起很多争论,即法律与政治的关系。在西方法律思想史上,关于这一问题争论很多,但大体上有两种代表性的观点。一种是法律与政治的统一论,若持这种观点则谈不上法律自主性的命题。另一种是法律与政治的分离论,认为二者是不同的事物。持这种立场的人也可以区分为两派:有的认为法律高于政治,限制政治权力;有的认为政治高于法律,法律是政治的工具。围绕这一问题,卢曼认为,两种观点都存在误区。首先,法律与政治是两个不同的系统,各自具备独一无二的功能。政治的功能是贯彻有集体约束力的命令,法律的功能是稳定规范性期待,二者不可相互取代,取代则会造成功能紊乱,使整个社会为此付出代价。其次,政治和法律之间不是谁高谁低的关系,而是并行的两个系统,它们交互寄生、相互激扰,共同演化。这个观点对我们的民主法治建设也有所启发,我们要保持政治与法律之间的恰当关系,既避免二者相互混同,造成体制失去必要的灵活性,又要避免二者过于疏离,无法相互激扰,导致体制失去必要的回应性。

丁玮副教授：

法的自主性和法的自创生性如何可能？在自由主义法学的理论框架下,昂格尔关于法的自主性的四个方面——实质性的、制度性的、职业性的、方法论的自主性,可能都存在进一步讨论的空间。在实质性的法的自主性方面,自由主义法学的核心概念,如权利、正义等,正遭受来自自由主义法学内部的挑战。权利既可以保护人的利益,也可以成为压迫人的工具。左翼批判法学的论断,促使我们反思：权利作为话语,是对真实社会的描述还是仅仅是一种神话？作为公平的正义理念,也很难解释自由与平等这一对立的矛盾。在法的自主性的制度性方面,司法机构是特定国家民主政体的组成部分,法官的遴选、任命和薪资都受制于民主政治过程。在处理重大的、竞争性的权利争议时,司法裁决往往需要迎合大众的要求。司法与民主之间的张力,使得司法独立难以保障,而民主与正义并不相关。国际社会尚未建立民主政治结构,不存在实现国际正义的制度基础,无论是罗尔斯的一般正义还是阿玛蒂亚·森(Amartya Sen)的具体正义,都难以在国际社会实现。只有全球正义或者世界正义才有可能性。在方法论方面,法律就是阐释性科学。就宪法解释和法律解释理论而言,无论是西方主流理论还是国内的新近研究,一直是最具争议的场域。

卢曼认为,法律在进化和发展中形成了封闭性体系,建立了以法律语言、概念、制度为特征的系统。维持这个系统的两个要素,一是法律规则,二是使规则保持一致性。对法的一致性的限制甚至超过了外部环境的影响,而这也是影响法律自由发展的主要原因。法的确定性是系统运作的最大追求,而不确定性是法律发展面临的最大挑战。卢曼并没有否定法的自主性对社会的作用,而是提出社会学可以与法律理论合作,通过再概念化,提供理论确定性。法的自主性和自创生何以可能? 世界3的理论贡献除了提出法律体系的独立性之外,还在于世界3对世界2和世界1具有的反馈功能。它们之间的相互影响,包括批判性反思、同情、意识到不可靠性和不确定性。这样的努力为更好地处理法的封闭性与开放性的关系,为探索法律系统的自创生提供了可能的路径。

杨静哲讲师:

各位老师好,非常感谢华东政法大学科研处和科学研究院的邀请,非常有幸能以线上的形式跟两位老师和师友们学习。我谈谈自己的学习体会和认识。

第一,关于法的自主性起源、概念与发展,以及在今天,法的自主性到底意味着什么,刚刚於老师的讲解非常全面和深刻。我的认识是,於老师实际上从自由主义法学、结构主义、世界3理论以及自创生系统理论这几个角度,对法的自主性如何体现于法的各要素,或者说法治话语的各要素进行了详细梳理。例如,理想主义涉及的价值是法的普遍性,形式主义涉及法的体系性,现实主义涉及法律判决的权威性,结构主义、世界3与自创生理论涉及法律学术与理论的科学性(其他学科的科学观察),而这些要素的特性都是法的自主性的具体表现。

第二,高鸿钧老师刚才揭示了卢曼理论的三个重要特征及其方法论意义。我的理解是,这涉及一个非常重要的问题,即知识论和认识论的根本性革命与转变。卢曼的重要启示是,从前我们在认识法的自主性等问题时,采用了一些基本的认识脉络和知识结构,今天可能要用另一套话语,用完全不同于过去的范式、概念和框架来理解这些问题,系统、环境、沟通等成为新的描述和观察的关键。简言之,对法的观察和描述,可能需要我们在知识论和认识论层面更新理论工具,无论是内在还是外在的观察和描述。或许,我们可以从跨学科或者从后学科角度,重新界定法律本身,重新界定自主性的含义。

第三,关于鲁楠老师讲到的历史叙述与丁玮老师讲的反思现代性问题,涉及在认识论的根本性革命之后,在时代变革之时,法律的自主性是不是会衍生出更多新问题。丁老师的很多疑问可能都关联于是否"一切都烟消云散了"这一反思现代性的核心问题。我的理解是,法的自主性问题的争论正是很多所谓"保守的法律人"正在维护的东西。鲁楠老师更多从时间/历史角度来解释横向的法的自主性形成过程。我的理解是,在时间/历史的典型现代性叙述之外,由法的自主性问题可能衍生出一些新问题,例如空间问题。而法的空间性问题,可能也是诠释法的自主性争论的一个独特视角。

余盛峰副教授:

我主要谈谈科技发展对现代法律自主性的冲击和影响。首先我们需要思考:现代社会强调法律自主性,其目的是什么?从功能角度,现代社会需要法律通过它的自主性,推动法律系统实现功能上的分化。希望让法律为现代社会承担一种独特的功能,专门为社会来做一件事。这件事就是让法律维护社会规范性期望的稳定,通过这种方式,让法律更好地化约现代社会的复杂性,稳定现代人类的规范预期。

这里存在两个要点:第一,必须通过功能分化的方式,让法律承担特定的社会功能。亚当·斯密很好地论证了只有通过社会分工,才能最大提高经济效率。鞋匠专门做鞋子,农民专门种地。应该由法律做的事情,就专门由法律来做,不让其他社会系统越俎代庖。第二,法律是通过一种特定的方式即"不学习"来发挥这种社会功能的。简单地说,法律预先设定规则,最好是颁布完美的法典,然后,不管你的个人情况如何,只要案件发生了,那么,大家必须按照我设定的规则来解决问题。法律不会怜悯你,不会考虑你的身份背景,不会考虑这样是否会影响经济发展。这就是法律的"不学习"。

法律之所以这么做,是因为人类在处理社会事务时,处理信息的能力是有限的,而案件一旦发生,又必须很快解决。特别是在进入现代社会之后,社会变得高度复杂化、多元化。此时就必须用一种事先设定的规则,而非临时学习的方式,快速解决问题。但在今天,伴随着大数据、人工智能技术的兴起,情况似乎发生了变化。社会处理信息的能力和效率大大提高,未来可以通过柔性的、实时应变的规则,甚至私人定制的法律解决问题,不再需要以前强调普遍、统一、稳定、确定的法律。这就是对法律自主性的挑战。

由此进一步引申出两个方面的问题。第一,新技术兴起之后,功能分化是不是社会分化的终点?今天,很多社会领域都在高度交叉融合,这对现代社会的功能分化逻辑带来很大冲击。第二,法律是不是只能通过事先统一立法的方式,用一种"不学习"的方式来发挥它的功能?这两个方面都将影响法律的自主性。讲得更清楚一点,我们因此不得不思考:法律自主性是否值得追求?如何追求?法律是不是只能通过"不学习"、反事实、维护规范性期望的方式发挥功能?结合了新科技条件的法律自主,还是不是自主?或者是一种新的升级版的自主?对于法理学来说,这些都是非常重要的新理论命题。

陆宇峰教授：

遵於兴中教授嘱咐，我也谈一谈。我认为从自创生系统理论出发，对波普尔的世界3理论和阿尔都塞的法律意识形态国家机器理论进行二阶观察，可以得出一些初步的结论。

首先，波普尔所谓世界3既不是物质世界，又不是精神世界，很接近卢曼所谓自创生的社会系统。卢曼也有类似的三分法，认为"社会系统"有两种外环境，一是"自然环境"，大致等于物质世界；二是"意识系统"，大致等于精神世界。更重要的是，世界3概念具备"自创生"的意涵。波普尔指出，世界3具有自主性，它既是人造的，又是客观存在的，有其自身的生命和历史，不能被还原为物质和精神。当波普尔说，世界3很大部分是已经出版的书籍的副产品的时候，人们已经很容易联想到卢曼、托依布纳等人所说的，法律等社会系统通过回溯到既有的沟通网络，亦即通过封闭的递归运作，实现自我再生产。

波普尔的局限是，由于他在知识论和科学哲学的意义上展开讨论，世界3理论实际上仅仅适合描述一种特殊的社会系统，即现代科学。如果说确实存在三个世界，那么在物质世界和精神世界之外，也绝不是只剩下客观知识世界。真正的世界3，是一个由多元子系统构成的全社会系统。就现代的全社会系统而言，其中除了致力于知识生产的科学系统，还存在其他多元的功能系统，毕竟社会不仅追求真理，还追求权力、财富、美、善和正义。波普尔可能很好地解释了科学系统的自创生，即通过发现问题—提出理论（猜测）—批判理论（反驳）—发现新问题，实现知识的进化。但这个模型无法解释法律等其他社会系统的自创生。法律不像科学系统那样追求真知，按照"真理/非真理"代码运转，它追求正义，追求同案同判，按照"合法/非法"代码运转，不是波普尔的知识进化模型可以解释的。

归根结底,波普尔已经发现了自创生的社会系统——世界3,但他将现代社会的一个子系统——科学系统误认为是整个世界3,由此造成世界3概念不能成功描述法律的自主性。

其次,阿尔都塞是新马克思主义的代表人物。马克思主义认为法律由经济基础决定,同时又是统治阶级意志的体现。这条原理经常被僵化地理解为否定法律的自主性,并因此受到诟病。阿尔都塞试图通过承认法律的相对自主性,矫正这种机械理解,进而捍卫马克思主义的原理。阿尔都塞区分了"法律"与"经济"。他认为"法"与生产关系是分离的,比如契约自由的法律原则,就并没有直接反映资本主义的生产关系。阿尔都塞也区分了"法律"与"政治"。在他那里,政治可以分为两个部分,硬的政治叫"镇压性国家机器",包括警察、法院、监狱,它们不等于"法"。软的政治叫"意识形态国家机器",法律-道德意识形态是其中之一,它们也不等于"法"。比如"法"只是规定法律面前人人平等,但法律-道德意识形态却宣称人生而平等。阿尔都塞甚至认为,各种意识形态国家机器都相对独立。比如被推翻的统治阶级,固然无法再控制政治意识形态国家机器,但在法律意识形态领域可能仍然保有阵地;或者反过来,被统治阶级虽然还没有控制教育、文化意识形态,但已经可以用自己的法律意识形态来对付统治阶级。法律的自主性,似乎就是这样呈现出来的。

但阿尔都塞以退为进,强调法律自主性不过是表象。首先,法律看似与经济分离,私有产权神圣、契约自由等原则,确实没有直接反映资本主义生产关系,但法律利用形式性的特征,把实质的交易内容抽象化了,反而更好地掩盖并维护了资本家对工人劳动的剥削。其次,法律看似与政治分离,但法律的强制属性意味着它无法离开硬的政治,即镇压性国家机器;法律往往得到"自觉"遵守,则是软的政治,即法律-道德意识形态国家机器的作用使然。就生产关系的再生产而言,最重要的是教育意识形态国家机器;就保障生产关系的运行而言,则最重要的是法律意识形态国家机器。因此法根本无法独立存在,它和镇压性国家机器,以及法律意识形态国家机器共同构成一个系统。最后,各意识形态国家机器尽管相对独立,甚至存在相互斗争,比如资产阶级法权观念与无产阶级平等观念的斗争,但由于统治阶级掌握了镇压性国家机器,各种意识形态国家机器还是统一在统治阶级意识形态之下。

因此,与其说阿尔都塞是承认了法律的自主性,不如说是再次从根本上解构了法律的自主性。这样的理论无法解释为何在现代社会之中,法律、经济、政治三种社会系统各自发挥截然不同的功能,按照截然不同的方式运作,而且时常彼此冲突。

最后,一言以蔽之,来自左右两翼的波普尔和阿尔都塞,一个用科学逻辑理解整个社会,另一个用经济和政治逻辑理解整个社会,都没有正视现代社会的功能分化。值得一提的是,有个人把两方面的错误深刻地结合在一起。布迪厄(Pierre Bourdieu)认为司法场域是政治与科学这两大场域的综合,在司法场域内部,各种角色一致对外,以科学方式面向外行人捍卫法的自主性;与此同时他们又展开争夺符号资本的斗争,以政治方式向社会环境保持开放。由于在司法场域中占据支配地位者,与政治统治阶级共享文化资本,法的自主性并不与现存秩序发生矛盾。

张文龙助理研究员:

非常感谢能有这个机会聆听於老师和高老师非常精彩的讲座。今天的信息量巨大,受到非常大的启发,我想谈三个方面。

第一个方面,世界 3 可能是一个社会世界,也就是一个沟通的世界。因为波普尔讲到世界 3 是人类思想的产品。他谈到了宗教、艺术,这些都涉及沟通、涉及语言。而且,他对这三个世界的区分也有其对应的元素。如果说自然世界对应的是物质,精神世界对应的是意识,那么,这个世界3对应的是沟通。所以,正是在这个意义上,我们看到他谈到世界3对物质和精神产生影响。这种影响恰恰只有通过语言-沟通的方式才是可能的。

第二个方面,关于法的自主性,前面很多老师已经谈到,从卢曼的角度,这是现代社会功能分化的产物。很重要的一点,从历史的角度,刚才鲁楠老师谈到,法的自主性体现在法律系统怎样从其他系统中分离出来。这是一个逐步的过程,不是一下子出现的。不过,到了现代社会这个状态下,如果从卢曼角度来看,法的自主性有了高级变化。刚才高老师也谈到了,它不是个静止的东西,不仅仅是某种规则的自主性,或者制度的自主性,它像个变形金刚,是动态的。这种动态的自主性是怎么确保它自身的法律确定性的?我觉得很重要的一点,就是通过司法。司法是法律系统的中心。司法通过限缩自身做出的每个判决,也就是每个法律决定的恣意,将法律决定的恣意性降到最低,来保障这种确定性。但是,这种确定性又不是僵化的,它始终需要面向社会各种需要,也就是社会环境提出的各种要求。

对此我想进一步从系统论角度谈到三个问题。一是自主性与系统的分出。法的自主性涉及系统的分出。系统的分出是要去化解(环境的)复杂性,这才能形成特定的(系统)功能。二是法的自主性涉及系统运作的封闭。法的自主性建立在系统运作封闭的基础上。封闭运作并不意味着法是完全隔绝的,它要求对环境有所认知,即认知开放。所以,我们经常谈到基于运作封闭的认知开放。三是法的自主性与系统的冗余性有关。法律系统是一个意义系统。法律之所以具有自主性,是因为法律在意义上是冗余的。这种冗余意味着法律面对着环境的激扰能带来变异。这三个问题带来一个结论,即法的自主性是一个悖论。正如今天於老师谈到,法的自主性既是神话,又是现实。这个问题源自我们要把法律描述成自主的还是非自主的。当我们把法律描述成自主的,这到底是个什么状态?可能是神话,也可能是现实。不过,这会造成法的运作处于一种摇摆的状态。因为没办法做出一个决定,也就是没办法将它仅仅看成一个神话,或者仅仅看成一个现实,而是摇摆于神话与现实之间。从系统论角度,这个悖论提升了法的运作,即法律既是自主的,又是高度依赖环境的。因为法律与道德、政治、经济、科学、宗教等有着很大的功能差异,而且,这种差异是通过系统自身的符码来决定的。譬如说法律的符码是合法与非法。正是通过合法与非法的二元符码,法律沟通才能够实现法的自我生产。因此,法的自主性建立在法的沟通基础上。

第三个方面,之所以说法的自主性是一个悖论,是因为我们把它作为一种系统的自我描述。当法律系统描述它自身的自主性时,它就会面临一个悖论,它既可能是一个现实,又可能是一个神话。这个悖论在自我描述层面怎么处理?卢曼在《社会中的法》一书中认为,法理论是法律系统的自我描述。这个自我描述涉及对法律的统一性的处理。在这个意义上,法的自主性涉及法的边界和法的统一性问题。按卢曼的说法,这个悖论获得展开或被掩盖,需要法理论提出新的区分。这些区分包括前面谈到的系统与环境、封闭与开放、冗余与变异,还有社会语义与社会结构。这些区分又是通过沟通本身勾连起来,或者说得到维持。因此,法理论要通过创造各种新的区分来替代悖论,从而使系统将悖论展开或者加以掩盖。

於兴中教授:

谢谢各位前面的发言,我觉得法律自主性的问题,到现在为止还是一个没有办法抛弃、放弃的问题。余盛峰刚才提出：在现在这个环境下，(法律)这种大的系统的存在还有没有什么好处，或者说有什么用处？我们知道从福柯(Michel Foucault)开始，人们对法律的见解就滑下来了。在我们这个社会中，经常用来调整人的行为的并不是法律，而是纪律。军队里面有军队的纪律，医院里面有医院的纪律，学校里面有学校的纪律。

尤其是在人工智能、大数据出现的时候，大的法律系统到底还有什么用处？我觉得，这个问题涉及法律职业或者说法律共同体存在的必要性。如果不讲法的自主性，就是不讲法的专业性，这个时候法律共同体就名存实亡了，任何人都可以做律师、法官。立法层面也是如此，一个政策或者某个组织的一则规定，也都可以称为法律了。这个时候你就发现，法律自主性还是有必要讲的。司法层面就更清楚了，高老师也提到，人们都在讨论司法系统如何成为法律的核心，从规则中心走向法官中心、法院中心。

所以说，如果不讲法院的自主或者法官的自主，那法院就是一个行政机构，法官就是一个行政人员、一个公务员。这个时候问题就很大了，你就根本没办法判断一个社会中起作用的到底是一套什么系统。

四、 问答环节

王婧副研究员（华东政法大学科学研究院）提问：

非常感谢於老师精彩的演讲，还有高老师、陈老师以及诸位老师的精彩发言。

"法的自主性"是我非常关注的一个问题。於老师的演讲在一个长的历史时段和广阔的学科视野下对于"法的自主性"学说进行了梳理,给了我很多启发。时间有限,我就不再展开我的评论,而是提一个问题:如何在"法的自主性"的视角之下看待法官的角色?

正如於老师的演讲中提到的,"法的自主性"命题的提出与启蒙时代以来人的自主性命题密切相关,但是在"法的自主性"概念中,法的作用更高,人的作用是微不足道的。这某种程度上与限制法官权力滥用相关。这种限制的极端表现形式便是韦伯所讲的"法的自动售货机"。但是我们又看到,在"法的自主性"的运作过程中,法官的作用是不可或缺的。不论是社会法学派的庞德将其称为"社会的工程师",自然法学派的德沃金将其称为"法律帝国的王侯",还是卢曼认为司法系统是法律系统运作的中心,都体现了法官的重要作用。在这个意义上,"法的自主性"命题事实上对于法官的角色提出了很高的要求,其角色更接近于布莱克斯通所言的"神谕的宣示者"。所以我认为,在"法的自主性"命题下,需要对于法官的角色有更丰富的理解。我就说这些,谢谢。

於兴中教授回答:

这个问题非常好。我们对法官到底应该采取什么样的态度,如何看待法官?实际上我认为,法院自主或者法官自主,主要是讲制度上的自主,比如说法官或者法院免于受到其他机构的影响,比如政治机构和行政机构的影响。法律人本身也有一些自律的东西,比如什么样的法官是好法官,什么样的律师是好律师,等等。德沃金说得很清楚,即便是没有规则的时候,法官也不能有强势的自由裁量权。哈特认为法官有强势的自由裁量权,德沃金对此则持否定态度。即便在没有规则的时候,法官也必须依靠非规则标准。非规则标准包括原则、政策、目的,就是 3P:principle、policy、purpose。在这种情况下,如果原则等发生矛盾,法官还要进一步受制于约束他的规则。当年霍姆斯强调,我们看法律,要从坏人的角度看,法律实际上就是法官要做什么的预测。但是在这种情况下,法官应该怎么办呢,没有人去管法官了吗?还是要主张说法官应该有司法上的自我限制(judicial restrains),法官还是有一定的规制、规则要遵守。我写过一篇小的文章,叫作《法官大人》,我的意思都表达在里面了。法官是具有神圣性的职业。与中国的情况不太一样,在美国,法官从来不会去参加"party"。一旦一个地方发现有法官,所有人都会把目光投向法官表示敬意,那是一个神圣的角色。这就取决于一般民众和官员的法律意识,取决于我们到底如何看待法官的角色、从什么样的角度来看。比如说,从政府公务员的角度、从政府领导的角度、从检察院的角度、从警察的角度,从教育界的角度如何来看法官,这是非常重要的问题。

苏彦新教授(华东政法大学科学研究院)提问:

谢谢於老师,谢谢高老师,收获非常多。我想说几个小问题,然后问於老师一个问题。关于世界 3,我觉得文龙讲得对。实际上波普尔认为在精神世界和物质世界的中间,精神的运作过程中产生了思想、理论和学说,这些东西没有办法归结为物质世界,也没有办法归结为意识世界,所以他提出了世界 3。这个世界按文龙讲的,实际上是一个沟通的世界,不同理论、不同学说演化出来了,包括印刷出来了。这是一个问题。

另外一个问题涉及刚才提到的人工智能。我也在想:人工智能到底会不会让法律消失呢?我前一段时间看王浩先生提到哥德尔两个定理,写得非常好,由于数学的不可穷尽性和谓词逻辑的完全性,人的心智与直觉总是比机器强,所以说人工智能不可能最后取代人类。

关于卢曼,我读他的书,我觉得他最聪明的地方在于:由于分工发展,社会的复杂性不断增长,各种系统在演化、进化过程中生成不同的系统,人类由于分工产生知识专业性,不可能应对所有的问题。怎么办呢?那就用简单处理复杂。

最后一个问题。应该是2018年,於老师在浙江大学人文高等研究院里有一个发言,讲到德沃金的"法的德性"或者叫"法的品德",就是"integrity"这个单词。我想问於老师,它的中心含义是否在于:在德沃金这样一种循环阐释论或者叫真理融贯论中,法的品德核心就在于政治的品德?在这样一个循环阐释或循环解释下,是不是应该说法的品德,更多的是包含着政治的品德?谢谢。

於兴中教授回答:

谢谢,我觉得是这样,德沃金一定是有这个意思的。虽然他讲的是法律的"interpret",但是他在其他地方也讲到了,法律与政治之间的关系非常之密切。有的时候,政治表现或者制定出来的政策,作为法官还是应该要考虑的。法官做决定的时候应该考虑两个问题,一个叫"fit",一个叫"basic possible fit"。就是要满足两个大的要求,做的决定既要和现有的制度融合在一块,就是"fit";也要反映出这个制度最好的一面来。这个制度除了法律决策之外,一定还会包含政治决策。所以我同意你这个看法,它包括了政治的东西。

五、 闭幕致辞

屈文生教授（华东政法大学科研处处长）：

感谢於兴中教授和於老师访问学者团队的丁玮、杨静哲和余盛峰老师。於兴中教授将中国法学界，特别是法学界的青年一代同康奈尔紧紧地联系到了一起，使得华政的青年学子能够有机会在线上参与这场高端对谈。感谢清华大学法学院高鸿钧教授和鲁楠副教授，高老师很少出面讲学，这次全是宇峰教授的功劳。感谢我校科学研究院院长陈金钊教授，我校科学研究院张文龙老师、王婧老师和苏彦新教授的参与。感谢同学们的热情。这么学术的一个题目，能有这么多同学坚持三个多小时到现在，可以说，这是一场注定难忘的学术演讲。

作为活动的主办方，看到我们精心筹划的"东方明珠大讲坛"第一期就有如此的轰动效应，特别是在疫情期间还受到大家如此追捧，我感到十分高兴，有成就感！今天讲座的主题"法的自主性"我本不是特别熟悉，但听后深受启发。我从我能谈的角度说几句。

於老师的第一篇阅读材料是《法的自主性》(The Autonomy of Law)，这是耶鲁大学法学院欧文·费斯(Owen Fiss)教授20年前在南美洲阿根廷的一场讲座的文字实录。我的理解是，法的自主性就是法的自治。於老师刚才讲，法的自主性多是一种理想、神话。根据该篇文章的第一句话，法律只服务于正义。所有人要在法治面前俯下身来。法律的目的是正义，而不是经济增长，不是市场，不是新自由主义。这就是法的自主性逻辑。照此来说,我们的很多法,还不是费斯教授说的"法";当然照此逻辑,法律的范畴似乎也小了很多。这就是讲座标题的后半句:"神话抑或现实?"。当然讲座还有个副标题:"世界3与法的自创生系统"。

世界3是波普尔的理论,於老师要大家读的第二篇就是波普尔的文章,在他看来宇宙不是一元的,不是二元的,而是多元的。波普尔是谁?就听这个英文名的话,我觉得是个普通名字。但宇峰和我说,世界3是"波普尔"提出的概念。因为他都说是波普尔了,波浪的波、普通的普、海尔的尔,于我而言,波普尔三个字就给我了某种压力,甚至是一种知识匮乏的恐慌。

我在这里提出一个非常有趣的现象,那就是翻译带来的高级感、陌生化和译文带来的神秘性问题。翻译带来的陌生化,比如大国崛起背景中的"修昔底德陷阱"(Thucydides Trap)话题、讨论荒谬性话题中的"薛定谔的猫"(Schrödinger's Cat)、政府公信力语境下的"塔西佗陷阱"(Tacitus Trap)。修昔底德、薛定谔、塔西佗,没错,就是用这种本身就具有想象力和令人遐想的汉字来翻译他们的名字才好。这就是翻译带来的陌生化。

当然,陌生化又不完全是翻译带来的。陌生终究还是由陌生的文化带来的,是陌生的法律文化在起作用。

好了,我就讲这么多,谢谢大家。这是一场非常成功的、难忘的对谈!

话语/权力分析在法学研究中的运用

[主讲人]
尤陈俊
中国人民大学法学院副教授
博士生导师、《法学家》杂志副主编

「与谈人」

于 明　　马剑银
华东政法大学　　北京师范大学
法律学院教授　　法学院副教授

赖骏楠　　屈文生
复旦大学法学院　　华东政法大学
副教授　　科研处处长、教授

「主持人」
陆宇峰
华东政法大学科研处副处长、教授

华东政法大学第2期
东方明珠大讲坛

[时间]
北京时间 2020年4月19日 14:00~17:00

- 主办单位｜华东政法大学科研处 -

第2讲
话语/权力分析在法学研究中的运用

时　间：2020年4月19日下午

主持人：陆宇峰（华东政法大学教授、科研处副处长）

主讲人：尤陈俊（中国人民大学法学院副教授、博士生导师、《法学家》杂志副主编、中国人民大学法学院基础法学教研中心副主任）

与谈人：于明（华东政法大学法律学院教授）、马剑银（北京师范大学法学院副教授）、赖骏楠（复旦大学法学院副教授）、王鑫（《学术月刊》编辑）、屈文生（华东政法大学教授、科研处处长）、陆宇峰（华东政法大学科研处副处长、教授）

一、 开场致辞

陆宇峰教授（主持人）：

第2期"东方明珠大讲坛"，我们有幸邀请到中国人民大学法学院基础法学教研中心副主任、博士生导师、《法学家》杂志副主编尤陈俊副教授主讲"话语/权力分析在法学研究中的运用"。尤陈俊老师主要研究法律社会学、法律文化、中国法律史、法学学术史和法学研究方法论，已在《法学研究》《现代中国》（*Modern China*）等国内外学术刊物上发表中英文学术论文40余篇，出版学术专著、编著多部。我读博士的时候,去人民大学法学院听名家讲座,常常都是尤陈俊老师主持。我到华政工作之后,多次代表科学研究院邀请尤陈俊老师做讲座,可惜都未能如愿。直到我调到科研处,由屈文生处长出面,才请到尤陈俊老师。所以今天机会十分难得。

尤陈俊老师今天的讲座涉及"话语/权力分析"这一法学研究新方法。"话语/权力分析"原本不是法学研究的方法,我们一听到"话语/权力分析",可能首先就想到福柯。正如讲座预告里谈到的,借鉴其他人文社会科学的理论资源和方法,确实已经成为法学学术发展的一个十分重要的趋势,我自己就一直尝试借助社会系统论的理论和方法研究法学问题,并因此获益良多。"话语/权力分析"更是如此。尤陈俊老师给我们提供了三篇文献,从中可以窥见一斑。刘禾老师《世界秩序与文明等级》、赖骏楠老师《文明论视野下的晚清中国及其对外关系》以及尤陈俊老师《"讼师恶报"话语模式的力量及其复合功能》都是使用"话语/权力分析"方法的重要作品。我们十分期待尤陈俊老师就"话语/权力分析"方法为我们做系统的讲解,与我们分享他的重要研究成果和研究心得。

第1期论坛的成功举办给了我们一个宝贵经验,就是必须合理配置话语权力,形成高水平学术对话。我们向尤陈俊老师提出这一建议之后,尤陈俊老师特别提出邀请我校于明教授。众所周知,华政是全国的法律史学重镇,于明教授则是华政法律史学年青一代的代表人物,可谓"重中之重"。尤陈俊老师又邀请了同样善于运用"话语/权力分析"方法的复旦大学赖骏楠副教授,他是目前治法律史而能在《法学研究》上发表论文的少数几位年轻学者之一。他也是一个语言天才,除了几个月学通日语之外,我作为四川人,更佩服他能把前鼻音、后鼻音分得特别清楚,这一点大家很快就能发现。尤陈俊、于明、赖骏楠三位老师都是北大博士,北大包容并蓄、崇尚讨论,三位北大人原本已经足以保障今天的热闹劲儿。但我们想来想去,为了万无一失,还是再邀请了北京师范大学的马剑银副教授。马剑银老师少年时代就在水木清华BBS上叱咤风云,人称"慧剑修罗",讨论问题从来不留情面,在各种学界会议场合更是令无数学者胆寒。近两年,马剑银老师还提出了"中国法理学不是已经死了,而是从来没有出生"这一振聋发聩的命题,令我们非常佩服。当然,为了避免过于浓重的火药味,维持友好交流的学术氛围,并向各位嘉宾致以最诚挚的敬意,今天我们科研处处长——学术能力超群又最温文尔雅的屈文生教授也将全程参与。

我们也欢迎《学术月刊》王鑫老师的到来,他不仅是尤陈俊老师论文的编辑,而且编发了很多我校老师的文章,是我们华政的好朋友。同时欢迎今天参加论坛的所有老师和同学。现在我将话语权力交给尤陈俊老师,请他给我们介绍他怎么运用"话语/权力分析"。

二、主讲环节

尤陈俊副教授:

很荣幸有机会来到华政的"东方明珠大讲坛",非常感谢华政科研处屈文生教授、陆宇峰教授的盛情相邀和精心组织。在目前这个特殊的时期,以网络直播这种特殊的形式,与大家分享我的一些初步研究心得。

今天之所以选择讲这么个话题,我主要有以下三方面的考虑。

首先,我以为,对于很多同学来说,通过一次讲座了解到某个非常具体的知识点，还不如了解一种可以用来研究诸多问题的方法的帮助更大。其次，同学们平时在刊物上、著作中看到的，都是老师们研究心血的最终结晶，但通常看不到老师们思考创作这个学术作品的背后过程。有这么一则轶事，说的是钱锺书先生的一位粉丝想去拜访他，但被钱锺书先生给拒绝了，而钱锺书先生作拒绝时说的大意是，如果你吃一个鸡蛋，觉得好吃就够了，没有必要再去认识那只下这个蛋的母鸡。但我倒是觉得，如果能认识下蛋的母鸡乃至了解其是如何下蛋的，未尝没有好处。老师们将自己的思考过程展示给同学们（好比是展示下蛋的过程），相比于老师们只是向同学们提供自己最终发表或出版的论文、专著这些成品（好比是交出最后下的那个蛋），可能前者对同学们的启发要更大。最后，也与我自己的兴趣有关系。以塞亚·伯林（Isaiah Berlin）曾经将学者分成两大类，一类是刺猬型学者，专注于做一件大事；另一类是狐狸型学者，同时对很多件事情都感兴趣，并都有一些了解。我自己可能是属于狐狸型学者，习惯于不只是专注于某一个知识领域，而今天要讲的这个题目正是涉及多个知识领域。

在进入正题之前，我想先讲一个大的学术背景，那就是 20 世纪以来人文社会科学的"语言学转向"。在 20 世纪，语言学的发展，对人文社会科学研究产生了非常大的影响，其中也影响到了法学。关于法学的语言学转向，我们今天可以谈到哈特对语言学分析方法的借鉴运用，以及佩雷尔曼（Chaim Perelman）的新修辞学法学，还有法律解释学、法律语言学这些专门的领域。但这些都不是我今天要讲的内容。我要讲的，是一个在现下中国法学研究当中相对受关注较少的学术脉络和研究方法。这就是话语/权力分析。

话语/权力分析这一学术脉络和研究方法，与法国著名的思想家米歇尔·福柯有密切的关系。在中国法学界，福柯最为人熟知的著作，恐怕要属他的那本《规训与惩罚：监狱的诞生》。但与我今天要谈的话语/权力分析方法联系更紧密的，则主要来自福柯另外两本不大容易读懂的专著，就是《词与物：人文科学考古学》和《知识考古学》，以及受到福柯的影响，英国学者费尔克拉夫（Norman Fairclough）所发展出来的一套更具操作性的分析框架。费尔克拉夫有一本重要的著作，几年前就已被翻译成中文出版，就是《话语与社会变迁》。这些是我今天所讲方法的总体知识背景。由于时间的关系，在这里没办法详细介绍福柯、费尔克拉夫的思想和理论。接下来，我想挑着讲一下与今天要讲的内容联系最为密切的几个要点。

首先从福柯谈起。福柯的思想当中有两个非常关键的学术概念，那就是"话语"和"权力"。围绕这两个关键概念，福柯提出了一个影响深远的学术观点，用其他学者的概括来说就是"话语即权力"。

"话语"这个词，我们今天经常可以看到。那么，"话语"到底指的是什么？实际上，福柯所说的"话语"，即便在他自己的笔下，也很少有做直接的专门界定，在不同的地方似乎又有一些微妙的差异。不过，按照勒薇尔（Judith Revel）对福柯思想的理解，福柯所说的"话语"这一关键词当中，至少包含着如下几个要点："在福柯那里，话语通常指陈述的总体，它们可以隶属于不同的领域，但它们却都服从于共同的运行规则。这些规则不仅仅是语言的或形式的，它们还复制历史上限定的某些划分（比如理性和无理性的大划分）。某一时代特有的'话语的秩序'具有规范和规则的功能，它运用组织现实的机制，并生产知识、战略和实践。"

而福柯所讲的"权力"，与我们法学当中所熟悉的"权力"并不一样。福柯说的"权力"，通常是指"微观权力"。这种意义上的权力，不一定与国家相关，而是弥散性地存在于各种空间。

受到福柯的影响，费尔克拉夫提出了一种话语的三维分析框架，看起来更具有可操作性。这种话语的分析框架是由三个向度构成：一是"文本"向度（the text dimension），二是"话语实践"向度（the discursive practice dimension），三是"社会实践"向度（the social practice dimension）。用费尔克拉夫的原话来说："任何话语'事件'（即任何话语的实例）都被同时看作是一个文本，一个话语实践的实例，以及一个社会实践的实例。"

法学所研究的直接对象首先是规范，因此可以说法学向来重视文本向度。而上述的后两个向度，即"话语实践"向度和"社会实践"向度，在法学研究当中却通常不怎么受关注。我在这里主要讲后两个向度在法学研究当中的运用问题。

关于话语/权力分析在法学研究中的运用，如果只是抽象地去讲，可能不太容易理解。接下来我想通过几个具体的例子来进行展示。有些例子是我自己之前做过的研究，有些例子则是我正在思考或者一直关心的问题。

先讲第一个例子。我在《学术月刊》2019年第3期发表了一篇题目叫作《"讼师恶报"话语模式的力量及其复合功能》的长文章。最初促使我关心这个话题的，是20多年前第一次看、后来又看了很多遍的周星驰主演的一部电影《审死官》，可能有些同学也看过。《审死官》看似是一部无厘头的喜剧电影，但其中藏着很多值得讨论的学术问题。在我看来，可以说这部电影讲的是一个关于报应的故事。在这部电影当中，周星驰扮演的讼师宋世杰口才非常了得，经常昧着良心帮人打官司赚钱，但贪财的他也因此受到了报应，他的妻子之前为他生过十几个孩子，每个孩子都活不到一周岁就会死掉。后来宋世杰为身负奇冤的寡妇杨秀珍挺身而出，使杨秀珍沉冤得雪，将真正的犯人绳之以法。自此以后，宋世杰夫妇生了很多孩子，且每个孩子都茁壮成长。我最初看这部电影时感到疑惑的是：电影中所刻画的这种讼师职业与因果报应之间的关联，究竟只是这部电影的导演为了追求喜剧效果而做的艺术虚构，还是反映了某种相延已久的看法？后来由于研究讼师的缘故，我读的文献越来越多，就愈发感觉到这里面潜藏着一些可以认真讨论的问题。

讼师这个行当，通常被认为是从宋代尤其是南宋时期开始形成气候。而在这一行当形成之初，就已经出现了一些将讼师与报应联系在一起的说法。例如南宋时期李昌龄编著的《乐善录》一书中，就记载了这么个故事："文光赞父，自少至老，无岁无狱讼事。以宿因问昙相禅师。师曰：'汝父前生本写词人，故今反受其报。'光赞恳求救免，师教以纸糊竹簟为桎梏，令自囚三日，然后为作忏悔。姑录之，以为教唆者戒。"按照这则故事当中那位禅师的说法，文光赞的父亲之所以每年都会遭遇牢狱之灾，是因为他上辈子是一位"写词人"，所以今生才遭到这种业报。而代人撰写词状，正是讼师最主要的营生。这则故事后来还出现在元代、明代的不少书籍当中，比如元代的《湖海新闻夷坚续志》《居家必用事类全集》和明代沈节甫编的《由醇录》、刘万春写的《守官漫录》等书都有收录。这则故事在宋元明三朝的相继传播，说明了那种认为专门代人写状纸的营生将会受到报应的看法，当时在某种程度上已经形成了一种话语模式。

明代有一位名叫陈实功的医生，曾经写过一本医书，书名叫作《外科正宗》。我们今天可以看到这本书的明代万历年间刻本。这本医书的卷四名为"杂疮毒门"，讲的是一些如何治疗毒疮恶疮的方法，但很有意思的是，这卷的内容当中还附有一节叫作"造孽报病说"的文字，其中记述了这么一则轶事。有一位讼师经常帮人打官司，"破众家私，伤残骨肉,不计其数"。有一天,这位讼师发现自己大腿上长了一个很硬的肿块,而且非常疼,只有用绳子将那只长了肿块的脚吊在房梁下面,疼痛感才能够稍稍止住,一旦放下,就又会像被刀砍那样疼痛。由于陈实功是当地有名的医生,这位讼师的家人就请他来诊治。陈实功看过之后,认为这是孽报,说他治不了。后来这位讼师在被这种怪病折磨了四个月后,痛苦死去。一年之后,这位讼师的妻子也身染怪病,她的家人同样找陈实功来医治。陈实功看过之后,认为讼师的妻子得此怪病是由于受到她丈夫的孽报牵连,仍然推脱说自己没办法救治。后来讼师的妻子在当年冬天也非常悲惨地死掉了。特别值得我们注意的,是陈实功对上述事情的一番评价。身为医生的他,在这里并没有从医术方面讲这是一种什么样的怪病、该如何治疗等等,却只是说"此异常之报也,所谓逆天害理虽由己,古往今来放过谁,无漏矣"。这则轶事居然出现在一本记载救死扶伤之技的医书当中,说明了"讼师恶报"这套话语在当时社会大众当中的流传已经非常广泛。

中国近代有一份非常著名的报纸,叫作《申报》,1872 年在上海创刊,一直到 1949 年才停刊,前后办了 70 多年。1881 年 10 月 17 日的《申报》在第一版当中登载了一则"新闻":"客有自楚北来者,谓该处有程姓讼师,本徽州人,早年入籍崇阳县,素善刀笔,舞文弄墨,不难架空中楼阁,以实人罪,是以健讼者相敬服,被诬者恨如切齿,咸宁、蒲圻、崇阳三邑,遐迩皆知其名。月前有人请其捉刀,程即策骑应召。行至中途,见一牛啮草路侧。马过牛旁,忽惊跃,将程掀翻,堕于牛头上。牛即乘势一触,角已穿入程腹。迨落地,人已昏晕,肠半涌出。未几,有过而见之者报知其家,始舁之归。医治罔效,寻毙。人皆谓其平生作恶太多,以致得此惨报云。"这则被写得活灵活现的报道所讲的每一个细节是否都是真的,我们无从考证。值得关注的是,这则报道里面的最后那句话,就是"人皆谓其平生作恶太多,以致得此惨报云"。这位姓程的讼师的死亡,原本是一起意外事件,但上面这篇报道中却直接将他的死亡与他是因帮人打官司作恶太多而受到报应的说法联系在了一起。这种归因思维出现在《申报》这样当时影响力很大的报纸上面,值得思考。

在宋代以来各种类型的文献当中,像上面那样的文字记载有很多,我在文章中发掘引用了不少。从宋代一直到清代,讼师这个行当为什么会被那么多人认为是不得好报的?我想要对此做出进一步的解释。我主要分三方面来做解释,要探讨一下"讼师恶报"这种话语模式对于官方、社会大众以及讼师自身各自都有着什么样的意义,有什么相同之处,又有哪些不一样的地方。

首先,对官方来说,为什么要极力宣扬讼师恶报?在我看来,这里面有个大的时代背景,那就是从明代中期以来,全国不少地方衙门收到的诉讼案件数量有了很大的增长,给当地衙门的官员造成很大的压力。面对这种情况,讼师往往被官员们认为是造成诉讼案件增多的根源。基于这种看法或者说偏见,明清时期的官府越来越倾向于严厉打压讼师。这种打压,并不仅仅体现为在立法上创设"讼师"罪名、在司法上严禁讼师干预词讼以及在行政上将讼师视为地方上的蠹害,要求加以查拿,还包括在话语层面上坚决否定讼师营生的正当性并大力宣扬其危害性。通过这种强调讼师将会受到恶报的说辞,官方劝诫读书人,即便家里再穷,生活过得再艰苦,也不要做那种将会受到恶报的讼师营生来赚钱,从而希望从源头上减少讼师队伍的后备补充人才规模。

其次,对于社会大众来说,他们对这些讲述"讼师恶报"的故事的传播,在某种程度上起到削弱讼师的社会资本和剥夺刀笔之技的象征资本的作用。这不仅会促使讼师在他们所在社群乃至整个社会当中更加孤立,而且还会导致讼师及其所操的刀笔之技的象征性恶名盖过他们作为读书人原先拥有的那种文化资本。例如将讼师斥为"斯文败类",从而导致那些生活于普通百姓身边的讼师,即便因帮人打官司而发家致富,也无法享有良好的声望一类的象征资本。借助这种方式,那种鄙夷讼师的主流社会意识形态不仅可以得到维系,而且还能够被不断再生产。

再次,对于讼师本身来说,由于明清时期的讼师不像我们今天的职业律师,有全国性的行业组织来进行内部的职业伦理建设,明清时期流传的"讼师恶报"话语模式,恰恰在某种程度上起到了一定的功能替代,作为一种从外部嵌入的弱控制机制发挥着微妙的作用。具体来说,在报应观念对社会大众影响极深的明清时期,对于众多分散在各地民间的讼师个体来说,"讼师恶报"的话语是他们无法完全忽视的心理威慑,从而对每位讼师的行事构成了因人而异的弱约束;而对于整体的讼师行当来说,"讼师恶报"的话语,程度不等地影响着每位操此营生的讼师,并通过这种从外部嵌入的弱约束,在某种程度上维系着讼师行事的大致下限标准,不至于出现绝大部分的讼师都毫无底线、唯利是图、胡作非为的情况,从而维系着整个讼师行业那种独特的"不具官方正当性的社会需求"。

我在文章中并没有直接挑明,但是我这篇论文实际关注到了前面讲到的费尔克拉夫提出的话语分析框架的三个向度。一是文本的向度,即哪些文献当中有讲到讼师会受到恶报。二是话语实践的向度,即关心"讼师恶报"是如何成为一种总体性陈述,被社会大众广泛传播、复制和扩展的。三是社会实践的向度,即分析当很多人都相信并传播"讼师恶报"话语时,它反映了什么样的社会结构,又会对社会产生什么样的影响。

再来讲第二个法律史的例子,其中反映出来的问题在某种程度上甚至延续至今。在18世纪末,发生了一件在今天中国的初高中历史教科书当中没怎么多讲,但实际上却对中国近代历史影响非常深远的事件,即马嘎尔尼使团访华。1792年9月,英国政府正式任命乔治·马嘎尔尼为正使、乔治·司当东为副使,以祝贺乾隆帝80大寿为名出使中国。当时不像今天交通这么便利,没有飞机,也没有高铁,这个使团是坐船来的,在海上差不多走了一年,才到中国。1793年8月,马嘎尔尼一行终于抵达北京。9月2日,英国使团离开北京,去承德避暑山庄晋见乾隆帝。9月13日,英国使团抵达热河,向清政府的代表和珅递交了国书,并同和珅等人就觐见乾隆皇帝时将用的礼仪问题发生了争议。最终双方达成妥协,英国使节觐见乾隆皇帝时单膝下跪行礼,不必叩头。这就是近代中西交往史上著名的"礼仪之争"。美国学者何伟亚还专门就此写了一本学界褒贬不一的专著,好多年前就已经被翻译成中文,书名叫作《怀柔远人:马嘎尔尼使华的中英礼仪冲突》。大家有兴趣的话,可以找过来看一下。不过,我这里不是要详细地介绍这场中英"礼仪之争",而是想请大家一起来关注中英"礼仪之争"带来的后续影响当中的一个细节。

马嘎尔尼率领的访华使团有很多人,其中也包括画家。使团中的英国画家根据一些参加了这场觐见的使团成员的描述,画了英国使节觐见乾隆皇帝时的场景。后来,当时英国知名的讽刺画家詹姆斯·吉尔雷,又按照同样的画面布局画了一幅漫画,刊登在英国的报纸上。在詹姆斯·吉尔雷画的这幅漫画中,乾隆皇帝被特意画成了一个举止傲慢的大胖子。

近年来,中外学术界已经有不少揭示"文明等级论"话语的精彩研究。例如哥伦比亚大学刘禾教授的专著《帝国的政治话语:从近代中西冲突看现代世界秩序的形成》和编著《世界秩序与文明等级》。专门讨论法律世界当中的"文明等级论"话语的专著,则有复旦大学赖骏楠老师的《国际法与晚清中国:文本、事件与政治》、加拿大多伦多大学陈利老师获得列文森奖的英文著作《帝国眼中的中国法:主权、司法与跨文化政治》(Chinese Law in Imperial Eyes: Sovereignty, Justice, and Transcultural Politics)。此外,美国学者络德睦(Teemu Ruskola)的《法律东方主义:中国、美国与现代法》、加拿大学者卜正民等人合著的《杀千刀:中西视野下的凌迟处死》和华东政法大学李秀清教授的《中法西绎:〈中国丛报〉与十九世纪西方人的中国法律观》等书,也都有涉及对"文明等级论"话语的反思和讨论。

由于时间的关系,我想着重介绍一篇文章,这就是2011年出版的《北大法律评论》第12卷第2辑上发表的陈利老师的《法律、帝国与近代中西关系的历史学:1784年"休斯女士号"冲突的个案研究》一文。这篇译文的内容,也是刚才提到过的他后来出版的《帝国眼中的中国法:主权、司法与跨文化政治》一书的重要组成部分。我估计绝大部分的同学都没听说过1784年发生的"休斯女士号"事件,比对前面讲到的马嘎尔尼使团访华更觉陌生,但这起事件对近代中西关系史的影响之深远,尤其是对于西方世界而言,在某种程度上甚至不亚于我们中国人在看待鸦片战争时赋予鸦片战争的那种历史重要性。所谓"休斯女士号"事件,是指在1784年时,一艘停靠在广州城附近的黄埔港、名叫"休斯女士号"的英国船上的一名炮手在鸣放礼炮时,将旁边中国船上的两名中国船员轰成重伤致死。围绕对这个事情的处置,清政府的当地官员与在广州的英国东印度公司代表进行交涉,驻广州的其他国家代表和行商后来也卷入其中,惊动了远在紫禁城内的乾隆皇帝。最后,乾隆皇帝亲自下令将那名英国炮手处以绞刑。之所以说"休斯女士号"事件影响深远,主要是因为它后来成为西方宣扬"中国法律野蛮论"的关键事例,不断地被西方人提起,成为在西方世界广为传播的中西"文明冲突论"的重要组成部分。而这一套话语,不仅影响到西方如何看待中国,而且也直接影响到当时中国在面对所谓"国际大家庭"时的境遇。

举一个可以说明此点的例子,被誉为"现代国际法之父"的德国著名法学家奥本海(Lassa Oppenheim),在1905年出版了一本书名叫《国际法》(*International Law*)的专著。这本书后来出了好几版。商务印书馆很早就出版了此书的中译本。在这本国际法名著当中,奥本海明确承认近代国际法是基督教文明的产物,并且专门提到,在第一次世界大战以前,中国当时的文明"还没有达到使它们的政府和人民能在一切方面了解和履行国际法则所必要的程度"。也就是说,当时的中国,在西方人看来不具备"国际大家庭"所要求的那种文明程度,故而不能成为"国际大家庭"的正式成员。近年来的很多研究都已经指出,近代的国际法秩序建立在一套对"文明"与"野蛮"进行区分的话语之上,而中国则长期被归入"半文明"这个很是怪异的范畴里面。西方当时这种在话语层面所做的"文明/野蛮"的文明等级区分,绝不仅仅只是一种文本上的话语表达或者简单的话语实践,而是深刻影响到当时中国面对"国际大家庭"时的实际处境。就此而言,福柯所强调的话语/权力,在这个例子当中体现得淋漓尽致。

在今天这样一个全球化时代,"文明等级论"话语其实并没有消失,而是更为隐蔽地镶嵌在法治话语及其话语实践当中。无论是20世纪美国主导的法律与发展运动,还是如今的全球法治运动,其实都隐藏着某种文明等级论的话语,不仅微妙影响着我们在看待"全球法治指数"这种问题时的观感,而且在当代的法学知识生产过程中也有某种体现。我们尤其需要反思法学知识生产中那些实际上脱胎于"文明等级论"的话语/权力。

最后对我今天讲的主要内容做一个简单的总结。在此想重申两点：第一，话语/权力分析，不仅要研究话语本身，更要关注话语背后的权力因素，尤其是意识形态；第二，话语/权力分析，不仅能帮助我们分析一些法律现象和法学问题，而且也能够促使我们反思法学研究本身，即一种可以让我们在研究过程中保持自我警醒的有益思考方式。

谢谢大家！

三、与谈环节

赖骏楠副教授：

我想结合自己的研究心得，对法学研究中的话语分析方法，尤其是法律史研究中的话语分析方法，谈一谈一些个人体会，以及自己心中的一些疑惑。

我想讨论的第一个问题是：话语分析可以独立存在吗？从事学术研究时，可以只考虑话语，而彻底脱离话语所处的物质结构吗？

话语分析方法，虽然说理论首创者是福柯，但一开始主要用于战后的文学研究、文学理论领域，所以这种方法就很容易呈现出脱离物质结构，只考虑纯话语、纯文本的倾向。法律史主要还属于经验研究。法律史学者会尽量避免纯话语分析，尽量避免让读者觉得，仿佛话语是一种独立的权力，它可以脱离其他看起来更硬的、物质性的力量，比如军事力量、政治力量而独立存在，可以独立发挥作用，改变他人的意志和行动。由于法律史学接触历史性和经验性的东西相对更多一些，所以会认为现实比这种纯话语分析要更为复杂。我自己在硕士和博士期间从事晚清中国与西方国际法间关系的研究时,也强烈地感觉到19世纪国际法上这种文明等级论,与其说是独立存在、以独立的方式给中国知识分子洗脑,不如说这种话语权力和西方列强的军事权力、政治权力和经济权力是紧密交织在一起,共同作用于中国的。

最近几年,为了更好、更深入地进行法律史研究,我又尽可能去积累了一些历史社会学理论。目前在我看来,对社会科学意义上权力的理解,可以从多个维度出发。总的来说,迈克尔·曼(Michael Mann)在《社会权力的来源》这套作品中提出的权力理论,也就是权力可以分为四种类型:意识形态权力、军事权力、政治权力和经济权力。法律史作为一种经验研究,可能需要对现实中的这四种权力都进行考察,并观察它们之间的交互作用。

我想讨论的第二个问题是:话语分析未来要如何去发展?或者说如何让这种话语分析看起来更加像"法学"领域中的话语分析?

我不知道今天来参加本次活动的同学们,有多少是民法学或者刑法学的,也不知道民法、刑法学科的硕博士同学,听了今天的讲座和与谈人发言后,是否能真心理解并认同我们的这些跨学科思维。我想首先说一下尤陈俊老师和我本人在本科、硕士时期,开始接触学术时,法学院的学术环境是什么样子。在十几年前,国内法学院的学术研究的路数可谓是天马行空,兼容并包。各种学科的理论和视角,都可以堂而皇之地进入法学研究之中,包括社会理论、政治哲学、经济分析、话语分析、历史分析、文化分析、后现代的、后殖民的……但是,十几年后的今天,局面完全不一样了。我们所有人都能够强烈地感受到德国式法教义学在几乎所有法学院中的支配性力量,尤其是在民法和刑法学领域。在部分最为极端的教义学者看来,以前法学院的种种跨学科研究路径,都不能算是严格意义上的"法学"。而民、刑这些主流学科,也确确实实控制着法学体制内的某些核心资源。这就是当代法理学和法律史学科必须勇敢去面对的"血淋淋"的现实。

因此,法学研究中的跨学科进路不能仅仅停留在自娱自乐的层面上。我们能不能用话语分析的方式来对法教义学形成回应呢?尤其是去回应教义学的核心关注领域:法律解释、法律论证、法律推理。我们能不能去思考和观察话语、符号这些因素,在法学家和法律实务人员的法律推理过程中是否起了作用,起到多大的作用?能不能去观察一下,现实中的各种司法判决,是否严格遵循了法教义学的形式逻辑的法律推理?还是说法官在自觉或不自觉中其实下意识地使用了一些话语、符号、口号(法治、权利、环境保护等等),以代替更为严谨的教义学推理,或者用来以更强烈的语气来说服当事人?总之,在我看来,如果我们法律史学不能去精确地回应主流法学的问题意识,精确地击中他们的"槽点",那么可能我们真的会在法学院毫无生路。

我今天的发言就到这里,再次谢谢主持人和华政。

于明教授:

首先非常感谢尤陈俊老师给华政师生带来的精彩讲座。前面陆宇峰老师介绍时就说了,一开始是尤陈俊老师提出可以让骏楠和我来与谈。其实这就暴露了一个话语和权力的关系。因为就像宇峰前面介绍的,我们都是在北大读的博士,陈俊老师比我高一级,骏楠比我低两级,所以我们很早就认识了,也一直是很好的朋友。这种权力结构也就决定了我今天的评论不会是很过分的,一定是有分寸的。当然我会批评,因为熟人之间恰恰是可以批评的,但我的批评也不会特别激烈,一定是小骂大帮忙的。当然,陆宇峰老师也洞穿了我们这个话语/权力结构,所以特别邀请了马剑银老师来与谈,因为马老师是清华毕业的,所以他更有可能提供真正激烈的批评，因为大家都知道，说北大不好的经常是清华的。

接下来言归正传。尤陈俊老师的讲座为我们展示了话语分析在法学研究中的意义和可能。我自己是法律史专业，我觉得话语研究在法律史中的确非常重要。传统的法律史研究分为制度史与思想史，话语史可以看作一种思想史研究，但又不同于传统的思想史。用剑桥学派波考克的说法，传统思想史是一种学说史或教义史（history of doctrines），关注的是重要思想家的教义、学说的演变，而话语史（history of discourse）关注的是具体行动的个体如何在语境中展开对话。话语史关注的对象不再只是那些最重要的思想家，而是关注那个时代的人如何展开讨论，以及背后的权力结构。比如就我研究的英国法律史而言，在剑桥学派的研究中，对英国宪制真正有影响的不是霍布斯和洛克，而是柯克、哈灵顿、西德尼这些人，他们对当时宪制的塑造影响更大。就像陈俊的研究一样，他关注的不是那个时代的大儒，而是普通官员、讼师、普通人的看法。因此，话语史关注的材料也不再是过去的典章制度，而是报纸、笔记、档案等更偏社会史的材料。在这个意义上，法律史研究的话语史转向就非常重要，可能揭示过去研究中被遮蔽的东西，也可能成为未来法律史能有所创新的领域。

以上是关于为什么要关注话语史的研究，接下来是我们如何去做话语史研究，这可能是更难的问题。但这里也会有两个难点。首先，话语可能揭示过去被遮蔽的信息，但也可能隐藏信息。因为我们知道很多话语不一定是真实的，当时的人们之所以这样说而不那样说，背后可能有更深的考量和权力结构的支配，这需要更多的信息和语境来辨识，但这种辨识是很难的，有时候稍有不慎就可能被误导。因此我赞成骏楠说的，我们不能因为强调话语史，就只看到人们在说什么，更要看到那些没有说的东西，只有把话语史和制度史、社会史结合起来，才可能更接近历史的真相。其次,另一个难点是我们还要辨识话语背后的权力格局,这需要一个客观的观察者立场,但这种立场也是很难得的。尤其是在当代话语的研究中,这种客观的立场更难。我和骏楠的看法不一样的是,我对法律史的研究比较乐观,而且认为法律史是话语史真正可能有所作为的场域。当代话语研究首先面对的是信息的复杂多元,比如你要了解今天中国的法律话语,你不仅要看书本文章,更要关心微信朋友圈、微博热搜、抖音、快手,才能真正知道普通中国人的看法。但较之海量信息带来的困难,更难的是客观中立的立场。因为每种话语背后都有生产它的权力结构,比如像方方这样的事情出来,各种话语都呈现出来,但其实这些话语未必针对事实本身,真正较真的是话语背后所隐藏的立场。因此,如果要分析当代的话语权力,可能你的立场首先就会制约你。就像刚才陈俊老师讲到教义法学和社科法学,他就不可能很客观,因为他就是社科法学最初的发起人之一。也正因如此,法律史研究反而可能是话语分析更好的一个场域。

最后,当然还是要提出批评。从目前的话语史研究来说,多数的研究还是太简单了,更多是对当时多元话语的呈现,只是众声喧哗的场景展示,但缺少对于背后权力结构和逻辑的分析,缺少将话语实践与社会实践相结合的分析。就像尤陈俊老师讲座中发给大家的关于讼师恶报和文明论话语的两篇论文。我是这两篇文章最早的读者之一,在它们发表前尤老师都给我看过,我当时也都提出过批评,就是这些分析还不够深入,对话语背后的权力逻辑的分析太初步。虽然尤陈俊老师解释说这些问题他要在另外的文章中继续讨论,但在我看来这种辩解是不成立的。因此这两篇文章如果作为话语史研究的范本也许并不是最理想的。事实上,尤陈俊和赖骏楠关于话语史的研究都有更好的作品,比如尤陈俊之前关于讼师贪利的研究、厌讼与健讼的研究,赖骏楠关于近代国家法话语、国民话语的研究,都是非常精彩的。如果在座的同学们想要进入话语史的研究,不如先读读这些作品。

马剑银副教授:

非常高兴今天有这个机会来学习尤陈俊老师关于话语分析在法学研究中运用的观点,听下来获益良多。

刚才于明教授说的其实就是话语权力,对听众有影响力,让听众有期待(听我批判),好为他之前的批判解套,让大家觉得他批评得很温柔。但事实也许是他这次批评很犀利,而我很温柔。

我对话语分析这个话题很感兴趣,最近在我所关注的慈善法领域就尝试做一些话语研究,例如目前作为舆论热点的"轻松筹""水滴筹",作为互联网个人求助服务平台,是不是在做公益,做慈善,大家是在什么意义上使用"慈善"这个概念。慈善背后不同的文化背景使得同一个词被不同的人表达,在不同的场合表达,说给不同人听,含义都不同,但对普通大众来说,可能会很困惑,对其造成认知与理解上的障碍。我主要表达以下几点:

第一,刚才尤陈俊老师说哲学的语言学转向,这非常重要,是人类认识世界的革命性事件。以往的哲学都是建立在主客体二分的基础之上的,主体(人)认识客体(世界),但语言学转向之后,世界尤其是社会世界,并不仅仅是人类认知的客观对象,而且还是人类交往沟通过程中通过语言建构起来的。福柯和哈贝马斯都使用"discourse"这个词,他们都强调语言对社会实体的建构功能。区别在于,哈贝马斯的"discourse"更强调主体之间的沟通,因此翻译成"对话",人们在对话中互相理解从而建构(社会)世界。而福柯认为人们通过"discourse"建构一个秩序去影响他人,因此翻译成"话语",也就是人对人通过话语的具有规范性(即建构秩序)的微观权力,他有一篇文章题目就是《话语的秩序》(L'ordre du discours)。

第二,因此,20世纪中叶之后,因为哲学的语言学转向,我们获取知识时就要特别小心。凡是我们看到的观点(用话语表达的),话语背后有各种物质生活条件、文化背景、政治立场、叙事方式,需要仔细观察观点所在的语境;凡是看到的事实(用话语描述的),不一定是事实,有可能是伪装成事实的观点,有很多的修辞与前见,需要进行仔细甄别。因此要进行话语研究,讨论话语作为权力,是说作为权力的话语,不仅仅是话语本身,因为这个话语有着更多的物质、文化、经济等条件,说出来的话语还包含着很多没说出来的东西。

第三,我并不同意于明教授说的话语分析特别适合在法律史或者历史学科中进行研究的观点。实际上所有法学学科,包括各个部门法学,甚至是以法教义学为基础的民法、刑法,都可以进行话语分析(话语—权力分析)。例如,中国法上的拾得物处置规则,就体现着传统私有制基础的民法和社会主义语境结合的文化意义,"先占"的话语被"公有制"话语所抵制。

第四,用话语(话语/权力)分析还可以更深刻地看待法律思想的演变。现在法理学常常说三大流派:自然法学、法律实证主义与法社会学,但这三个流派并非处于同一个平面,或者在同一个时空中进行比较,而是需要具体的语境。因为每一种学派的话语表达都具有特定的时空背景,例如自然法学是代表革命的学派,在和平年代自然式微,除非遇到激烈的道德与政治冲突,它的话语才更有力量;而在动荡的年代,法教义学、法律实证主义根本没有市场。目前的法教义学和社科法学之争,同样应该放在当代中国历史发展的特殊语境中,可能才更清楚它们各自话语背后的权力结构以及人们对它们认知与理解的空间。

第五，例如，尤陈俊老师研究讼师恶报，为何这种观念在清末竟然可以堂而皇之发表在报纸上？现在如果有人写在报纸上则肯定会被人笑话，而当时作为舆论为何能影响人们的认知呢？因此，就如我所说，所有的观点和事实都可以进行话语分析，因为每一种话语就代表着一个特定的时空的社会结构和权力结构。

第六，例如，刚才于明老师谈到了方方日记，这个事件在中国当下已经成为一个非常体现社会撕裂的事件，无论是支持方方还是反对方方，都陷入了尤老师所说的话语总体性的纷争。方方变成了一个符号，而把方方这个人、方方的日记、方方日记在海外出版、方方日记事实的真实性、方方个人的人品道德都放在一起讨论。如果这些问题分开，你会发现你的态度会更加复杂，但是目前公共领域中的话语不容许你分开讨论，而是需要你总体性地给一个态度。这样一个话语权力结构使得更多的人沉默，他们不愿意表态，只要你的态度复杂一点，就会两边不讨好。说话与不说话，成为一种话语形成的特殊权力结构的必然产物，要么简单表态，要么沉默。

关于方方日记的讨论中还有一种观点，就是对方方日记的态度是一种新旧之争。这种话语其实很可怕，因为这里隐含着一种二元对立的话语权力结构，支持方方的已经过时，反对方方的代表未来。这让我想起了前几年台湾和香港的年轻人，他们不也是一种观点吗？新旧之争只不过是表象，甚至只不过是某种因为操纵话语权力结构形成沉默的大多数之后的一种幻象。如果我们对台湾青年的"台独"倾向，对香港青年的"港独"倾向有警惕，那么我们同样要警惕方方日记事件带来的这种话语幻象。

之前尤陈俊老师和骏楠老师讨论的文明论和近代中国国际法问题，实际上大家也会发现这里存在着二元话语体系中的权力结构。在文明/野蛮这样的话语体系中，构建起来一种话语幻象，跳不出这种二元话语体系，我们就只能二元对二元，非此即彼。

当然了，整体而言，话语/权力的这种分析，是偏左的，是批判法学的，是后现代的，在中国语境当中是带有本土化和民族主义的，这是一个基本的倾向。但这并不是全部，我们反而要跳出政治立场的二元区分，去讨论更为细节的内容。

尤陈俊老师今天带来的这样一种有关"话语/权力分析"的话题，在法学研究当中的应用，是有广泛市场的。我们期待更多关于话语/权力分析的作品，不仅仅在法律史这样一个领域，而且在法学研究各种各样的领域中都能够有好的作品。

王鑫编辑：

非常感谢华东政法大学科研处的邀请。

尤陈俊老师这篇文章是我在一年前编的，虽然过去一年了，但至今印象深刻。当时给这组文章取了一个专题名，叫"中国法制史中的话语构建和传播"，后来因为编辑部开会的时候，提出了一些异议，就把名字拿掉了。尤陈俊老师在这篇文章中通过对中国法律史/法制史的话语传播的研究，从过去学界一直不甚关注的"讼师恶报"的角度谈起，展现了中国古代法律文化的特点，尤其是对我们今天讲法学话语体系的构建提供了一个新的视角。

中国古代的哲学从某种意义上而言是现实的政治哲学，现实的政治哲学就是教你怎么样正确地做人，如《大学》开篇就是如何修身、齐家、治国、平天下，以及处理各种复杂的人际关系。儒家不光教我们怎样正确地做一名君子，也告诉我们为什么要这样做，但这样的社会文化体系的道德约束机制比较薄弱。因为中国古代道德的基础是建筑在宗族亲情关系上面,如"亲亲相隐"就是由血缘关系来决定什么事情该做,什么不该做。

在这样的文化氛围下,最早靠"善有善报,恶有恶报"来指导人们的行为,但这种说法容易被证伪,因为在社会中有很多可以看得到的例子证明好人不一定有好报,做坏人也不一定有坏报。如一句俚语说的"好人不长久,坏人活千年",这就给社会道德形成很大的冲击。佛教传进来之后,就帮助解决了这个社会道德约束力不足的大问题。佛教带来了六道轮回的说法,把因果报应跟六道轮回结合在一起,把好人好报、恶人恶报放到来世。大致意思就是这一世积善行德,下一世能够大富大贵;这一世做了坏事,下一世做牛做马。这个来世是不可能证伪的,因此,来世报作为促进道德约束的一种机制来说,它弥补了中国传统方面的不足。

可以看到,"讼师恶报"背后折射了中国文化深层的含义,是中国文化一千多年积淀的成果。这样的研究视角,对我们今天讲话语/权力构建的问题很有意义。我们今天讲的现代法治很多移植于西方,甚至有人说,现代法治就是西方的。尤其在"五四"时期,知识分子对"德先生"和"赛先生"的呼声达到顶峰,我们对于西方的学习在近代史中一直是从拒绝到模仿,再次拒绝再模仿。在这样剧烈反复的背景之下,所折射出的是一以贯之的问题意识,即如何能够既促进中国的现代化又不同于西方的道路,中国法治的现代化该如何汲取中国传统文化的资源?即使在最近几年,话语权问题成为中国思想界的一个热词,但我们依旧处于非此即彼的拉锯之中。

陆宇峰教授(主持人):

前天我拿到了尤陈俊老师发来的三篇文章,为今天的讲座预习。

这三篇文章分别出自刘禾、赖骏楠、尤陈俊老师之手,从方法上看,都强调对话语实践的研究。我阅读比较了三篇文章,对话语分析这种研究方法有了一点自己的认识,与大家分享。

第一,话语分析方法的重要意义,在于揭示出更丰富的世界图景。

关于这个问题,我从刘禾老师的作品谈起。刘禾老师是享有国际声誉的大学者,她所编写的《世界秩序与文明等级》,试图说明"文明/野蛮"的话语如何既奠定了欧美国家认知现代世界的基础,同时又得到被征服者的接受,刺激着他们的进步主义观念和对本国"落后文化"自惭形秽的感觉。这样一来,话语研究这种方法,就与萨义德(Edward Waefie Said)的东方主义理论结合起来了,揭示出西方如何通过虚构和贬低东方,完成文化征服,从而配合武力征服。

人们可以在此基础上开展多重批判:一是对文化征服过程的批判,即文化征服的过程本身就充满了盲目和偏见;二是对文化征服目的的批判,即文化征服不过是为了配合武力征服并获取经济政治利益;三是对文化征服结果的批判,即将不公正不平等的当代世界归因于现代史上的文化征服。所有这一切,都对文明话语和进步主义产生了解构效应。

但我并不看重这样一种解构效应。一方面,我们很难简单地说西方对东方的认识都是基于偏见谬误且心怀不轨。近代西方是了解东方,还是只是想象、虚构着东方,甚至刻意贬低东方?这本身需要历史研究。据我所知,复旦大学李天纲老师就认为,这是萨义德无知的说法。他能够清楚地证明,孟德斯鸠(Montesquieu)根据包括税收统计等在内的严谨的历史资料,得出了中华帝国是东方专制主义的结论。甚至可以说,马可·波罗(Marco Polo)给西方人带去的关于中国的浪漫想象,是被后来的传教士们带回的更真实的信息,一点一点改变的。另一方面,如何评估文明话语和进步主义的价值,它们到底带来了福音还是灾难?我只能说,这实在不是一个学术问题。

我想刘禾老师的作品更重要的,是通过话语分析展现了另一幅世界图景。用系统论的话说,这在根本上是由于她改变了观察世界所使用的区分,从"中西之分""东西之分"中,剔除了"文明/野蛮""进步/落后"的古今之分。这幅世界图景不是不同文明构成的等级秩序,而是多元文明并存的去中心化的秩序,具有更高的复杂性和内在张力。破除思维的框框,让人们看到更加色彩斑斓的世界图景,对我来说,这才是学术贡献。

第二,相应地,话语/权力分析方法的使用,需要特别谨慎。

赖骏楠老师的作品《文明论视野下的晚清中国及其对外关系》,就给我这样一种分寸感。回到刚才的讨论,赖骏楠老师很明确地保持一种学术目标,这使他远离了庸俗的东方主义套路。尽管他仍然关注文明论的话语,但他不是去夸张地抱怨、指责西方的文化征服,而是去观察不同于国际法学家的侨居地汉学家眼中的近代中国。赖老师有意识地选择了观察对象,亦即聚集在《中国评论》这个平台上的侨居地汉学家群体,因为这些汉学家并不是简单地接受了文明论的教条,而是在生活历史中实实在在地经历了文明的碰撞,形成和巩固了文明论。这个特殊的观察对象,使得赖老师能够构造出新的想象空间,让我们去揣测文明论思维的来源。

我从赖老师的文章中,能够读到文明论思维形成和巩固的可触可感的具体历史:西方的传教士和汉学家来到中国,一开始认可中国文化的诸多优点,但由于遭到中国的严重排斥和贬低,由于对中国文化名实差异的逐渐认识,以及由于在中国维护和扩大既得利益的现实需要,亦即出于情绪、理性、利益的多重原因接纳了文明论的叙事。至于《中国评论》的作者们一再叫喊要中国人改宗基督教,乍一看令人义愤填膺,但还原到现实的历史之中也不难理解。他们切身感受到了儒家伦理虚伪的一面,特别是政府将儒家伦理作为愚民之术的一面,认为这是缺乏信仰所致。更简单的原因则是,这些作者大量是传教士。

不那么准确地说,赖老师的文章给我一种"狡猾"的感觉。不同政治立场的人都可以从中读到感兴趣的内容,似乎既有西方进行文明征服的证据,又有对此一历程"同情的理解"。他显然不想陷入对文明进行话语权力分析的泥潭,而是致力于以更清晰的姿态呈现19世纪的中国与世界;他说他希望未来能够避免中国与世界的误解与怨恨。这都淡化了话语背后的权力分析,也正因如此,赖老师的话语分析反而呈现一种学术的丰富性。

第三,那么什么是好的话语分析?

我想,尤陈俊老师的文章所使用的研究方法,并不是"话语/权力"分析,而是"话语/功能"分析,这就是好的话语分析。在《"讼师恶报"话语模式的力量及其复合功能》这篇文章中,尤老师再次向我们展现了话语分析丰富世界图景的价值,说明了"制度资源"和"恶报话语"的双重打压,才是古代讼师面临的真实法律环境。而且在他看来,"讼师恶报"话语对讼师活动的压制,并不仅仅体现了一种权力的支配,那只是这套话语之于官方的功能。对于大众来说,"讼师恶报"话语有宣泄情绪、表达正义观念的功能;对于讼师群体来说,它还有替代职业伦理、发挥自我约束作用的功能。

这样的"话语/功能"分析,不仅超越了单纯的对正式制度的研究,也超越了强调非正式制度重要性的西方"法与社会研究"。"法与社会研究"的重大不足,就在于其满足于对话语实践或者说非正式制度的权力分析。这种政治还原论,根本不是科学研究的方法,而是障眼法。把一切话语实践都还原为权力问题,能带来什么?只能带来政治立场的对峙。把一个没有解决的问题还原为另一个不可解决的问题,这种做法并没有丰富我们的认识,而是恰恰相反,简化了我们对世界的理解。

系统理论强调,同样的话语,在不同的社会脉络之中具有不同的意义,发挥着不同的功能。这一点,尤老师已经通过他对讼师恶报话语的研究加以证明了。其历史背景,是宋代以降的传统分层社会。在今天的现代社会中,诸社会脉络更加分化,话语功能也必然更加分化,值得具体研究。通过话语/功能分析,帮助我们理解各种法治话语如何作为诸社会系统的耦合结构起作用,进而为全社会的法治化这项巨大工程做出贡献,我认为前景广阔。

四、 闭幕致辞

屈文生教授(华东政法大学科研处处长):

非常感谢人民大学尤陈俊老师接受华东政法大学的邀请,担任我校"东方明珠大讲坛"第2期的主讲嘉宾,接续康奈尔大学於兴中教授和清华大学高鸿钧教授的第1期演讲。

在这场学术嘉年华中,正如我在筹备会议阶段所言,尤陈俊老师、于明老师、赖骏楠老师,现在分别供职于中国人民大学、华东政法大学和复旦大学,都是北大出身,北大系的;马剑银教授和陆宇峰教授,目前在北京师范大学和华东政法大学供职,寻根溯源的话,皆为清华出身,清华系的。这是一场巅峰对谈。今天的主讲人和与谈人,都深为我本人和华政师生所钦佩,都是严肃的学者,某种意义上都有学术洁癖,当然我是在褒义上使用"洁癖"这个词的。感谢《学术月刊》的王鑫编辑参与讨论。感谢出席今天讨论的全体师生。

近年来我经常向我的学生推荐尤陈俊老师的两篇大作,一篇是12年前发表在《开放时代》的《"新法律史"如何可能——美国的中国法律史研究新动向及其启示》,另一篇是数年前在《探索与争鸣》发表的《作为问题的"问题意识":从法学论文写作中的命题缺失现象切入》。尤陈俊老师的《法律知识的文字传播》以及尤陈俊老师与黄宗智合编的《从诉讼档案出发》,都是领风气之先的清新之作,都是从事中西法律交流史研究绕不开的作品。

尤陈俊老师今天演讲的主题"话语/权力分析在法学研究中的运用"在网络上发布后,包括列文森奖得主、加拿大多伦多大学历史系陈利教授在内的很多好友,都在称赞这个选题,陈利教授讲"power knowledge"和"discourse analysis"也是他一直在研究的。我在这里先向大家做个宣传,我们正在积极对接陈利教授,争取请他在近期也到"东方明珠大讲坛"主讲一期。大家知道,陈利教授毕业于美国哥伦比亚大学,其在哥大出版社出版的《帝国视野中的中国法律:主权、正义与跨文化政治》(Chinese Law in Imperial Eyes: Sovereignty, Justice, and Transcultural Politics)在学术界备受好评。

我近年来的学术兴趣集中在对中英、中美的不平等条约的研究上。在此期间,我也翻译了徐中约的《中国进入国际大家庭》,特别感谢李秀清教授和今天的与谈人骏楠教授为该译著做的译序,骏楠很敏锐地将该书定义为"晚清外交史的奠基性作品"。在此期间,我到哥伦比亚大学刘禾教授(Lydia Liu)所在的比较文学与社会研究所(The Institute for Comparative Literature and Society,英文简称ICLS)任访问学者,多次听刘禾教授和李陀教授谈福柯,特别是《知识考古学》(*The Archaeology of Knowledge*)、《规训与惩罚》(*Discipline & Punish: The Birth of the Prison*)、《生命政治学的诞生》(*The Birth of Biopolitics*)、《词与物》(*The Order of Things*)等,受益匪浅。

"普遍的知识交流和无限自由的话语交换"一度被认为是仅属于欧洲人的神话。"在东方专制暴政下,知识则是秘密的,被人垄断的",但福柯认为这个观点站不住脚。在福柯看来,宗教的、法律的、政治的话语主要是靠"ritual"(仪轨)来构建,都不可能摆脱"仪轨"的控制。下面我就今天的主题谈以下三点。

第一,关于"话语权力"问题。在我有限的知识框架中,我知道福柯在其"The Order of Discourse"(《话语的秩序》)一文中对此问题有系统的表达。特别是福柯谈到的话语活动存有难以想象的权力,"话语是斗争的手段和目的,话语是权力,人通过话语赋予自己以权力"等论断,广为流传。不过有意思的是,引用者在引用引号中的这段话时,多将出处指向许宝强、袁伟选编的《语言与翻译的政治》一书中收录的福柯论文,但是我核对后发现,这可能是伪注,至少该书的译文中并无与"话语是权力,人通过话语赋予自己以权力"一模一样的话。我在《知识考古学》中也暂未找到,所以这样打引号的引用,很有可能只是秘密的"挪用",当然我还不是很确定。福柯关于"疯狂和理性"的讨论也是经典的,他讲"疯人众多的话语仅被视为纯粹的噪音,只会被允许在舞台上象征性地言说,无害而又顺从",因为是疯言疯语。

从应然意义上说,翻译在突破观念冲突或樊篱的进程中,是重要的沟通桥梁,翻译应使交往双方通向理解之路。但从实然意义上说,翻译也可能造成某些误解甚至是冲突与纷争。在近代中英关系史上,翻译、理解与误解是伴生的。

"话语"的说法,借用李陀的话来说,恐怕已是一种"灾难性的时髦",但话语/权力分析在解释中西关系时,的确非常有效。像1860年签订的中法《北京条约》中,传教士为实现自己的利益在该条约第6条中曾擅自加上"传教士在各省租买田地、建造房屋自便"文字的事实,中英双方延宕60年之久的"城口"之争,以及我们发现的威妥玛先是在1858年《天津条约》汉约本第16款内通过翻译添附"会同"两字,继而在1876年《烟台条约》中再次将此"会同"二字扩大解释为英国官员在中英交涉刑事案件中的"会审权"、"观审权",都是很好的注解。

翻译在话语体系的构建中发挥的作用,值得细究。词语并非完全软弱无力,它可以关闭其作为符号的本性,拥有全新的力量。勒弗菲尔(Lefevere)说,翻译并不是一种中性的、远离政治及意识形态斗争和利益冲突的纯粹的文字转换活动。

第二,关于"文明论"。刘禾老师讲,"文明论"俨然成为统辖人心的一种超级意识形态。文明等级论就是要逐渐征服人心,进而被世界公认。但这种公认会产生一个严重的后果,它意味着儒家的世界秩序观被《万国公法》的普世性,包括尤陈俊刚刚讲的奥本海所言的"欧洲人的国际法"所取代。西方老牌殖民地宗主国捍卫的是殖民宗主国的特权和经典的文明标准。正是不满于此,刘禾认为,我们不能不追究文明论的历史谱系,要为打破"文明论"(文明冲突论)超级意识形态而努力,这既是为了国际法,也为了思想本身。这是刘禾在其作品《世界秩序与文明等级:全球史研究的新路径》中秉持的重要理念,也是她在完成《跨语际实践》《帝国的话语政治》两本书后,对世界秩序构建课题研究所做的进一步探索。我们可以深入思考刘禾的逻辑体系,从跨语际实践到话语政治,从话语政治到世界秩序。我认为刘老师的三部曲不止是"经验研究",还是形而上的文本研究、话语实践研究和话语的社会实践研究。

话语的跨语际实践研究非常有趣,比如反抗领事裁判权、治外法权、协定关税特权、最惠国待遇话语实践的过程;比如从通商到通商外交,比如公使驻京(从广州到上海到北京)的实现,国际法确立的过程;比如主权、民主、共和、权利、政府、议会、法院、民法、宪法、六法、罪刑法定、法律面前人人平等等新名词从译著文本落实到现实制度与国人观念之中的过程。这些过程不单是符号的转码过程,也不止是一个简单的寻求公度性的过程。从传教士、商人、外交官、学者,到今天的政府、大众(公民外交)甚至是机器,都正在成为话语体系构建的主体。

第三,关于尤陈俊老师在演讲中所提吉尔雷(James Gillray)关于马嘎尔尼使团夸张的宫廷漫画《觐见图》(*The Reception*)一节的问题。限于时间关系,我和大家分享两点。一是《中国进入国际大家庭》一书的封面设计很有意思,就是取自吉尔雷这幅图。其中,传统中国建筑的背脊、斗拱与飞檐设计,代表的是中国,而小斯当东(George Thomas Staunton)手中的那颗热气球,则象征着地球或国际大家庭,这个背脊的一角在视觉上是"楔入"了气球,就十分契合"中国进入国际大家庭"的书名。商务印书馆孙祎萌编辑就选择了这幅压题的图片。

另外,图中的风信鸡(weathercock),也叫定风铜箭,我在做《望厦条约》照会件研究时,曾对徐亚满案做过研究,那个案子与此前一件涉及"weathercock"的案件有关。这个在英国的国礼礼单中,我去年到英国访问时,看到哈利·波特(Harry Potter)电影拍摄地国王十字火车站(King's Cross Railway Station)房顶上,还有这个符号性的风信鸡,很是有趣。

我就讲到这里,感谢在场的各位师友,谢谢大家!

行政协议的判断标准与合法性审查

华东政法大学第 3 期东方明珠大讲坛

[主讲人] 余凌云
清华大学法学院教授、博士生导师
中国法学会行政法学研究会副会长
中国法学会案例法学研究会副会长
最高人民法院行政审判庭副庭长（挂职）

[与谈人] 章志远　华东政法大学法律学院教授
　　　　　　　　　第八届全国十大杰出青年法学家提名奖获得者

[主持人] 练育强　华东政法大学科研处副处长、教授

时间
2020年4月25日周六上午9:00～12:00

主办｜华东政法大学科研处、华东政法大学法律学院

第 3 讲
行政协议的判断标准与合法性审查

时　间：2020 年 4 月 25 日上午
主持人：练育强（华东政法大学教授、科研处副处长）
主讲人：余凌云（清华大学法学院教授、博士生导师，中国法学会行政法学研究会副会长、中国法学会案例法学研究会副会长、最高人民法院行政审判庭副庭长［挂职］）
与谈人：章志远（华东政法大学法律学院教授、博士生导师，第 8 届"全国十大杰出青年法学家"提名奖获得者）

一、开场致辞

练育强教授（主持人）：

　　前两期大讲坛主要是法理学与法律史的内容，今天我们的关注点聚焦于部门法，而且还是行政法和民法的交叉。这一期也是清华和华政的对话，来的是清华大学教授、博士生导师余凌云老师。欢迎余教授！

　　今天余教授讲座的题目是"行政协议的判断标准与合法性审查"。余凌云教授对于行政协议一直予以关注，早在 2000 年的时候，他就在《公安大学学报》上发表了《从行政契约视角对"杨叶模式"的个案研究——治安承诺责任协议》,去年余教授又以指导案例76号为分析视角,在《比较法研究》上发表了《行政协议的判断标准——以"亚鹏公司案"为分析样本的展开》,所以余教授对于行政协议的研究具有很高的水准。下面我们正式欢迎余凌云教授开始他的讲座!

二、主讲环节

余凌云教授:

谢谢大家,很感谢华东政法大学邀请我来主讲本次讲座。

今天主要交流四个问题,第一是现代行政法上的契约现象,第二是行政协议如何写入《行政诉讼法》,第三是介绍行政协议的判断标准,最后谈一下行政协议的审查思路。大家有问题可随时提问,我们可以随时交流。

第一,我先跟大家交流一下现代行政法上的契约现象。

行政法上的行政契约到底指哪些,这个问题似乎现在没有形成共识。德国研究的行政契约是最狭窄的,比如说,在德国,公共采购合同不属于行政契约。在法国,对这类契约如果使用公法上的规则,都算在公共合同范畴中。英美国家有所谓政府合同,以政府为一方的所有合同都属于政府合同,不是所有的政府合同都是行政合同。历史上英国法学家戴西有一个很著名的论断,即"绝对平等理论",行政机关和个人承担的法律责任都需要由法院裁决。英美国家讲的政府合同不完全是我们讲的行政合同。因此,我们在借鉴的时候就会产生很多争议。例如,有些学者借鉴德国的"对等契约"和"不对等契约"来研究我们的行政契约,虽然可以部分解释,但始终不能完全解释,这也是一个问题。我自己的看法是,在我们国家,行政契约实际上是借鉴私法上的一种契约手段,为什么要将其援用到公法上,实际上也是为了和相对人进行更好的沟通。

我们可以根据合意和权力要素,把我国公法上的契约现象分为三类。

第一类是假契约。如果在合同中公法因素所占比重较大,在契约的形成过程中合意不明显,甚至可以具有事实上的强制效果,我称之为"假契约"。我在《法学研究》上发表过《行政法上的假契约现象——以警察法上各类责任书为考察对象》,大家有兴趣的可以看一下。假契约在西方也存在,比如说英国有一位很有名的戴维斯(Davis)教授,他的博士论文写的就是假契约。我于2003年在剑桥大学做访问学者的时候,和澳大利亚的一位访问学者交流过,澳大利亚也有假契约现象。关于我们国家的假契约现象,我下派到济南的时候,当时在派出所的主要工作就是签订责任书,我当时搜集了很多样本,后来写了前述《法学研究》上的那篇文章。当时济南的派出所和摊贩会签订"治安摊点责任书",内容主要是如果摊点上发生治安案件,摊贩必须第一时间报警,而且需要配合公安机关的调查。这里面也有一些规定存在问题,比如说,在警察赶到现场之前,摊主必须把打人的一方控制住,如果说打人的一方跑了,被打的一方可以追究摊主的责任。这很明显就存在问题。虽然从理论上讲,摊主是可以不签该责任书的,但是我当时询问他们为什么要签,摊主给我的理由是:第一,大家都签,如果我不签就显得不给派出所"面子",以后摊点如果出了什么事情,派出所只要晚来十分钟,我的摊点损失就很大;第二,大家都签,也没发生什么事情,所以就签了。所以它实质上是一种"行政命令",不是"行政合同"。所以说假契约是否存在的争论，主要存在于行政法学内部。

第二类是合意和权力要素的结合，我称之为"纯粹契约"。

替代行政行为的契约是公法上的契约，也就是行政契约，民法学者一般不会认为这属于民法上研究的对象。我曾经给湖北鄂州杨叶镇的治安承诺协议做过个案研究。1997年以前，杨叶镇的治安状况很差，对企业（尤其是外来企业）和种养殖户敲诈勒索、聚众哄抢的案件接连不断，导致投资环境较差，严重影响了当地经济的发展。1997年杨叶派出所领导班子调整后，为留住一位想租浅滩种湘莲又怕当地治安不好的湖南客商，派出所首次和该客商签订了治安承诺责任书，并且逐渐推广与辖区单位签订治安承诺责任书，明确双方的治安责任以及权利义务。派出所在被承诺单位门前挂上统一制作的治安承诺责任牌，接受群众监督。责任书一式两份，由派出所和被承诺单位各存一份。承诺期限一般为一年。期限届满时，被承诺单位要对派出所上年履行承诺的情况做出评价。如双方同意，还可续签责任书。治安承诺责任制实施以来，在改善治安秩序、形成良好的经济投资环境、加强公安队伍建设、塑造公安机关形象等方面都收效明显，从而引起全省乃至全国的注意，其经验也被称为"杨叶模式"，这种承诺书就是典型的公法协议。另外还有德国法上的和解契约，比如说在行政处罚中，当事人因经济困难等原因可以缓交，可以和行政机关进行协商，形成和解契约。

第三类是在行政法与民法学者之间争议比较大的契约，可以称之为"混合契约"。可以说"混合契约"的基本底色是民事合同，但是欲以完全民事合同实现公法上之目的并非完全可行，所以加入了一些公法上要素，形成的契约叫作"混合契约"，现在我们行政法学者与民商法学者争论最大的就是这种契约。

第二，行政协议写入《行政诉讼法》的历程。

我们先把行政协议写入行政诉讼法中的过程盘点一下。在行政诉讼法修改"一审稿"的时候,当时全国人大法工委邀请我去座谈论证,当时我看了"一审稿",受案范围中没有行政协议。"一审稿"审议后,行政法学界对这一问题比较关注。大家都知道,在1989年《行政诉讼法》制定之后,2014年《行政诉讼法》修改以前,行政合同的问题就已经出现。最高院早就已经把行政合同列为行政案由的一种。在2014年《行政诉讼法》修改以前,法院对行政合同争议的处理基本上是拆解为单方行政行为,这就给后来两种不同审理思路的争论埋下了伏笔。

到了2014年《行政诉讼法》修改时,行政合同到底要不要写进受案范围,转折点在"三审稿"中。在当时,最高人民法院给全国人大法工委发函,指出行政合同可以写进去,为此全国人大法工委专门召开了行政合同专题研讨会。你们可以看一下全国人大法工委立法资料的汇编,对有关行政合同的论证和意见进行了梳理。开会的时候,我们讨论行政合同到底要不要写进去,首先最高院行政庭的王振宇副庭长介绍了最高院函的意见,并表示这不仅仅是行政庭的意见,也是最高院的意见,这意味着最高院民庭也认可这样的做法。讨论结束的时候,由应老师总结,应老师问到底能否将行政协议写进《行政诉讼法》,袁主任说不反对写进去。我当时提出来,如果将行政协议写进《行政诉讼法》,最好再提及行政机关当原告的问题,因为行政合同是双方合意,和传统行政法上行政机关单方意思表示做出的单方行政行为不同。当时袁主任也表达了自己的看法,说如果将行政机关作为原告写进去,那么会产生其他的问题,如果突然将它写进去,接下来开展工作就很不容易。大家都知道,1989年《行政诉讼法》制定之后,所有的宣传都是"民告官",如果突然出现"官告民",如何讲清楚这件事情。如果讲不清楚,则在全国人大那边就不能通过。然后我突然理解了应老师在开会时提前提出的一个观点，即"行政机关可以不当原告，但相对人不履行义务可以通过非诉执行的途径解决"。后来我又进行了一些研究，发现行政机关当原告确实是一个问题，但不是那么突出，行政机关既然处于主导地位，那么对于相关争议的解决，行政机关可以采取多种方法。

后来新《行政诉讼法》实施以后，有一个地方领导问我一个问题，就是地方上政府和企业有约定，企业达到特定的投资数额就可以获得政府的补贴，后来企业没有达到当时约定的投资数额但政府已经进行了补贴，当时政府就想让企业将行政补贴返还，那么这种问题该如何解决呢？还是有一个办法的，这种争议公法上的色彩并不浓厚，可以将其当作民法上的争议予以解决，依照合同约定没有达到相应的投资数额，可以要求返还补贴。还有一种解决方法也可以讲讲。早年海南省海口市发生一个案子，当地领导也问过我一个问题，当时海口政府想解决低收入人群的居住问题，所以就跟开发商协商，政府将土地以较低价格给开发商，要求开发商建造比市场价格低的小户型，政府与开发商协商一致达成约定。但是当时关于公摊面积的问题没有约定好，开发商对于公摊面积的计算就比一般的商品房更大，所以从单价上看，都是符合预定的，都比市场价格更低。将公摊面积算进来之后，房屋总价跟市场同类房屋的价格基本持平，那么政府最初解决低收入人群居住问题的目的就难以达成。我当时给政府出了一个主意，不给开发商颁发销售许可，等开发商起诉，起诉之后再来解决合同上的纠纷问题。这就是行政机关不能当原告所呈现出的问题。

2014年《行政诉讼法》修改之后，列明了两类行政协议，分别是政府特许经营协议和土地房屋征收补偿协议。国有土地出让合同没有纳入列明，主要原因是国有土地出让合同争议非常大。而且将行政法上长期使用的"行政契约"、"行政合同"的名称改换为"行政协议"，这会和民事合同的用语产生冲突,在行政法的理论研究中,行政协议以前是有特指的,是行政机关之间达成的协议,所以"协议"这个词不如"契约"或"合同"好。最高院在 2015 年的《最高人民法院关于适用〈中华人民共和国行政诉讼法〉若干问题的解释》中有七个条文是关于行政协议的,由梁凤云副庭长起草执笔。后来到 2017 年作了更全面的司法解释,实际上取代了 2000 年的司法解释,同时 2015 年的司法解释也相应废止。在 2018 年的《最高人民法院关于适用〈中华人民共和国行政诉讼法〉的解释》中没有关于行政协议的内容,原因是行政协议内容重要且争议较大,所以最高院给行政协议专门制定了司法解释,也就有了 2019 年的《最高人民法院关于审理行政协议案件若干问题的规定》。

下面谈讲座的第三部分,即行政协议的判断标准问题。

有些学者认为,《行政诉讼法》第 12 条都没有用行政协议这个概念,最高院制定行政协议的司法解释,实际上是超越职权的做法。我认为这种看法实际上是不成立的,因为 2014 年《行政诉讼法》修改的时候增加的"协议",正是我们立法时所谈论的行政协议,所以对于行政协议制定司法解释实质上是没什么问题的。当时在制定行政协议司法解释的时候,有民庭的法官反对将国有土地使用权出让协议列出,这和我们的意见不一致,所以未将国有土地使用权出让协议列进去,而将国有自然资源使用权出让协议写了进去。政府投资的保障性住房的租赁、买卖等协议的列入也是一个亮点。那么,我们对于行政协议到底应该怎样判断,我以国有土地使用权出让协议为例,在最高院以前的解释中,都将其作为民事合同,直到 2015 年最高院发布的十大经济行政典型案例中,把"亚鹏公司案"作为典型案例,后来"亚鹏公司案"又进入了最高院的指导性案例中。实际上最高院通过发布指导案例确认了国有土地使用权出让协议的性质是行政协议。"亚鹏公司案"的一审和二审都在

2014年《行政诉讼法》修改以前,当时不是按照行政协议来审理的,而是按照行政行为来审理的。我当时也问过"亚鹏公司案"的主审法官,为什么没有按照行政合同来审理该案,法官的解释是当事人当时提出来的要求就是行政行为,所以就没有多想。

对于行政协议该如何判断,理论上主要有"主体说""目的说""行政法律关系说"等。实际上很多学者认为行政协议的判断标准是"主体说+目的说",即一方当事人是行政主体、内容是为了实现行政管理目的的协议是行政协议,这种说法也影响到了地方立法,比如说《湖南省行政程序规定》,其关于行政协议的定义采取的就是"主体说+目的说"。还有其他很多地方的行政程序规定也采取这一说法,我都曾经做过梳理,基本上大同小异。但是这种说法实际上是很难说服民商法学者的。行政合同实际上是建立在公法合同和私法合同区分的二元论基础之上的特殊规则,英美国家实际上是不区分公法和私法的,所以对于行政契约,民商法学者是很难理解的。民商法学者认为,例如政府采购合同,政府进行公务采购也是为了行政管理目标的需要,这和普通的民事合同区别并不大。公法纠纷需要用公法规则去解决,私法纠纷需要用私法规则去解决,这是最基本的出发点。行政合同中的确有公法关系,但却都用私法规则去解决,那么这就说不通了,如果公法纠纷都用私法规则去解决,那公法和私法的区分就不需要了?这显然是不成立的。在司法实践中,根据陈无风的研究,法官在判案的时候一般不用"行政法律关系说",法官的表述一般是"具有行政法上的权利义务",主要是"行政法上的权利义务"表述更加直观,更能厘清案件当事人关系。实际上"行政法律关系说"和"具有行政法上的权利义务"是一回事。

还有一种观点,判断合同是否为行政协议的标准是,合同的执行是否采取执行公务的方式。但是,现代行政法中,行政机关完全可以用私法方式来完成公法任务。简单来说,城管对于街上乱贴的小传单进行清理,城管可以将这项工作报给清理公司,两者之间可以协商一致达成协议,这完全就是一个私法过程,达成的协议也是民事合同。所以以执行公务来判断行政协议也是不准确的,判断协议是否具有"行政法律关系"就是一个最为核心的标准。现在问题的核心就是,怎样解构"行政法律关系"或者说"具有行政法上权利义务",很多学者认为"具有行政法上权利义务"内容主要是特指所谓的"行政优益权"。行政优益权理论是从法国和德国借鉴过来的,主要是指行政机关在合同履行过程中具有主导权,享有监督、指导、单方变更合同等权力。这种看法总体是成立的,但对于说服民商法学者仍存在问题。就"亚鹏公司案"而言,我请教了三位民法专家,他们得出的结论和公法得出的结论是一样的,只不过依据公法而得出的结论更为简洁。但仅凭协议具有行政优益权就想完全说服民商法学者是比较困难的。我认为,之所以有行政合同,是因为单凭私法无法较好保障当事人权益,运用行政合同的规则来解决争议更有利于保护当事人的合法权益。单方变更权实质上并非是行政优益权,而是根据依法行政而生的权力,政府的职责和权限只能来源于法律,和第三方签订的合同不能约束政府未来权力的行使,政府也不能通过合同给自己法外授权。

另外,很多民法学者在国有土地使用权出让协议中只看到了约定的民事属性,没有看到约定的行政属性。比如说,某合同中有如下条文:政府于2020年11月1号之前把土地交付给开发商,并且达到"净地"标准。民法学者对于该条文的理解往往是,2020年11月1号之前将用益物权转移给开发商;而行政法学者对于该条文的理解是,2020年11月1号之前,政府承诺审批通过该土地并交付给该开发商。

现在很多国有土地使用权出让协议的争议往往是在公权力行使过程中发生的,那么法院对于公权力行使中发生的争议应当进行合法性审查。国有土地使用权出让协议实际上也并非完全的公法上合同,也有私法上的因素。比如说,曾经有一个关于土地拍卖的案件,政府对土地进行公开的招标投标,要求有意向的开发商须先预交保证金,中标企业可以将保证金折抵土地出让金,政府返还没有中标的企业的保证金。后来政府与符合标准的开发商达成了国有土地使用权出让协议,但开发商未能及时交付剩余的土地出让金,由于市场行情等因素开发商放弃租用该地,但政府不同意开发商放弃该地,由此产生争议。这种争议就属于民事上的问题。所以在混合契约中,我们应当善于敏锐地提炼出契约中的权利义务内容等因素。我在研究"亚鹏公司案"的过程中发现,很多签订行政协议的行政主体往往只有形式上的意义,但问题是这类协议虽是公法上的约定,但约定的主体往往是另外的行政机关,这就能理解为什么政府在土地开发或经济开发的时候一般都会开协调会,形成会议纪要。其他行政机关在会议纪要中事先对其未来权力的行使做出处分,行政协议的部分复杂性就在于此。什么是具有行政法上的权利义务内容?我的基本观点是,不能局限于行政优益权,更重要的是看合同中是否约定了对未来行政权的处分,以及合同内容是否具有行政法上的权利义务关系。

第四个问题,是行政协议的审查思路。

首先,必须对行政协议进行合法性审查,为什么要在行政庭进行合法性审查,因为行政庭长期进行行政审判,其对于公法上的约定的审查比民庭更为敏感。我发现有一个案件,该案一审二审包括到最高院民庭进行再审,都认为合同有效,但是该案合同约定实质上有问题。该案的主要案情是,有一个开发商开发土地,开发的时候想把土地上居住的人迁走,但担心工作会比较麻烦,所以找到了街道办,要求街道办配合工作,把拆迁户迁走,事成之后给街道办配合费。后来开发商没给街道办配合费,于是发生争议,街道办向法院起诉。一审二审都是在民庭中进行的,民庭都认为这是双方的真实意思表示,开发商应当根据合同真实意思表示支付相关费用。直到再审,最高院民庭也持相同观点,判开发商败诉。但是我们看这个案子就会发现问题,街道办在土地开发中的职责就是配合开展拆迁工作,这是它的法定职责,既然是法定职责,那么怎么能拿来牟利呢?如果可以用来牟利,那么行政机关的所有职权都可以用来牟利,这显然是不可取的。实践中还有这样的情况,就是行政机关和开发商事先约定土地出让金的底价,然后将土地进行拍卖,拍得的溢价按照一定比例在合同双方间进行分红。这种约定是真实的双方意思表示,但却是违法的,因为土地出让金专款专用,行政机关不得私吞土地出让金。

对行政协议进行审查,主要有两种思路。第一,是拆解为行政行为进行审理;第二,是按照法律关系进行审理。行政协议既有约定又存在行政优益权,在实施过程中往往表现为单方行政行为的行使,所以这种思路就是审查行政协议实施过程中的单方行政行为。2014年《行政诉讼法》修改之前,这种审查思路普遍存在,但也是可以理解的,毕竟行政协议尚未纳入行政诉讼受案范围。但到2014年之后,还坚持这种思路就有问题了,如果在解决行政契约纠纷上都拆解为单方行政行为,则行政契约是不成立的,从根本上违反了双方协议的特点。王名扬先生最早提出来,双方行政行为必须要双方意思表示一致的时候才能成立,这和单方行政行为的成立是不一样的。如果把双方行为拆解为单方行政行为来处理,则双方行为本身就不存在了。但是,将行政契约拆解为单方行政行为,对于解决争议并没有多少帮助。如果法院认定单方行政行为存在问题,那么合同是否有效、是否应该继续履行,也没有正面回应,案件的实质争议并没有解决。在合同中的很多争议都是双方的,并不一定是行政机关的单方行政行为引起争议,合同相对人引起争议的做法也比比皆是,所以应当按照协议进行审查,不能只审查行政机关的单方行政行为。

由于时间关系,我就谈这么多,剩下的时间大家多交流交流。今天在场的也有很多学者,很多都是我亲密的同事和在学术上有所建树的学者,所以可以一起就行政契约的问题进行讨论。谢谢各位!

三、 与谈环节

章志远教授:

非常感谢余老师给华政师生带来如此精彩的讲座。我主要是来谈一谈学习的体会。余老师长期关注行政契约问题,我曾读过 2000 年中国人民大学出版社出版的《行政契约论》,所以余老师在 20 年前就已经在研究行政契约了,今天的讲座也能体现余老师 20 多年的深厚积累。刚才余老师也给我们讲了很多幕后的故事,行政协议能够纳入行政诉讼法,包括后来行政协议司法解释的出台,余老师可谓是做了很大贡献。我觉得理解行政协议司法解释最重要的两方面,一是判断标准,二是如何审查。这两方面余老师都提出了他的独到见解。余老师讲到了如何理解行政法上的权利义务,包括对行政机关未来行政处分的约定,这些都相当于对司法解释进一步做出了解释,内容丰富而又深刻。关于审查模式,在理论界和实务界争论都是非常大的,包括合同效力的判断,司法解释规定按照行政行为无效的标准和《合同法》上无效的标准来认定行政协议的效力。这些实际上也就是说,2019年行政协议司法解释对于行政协议的审查能够发挥一些作用。我记得在海波教授举办"理想的行政诉讼法"讨论的时候,当时我和沈岿教授有一种主张,就是在行政诉讼法第2条将"行政协议引发的纠纷适用本法"纳入,这就能够为行政协议解释提供更大的空间。不过,这种主张后来没有被采纳。

我认为未来行政协议的发展有三个方向可以考虑。

第一,立足于行政法整体的变迁去理解中国本土的行政协议的标准以及范围。刚才余老师围绕"亚鹏公司案"对《行政诉讼法》的相关条文进行了解读,我觉得还可以用更广的视角去审视。比如说,刚才余老师也提到欧陆法系国家和英美国家的行政协议。就中国而言,中央强调优化营商环境、"放管服"改革、转变政府职能等,我觉得这可能是中国式行政协议安身立命的根本所在。比如说,去年国务院印发《关于加强和规范事中事后监管的指导意见》,提到"私人订制式"的监管,是指行政机关可以根据企业自身信用等级采取私人订制式的、协商式的监管模式,所以中国的行政协议有自身的特点;再比如说,今年疫情防控背景下,复工复产压力比较大,中央提到"六保""六稳",政府在这过程中刺激经济发展需要借助行政协议,这也是中国特色的行政协议所赖以发展的土壤。行政协议的范围和标准可能需要在中国化的背景下去理解。

第二,立足于行政诉讼的新理念去审视行政协议的审理。比如说,2014年《行政诉讼法》第1条将"解决行政争议"加入进去,实际上早在2010年,最高院就提出"实质性化解争议"理念。如今十年过去了,最高院也一直在倡导这个。包括在2019年,最高院"第五个五年改革纲要"中也提到要促进"行政争议实质性化解"。上海高院2019年在国内率先发布行政争议实质性解决十大案例,后来安徽省高院、吉林省高院也相继跟进。所以说,行政协议的各种纠纷蕴含着错综复杂的、不同类型的法律关系,更加需要去实质性化解。最高院从去年开始倡导"诉源治理",浙江省的"诉源治理"效果较好,2019年浙江省率先实现案件总量的回落,上海市也正在用这种思路开展案件审理。所以,"诉源治理"、"诉前调解"等思路或动向,在未来行政协议的审理过程中,可能也会得到较好的贯彻。

第三,行政协议与行政行为的关系需要得到妥善处理。在2014年《行政诉讼法》以及后续的司法解释中,行政协议与行政行为到底是什么关系,现在一方面是进行拆分审理,一方面是梳理法律关系来审理,实际上是表明对于行政协议的"协议性"和"行政性"孰轻孰重仍在摇摆当中。这也是《行政诉讼法》再次修改之前所不得不面对的一个情况。《行政诉讼法》再修改之前,对于行政协议的审理,实际上可以采取"分类治理"的思路。从2019年行政协议司法解释来看,其第2条受到了一些批评。第2条对行政协议除兜底条款外列举了五种类型,有些学者认为这五个分类比较杂乱。从行政协议与行政行为的关系来看,有一些可能是替代性的行为方式。比方说,在2015年,中国证监会发布国内第一个关于行政执法和解的规章,本来行政执法倾向于处罚,但现在由于各种情况的变化,更倾向于用"执法和解协议"来解决纠纷,以兼顾公共利益和相对方的利益,这种协议很大程度上替代了行政处罚。在中国严格执法观念尚未形成的时候,这种协议的适用范围不宜立即扩大,这是我对第一种替代行为的理解。此外,在行政任务民营化的背景下,和解也成为越来越普遍的现象。早在"行政强制法"立法过程中,第一稿到第五稿,每一稿都不一样。比如说关于行政执行的和解,最早是放在总则当中,但在最后放在分则中成为一种制度,如果放在总则中实际上会成为一种原则。在行政任务民营化过程中，我们实际上可以把某些环节剥离出来，不用行政机关去实施。比如说治安承包协议，很多人认为治安处罚不能通过协议的方式来实施，但我们可以采取"拆分"的办法，把一个行政活动分为各种不同的过程，作为行政活动中一个过程的"行政协议"，有很大的发展空间。除了已经浮在水面的行政协议，还可以发现更多的具有替代性功能的行政协议，这些中国式的行政协议，都值得我们予以关注。

今天余老师的讲座让我受益匪浅，我们行政法学者也需要放下身段，以容易接纳的方式去说服民法学者，让未来行政协议实体法的出台成为可能。谢谢大家！

四、问答环节

陈姿君（学生）提问：

余老师好，我有个问题想请教余老师。在司法审查中，应该如何判断行政优益权是否侵犯到当事人的契约自由？换言之，合法性审查和合约性审查是否有明确的界限，以及应当如何明确其界限？谢谢老师。

余凌云教授回答：

你的问题是非常核心的问题。我们现在谈论的是"混合契约"，这种契约既有行政关系又有民事关系，在"混合契约"的公法关系中，适用的是依法行政原则，这优于契约自由原则，应当按照这样的思路去解决问题。行政机关在公法约定上应该遵循依法行政原则，否则就容易陷入"自己给自己当立法机关"的误区,这点我在讲座中也提及过。在"混合契约"的行政法律关系上,依法行政原则优于契约自由原则。

程东林(学生)提问:

余老师好,我有一个关于行政协议和行政公益诉讼的问题,就是关于国有土地使用权出让,国有土地出让金缴纳的金额、数目、方式等都是由行政协议来约定的。当协议存在纠纷的时候,出让金缴纳未到位,是使用行政协议的关系进行调整还是用行政公益诉讼的方式进行调整?

余凌云教授回答:

你的问题很好,现在大家非常关注行政公益诉讼的定位问题。我有一个基本看法,行政公益诉讼,一般来讲,是处于补足地位的。因为用公益诉讼的方式督促行政机关依法行政,效率是比较低的。政府土地出让的时候应该收土地出让金而迟迟不收,督促政府尽快收土地出让金、履行法定职责,这可以通过更加有效的方法,比如说通过内部的监督来实现。

陈振宇(上海市高院行政庭法官)提问:

谢谢余教授的讲座,我今天收获很多。我想问余教授一个问题:行政优益权的来源到底在哪里?现在可能有三种说法,第一种是行政优益权是作为行政机关所当然享有的;第二种观点是行政优益权必须要有行政法基础才能产生;第三种观点是行政优益权是通过行政协议的签订依约而获得的。所以想问一下教授行政优益权的具体来源。谢谢余教授,也非常感谢华政给我这样一个机会参与。

余凌云教授回答：

谢谢陈振宇法官。据我自己研究，行政优益权理论来源于法国行政法和德国行政法。在我们阅读外文文献的时候，大概有两种看法，一种看法认为，德国行政契约更加注重双方合意，法国行政法突出的特点则是公共利益至上。进一步研究可以发现，行政优益权为什么会出现，是因为完全运用民事规则不足以保障行政契约中公法问题的解决。正因为完全运用民法手段不足以解决公法问题，所以要增加行政优益权。这就是行政优益权出现的很重要的一个原因。另外，单方变更权为什么是依法行政的重要体现，是因为即使单方变更权在合同中没有约定，行政机关在必要情况下也得行使单方变更权。在我国，行政优益权一方面来源于约定，另一方面来源于依法行政的要求。

崔梦豪（学生）提问：

我主要是问判决结果这块。因为现在行政协议和行政行为审查内容不一样，行政协议的审查是应该坚持"全面审查"还是应该坚持"诉判一致"？

余凌云教授回答：

你这个问题也非常重要。我只能谈谈我自己的观点，我认为在"混合契约"中，公法学者要关注"混合契约"中的公法因素，也就是重视行政法律关系，这个要用公法的规则来解决。把这个问题解决之后，仍然要借助民事合同规则来解决，行政契约的基本底色是民事合同，在坚持公私法二元论的立场上，行政契约中的公法纠纷要用公法规则去解决。我们现在更要重点研究的是，运用完公法规则，与运用纯民事规则的方式相比是否会产生不同的后果。像我刚刚举的单方变更权，我们认为单方变更权是基于依法行政原则，是合法的，因此你不能认为单方变更权是违约，但问题在于运用单方变更权之后，如何去保护相对人的合法权益。基本思路就是这样的，复杂性就在于将公法问题处理完之后，可能会对私法问题的处理产生不同结果。

叶益均（学生）提问：

  想请教余老师一个问题，关于行政协议和行政行为的区分。在行政协议十大典型案件中的"崔龙书诉徐州市丰县人民政府招商引资案"中，最高院认为招商引资中的行政允诺是行政协议的要约，属于单方意思表示。这是否和行政学者将行政允诺视为行政行为类型的观点以及过去法院以不履行法定职责的审查思路审理这类案件的现象有冲突，您是如何看待这种现象的？

余凌云教授回答：

  这个问题刚才志远教授也谈过，他谈的很多观点我都非常赞成。实际上到2000年的行政诉讼法司法解释之后，行政诉讼法上的行政行为基本是基于王名扬先生的行政行为的观点。2014年《行政诉讼法》第12条第（十一）项的"等协议"，完全是把双方行政行为纳入行政行为中的。你讲的这个案例我还没看，但是从"亚鹏公司案"来看，当时为什么要从单方行政行为的角度来审理，也是因为当时要求法院解决的问题体现出单方行政行为的特点。要注意的是，拆解为单方行政行为的思路并非不是一概解决不了问题的，只不过这种思路有缺陷，不能彻底解决问题。我注意到最高院民庭的再审案件，有些案件就是公法约定，但在实际处理中作为民事关系来审理，审理的结果仍然是可以接受的。只不过有的案件是审理不好的，有些问题不能彻底解决。

李卫华（华东政法大学科学研究院教授）提问：

感谢余老师精彩的讲座，我受益很多。我有个问题，即使是行政处罚、行政命令、行政强制等纯粹意义上的单方行为，也一定程度上包含相对人的意志，因为按照程序规则的要求，相对人须参与行政活动，相对人有陈述、申辩以及听证的权利。从这个意义上说，单方行政行为也一定程度上包含了相对人的意志。从和单方行政行为的区分来看，我们是否可以把行政主体和相对人达成合意理解为行政契约与其他行政行为相区分的一个标志？这是我的第一个问题。第二个问题是，余老师特意提到对未来行政权力处分的约定构成行政协议的内容，行政协议终究还是建立行政主体与行政相对人之间行政法律关系的一种方式，它和其他行政行为一样，都是履行行政职权的方式。从这个意义上来理解，除了对行政主体和与之相关的其他行政主体的未来行政权力的处分的约定之外，是否还可以增加对相对人行政法上的权利义务的约定？

余凌云教授回答：

你的两个问题都是比较核心的问题。第一个问题我也思考过，关键的区别点在于，单方行政行为具有公定力，行政机关单方做出即可发生法律效果，无论相对人是否接受。行政协议必须要当事人产生合意，否则不发生法律效果。第二个问题，直接约定当事人行政法上的权利义务当然包括在行政协议内容之内，比如说收费权或者使相对人享受优惠政策，这些行政协议也都可以约定。

魏琼（华东政法大学法律学院教授）提问：

我有个问题非常想请教下余教授。学界有学者提出观点，建议把行政协议改成"协议性行政行为",我想听听余老师对这个问题有什么看法。

余凌云教授回答:

我觉得这个问题,是一个概念上的转化,并没有改变行政协议的实质。为什么要这么做,是因为有些学者想让行政协议和《行政诉讼法》第12条相融合。王名扬先生最早提出行政行为的时候,就提出行政行为包括单方行政行为和双方行政行为,讲得很清楚。既然双方行政行为也是行政行为,"协议性行政行为"和"双方行政行为"除不同的表述外,在本质上便没有不同。

五、 闭幕致辞

沈福俊教授(华东政法大学法律学院):

非常感谢余凌云老师今天上午给我们带来非常精彩的讲座。我从9点听到了现在,余教授的讲座、志远教授的与谈、各位同学和老师的提问以及余教授所作的解答,我觉得都非常精彩。我个人有以下几点看法:

第一,今天的讲座信息量非常大,从行政协议的概念讲起,谈到行政协议纳入行政诉讼的原因以及由来。余老师对行政协议的相关案例非常熟悉,很多实践中的案例信手拈来,而且表达得恰到好处,给我们很大的启发。第二,今天的讲座,学术性非常强,并不是讲拗口晦涩、令人难以理解的学术名词,而是用生动、接地气、联系实际的案例,通过具体语言表达出来。比如说,行政法上权利义务关系的界限、如何进行合法性审查,这里面有很多观点都非常值得进行学术研究。第三,今天的讲座留有很多思考的余地,余老师讲述了很多案例,从这些案例中能够提炼出很多值得思考的问题。比如说,依法行政优于契约自由,这个观点我觉得非常有意义。上述的讲述也引发我自己对行政协议本身的一些思考,比如行政协议与行政行为的关系、行政协议本身在行政诉讼中的地位等。一个讲座,能够给听者诸多启发,我觉得这是讲座非常成功的地方。第四,是这里面涉及很多和民法学界思想交锋的问题。余老师 20 多年来坚持研究行政协议,在这方面有很多独到的见解,我们今后也可以和民法学者共同探讨行政协议方面的问题,因为兼听则明。从学术研究的角度讲,为了使得对行政协议的理解更加深入,我建议以后和民法学者一起探讨有关问题,这也有利于使学术上的一些观点更加明晰。

华东政法大学第4期东方明珠大讲坛

中国崛起中的跨国司法对话
——中国法院如何促进"一带一路"建设

〔主讲人〕蔡从燕
厦门大学法学院教授、博士生导师
华东政法大学"经天学者"荣誉教授
2009年入选教育部新世纪优秀人才计划

〔主持人〕陆宇峰　　〔致辞人〕屈文生
华东政法大学科研处副处长、教授　　华东政法大学科研处处长、教授、博士生导师

〔与谈人〕
何其生　北京大学法学院教授、博士生导师
霍政欣　中国政法大学国际法学院副院长、教授、博士生导师
杜　涛　华东政法大学国际法学院副院长、教授、博士生导师
韩逸畴　华东政法大学国际法学院副教授

〔时间〕2020年5月6日星期三18:00~20:00

-主办 | 华东政法大学科研处、华东政法大学国际法学院-

第4讲
中国崛起中的跨国司法对话
——中国法院如何促进"一带一路"建设

时　间：2020年5月6日晚
主持人：陆宇峰（华东政法大学教授、科研处副处长）
主讲人：蔡从燕（厦门大学法学院教授、博士生导师，华东政法大学"经天学者"荣誉教授）
与谈人：何其生（北京大学法学院教授）、霍政欣（中国政法大学发展规划与学科建设处处长、教授）、杜涛（华东政法大学国际法学院副院长、教授）、韩逸畴（华东政法大学副教授）

一、开场致辞

陆宇峰教授（主持人）：

今天的第4期"东方明珠大讲坛"，我们有幸邀请到厦门大学法学院教授、博士生导师，华东政法大学"经天学者"荣誉教授蔡从燕在线主讲"中国崛起中的跨国司法对话——中国法院如何促进'一带一路'建设"。蔡从燕教授主要从事国际法律理论、国际投资法、对外关系法以及中国国际法政策与实践的研究，已在《法学研究》《中国法学》《美国国际法杂志》(American Journal of International Law)、《欧洲国际法杂志》(European Journal of International Law)、《国际经济法杂志》(Journal of International Economic Law)等国内外学术刊物发表一系列中英文学术论文,在牛津大学出版社出版《中国崛起与国际法:认真对待中国例外论》(The Rise of China and International Law: Taking Chinese Exceptionalism Seriously,2019)。蔡从燕教授同时是牛津大学出版社出版的《牛津比较外交关系法手册》(The Oxford Handbook of Comparative Foreign Relations Law,2019)和《牛津全球安全与法律手册》(The Oxford Handbook of Global Security and Law,2020)的作者。他也是马克斯-普朗克国际法与比较法研究所主持、剑桥大学出版社出版的"马克斯-普朗克战争与和平法三人谈"(Max Planck Trialogues on the Law of Peace and War)系列著作第五本(进行中)的作者。他曾经担任纽约大学法学院富尔布赖特访问学者(Fulbright Scholar)暨全球研究人员(Global Research Fellow)、洪堡大学-柏林自由大学-波茨坦大学"国际法治兴衰?"(International Rule of Law: Fall or Rise?)项目高级研究员(Senior Fellow)、哥伦比亚大学法学院访问教授以及神户大学法学部访问教授等。

  今天蔡从燕教授将利用"跨国司法对话"的分析框架,考察中国国家崛起背景下中国法官从"受训者"到"培训者"的角色转换,以便更好地挖掘、理解"一带一路"建设进程中那些尚未获得关注的重要的中国司法实践。

  在线参加今天讲座的还有知名国际法学家、北京大学法学院何其生教授,中国政法大学发展规划与学科建设处处长霍政欣教授,我校国际法学院副院长杜涛教授,韩逸畴副教授。我校科研处处长屈文生教授全程参与了每一场"东方明珠大讲坛",今天他也照例代表学校来到会场,和我们一起,向各位专家学者致以崇高的敬意。

现在我们有请蔡从燕教授!

二、 主讲环节

蔡从燕教授:

谢谢!各位老师、各位同学,大家好。考虑到今天晚上参加讲座的可能有相当一部分是同学,尤其是硕士生和博士生,所以我不想花太多的时间介绍我的论文,而想着重谈一下为什么我会研究跨国司法对话,以及跨国司法对话框架后续可能的应用。我想这样安排可能对参加讲座的研究生同学们会更有价值一些。

我的报告分为四个部分:第一,研究背景;第二,斯劳特(Anne‐Marie Slaughter)的跨国司法对话理论;第三,"一带一路"倡议与中国的跨国司法对话;第四,跨国司法对话框架的进一步运用。

第一部分,是研究背景。这一部分向大家介绍我研究中国法院的跨国司法对话这一议题的由来。一定程度上说,我也是向大家汇报我从事国际法学习与研究的基本思路,我希望对研究生同学们多少有些启发。

首先,我谈一下自己对国际法的两点基本认识。第一,从规则的角度看,国际法的理性,尤其形式理性的程度,还是比较低的。这意味着,在国际法研究中,我们既要注重对规范本身的分析,也要注重行为体分析。比如,主导国际法规范形成的行为体、援引国际法规范的行为体、适用与解释国际法规范的行为体,等等。当然,从事国内法研究的学者也分析规范和行为体。不过我认为,与国内法研究相比,在国际法研究中对行为体的分析更加重要。考察这些行为体的特征和行为有助于理解国际法的形成、发展与适用。基于这个认识,十多年来我始终重视从行为体的视角研究国际法问题。我的博士学位论文讨论的是私人如何参与多边贸易体制,后续也讨论过国际投资仲裁中的仲裁员国籍结构问题、外国投资者对国际投资争端解决机制的滥用问题、中国国际法学者的作用问题,等等。再到近年来,我开始从大国的角度理解中国国际法的政策与实践。此外,我还关注国际经贸条约中的地方政府问题、中国企业参与国际经贸法律规则的制定问题等。

  第二,从系统的角度看,国际法从来不是,也不可能是"封闭"或者"自足"的,这是由国际法所处的国际社会的基本特征决定的,甚至许多国家根本就无意让国际法作为一个独立的系统而存在。我认为,可以从两个方向理解国际法的系统开放性。从横向来看,国际法是对国际政治系统、国际道德系统等开放的,国际法不可能"隔离"于这些系统之外。尤其是在特定时期,国际政治、道德系统对国际法系统的影响或者"入侵"会特别明显。因此,我们有必要从政治、道德的角度理解和研究国际法。由此,我们不难理解将国际关系理论与国际法相结合的研究为什么率先兴起于20世纪二三十年代的德国,也不难理解为什么冷战爆发后一些美国国际法学者开始重视国际关系理论与国际法的交叉研究。从纵向来看,国际法是对国内法开放的,国际法的形成、发展与适用与国内法有着极为密切且复杂的联系。这些联系随着20世纪八九十年代国际法日益介入国内治理领域变得更为密切和复杂,因此开展国际法与国内法的一体化研究是很有价值的,也是很有必要的。我个人关注国际法与国际关系的"科际整合",但主要从事的是国际法与国内法的"科内整合"研究。这种一体化研究的一个重要突破口就是对外关系法。当然，就对外关系法而言，有许多用于研究的行为体视角可供选择，法院无疑是对外关系法中的一个重要的行为体。基于这种认识，在过去的十年里，我一直跟踪中国法院涉及国际法的司法政策与实践的变化，希望能够找到适合的研究议题。

西方国际法学者，尤其美国、英国等普通法系国家的国际法学者历来都注重从国内法院的视角开展国际法研究。甚至可以认为，他们不考察司法实践是没有办法开展国际法研究的。相比之下，中国国际法学者较少从法院的角度研究国际法问题，其根本原因可能并不在于中国国际法学者缺乏问题意识，而在于中国法院比较少适用国际法，尤其是处理国家间关系的条约。整体来看，虽然目前中国法院涉及国际法的司法实践没有发生明显的变化，但是它的司法政策正在发生变化。加之在中国崛起的大背景下，一些中国学者开始意识到法院在对外关系中可能会扮演更为重要的角色。

令人高兴的是，今天作为与谈人的何其生老师、霍政欣老师和杜涛老师都是其中的代表性学者。有意思的是，我们几位在大致同一时间段里都在考虑类似的问题，但我们之前没有沟通过我们的研究工作。何其生老师在2017年发表的《大国司法理念与中国国际民事诉讼制度的发展》（载于《中国社会科学》）一文中，提出了"大国司法"的概念。霍政欣老师在2018年发表的《论全球治理体系中的国内法院》（载于《中国法学》）一文中，提出了"跨国司法治理权"的概念。杜涛老师主要关注21世纪以来美国法院对于援引外国法以及针对其他国家行使管辖权的态度的变化。

三位老师的主要研究领域是国际私法，但他们对中国法院的理解显然已经超越了国际私法对于法院的传统理解，表现出非常开阔的学术视野。2016年，我发表了《中国崛起中中国法院对国际法的适用》

(载于《美国国际法杂志》)一文,文章通过考察中国法院适用条约的结构,分析中国法院对于中国和平崛起的作用。这篇文章的直接诱因是2014年北京第一中级人民法院受理中国公民针对日本企业提起的二战期间强制劳工案。上面说过,我一直在留意中国法院涉及国际法的司法政策,但长期以来苦于没有发现适当的实践。这个案件以及同年厦门海事法院受理的"闽霞渔案"使我意识到中国法院的司法政策可能发生了某种变化,因此就更加留意中国法院的司法政策与实践发展。

在"一带一路"倡议的背景下,最高人民法院分别于2015年和2019年发布了《关于人民法院为"一带一路"建设提供司法服务和保障的若干意见》和《关于人民法院进一步为"一带一路"建设提供司法服务和保障的意见》。这两个文件中的一些内容乍看似乎并不重要,但在"跨国司法对话"这一框架下,这些内容却可以获得不同的理解。当我看到这两份文件时,马上想到了斯劳特的"跨国司法对话"理论,因为我很早之前就读过她关于这一议题的论著。现在,我觉得可以用"跨国司法对话"框架分析中国法院的一些实践了。更重要的,在讲座最后的部分,我会介绍一些我认为在跨国司法对话框架内值得进一步研究的话题。

第二部分,是斯劳特的跨国司法对话理论。

关于"跨国司法对话"的定义,目前尚无明确界定。虽然斯劳特提出了跨国司法对话理论,但她其实没有界定跨国司法对话的概念,也没有穷尽跨国司法对话的形式。我觉得,如果一个外国学者提出的分析工具或者分析框架已经非常严谨,那么我们中国学者的理论创新空间就受到了限制,也许我们就只是做一些实证分析,在理论上很难做出进一步的贡献。因此,我认为,含义与内容都是开放性的"跨国司法对话"分析框架,乍看是松散的,但其实更有利于我们在结合中国司法实践的基础上做出更有意义的研究。

20世纪90年代中期,斯劳特提出了跨国司法对话理论,这一理论是她提出的"跨政府网络理论"以及"自由主义国际法理论"框架的组成部分。

简单来说,跨国司法对话理论之所以会在20世纪90年代中期形成,主要有三个方面的原因:第一,经济全球化。经济全球化催生了大量跨国交易和跨国诉讼。第二,国际性法院的兴起。这其中涉及一个重要问题,即国际性争端解决机构做出的判决如何在国内执行,尤其是通过司法途径执行。第三,"民主化"浪潮。斯劳特认为,"民主化"浪潮是促使跨国司法对话兴起的一个重要原因,是跨国司法对话所追求的重要价值。她提倡通过司法的手段推动"民主化"进程。

关于跨国司法对话的形式,如果大家看过斯劳特的书或者文章,就不难发现她认为一国法院援引外国法院的判决是最重要的司法对话形式之一。虽然斯劳特没有将所有司法对话形式都列举出来,但我认为这恰恰是好事,留给我们中国学者充足的学术想象空间。

关于跨国司法对话的性质,虽然斯劳特认为跨国司法对话随着时间的发展会逐步成为一种"沟通",但她认为跨国司法对话构成西方国家对非西方国家的"教化"是显然的,这根本上是由她所主张的"自由主义国际法理论"底色所决定的。如何界定跨国司法对话的性质,对于中国未来的跨国司法对话同样是一个非常重要的问题。从措辞上说,"对话"本质上应该是平等的。中国是一个大国,在跨国司法对话中坚持平等原则非常重要。

斯劳特的跨国司法对话理论具有明显的优点。其一,它体现了斯劳特深刻的理论洞察力。比如,在跨国司法对话的形式方面,她从跨国司法对话的角度关注到法官参加国际会议的作用。一般来说,我们只关注法院的传统功能,即适用法律处理纠纷,而不会去关注法官参加国际会议有什么特别的价值。其二,斯劳特跨国司法对话框架只提供了大致轮廓,而这恰恰是它的重要优点。这使得我们可以开展独立的研究,否则我们只是为斯劳特的跨国司法对话理论增加一些实证资料。

当然,斯劳特的跨国司法对话理论也有不足之处,比如对突出的西方中心主义,实证考察并不充分。因此,我们在理论与实践方面都有可能做出独立的贡献。

第三部分,是"一带一路"倡议与中国的跨国司法对话。

就中国跨国司法对话的语境而言,我认为中国的跨国司法对话具有特殊性,这从根本上体现在中国法院在中国国家治理体系中所具有的特殊作用,即法院服务于中国的国家发展战略。故而,中国法院在进行跨国司法对话时,可以更好地与政府部门进行协调。而在西方国家,尤其是美国,法院意见与行政部门的意见经常发生冲突,法院不能很好地配合行政部门的外交决策。由此,从某种意义上说,与西方国家的法院相比,中国法院的跨国司法对话可能会发挥更好的作用,实现更好的效果。理解中国法院在国家治理体系中的作用的特殊性有助于我们理解中国跨国司法对话的深刻内涵。当前,这一特殊性突出地体现为中国法院服务于"一带一路"建设。前已提及,最高人民法院分别于2015年和2019年发布了《关于人民法院为"一带一路"建设提供司法服务和保障的若干意见》和《关于人民法院进一步为"一带一路"建设提供司法服务和保障的意见》。这表明,最高院已经把服务"一带一路"建设作为中国司法机关的重要职责之一。

就中国跨国司法对话的动力来源而言,在国家提出"一带一路"倡议之后,各个政府部门都采取了针对性措施,推动"一带一路"建设。中国法院也是如此。这体现出中国特色国家治理体系的优越性:在国家提出一个战略之后,各部门都会协同行动。这就是中国法院参与跨国司法对话最直接的动力来源。

就中国跨国司法对话的形式而言,中国跨国司法对话的形式与斯劳特提及的跨国司法对话形式有很大的差别,我主要介绍以下几种:第一,援引外国法院或国际性争端解决机构的判决。实践表明,这可能是最重要的一种跨国司法对话形式;而援引外国法院或国际性争端解决机构的判决在中国的跨国司法对话中可能是最不重要的。第二,翻译中国法院判决。这种形式的跨国司法对话在斯劳特的跨国司法对话理论中是没有提到的。2016年,Informa PLC开始出版《中国海事和商事法律报告》,中国法院的判决被收入《劳氏法律报告》。一些中国法院,尤其海事法院开始发布英文版的年度审判报告。2019年最高法院《关于人民法院进一步为"一带一路"建设提供司法服务和保障的意见》第20条明确规定,"扩大中国法的影响力,多语言公布中国法院裁判的典型案例,为各国法院和仲裁机构正确理解和适用中国法提供基础,增强国际商事主体对中国法律的了解和信任"。第三,法官论坛。近年来,中国积极地主办或参与国际性法官论坛,例如中国—东盟大法官论坛、上海合作组织大法官论坛、金砖国家大法官论坛、亚太地区大法官论坛,等等。第四,法官"研修"。我觉得法官培训或研修是最具中国特色的,甚至是最重要的跨国司法对话活动,但它在斯劳特的跨国司法对话理论中显然是不重要的。总体来看,中国法官正在经历从"受训者"到"培训者"的转变。在这方面,我们要注重理解有关中英文报道中分别使用"seminar"、"研修"以及"培训"等不同措辞背后的意蕴。

就中国跨国司法对话的作用而言,主要有五点:第一,提高司法质量。不同国家法官通过交流审判经验,彼此取长补短,最终提高司法质量。第二,构建法官的国际共同体。斯劳特所说的"法官的国际共同体"强调培养法官接受民主自由观念的能力。不过,这对于中国的跨国司法对话而言，我们也许不需要追求这种效果。第三，解决个案中的难题，比如跨国破产案件。第四，解决各国法院共同面临的问题。在全球化背景下，各国都面临着一些共同问题，比如诉讼爆炸。第五，展现中国司法形象和司法优势，增强国际社会对中国司法的信心。作为社会主义国家，中国的司法体制具有中国特色。在"一带一路"建设中，通过展现中国的司法形象，增强国际社会对中国司法制度的信心是跨国司法对话的一个重要作用。当然，跨国司法对话也有利于展现中国的司法优势，比如智慧法院的建设。

就中国跨国司法对话面临的挑战而言，主要有两点：第一，公信力问题。无论是平等意义上的司法对话，还是希望通过跨国司法对话展现中国作为大国的司法智慧，中国司法制度的可信度是中国进行有效跨国司法对话的一个前提性问题。第二，语言问题。在西方国家进行跨国司法对话时，语言对他们而言不是障碍。不过，对中国来说，语言可能是进行有效的跨国司法对话的一个重要障碍，比如外国法官如何阅读中国法院的判决。

就中国跨国司法对话中的"法官培训"而言，是一个从"受训者"到"培训者"的过程。在中国跨国司法对话的形式方面，我专门考察了法官培训或研修。长期以来，中国法官扮演着"受训者"的角色。大约从20世纪90年代开始，中国就有组织、有计划地派遣法官到国外接受培训。晚近，尤其在提出"一带一路"倡议后，中国政府针对外国法官，特别是"一带一路"沿线国家的法官，举行系统性的"研修班"，中国法官慢慢成为了"培训者"。在这一方面，我们可以考察来中国参与培训或研修的法官来自哪些国家、培训或研修什么、培训或研修的性质是什么，以及培训或研修的效果如何等一系列问题。

第四部分，是跨国司法对话框架的进一步应用。

运用跨国司法对话框架,还有一些问题或许值得我们进一步开展研究,比如关于中国法院判决的翻译问题、外国法查明问题、中外法官论坛等。

今天晚上我就分享到这里,谢谢各位老师和同学!

三、 与谈环节

陆宇峰教授(主持人):

蔡老师今天以"司法对话"为主题的讲座,本身就是一场非常真诚的对话,给了我很多启发。他的研究方法比较接近"行动中的法"。他不仅仅研究纸面上的法,还研究行为体,这就类似于法律现实主义所说的,法官的所作所为才是法律本身。我觉得这是一个很有意思的视角。当然这个视角不是他刻意去创新的,而是基于他对国际法的独特认识。

他讲到国际法不像国内法一样具有运作上的截然封闭性。国内的学者一直都重视这个问题,因此大多从国际关系的角度去理解国际法。但是同样强调国际法的开放性,蔡老师却有一个新的研究方向,他从国内法与国际法的互动角度出发观察国际法,展现了这样一种新的可能性。

具体到国内法和国际法的互动时,他又专门运用行为体的视角,侧重研究法院这一行为体。这种研究视角似乎"英雄所见略同",比如今天到场的其他几位老师也都关注到了大国司法这一议题。我想,法院研究一方面是出于大国司法的语境,一方面还有另一个语境,美国著名法学家邓肯·肯尼迪(Duncan Kennedy)曾说,现实中的法治已经从议会治理发展到行政治理,到了 20 世纪六七十年代,整个世界又都转向司法治理时代,所以他提出了"司法治理"(Judicial Governance)一词。我觉得这一全球的潮流与我们国际法学者把握的最前沿方向,是契合在一起的。

蔡老师今天还着重介绍了斯劳特的跨国司法对话理论。他谈到对话是"communication"。这就让我们想到哈贝马斯的交往理性,交往理性就是要构造一个共同体,一个平等对话的共同体。所以我们看到,斯劳特也提到要构建一个法官的国际共同体。但更值得我们学习的是,蔡老师始终坚持发现中国的独特性,当他用跨国司法对话理论来研究中国问题时,他发现了很多特殊之处,包括法院的职能定位,与行政部门的良好配合等。我们期待中国法院在跨国司法对话中发挥独特作用。我认为这种作用更近似于一种司法外交,有其特殊性。

我作为外行在这里先忍不住分享了一些个人想法,现在让我们把更专业的对话交给北京大学何其生教授。

何其生教授:

非常感谢从燕教授今天晚上为我们带来了一个非常有启发性的讲座。从燕教授一直在从事国际法理论的研究,始终从一种非常基础的角度,来建构一些国际法的理念和理论。在从燕教授介绍他的研究的时候,他也特别提到对行为体的分析。我们知道,在国际关系之中有一个学派叫建构主义学派,它试图在一个系统之中去建构一种秩序,所以我想今天的话题肯定是具有建构性的话题。

从燕教授今天讲座主标题是"中国崛起中的跨国司法对话",副标题是"中国法院如何促进'一带一路'的建设",更多的是围绕如何建构秩序展开。讲座期间,我一直在思考两个问题:一是我们为什么需要对话,对话的理论基础是什么？二是如何开展对话？

首先,司法的概念是什么。因为司法在国内通常意味着审判,意味着正义;在国外我们自然就会想到三权分立;对于我们从事涉外法律研究的学者、国际法学者而言,首先会想到管辖权。这些概念都意味着权力,而任何的权力天生都具有一种扩张性,因此我们必须要对权力进行适当的限制。这种限制在国内我们会采取一定的制度模式,在国际上需要建立对话和合作。

其次,结合刚才主持人所提到的国际关系理论,从现实主义角度看,整个国际社会是无政府的状态,国家的第一考虑要素是生存。因此,在现实主义学者看来,不管是新现实主义还是古典现实主义,冲突是永远的,和平可能是很短暂的,而权力本身在国际政治的博弈之中就是冲突的根本来源。故而,权力和利益是现实主义的核心,为避免冲突,我们必须要限制权力的扩张。

再次,回到斯劳特的理论,斯劳特提出了促进自由主义的国际法理念。自由主义倡导的是国际合作,希望通过国际制度、国际机制来维护当今国际社会的秩序。我考虑了一下当今司法领域的合作,最近新兴的热点话题都是对司法进行限制。比如《纽约公约》的成员国已经达到了163个,《纽约公约》要求法院来执行仲裁机构做出的裁决,这无疑是对法院权力的一种限制;同样地,《新加坡调解公约》也是一种对于司法的限制,是要求司法权力承认私人解决争议的正当性。

我刚才提到了一些国际关系理论。我们在讨论国际关系和国际政治的时候,通常会担心当国际政治与司法相结合时会产生非常扭曲和可怕的结果。比如,长臂管辖权、滥诉的问题,等等。在某种程度上,此类问题的产生与国际政治的博弈有密切联系。但我相信,尽管存在滥诉等问题,但是司法是有底线的,是有规则思维的。

所以,在这种权力扩张的情况下,我自然想到了从燕教授的话题,我们需要对话,对话也就意味着合作。那么,如何开展合作呢?从燕教授的讲座给了我两点思考:第一,要做引领者,要从受训者变为培训者,所以这是一个主动的行为。第二,要扮演参与者的角色,而且是积极地参与。比如,2019年通过的《海牙判决公约》具有重要意义。前述已经讲到,无论是仲裁还是调解,相关裁决、决定是可以被法院承认和执行的,而关于法院判决的全球合作也需要加强,它是司法系统对自身的限制,需要全球范围内的合作。这种合作非常困难,《纽约公约》的达成时间非常短,《新加坡公约》的达成也仅用了3年,但是《海牙判决公约》的达成历经了27年之久。所以,我们要对话、要合作。

在这些合作中,除了我们要成为引领者,我们要成为全球国际规则的积极制定者以外,有些时候我们也需要扮演对抗者的角色。我举一些可能各位老师、同学都知道的例子。比如,我们知道英美法系有衡平法的传统,有很多做法在他们看来是非常正常的,而在我们看来非常"aggressive"(侵略性的、挑衅性的)。例如,2018年华为在深圳中院拿到了一个针对三星的胜诉判决。在判决作出之后,三星公司又到加州北区联邦地方法院,申请禁止执行中国判决的禁诉令,法院支持了三星的请求,即禁止执行中国法院的判决。这毫无疑问影响了我国司法的公信力,也会降低我国法院的权威性。因此,我们需要一些对等或对抗性的制度来处理这一问题。

在中国的发展过程中(从燕教授使用的是"崛起"一词),这些术语,即对话、引领、参与抑或对抗,决定了我们应当以何种身份、何种态度来从容地面对世界,面对其他国家。

从总体上来说,无论是合作、对话还是对抗,我们会不自觉地把国际政治的理论、国际法的制度与传统的司法功能融合在一起,这比我们简单地或单一学科地分析一个事件能带来更多的思考。所以,我觉得这是一个很好的话题,这个话题应该一直进行下去。谢谢主持人。

陆宇峰教授(主持人):

何老师丰富了我们这个话题的维度,他提示我们司法对话可以从多个层次、多个功能的角度去理解。甚至是,可以根据我们所处的不同发展阶段,遇到的不同现实问题,思考司法对话在不同情况下起到的不同作用。可能有时司法需要被限制权力,但在特定的情况下,我们又可能需要扩张司法的功能,使之成为对抗不公的手段。所以简单地从理论上讲,关于司法对话到底是什么样的功能,我们思考得还不够,或者说我们理论的想象力还可以再丰富一些。接下来,让我们把话筒交给中国政法大学发展规划与学科建设处处长霍政欣教授。

霍政欣教授:

谢谢主持人,首先很荣幸能够参加华政举办的这次讲座。主讲人是我非常尊敬的、在国际法领域中青年一代特别有知名度的一位学者——从燕教授。我觉得这些年从燕教授做的一些国际法的研究,给我们中国的国际法学界带来了活力、动力,而且有比较强的牵引力。今晚的讲座实际上是一个开放性的讲座,一开始从燕教授介绍自己为什么对这个话题感兴趣,后又结合自己博士毕业以来的科研道路,谈了选择这个话题的背景和脉络。

我想,从某种程度上讲,对于我们在座的硕士生、博士生来说,这甚至比话题本身更有意义。因为他给我们展示了一位学者的学术成长脉络、体会、心得。在从事国际法研究过程中,我也切身体会到:中国现在面临着越来越多的、前所未有的国际法问题。随着中国日益走进世界舞台的中央，中国必须或者说不得不解决的国际法理论和实践问题是很多的，而我觉得对于这些问题都需要超越学科的藩篱予以解决，都需要借助多学科的维度和视角进行研究。我觉得蔡老师给我们国际法学界带了一个非常好的头。这些年来我拜读他的著作，很有收获。今天蔡老师主要是讲跨国司法对话，我建议有兴趣的同学在讲座后可以去读一读蔡老师的论文和书。就我个人而言，我觉得收获最大的是他在2018年武大学报上发表的论文《中国崛起、对外关系法与中国法院的功能再造》，这篇文章学术功力深厚，建议各位同学都去看一看。

另外，我还推荐大家关注蔡老师的英文文章及著作。一篇是他2016年发表在美国国际法学刊上的论文，题目是"International Law in Chinese Court During the Rise of China"（《中国崛起过程中国际法在中国法院的适用》）。中国学者能够在这样一个顶尖的美国国际法学刊上发表文章是非常难得的，而且这个主题也引人入胜，读完以后我想各位会感觉非常有收获。还有一本2019年在牛津大学出版社出版的著作：*Rise of China and International Law*（《中国崛起与国际法》），这本书应该说是当代中国国际法学者用英语在世界著名出版社出版的反映中国崛起的国际法著作的代表作。该书在整个国际法学界中，响亮地发出了中国的声音，这一点也是非常值得我们学习的。

听了蔡老师今天晚上的讲座，可见他对跨国司法对话这个问题做了深入的研究，他有把握问题敏锐度的学术嗅觉，同时也结合中国的实际谈了自己的看法，我个人很有收获。我沿着蔡老师刚才讲座的思路来谈几个粗浅的想法。

今天参与讲座的大部分是年轻的研究生，今晚的讲座对我们今后在选题或者研究方面都有很好的启发。我经常听到我的一些研究生说，好选的题目都选完了，没有什么好选的题目了，选题是个大难题。

我觉得首先，选题本身就是一种介入能力，如果你觉得选题很难，应该说是你的学术能力还没有到一个足够的高度。从蔡老师讲述的学术经历、学术心得我们可以知道，他在不断地研究、不断地提升、不断地开阔研究视野的过程中发现有价值的选题。这是一个很好的学习范例。

因为蔡老师在博士阶段专注于国际经济法的研究，而我当时关注国际私法的研究。从我个人体会而言，在所谓的"三国法"中，国际公法谈的是国家之间的宏大叙事，在中国愈加接近世界舞台中央的历史背景之下，国际公法的显示度是足够大的。对国际经济法而言，尽管WTO遇到了一些挑战，但这些挑战的出现和各国、各界关注的程度，仍证明它本身是一个显学。相对而言，国际私法在三国法中的社会关注度较低，影响力和学术资源获取力也相对有限。我起初也感到一点危机感，可是随着研究的不断推进，回过头来看，我觉得我们当时受训国际私法的这样一个学术背景，事实上为我们展开学术事业奠定了非常好的基础。为什么这么讲？我认为国际私法是一个渊源独特、性质独特和功能独特的学科。我们要在这个学科里面摸爬滚打，就需要有一种超越学科藩篱的胸怀和超越单个国家的视角，才能够体会到这个学科的美丽。国际私法既有国际法渊源，也有国内法渊源；它既调整国际事项，也关注国内问题；它既停泊在国际法的港湾，又与国内法有剪不断理还乱的万般关系。所以在我看来，国际私法也许并不绝对属于国际法，但是它也远远超过国内法涵盖的范畴。

就我近年研习的心得而言，我认为国际私法就好像一座架设在各国国内法以及国内法与国际法之间的桥梁，它以精妙的规则制度，力图在主权林立的威斯特伐利亚体系和高度一体化的当代世界中打通法律梗阻，实现萨维尼的梦想，即构建现代罗马法体系。套用今天的时髦话来说，我觉得国际私法的要旨在于实现民商事的全球治理。正是出于这样一个学科背景，在后来学术研究的成长道路上，我逐渐关注到一些既涉及国际法又涉及国内法的国际法前沿问题。比如追索海外流失文物的问题；比如蔡老师刚才提到的，我在2018年写的一篇论文《全球治理体系中的国内法院》；再比如我今年在政法论坛上发表的一篇论文《国内法的域外效力》。从表面上看，这些似乎不完全属于国际私法的范畴，但是却与我自己的国际私法背景极其相关。我将研究的重点投射到国内法和国际法的互动上来，也因此有机会和蔡老师就一些问题讨教学习。

关于国内法院在中国国家崛起过程中，或者说在"一带一路"建设中能够起到什么作用，这些年来我也做了一些思考。大家都知道，相对外国法院，尤其是美国法院，中国法院的国际司法能力从整体来说还是相对欠缺的。因为毕竟我们中国崛起的时间很短，美国从一战以后成为世界第一大国，到今天已有100多年，中国从改革开放到今天也就40多年，整体时间较短，所以经验也比较少。而且中国人常说"外事无小事"，所以中国法院在审理涉外案件时，是慎之又慎。前几年我看到一个令我非常惊讶的报告，这个报告事实上也是我开始研究国际法中的中国法院的一个基础。

牛津大学在几年前发布了一个题为《国内法院中的国际法》的报告。报告统计了2000年以来，世界主要国家的国内法院做出的涉及国际法的案例数，美国459个、英国99个、德国88个、澳大利亚78个、意大利67个，而我们中国仅有6个，数量甚至不及爱尔兰。所以刚才蔡老师说他关注的更多的是大国的法院，中国固然是个大国，但我们的国内法院在某种意义上与我们的大国地位并不匹配。也是这个原因，促使我后来对这个问题做了一些研究。

再比如，这次新冠疫情爆发以后，出现一些国际追责，据我所知至少有9起在美国国内法院针对中国起诉的案件。疫情之后，中美之间从一开始的防疫战,到后面的舆论战,最终要发展到法律战。在法律战中,我们看到美国作为一个多元化的社会,它有政府的声音、有议会的声音,同时也有诉讼,法院就开始发挥它的作用。相对而言,我们中国的法院还没有发挥作用。

所以,我们在服务"一带一路"倡议时,或者在中国崛起的过程中,中国法院的国际司法能力应当跟上中国的发展步伐。蔡老师跟我们大家一起探讨跨国司法对话,关注国内法院在中国"一带一路"倡议推进过程中的作用,就显得非常重要。当然这是一个开放性的话题,更可以说是一个起点型的话题,也给我们各位同学提供了很多接下来值得研究的议题。因为时间所限,我今天就讲到这里,谢谢。

陆宇峰教授(主持人):

感谢霍老师的分享!我不知道大家感觉如何,我是听得热血澎湃。霍老师强调我们都要跟蔡老师一样,像各位前辈一样担当起一种理论责任。我们今天面对着前所未有的国际法问题、法学理论问题,如何从理论上给一个说法,就是学者应该去关注的事情。当然,还让人热血澎湃的是蔡老师频频在顶级国际法刊物上发表重要文章,以及同样重要的,今天霍老师谈到的国际私法的使命。不知道各位听众是不是也会有这样一种感觉,即国际公法没有办法担当起全球治理的重任,国际经济法现在也面临低潮,但是我们还可以在一个国内法与国际法对话的层面,即在国际私法层面对全球治理抱有希望。非常感谢霍老师,接下来请我校国际法学院副院长杜涛教授发言。

杜涛教授:

非常感谢,刚刚发言的三位都是我的老朋友了,都是国内我们这个圈子里最顶尖的中青年骨干人才。我就结合刚才蔡教授以及刚才两位嘉宾的发言，就相关的内容谈一下我的一些体会和个人看法。蔡老师从斯劳特教授的跨国司法对话理论出发，把它应用到中国大国崛起的背景下，提出了他的一些个人建议。

首先，刚才蔡教授可能时间比较匆忙，我想简单补充一下斯劳特教授的背景。这位女士很厉害，是现在美国国际法学界最顶尖的女国际法学者，而且她是美国历史上第一个担任国务院国际法顾问的女学者，同时担任美国国际法学会的主席。我们要关注到，斯劳特教授等美国国际法学者，都有他们各自独特的政治背景。斯劳特担任过奥巴马政府的国际法顾问，所以她是美国自由主义国际法学派的典型代表。她在1995年的时候就写过一篇文章《自由主义国家世界中的国际法》。所以她被称为自由主义国际法的扛鼎人物。很多同学可能不了解自由主义国际法。美国国际法跟美国政治一样，是两党制。所有的学者实际上也是分两派，大致上一派支持民主党，一派支持共和党。

斯劳特支持民主党，民主党派提倡自由主义。自由主义国际法学说的基本理论前提是区分国家的类型，认为国际法是自由民主国家信奉的国际法，全世界所有坚持自由民主制度的国家组成联盟，排斥那些非自由民主的国家。斯劳特提出跨国司法对话理论的意图在于，把全世界所谓的自由民主国家联合起来。与她相反的是特朗普政府的国务院国际法顾问，也是一位国际法的女强人，她持保守主义国际法思想，提出了文明冲突论。民主党与共和党的国际法思想的区别在于，民主党是坚持自由、民主的，注重观念契合。而共和党坚持现实主义，不看重意识形态。这就促使我们在研究不同美国学者的思想的时候，一定要注意他的背景。在这个基础之上，再回到研究中国的语境下，在讨论跨国司法对话的时候，应该注重从中国的视角思考中国进行跨国司法对话的目的是什么。

刚才很多学者都提到我们中国法院在这方面好像比较保守一些,我个人有不同观点。我认为中国法院和中国的法官,可能是世界上最开放、最国际化的法院和法官。大家都知道我们学的法律是中国改革开放以后制定的,其中很多是从西方引进的。中国的法官们也有国际化视野。

我这几年一直在做与外国法查明有关的工作,跟法院接触很多。中国法院、法官对外国法的态度是非常友好的。之所以中国法院适用国际法的案例很少,我想第一个是出于政策原因,第二个是因为我们没有宪法诉讼。国外有关国际法的诉讼,绝大部分都是人权案件,中国法院这方面的案子少。但是在其他方面,我们华东政法大学外国法查明中心做过好几个适用国际法的案子,只不过没有报道和公开。我举一个我们曾经查过的简单例子。一艘朝鲜船、一艘韩国船在日本海相撞,产生民事赔偿纠纷,到中国法院诉讼。法院委托我们外国法查明中心查本案适用什么法律,我们发现这几个国家都是《联合国海洋法公约》缔约国,最后要适用《联合国海洋法公约》来判断船舶碰撞地到底是哪个国家的领海。这就是适用公约的案子,所以民事案件也有要用到国际公约的。还有一些涉及海上抓捕油贩的刑事案件,从中国领海开始紧追的那些油贩若逃到毗连区,还能不能继续追?毗连区归谁管?抓了之后能不能起诉?这也涉及《联合国海洋法公约》的适用。现在还有很多案子,涉及在非洲发生的华人绑架案,需要我们外国法查明中心给法院查非洲的法律,其中也涉及一些公约,例如引渡条约。所以不是没有这样的案件,只不过没有公开。这说明在全球化时代,中国法院开始更多地应用国际法。

我非常赞同刚才几位教授的观点,中国正在崛起过程中。一个大国,是离不开国际法的,世界上任何一个大国的崛起都伴随着国际法的兴起。刚才蔡教授也讲了,在20世纪初,德国崛起,而德国国际法学派一直为国家的对外政策服务。美国也是如此。所以中国现在也处在这样一个历史关口,我们迫切地需要国际法,我们实践当中已经出现了这种需求,所以需要我们学界跟实务界结合。这几年我一直非常热心做外国法查明中心的工作,和实务界交流,耽误了很多写文章的时间,但是我觉得做这个事情很有价值,确实把理论跟实务结合起来了,也希望学者们将来跟法院多加交流沟通,就会发现其实法院法官跟我们想的不一样,他们其实很开放,很愿意做,只不过有一些条件限制他们,需要我们学界与他们一道呼吁,来帮助他们。我就先讲这么多,讲座后我们可以再交流,谢谢。

陆宇峰教授（主持人）：

杜涛老师为华政做了很多科研贡献。科研处很感谢杜老师今天给我们请到了蔡老师、何老师、霍老师这么多顶尖学者,其实他还给我们学校拿到了许多重要的科研项目,而且开展了非常多的社会服务。我想杜老师今天也挑起了更多的对话,第一,他谈到斯劳特理论背后的政治背景,她提出的理论要怎样改造才可以服务于中国？第二,如何评价中国的法院？在什么意义上说它是保守的,又在什么意义上是开放的？这些可能都是待会儿同学们要向各位老师提出的问题。我们现在还是请与谈人继续与谈,下面有请我校国际法学院韩逸畴老师。

韩逸畴副教授：

大家好！很高兴能参与这次讲座。蔡老师持续产出佳作的能力让人钦佩和羡慕。下面我与在座的同学们简单分享几点体会。

第一,在选题上,只写最值得写的题目。今天讲座的主题是"跨国司法对话",这个选题同蔡老师近些年的研究,如"国际法上的大国问题"、"国际法的普遍性"、"对外关系法"等一样,都是具有重大学术价值的国际法基础性理论问题。正如阿根廷文学巨匠博尔赫斯对英国诗人约翰·弥尔顿的评论:"他的创作是有节制的,因为他感到无节制的创作会消耗他写诗的才能。弥尔顿曾在一张草稿纸上记录着一百多个可能写作的题目,最终他选择'天使和人的死亡'作为写作题目。"吾生有涯,而学海无涯。只写最值得写的题目,或许是一切伟大作家的本能。陆宇峰老师也说过这样一句话:只做最一流的学问。霍老师刚才也提到,即便是对一个初学者来说,审慎选题也应当是论文写作的起码态度。

第二,重视"研究范式",即"特定的科学共同体从事某一类科学活动所必须遵循的公认的'模式'"。用通俗的话说,就是要有一个理论分析框架,将自己的研究问题置于学术共同体或学术思想史之中。蔡老师这次演讲主题"跨国司法对话"就是一个鲜活的范例。"跨国司法对话"是20世纪90年代以来法院参与对外关系出现的新形式,美国著名国际法学家和政治学家斯劳特首次提出这个概念。蔡老师将中国法院近年来明显强化参与对外关系的现象与国际法学术界的这个重要概念联系起来。这是斯劳特研究中未曾涉及的内容,也是蔡老师这个研究主题的学术价值所在。此外,要理解"跨国司法对话"这个概念,还要熟悉斯劳特在她名作《世界新秩序》一书中提出的"跨政府网络"的概念。她在书中论述国家法院在创建欧洲共同体司法体系中的角色、跨国诉讼中的司法合作与冲突等问题。可以说,蔡老师的这篇大作是斯劳特学术思想的发展延续,或是一个遥相呼应的中国版本。

第三,提倡"跨学科研究"。在当今世界,"国内"和"国际"之间并不存在明显的界线。蔡老师刚才也提到,有必要从政治、道德等角度研究国际法。但在蔡老师的语境下,"跨学科研究"主要是指部门法学之间的"科内整合",即国际法的研究借鉴宪法、法理学、民商法等部门法的最新成果。杜涛老师早些年在《美国最高院关于外国法的大辩论》也研究过美国宪法与外国法适用的问题。霍老师的《论全球治理体系中的国内法院》,陆宇峰老师的系统论宪法学,都是"科内整合"的典型代表。

第四,研究主题的启发性。最好的研究不是那些只能提供答案本身的研究,而是可帮助读者理解更重大主题的作品。蔡老师"跨国司法对话"这个主题,有助于我们理解国际法与国内法的互动等问题。霍政欣、赵骏和徐树老师也在关注这个问题。我们学校贺小勇教授多年研究自贸区以及自贸港的问题,他也提到国内规则如何与高标准国际经贸规则对接是一个很有研究意义的问题。蔡老师提到"国际商事法庭"这个概念,上海自贸区和海南自贸港今后是否会设立国际商事法庭,是否会引进外籍法官呢?如果可能,不同国籍和不同法系的法官一起判案,是否也是一种"跨国司法对话"呢?"跨国司法对话"这个表述,还让我联想到"视域融合"这个伽达默尔解释学中的核心概念。翻译界也经常提到这个词语,即作者的意图、译者的理解与表达、读者的期待,这三者形成的和谐关系,便是迦达默尔在阐释观中的"视域融合"。只有通过国际法主体之间持续和有效的"对话",在不同国家之间构建"共同理念"以解决全球性问题的目标才能成为现实,"世界国家"、"全球公共领域"和"国际共同体"等概念才不至于沦为乌托邦式的空洞表达。

第五,研究问题的社会相关性。斯劳特认为,国内经济交易的国际化、国际性法庭和法院的扩散等因素推动了"跨国司法对话"的发展。但她当时并未预见到中国的崛起以及进行"跨国司法对话"的可能。如今,中国作为第二大经济体和最大的贸易国,在经济上深度融入国际社会。中国法官的能力也有很大的提升,他们越来越多地参加国际会议,与其他法官同行交流。社科院国际法所刘敬东老师曾提及,有一次最高院的法官去香港参加国际会议,他们能用流利的英文与外国同行交流,这给他留下很深的印象。现在,中国法官也越来越多地参考或援引外国法院或国际法庭的判例。蔡老师的研究,正是基于中国的上述现实。作为非西方国家,中国将如何通过"跨国司法对话"促进国内法治和国际法治的互动,将是一个特别有意思的话题,值得我们进行持续性的研究。杜老师、蔡老师都提到,斯劳特是自由主义国际法学者。这些学者的研究是以西方为中心,如果他们将"跨国司法对话"的理论用于分析非西方国家,即面对他们所谓的非民主国家,就会采取一种居高临下的"教化"姿态,这实际上是试图在国际秩序中重新建立一种等级制的表现。但自联合国及其宪章诞生以来,中国一直坚持联合国框架下的主权平等原则。在这种语境下,中西方正常的"跨国司法对话"如何可能?这一点也是我想跟蔡老师进一步交流的。以上是我粗浅的体会,谢谢大家!

陆宇峰教授(主持人):

蔡老师谈到国际法与国内法界限的消融,韩老师进一步做了解读,真是越谈越深。韩老师认为这样的消融可能达到视域融合的效果。他提到屈老师做翻译的目的,就是要达到这个效果。卢曼认为,今天只有一个社会,那就是世界社会,产生世界社会的原因就在于语言的可翻译性。我们不要在乎这个世界上有 100 种语言还是 1000 种语言,只要它们在对话,只要它们在沟通,只要它们有可翻译性、能够帮助我们达到视域融合,那么我们就仍然可能去追求一个共同体。人类命运共同体,不是各国简单地进行力量强弱对比,签一个协议,然后就达到永久和平的状态,而是我们在一点一点的司法实践之中,在一点一点的视域融合之中,可能达到的一个境界。我觉得韩老师的解读非常有启发性。现在请蔡老师先给我们做一个回应,再将提问的机会开放给其他的老师和同学。

蔡从燕教授:

谢谢!我对跨国司法对话的研究还是初步的,还缺乏系统性,而且有一些研究是凭我现在的能力做不了的。我觉得几位与谈人的评论对我非常有启发。何其生老师提到了一个非常重要的问题,就是我们在重视跨国司法"对话"时也要注意到其中的"竞争"与"对抗",比如目前出现的国际滥诉现象。的确,在大国司法中,尤其是现在作为新兴大国的中国与作为守成大国的美国等国家之间的竞争应当也会体现于司法领域。所以,何其生老师的评论非常有启发意义。

霍政欣老师的评论让我想到一本讲国际公法、国际私法融合的书。我非常认同霍老师提出的不应当割裂国际公法、国际私法以及国际经济法之间的联系的主张。此外,我还要强调一点,就是霍老师提出的跨国司法治理权概念蕴含着进一步开拓研究议题的潜力,我期待看到他的后续研究成果。

我觉得杜涛老师的评论非常有意思,因为他和实务部门联系比较多。我为了写跨国司法对话的文章,曾经咨询过两位法官,但了解的情况还是比较有限。所以,我同意杜老师说的,现实中,中国法院的实践比我们所了解的要丰富得多。他对斯劳特的评论也是很准确的,斯劳特在跨国司法对话理论中贯彻的正是她一贯主张的自由主义国际法理论。在 2014 年出版的《世界新秩序》中,她认为,随着时间的推移,跨国司法对话更多地将是一种"对话",其言下之意显然是,以前或者当时主要是"教化",即是西方国家对非西方国家的法官进行"教化"。

韩逸畴老师是一位非常有优势的年轻国际法学者,他也是华政尤其国际法学科后继有人的一个体现。中国国际法学科的发展一定是靠他们这样的年轻学者。我觉得他谈的文明等级论问题特别重要。因为逸畴长期在研究,我们针对这个问题一直有交流。我觉得,中国进行跨国司法对话时也要特别注意这个问题。早在20世纪50年代,毛主席针对外交问题就提出,像中国这样具有悠久历史的大国,在实际工作中是容易出现大国沙文主义心态的,他告诫人们务必要避免这种心态。联系到跨国司法对话,比如外国法官参加在中国的研修时,中国法官介绍中国司法制度的优越性时应当注意把握尺度。我刚才提到,关于外国法官在华研修的一些英中文报道中区别使用"seminar"、"研修"或者"培训",这似乎表明有关部门的态度是谨慎的。如果外国法官研修这一块做得不好,是有负面影响的。

四、问答环节

陆宇峰教授(主持人):

好,谢谢蔡老师对各位老师评论的精彩回应。我们围绕司法对话的对话也已经进行了两个半小时了,老师们都很辛苦。我想现在还要辛苦老师们回答大家提出的问题,我们开放三个问题,如果有提问的举手示意我。我们同学都很踊跃,我看到的厦门大学的孙雯同学最先举手。

孙雯（学生）提问：

老师好，目前我在做一个相对来说比较具体的研究，是刚才霍老师提到的关于跨国追索海外流失文物的问题。我目前的思考，是从国际私法方面着手，因为各国有不同的追诉时效。之前我也拜读过霍老师的很多文章，其中都有关于这方面的论述，我觉得这确实是一个很大的问题，涉及国际私法，也涉及国内法的协调。从国际法的角度来说，目前还没有一个真正有追溯力的条约，可以涵盖我们国家流失的那些最有意义、最有价值的文物，比如圆明园流失的文物。这在国际法上还是一个空缺。和中国处于相同地位的"countries of origin"（来源国），这样的文物起源地国家也非常多，所以我在想可不可以建构一套法律规则，模仿纳粹二战期间没收文物的华盛顿原则，把它变成适用于西方殖民时代流失海外文物追索问题的一般原则。在跨国司法的框架中，我觉得它们有很多共同点，它们都涉及国际私法和国际公法的交融问题，都涉及国家的话语权。因为现在拥有那些流失文物的国家往往都有更高的法律和政治上的话语权，而那些（文物）来源国都是正在崛起的国家，处于较为弱势的地位，但是话语权也正在不断提升。这也涉及国际规则的建构问题，所以我觉得这跟我们跨国司法理论有很多的共同点。那么，可不可以把跨国司法理论的这种思路引入到跨国流失文物追索的问题上？它们有一定的共通性，似乎可以行得通，但是我又很迷茫，不知道从何着手，不知道老师们有没有什么想法？

霍政欣教授回答：

谢谢孙同学提问。这些年来，我对文物追索这一块也做了一些研究，今天你讲的这个题目，我更切实体会到蔡老师这个题目特别有启发性，它是一个跨国司法对话。我们可以把这种理论或者说这种思考问题的维度运用于其他具体事项的研究,我不知道您是在做博士研究还是硕士研究,尤其在做博士研究的时候是需要创新的。创新怎么去捕捉?有时灵感就来自某一场讲座,来自于某一件事情。我听你的提问,我觉得你对文物追索这一块基本有一个比较系统的研究了。发挥跨国司法在文物追索中的作用,我觉得是一个很有意义的事情,到底能不能行得通,确实需要通过你的研究来支持。因为我觉得人文社会科学它没有一个标准答案,只要你能够自圆其说,能够把逻辑链建立起来,就是可行的。就我自己掌握的信息来说,这两年国家文物局委托我做的一些课题中,也有涉及2017年法国总统马克龙曾经提出要返还法国殖民非洲期间的文物,当然我们现在看到的还是政治承诺,遇到很多法律障碍,但是这也是一个新的动态。另外我不知道您关注到没有,中国的人民法院近年来开始注重从国家治理和参与全球治理的高度和维度谋划中国的司法建设问题,比如说跨国文物追索。这一方面其实我们中国的法院也是有关注的。2015年福建"肉身坐佛"的案子,福建的村民在荷兰起诉以后,在福建三明中院也起诉了,当然这个案子最后是庭外和解了。其实如果走下去的话,中国法院很可能可以做一个标杆性的司法案例,从而树立中国司法在文物追索中的一些作用。我也看到有些外国学者提出,能不能成立一个专门解决跨国文物争议的法院。西方的学者提出可以在荷兰建立,当然我们提出能不能在中国建立。因为中国既是传统的文物流失国,又是当今世界第一大文物市场国。这种观点在10年前是天方夜谭,没有人会想到在中国建立解决跨国文物争议的法院,但是我觉得很多事情我们今天可以开始思考,没准过几年就有可能实现。所以对你的问题我没有准确的答案,但是我想这是个很好的开端,你有了这样的灵感就应该着手去研究,只要能够建立起你的逻辑链,它就是可行的。在当今时代,很多事情首先要进行思想的创新,才能有学术的创新。

刘捷（学生）提问：

各位老师好！我想跨国司法对话主要还是面向一些处于和平状态下的交流。我们是否可以通过跨国司法对话来解决大国冲突的问题，比如说国内法域外效力及适用引发的大国冲突。在这种情况下，跨国司法对话有没有可能成为一种沟通工具，或者说解决工具，如果有，又能发挥多大的作用？能在多大程度上克制跨国立法对外适用的扩张？为了使这个问题不那么抽象，我们就以美国法的域外经济制裁为例，向杜老师和霍老师提问，请问老师们认为中美法院的这种司法对话是否有必要性和有何前景，谢谢老师。

杜涛教授回答：

你这个问题非常抽象，你说通过司法对话来解决大国冲突，要看具体情境。中美冲突有很多，比如说就像新冠疫情，现在美国人在美国起诉中国，中国人也在中国起诉美国，设想一下，通过司法对话能不能解决这样一个跨国的疫情责任承担问题，中国人认为美国有责任赔偿，美国人认为中国应当赔偿。这时中国法院和美国法院能否组成一个联合法庭进行司法对话，这倒是一个设想。就像刚才霍老师讲的，你可能认为这个是天方夜谭，但是在特定环境下也是有可能产生的。看你如何理解，是什么情境下的具体案件。有些案件我觉得还是可以发挥作用的，通过法院和法院之间的沟通交流来解决问题。我们研究冲突法，有很多案件其实在法律上是无解的，这种国际性的纠纷通过司法对话来解决，我认为真的是一个非常好的途径。

霍政欣教授回答：

谢谢这位同学提问。其实国内法的域外效力或者域外适用也是目前国际法的热点问题。我今年2月份在《政法论坛》发了一篇论文《国内法的域外效力》，其中对美国扩张国内法的过程做了梳理，我把美国联邦法院定性为美国扩张其国内法域外效力的幕后推手，是一个很关键的角色。第一点，美国大部分的法律有没有域外效力，这一点是模糊的，美国学者称之为"地域模糊性法律"。对于这些大量的地域模糊性法律，到底有没有对外效力，是经由美国联邦法院以判例的形式来逐渐拟定的。第二点就是美国三权分立，因为这样一个特殊司法制度，我们看到美国司法部要制裁中兴，中兴选择认罪和解。如果它不认罪和解，就会被诉到有管辖权的美国法院，而美国法院作出的惩罚性赔偿判决，会让很多企业受不了。从某种程度上说，虽然美国法院没有直接去行使管辖权，但是在中间扮演了很重要的角色。当然对于到底什么是域外适用和域外效力，我在论文中的一个解读，可能跟您刚才理解的不太一样，因为域外适用它是一个具有误导性的概念。什么叫域外适用，在我看来，真正意义上的域外适用是指美国人占领了某外国，比如伊拉克，在伊拉克适用美国的法律，这才叫域外适用。那么美国的法院或者在国内的场景，依据美国国内法制裁企业，它实际上并不是真正的域外适用，它是域外效力在司法中的一个适用过程，但是我个人认为它不完全是真正意义上的"域外"司法。

中美两国能否通过司法对话来解决这个问题，刚才杜老师也回应了，我觉得这个倒是一个有趣的想法，但是实际上刚才几位老师谈到中美两国的对抗，从某种程度上是价值观的对抗，最终意义上是价值观和制度的对抗。在这种情况下，两国法官的司法对话在多大程度上能够真正起到作用，我觉得是值得思考的。但是，有一点是显而易见的，与美国立法机关和行政部门相比,美国法官面对国际法更加谦抑。所以从这个意义上说,跨国司法对话可能要比跨国立法对话或者跨国行政对话更加容易,意识形态、价值观的冲突可能会更小一些。

冯硕(学生)提问:

今天蔡老师一直在介绍跨国司法对话,我想首先第一个问题就是跨国司法对话到底是不是真的对话,到底是不是西方中心主义下的一种对话,一种蔡老师提到的单向的教化?刚才蔡老师提到,跨国司法对话产生的背景是全球化,国际司法机构和"民主化"的问题,其实隐含了一个问题,即全球化到底是谁的全球化?这个国际司法机构到底由谁主导?这种"民主化"到底是谁界定的?我觉得这是背后需要回答的问题。2011年,清华大学的高鸿钧老师在《中国法学》发的那篇《美国法的全球化》,在整个论述过程中指陈的法律的全球化,可能在一定意义上说就是一种美国法的全球化。这个问题又引出第二个问题,跨国司法对话的目的到底是什么?是百家争鸣的各美其美,还是在对立中求统一?这种统一是一套话语范式征服另一套话语范式,还是说各方妥协后的一种相对统一?就像刚才杜老师和霍老师讲过的,它们每一套话语背后有不同的政治、文化和意识形态的立场。这又引出第三个问题,即我们现阶段的这种跨国司法对话是一种怎样的姿态?刚才有很多人提到中美关系问题,好多人都把中美关系比作夫妻关系,我个人不一定认同,而且这里面隐含着一种姿态,即现在中美之间的司法对话,是你拉着我的对话,还是你逼着我和你对话,或者是我求着你和我对话?不同的姿态会影响到对话的质量和效果,而从一个动态的角度去看,随着双方国力的不断变动,尤其像蔡老师关于大国崛起的一系列文章当中提到的大国的兴衰往往决定了国际法的阶段性样态,这种对话姿态也会发生变化,这样会不会使得对话目的发生改变?这是我的三个小问题,想请教一下蔡老师和其他几位老师,谢谢。

蔡从燕教授回答:

你的第一个问题涉及是不是存在真正的跨国司法对话,这是个很好的问题。斯劳特的跨国司法对话理论,它在严格意义上说是教化。就中国的跨国司法对话来说,中国是一个大国,因此,中国在从事跨国司法对话时,不要让对方觉得这种对话是不平等的。我也相信中国追求的是真正意义上的平等的跨国司法对话。第二个问题涉及跨国司法对话的目的。我认为跨国司法对话当然是为了应对一些纯技术性的问题,比如说各个法院怎么样解决诉讼爆炸问题。但是,跨国司法对话一定还会有更广泛的目标。就中国而言,我觉得中国通过跨国司法对话,包括举办外国法官研修班,一定程度上是为了提高中国的司法形象,展现中国的司法优势,这倒不是说中国要像斯劳特所说的要"教化"别人。你提的第三个问题涉及中国从事跨国司法对话是主动的还是被动的。我认为,由于不少国家对于中国的司法制度确实有疑虑,也由于跨国司法对话是中国法院主动作为、参与"一带一路"建设的重要表现,因此中国跨国司法对话既可能是主动的,也可能是被动的,都有可能。

何其生教授回答:

谢谢,我主要谈两点:

第一点,我觉得当今的世界需要对话、需要合作。大家都知道前一段时间基辛格提出,疫情之后世界秩序将出现严重的逆全球化现象。我们也知道彼得森研究所最近召开了一个会议,英国前首相布朗给我们讲述了一种现象,他说在疫情期间,世界最大的一个特征就是不合作,各国之间没有合作的意愿。世界特别需要中美合作,但是现在这个时代特别像1930年的那个时代,各国缺乏合作的意愿。所以如果对话意味着合作,我觉得今天的世界尤其是法律层面,我们需要对话,因为法律是塑造规则塑造机制的。通过这种对话,我们能够提供国际公共产品,而不是让每个国家单独奋战。

第二点,就是刚才同学提到的,我们如何对话的问题,我们是受训者还是教化者,我觉得这取决于对话者本身,当然我们用"dialogue"这个词的时候,这本身就意味着平等。我参加过许多次"对话",包括中美的高端法治对话,也在疫情期间远程参加过中外涉及民商事公约的谈判。我觉得当提及"对话"的时候,大家基本上都是一个平等者的角色,当然前提条件是你自身有较高的素质,需要你能够真正地和别人对话。刚才有几位老师说我们英语语言的问题,还有专业知识的问题,我觉得这些都是可以解决的。比如说,我见证了中国很多年轻的外交官,他们从没有参加过多边谈判的新手,到后来成为谈判桌的高手,一步一步成长起来,只是需要一个过程而已。一个大国,在发展的过程中肯定会遇到很多的问题,但是对话总比对抗好。算是补充一下刚才从燕老师提到的一个观点,就是我们要有对抗,但我们更喜欢对话,谢谢!

陆宇峰教授(主持人):

谢谢。讲座进行到现在已经9点了,我们现在把话筒交给我们科研处处长屈文生教授,代表我们学校做一个对话,谢谢屈老师。

五、 闭幕致辞

屈文生教授（华东政法大学科研处处长）：

　　谢谢,刚才我一直在听,听完了之后确实是深受启发。尊敬的蔡老师、霍老师、何老师,以及各位在线的,我们现在还有 129 位同学,我很荣幸地讲几句。华东政法大学科研处与国际法学院十分有幸邀请到蔡从燕教授、何其生教授、霍政欣教授为华政师生线上开坛讲学,分享最前沿的研究成果和研究动态。三位教授都是国内顶尖的国际法青年学者,我由衷感谢大家对于华政的厚爱与支持。我校国际法学院副院长杜涛教授,国际法新锐学者韩逸畴副教授,这次花了很大气力,邀请专家、选定主题,并作为与谈人加入这场重要的学术活动中来。以文会友是学术交流的重要功用之一,感谢各位同学高质量的参与和提问。

　　蔡老师是一位十分勤勉的学者,国际化程度非常高,他是牛津系列手册的稳定作者之一,是该套著作中少有的亚洲面孔。他参与撰写《牛津比较外交关系法手册》($Oxford\ Handbook\ of\ Comparative\ Foreign\ Relations\ Law$)和《牛津全球安全与法律手册》($Oxford\ Handbook\ of\ Global\ Security\ and\ Law$)等四本牛津手册,在英语世界的知名度和影响力也很高,对于这点我们感到很骄傲与振奋。法学界的国际化程度总体并不高,蔡老师是沟通中西法学的榜样。蔡老师今天主讲的题目围绕"对话"展开,对话的前提是宇峰教授刚才所说的可翻译性,也可以说是通约性,就是翻译学研究中经常讲的"commensurability"(可通约性)。

北大何其生教授,是华政师生的老朋友。我们认识时,何老师还在武汉大学法学院任教。何其生教授曾在外交部条约法律司借调,主要研究领域为国际私法和国际商法。何老师在《中国社会科学》《中国法学》《法学研究》等杂志发表多篇论文,我在申报《一带一路沿线国家法律文本翻译、研究与数据库建设》这一国家社科基金重大课题时,曾参阅过何老师的不少论文与著作,受益匪浅,要当面致谢。

法大发展规划处处长霍政欣教授在国内法的域外效力、美国长臂管辖等领域持续发力。霍老师的许多成果,与今天蔡老师主讲的"跨国司法对话"主题非常一致。我们知道,所谓"司法对话"就是"judicial dialogue",而法律英语中的"judicial"(司法)几乎与"court"(法院)无异,司法对话就是法院对话。当然,从字面意思来看,斯劳特的论文《跨国司法对话的类型学》(A Typology of Transjudicial Communication)中的"Transjudicial Communication"可能不仅仅指国际司法对话,其既包括国家间的,也包括超国家间的对话。我们注意到霍老师在《中国法学》发表的论文《全球治理体系下的国内法院》中提出了"发挥人民法院跨国司法治理权"的概念。霍老师提出,要提高人民法院的国际司法能力与公信力。这一概括,具有很高的学术价值。

今天的主持人陆宇峰教授是位优秀的法理学青年学者,他翻译过托依布纳的《宪法的碎片:全球社会宪治》(Constitutional Fragments: Societal Constitutionalism and Globalization)这部重要著作,书中涉及不少国际法思想的重大理论问题。据我校杜涛教授讲,这本著作对于国际法的跨学科研究的推进意义重大。

我刚才提到蔡老师参与撰写的一部牛津手册主题是"Foreign Relations Law",对外关系法也是我校杜涛教授的重要研究领域,他拿到的国家社科重大项目就是《中国特色社会主义对外关系法律体系构建研究》。韩逸畴教授和我多次讨论过国际法史的话题,比如文明等级论和国际法中的污名化治理问题等等。逸畴向我推荐了很多有益的国际法史著作,对于我眼下的《托德西利亚斯条约研究》的推进十分有益。国际法史研究在我看来,是非常有潜力的一个研究领域。

我个人曾组织力量翻译过《牛津国际关系手册》(*The Oxford Handbook of International Relations*)(方芳、范鹏等译)。目下则对"早期条约与域外治理"这一话题十分感兴趣。可以说,早期条约在国内的研究尚未引起足够的重视,我的同事李明倩副教授出版了《〈威斯特伐利亚和约〉与近代国际法》这部大作。《威斯特伐利亚和约》诞生于1648年,更早的1494年《托德西利亚斯条约》(*Treaty of Tordesillas*)及此后的《萨拉戈萨条约》(*Treaty of Zaragoza*),都是崛起的海权国家通过司法管辖,主导国际秩序确立的重大历史事件。地理大发现证实地球是圆的之后,世界秩序的确立成为问题。关于这点,格劳秀斯(Hugo Grotius)的《海洋自由论》(*Mare Liberum*)、卡尔·施密特(Carl Schmitt)的《大地的法》(*The Nomos of the Earth*)、刘禾教授的《世界秩序与文明等级》、唐晓峰教授的文章《地理大发现、文明论、国家疆域》等许多作品都有涉及。我的观察是,国际法研究中的国际法史、国际关系理论研究,非常有吸引力。

再比如西方国家在君士坦丁堡、奥斯曼帝国、北非的域外管辖法律实践,包括在亚洲殖民地、半殖民地国家的域外管辖法律实践的历史研究,都是有现实意义的。总得来说,我个人对于蔡老师和各位老师的学术志趣比较了解,十分钦佩,也有些共鸣。

蔡老师在准备这期"中国崛起中的跨国司法对话——中国法院如何促进'一带一路'建设"演讲时,向我们推荐了多部作品和作者,他尤其推荐哈佛法学院的斯劳特。斯劳特的文章《跨国司法对话的类型学》

第一句话就是"全世界的法院都在对话"。这就非常有趣，国际私法本是冲突法，这篇国际私法的文章因此就有从"法律冲突"到"法律对话"演进的意思了。蔡老师在演讲中提到的"翻译司法判决"、"语言在跨国司法中的作用"以及"国际组织中的语言问题"等话题，对我的启发很大。

刚才冯硕同学在提问中提到高鸿钧教授的论文，非常好。高老师有位高徒，是鲁楠教授。鲁老师曾经在论文中提到美国的"法律与发展运动"（law and development movement），这是一个极具战略性的运动。"法律与发展运动"极大地推动了全球法律的美国化，使美国成为全球最活跃的法律思想市场。全球法律美国化和美国法律全球化，符合"美国优先"（America First）战略。

再次感谢大家。我就讲这么多。谢谢！

华东政法大学第5期东方明珠大讲坛

中国法律史研究的
三重困境

【主讲人】
陈利

列文森奖（Joseph Levenson Pre-1900 Book Prize for 2018）得主
加拿大多伦多大学历史系、历史与文化研究系副教授，法学院兼任副教授
美国耶鲁大学法学院法律博士（J.D.）
哥伦比亚大学历史学博士（Ph.D.）
中国法律与历史国际学会创始会长

【与谈人】
梁治平
中国艺术研究院艺术与人文高等研究院
高级研究员

徐忠明
中山大学法学院教授

张泰苏
耶鲁大学法学院教授

屈文生
华东政法大学科研处处长，教授

【主持人】
陆宇峰
华东政法大学科研处副处长，教授

【时间】
北京时间 | 2020年5月9日 9:00-12:00 AM
加拿大多伦多时间 | 2020年5月8日 9:00-12:00 PM

-主办 | 华东政法大学科研处-

第 5 讲
中国法律史研究的三重困境

时　　间：2020 年 5 月 9 日上午
主持人：陆宇峰（华东政法大学教授、科研处副处长）
主讲人：陈利（加拿大多伦多大学历史系、历史与文化研究系副教授，法学院兼任副教授）
与谈人：梁治平（中国艺术研究院艺术与人文高等研究院高级研究员）、徐忠明（中山大学法学院教授）、张泰苏（耶鲁大学法学院教授）、屈文生（华东政法大学科研处处长、教授）

一、 开场致辞

陆宇峰教授（主持人）：

众所周知，华政是国内法律史研究的重镇，我们第 2 期"东方明珠大讲坛"已经围绕法律史问题展开过一场讨论，邀请了中国人民大学尤陈俊副教授主讲"话语/权力分析在法学研究中的运用"，国内法史学多位中青年学者与谈，包括我校屈文生教授、于明教授，复旦大学赖骏楠副教授，北师大马剑银副教授等。第 2 期大讲坛备受关注，科研处公号"学术华政"刊载研讨实录的文章收获了近 5000 次的阅读量。昨天赖骏楠还跟我说，没想到法史学现在还能有那么多人关注，看来不功利的学生总是有的。所以我想不要轻易说我们的学生功利,只要真的是一流的主题,能呈现一流的学问,任何学科都会吸引很多学生。

今天的第 5 期"东方明珠大讲坛",我们将继续讨论法律史问题。我们非常荣幸地邀请到国际知名的法律史学家陈利老师主讲"中国法律史研究的三重困境"。陈利老师先后毕业于美国伊利诺伊大学法学院和哥伦比亚大学历史系,分别获得 J. D.和 Ph. D.学位,现任加拿大多伦多大学历史系、历史与文化研究系副教授,法学院兼任副教授,曾任该校历史与文化研究系主任;他也是注册在美国的"中国法律与历史国际学会"(ISCLH)的创始会长,以及 *Law and History Review*(《法律与历史评论》)和 *World History Review*(《世界历史评论》)的编委。

陈利老师主要研究明清以降法律、政治与文化三者的交叉关系,涉及中国法律文化史、中西比较法研究、中外关系及近代国际法史等方向。他已出版专著 *Chinese Law in Imperial Eyes:Sovereignty, Justice, and Transcultural Politics*(《帝国眼中的中国法:主权、司法与跨文化政治》,2016 年版),合编有 *Chinese Law:Knowledge, Practice and Transformation, 1530s-1950s*(《中国法:知识、实践与转型(1530—1950)》,2015 年版),在 *Law and History Review*(《法律与历史评论》)、*Late Imperial China*(《帝制晚期的中国》)、*Journal of the History of International Law*(《国际法学历史杂志》)以及《法制史研究》(台湾)等中外学术期刊发表多篇论文。他的专著 *Chinese Law in Imperial Eyes*(《帝国眼中的中国法》)还获得了"亚洲研究协会"(AAS)颁发的"2018 年度中国研究最佳专著列文森奖"(Levenson Prize),其中文版计划 2022 年由浙江大学出版社出版。

我们已经预告,今天的讲座主题涉及西方的法律东方主义(legal orientalism)、清末兴起的现代主义(modernizationism)以及儒家的道德理想主义(Confucian moral idealism)三种话语体系。陈利老师的既有研究已经对前两种话语体系进行了反思,他的近期研究则转向清代中国法律文化及制度被传统儒家道德理想主义所掩盖的重要特征和历史意义。目前他计划完成一部关于清代法律专家的专著,暂定名为 *Invisible Power, Confucian Legal Specialists, and Juridical Capital in Late Imperial China*, 1600s-1900s(《帝制中国晚期的无形权力、儒家法律专家与司法资本(1600—1900年左右)》)。

今天的与谈人阵容,由两代学术偶像构成,我觉得只能用激动人心来形容。由于是在线会议,老师们没有办法听到我们的掌声,但我们还是发自内心地热烈欢迎你们的光临。热烈欢迎法律文化论的开创者、中国艺术研究院艺术与人文高等研究院高级研究员梁治平先生,热烈欢迎著名法律史家、中山大学法学院徐忠明教授,他们的名字早已享誉学界。也热烈欢迎另外两位学术男神,他们是耶鲁大学法学院张泰苏教授和我校科研处处长屈文生教授。感谢你们撑起"东方明珠大讲坛"这个学术殿堂。今天参加讲座的还有一个特别的群体,那就是中国法律与历史国际学会的40余名会员,在此一并欢迎。现在有请陈利老师。

二、 主讲环节

陈利副教授:

好,谢谢陆老师介绍,我也再次感谢屈老师和陆老师代表华东政法大学的盛情邀请,非常荣幸有机会参加贵校高规格的论坛,我希望不要让大家太失望。再次感谢各位在筹备过程中的精心准备,包括所花的大量时间及辛苦的工作,也感谢在这个非常时期筹备一个大型的讲座。这可能是我目前为止在学术界 20 多年以来听众最多的一次会议,所以我感到很荣幸。

而且我也感谢四位评议的嘉宾。当初屈老师邀请我,我实际上主要是想着自己有些学术上的疑惑,今天能向四位学术超群的学者请教,我感觉这是个宝贵的学习机会。我今天就借这个机会与大家分享一下自己在学术上的一些摸索和困惑,希望和大家在余下的两个多小时里面能有一些有益的交流。我尽量缩短自己的报告时间,看看能否节约出至少二三十分钟左右,给在座的 193 位老师和同学们一些交流机会。

屈老师他们提前给了我一两个星期时间,不过对于筹备这么一个报告来说,两个星期还是很紧;再加上手边有些其他事情,所以我今天给大家的分享,更多是即兴发挥了。我准备了一个简单的讲稿,但可能不会照着讲。一是我视力不行,二是我经常不太愿意照讲稿说,感觉那样会失去和听众互动的机会。而且说实话,如果我照着讲,半个小时之后,大家可能都睡着了。所以我今天主要是根据 PPT 来组织我的报告。如果讲的过程不够流畅的话,就是现场发挥的水平问题,请大家见谅。

言归正传。刚才陆老师也介绍了,我今天的题目是"中国法律史研究的三重困境"。实际上如果再长一点的话,题目应该是从近代的角度研究中国法律史的三重困境。今天题目的英文可以表达为"The Triple Bind of Chinese Legal History"。从我自己的研究体会,这三重困境主要是从研究材料、理论分析思路和认知或者评价标准上的相互影响来说的,英文的话就是"evidential"、"conceptual"和"epistemic"或者"normative"三个方面的影响。

这三重困境具体来说，第一个是法律东方主义，第二个是现代主义或者法律现代主义，第三个就是儒家理想主义或者儒家道德理想主义。我等会儿就这三个困境分别谈。刚才陆老师也提到，我今天的重点是第三个，因为前两个在我第一本专著 Chinese Law in Imperial Eyes（《帝国眼中的中国法》）里面，已经对法律东方主义谈得足够多了，关于现代主义也谈了一些，在我后来写的"Traditionalizing Chinese Law"即《中国法律被传统化》那篇文章里，进一步分析了（法律）现代主义的一些情况。所以我今天的重点，是探讨儒家道德理想主义对明清以降的法律史、法律文化和司法政治这三方面所产生的影响。刚才陆老师也提到，我的研究主要关注法律、政治和文化三者的交叉地带（intersections），考察它们的相互作用和合起来共同对社会其他领域的作用。

对自己的研究背景就不多谈了。大家有兴趣的话，屈老师和陆老师他们发的海报最底端有两个链接，是"澎湃新闻"2018年采访我的一个新闻稿，里面对我的研究背景有较详细的介绍。

回到刚才说的三个困境，我先从法律东方主义开始，接着简单提一下现代主义，然后再谈儒家理想主义。法律东方主义在《帝国眼中的中国法》一书里谈得比较多。络德睦的《法律东方主义》前几年也出了中文版，大家有兴趣可以看看。以后有机会我再细说，这次只简单说一下我的书和他的书之间的关联和区别。他和我是将近20年的老朋友了，我受他的学术影响和帮助很大，但是我的书跟他那本书所研究的范围、角度和结论都有较大的不同。在范围上，他研究的主要是1840年之后中美关系，尤其是美国的治外法权以及相关的美国对中国法律的话语表述。我研究的是1840年之前100年左右的时间内，中国和欧洲的关系，尤其是中国和英国之间的关系，而且我关注的不只是话语。他是作为比较法和当代法学者，而我是作为一个历史学者，所以我和他的分析角度也不一样。第三个算是更大一点的区别,除了更多关注帝国政治运作和文化界限形成(cultural boundary-making)的历史过程外,我对法律东方主义的分析也主要是以关注其本身内部的矛盾为主,而他的书则主要是分析东方主义如何作为垄断性或控制性话语(hegemonic discourse)。我不知道我们最后是不是殊途同归,反正有些殊途,以后有机会再跟大家详谈。我的书也探讨了一些他书中提到的人物,比如孟德斯鸠,但是我们在材料、分析角度和结论等方面都有些比较大的不同。

我接下来会从我书中摘选一些关于"法律东方主义"的分析来谈谈,如果大家已经看过我的书,可能觉得稍微有点重复,这也正常。因为我们200个听众的兴趣、知识层面不一样,没法满足所有听众。因此,也感谢大家的耐心!

孟德斯鸠非常经典的一个观点,就是认为中国是东方专制主义(oriental despotism)的一个典范,他认为中国是专制(despotism)的,因为影响其政体根本性的精神,不是道德(virtue),也不是荣耀或者荣誉(honor),而是一种恐惧(fear),对酷刑和暴政的恐惧。从这个角度上说,他认为中国和其他的专制国家或"despotism"一样,只有君王一个人是真正自由的,其他人精神上都是奴隶。而统治臣民靠的是严刑峻法,靠的是暴政,不是靠颁布的法律和程序,也就是"fixed and established laws"(确定的法律规则)。但是我在书里面也分析到,就在他阐述和论证这个非常有名的东方专制主义理论时,他对中国司法制度和实践的一些描述却又挑战了他自己的理论。他把中国划分成专制政体,很大程度上是曲解了一位法国耶稣会历史学家杜赫德(Jean-Baptiste Du Halde)在1735年出版的一本书中的一些信息,包括将后者对中国司法制度的介绍简化成了一个脚注,宣称"中国是靠板子来统治的"（原话翻成英文是"It is the cudgel that governs China"）。这个脚注后来变得举世闻名，成了西方刻画所谓的"专制中国"最为生动而又言简意赅的说法。但是他在讨论到一些具体的中国法律制度和做法时，却在另外一个脚注里承认中国在这些方面更像君主制或共和制。从 1748 年出版《论法的精神》后，孟德斯鸠"东方专制主义"的理论，就成了一个在认知和理论上的范式（paradigmatic framework），影响了此后将近 250 年间西方对中国法律和政治的理解。

但是孟德斯鸠当然不是法律东方主义中唯一有影响的人，我们可以提到一长串过去这 200 多年历史里面西方知识界一些奠基性的人物，包括黑格尔（G.W.F. Hegel）、梅因和韦伯，他们都或多或少推动了法律东方主义的兴起，在影响欧洲（后来还包括美国）对中国法律和社会的认识方面，经常起了非常关键，有时候甚至是根本性的作用。但是，我们如果把东方主义只是简单当成是误导（misrepresentation），就有点过于简单化了，实际上是低估了它本身的力量和复杂性。相反，我的书实际上主要是分析这种东方主义话语本身内部的矛盾。我等会儿将提到黑格尔、梅因和韦伯对中国法律的表述。虽然他们和孟德斯鸠有些不一样，但是某种意义上最后也是殊途同归，都对法律东方主义这种话语体系和它的历史影响起到了添砖加瓦的作用，即便他们是从不同的方式和不同的角度来进行的。

我的书里面提到，西方对中国法的表述实际上分为四个方面。一是"intellectual"即知识界的，包括知识分子、哲学家和汉学家之类的表述。二是"popular"即大众文化方面的，包括大众传媒、水彩画或照片之类的刻画或表述。三是"archival"即档案方面的，今天的报告里面会提到很多中国档案，但我在那本书里面更多的是研究西方涉华的帝国档案。四是"political"，即官方政治方面的内容。

当初西方对中国法的认识,是这几个方面齐头并进和相互影响形成的。比如,知识分子的观点会影响大众看法和情感(sentiments),大众舆论和情感又反过来推动知识分子对中国法律、政治和社会的研究或者诠释,然后这几方面的因素又会影响档案形成和官方决策,反之亦然。另外,为了分析大众舆论和情绪,我书里面涉及了西方100多份报纸期刊上的相关内容,这张PPT里只列出了20来个19世纪最主要的期刊和杂志。我那本书最后出版时,因为出版社限定篇幅,最后不得不将原来的内容压缩了很多,收集到的很多材料和相关细节分析最后都只能在脚注里出现了。

在马嘎尔尼大使1793年访华的时候,乔治·伦纳德·斯当东是副大使。他的儿子,当时是一个11岁左右的小孩,作为大使的侍童(page boy)一起访华。他曾经被乾隆皇帝接见,因为会说简单的中文,乾隆皇帝一高兴就摘下自己腰上的一个荷包送给小斯当东。小斯当东回去之后又学了几年中文,于1800年回到了广东,开始了他在东印度公司的职业生涯。他前后在中国待了十几年,中途回去过一两次,然后于1816年阿美士德大使访华时任副大使。实际上严格说来,阿美士德是英国第三任访华大使。第一任大使因为死在路上,使团并没到达中国,所以阿美士德在1816年实际上是第三任了。

小斯当东对于《大清律例》的翻译,我这儿只想说一个地方,这就是他第一次权威性地把中国法和《大清律例》定义成刑法典(penal code)。国内过去曾经有那么一二十年辩论中国法究竟是只有刑法传统,还是有民刑混合一体的传统。实际上小斯当东在1810年出版翻译之前,在1809年的时候,才给他的翻译安上了刑法典这个名字。大家看到PPT上面的"code penal"、"codice penale"和"codigo penal",是用法语、意大利语和西班牙语把英文版翻译过去的时候所用的说法,所以刑法典变成中国《大清律例》或者中国法律传统在西方的一个代名词,就是从这儿开始的。甚至在1798年欧洲人出版的书中还认为中国法律是兼有民法和刑法等不同法律体系的。只是从小斯当东的翻译出版开始,大家倾向于说中国只有刑法典或者"penal code"了。但事实上,到了19世纪末的时候,就有少数人意识到这一直是一个误导性的翻译,我书里面有详细探讨,这里略过不提了。

现在,我谈谈东方主义怎么向现代主义延伸,二者又是如何相互关联和呼应。东方主义和现代主义并不是泾渭分明的。我认为现代主义是从东方主义里面延伸出来的,但并没从东方主义里面完全剥离出去。有几个在近现代欧洲乃至西方思想史上都非常关键的奠基性人物,他们对中国和中国法的描述,可以给我们展现出东方主义为什么以及如何变成了现代主义,尤其在中国法这个领域。黑格尔在他著名的《历史哲学》里说到,中国缺乏一种历史进步的精神,即缺乏"the Spirit of History"。从他的理论角度来讲,历史是一个辩证往前推进的过程,而中国缺乏这种进步的精神,也就是历史精神。对他来说,中国处在各种过度繁琐和严苛的法规管控之下(即 meticulous and excessive laws and regulations),就是说中国在一种无孔不入的专制法制之下,中国人不可能把自己的社会推向历史下一个阶段。所以按照他的话说,"it is the necessary fate to submit to the Europeans of the modern world"。大家请注意,他说的是"Europeans of the modern world",他不是说中世纪或18、19世纪的欧洲人,而是说中国人必然的命运就是要臣服于现代欧洲人并由欧洲人来引导他们进入所谓的文明社会。他的书是由1822年到1830年的讲座稿修改而成的,所以他在19世纪20年代的时候,就在世界格局或者全球各个民族国家之间的关系中,将欧洲看作是一个已经现代化的国家群了,而中国则必须仰赖这些"现代"欧洲国家的教化(submitted to the guidance or tutelage of the modern European nations)。所以这个意义上,他已经把当时的中国和现代/西方变成了对立关系。

大家可能都知道约翰·密尔(John Stuart Mill)是现代自由主义的奠基人,至少是最有影响的奠基人之一。他也认为中国即便曾经有辉煌历史,但古代中国人没有自由,没有个性和主体性,即缺乏"individuality"或者"individual subjectivity"。而这对欧洲意味着什么?他呼吁现代欧洲必须避免成为另外一个古代中国。欧洲国家必须避免发展成古代中国式的专制政府,避免对个人进行全面控制,要警惕包括古代中国法制和政治体制上的问题。他说中国人要改善自己,必须依靠外国人(foreigners)。他的观点同黑格尔的理论非常接近。

亨利·梅因是现代人类学和现代比较法研究的奠基人之一。他在1861年出版的《古代法》里面也认为中国因为过多强调或者只有刑法,所以始终没有从身份阶段的社会进入契约阶段的社会,也就是说中国始终停留在前现代的历史阶段。他还认为,在别的国家,文明的进步经常推动了法律的发展,但在中国,法律反而成了文明进步或者发展的枷锁。梅因另外一个重要的观点,认为一个社会越落后,对刑法的规定就越详细、越全面。梅因的看法可能是受了小斯当东翻译的影响,认为中国唯一的根本性大法,就是一个刑法典。梅因是英属印度殖民地的一个高级官员(legal member of the council of India),他的观点跟英国的殖民扩张有密切关系。小斯当东1810年出版《大清律例》的英文翻译,也属于英帝国文化知识生产的一部分。可能不少国内学者都知道,梅因的观点后来影响到梁启超,使其也运用法律和文明进化论来评价中国法律的历史地位。梁启超在书里面明确引用了梅因的观点,只是现代读者可能很少从批判性的角度来分析而已。

现在简单说说马克斯·韦伯。不少学者和赖俊楠老师都出版了研究韦伯的著作。我这主要谈韦伯怎么把中国法典变成了一个跟现代法治文明相背离或者不相通的法律传统。我在专著和《中国法律传统化》那篇文章里面分析过，从韦伯以来甚至在他之前，法律东方主义话语再加上后来的以强调自由、科技、理性、人权和法治这些特征所代表的现代性（modernity）话语结合在一起，把中国变成了一个跟西方现代法律和文明或者伟大法律传统相对立的国家。韦伯所指的伟大法律传统是指英美和德法这几个主要工业国家，即当时主要的世界性大帝国的法律制度。为什么当时觉得这些国家的法律是伟大的，是文明大家族的成员之一？很大原因是因为这些是当时最强大的国家。这和他的《新教伦理和资本主义精神》那本书一样，是倒过去分析的，从结果去推测原因。就像中国现在变成了世界第二大经济体，如果我们回头去寻找中国经济强大的原因，可以找出很多来，然后把某些原因都变成全球性或者普适性的理论。韦伯当时的逻辑推理和理论假设就存在这个问题。我们这儿不多谈韦伯学说其他的方面，而只谈他对中国法律的定义怎么影响了中国法律改革和中国人对自己法律传统的理解。

刚才说到，韦伯认为中国法律没有达到真正的理性化，他得出这些结论的依据和推理过程同孟德斯鸠以及黑格尔、梅因与密尔实际上是截然相反的。后面这几个人认为中国的法律制度是在东方专制政府下才可能出现的情况，因为法规过分繁琐和严苛，管制了人们生活的各个方面，包括个人言行以及内心自由。这种法律上的过分理性化（over-rationalization），使得中国人缺乏进入现代文明社会所需的个人主体性和权利意识以及历史进步精神，所以中国是一个前现代或者说欠文明的社会。而韦伯则认为帝制中国的法官在判案时，依靠的是儒家伦理价值观和个人主观臆断，而不是理性确立和颁布的成文法典，而且中国法典也不是理性化的法典。虽然双方从不同的角度得出了对中国法律不同的定性,但是同样都极大地影响了西方对中国的印象和刻画。这是我书中一个比较重要的发现,这些相互矛盾的观点为什么竟然能够同样而且经常同时享有这么大的全球性影响力?这种现象是东方主义话语非常大的一个悖论。我感觉过去的学者对这方面研究没太注意。从我的角度上说,挖掘东方主义话语本身的内部矛盾,可以帮助我们解构和削弱这种话语所长期拥有的影响力。

事实上,韦伯本来认为英美法系这种法典化程度较低的法律传统是缺乏理性的,因为法官对一个案子尤其刑事案件的量刑,有很大的裁量权;而且英美的陪审团制度、判例法以及地方治安官的司法权力等等,都和韦伯的现代理性法律或者现代国家制度的理想模式不一致,如果按照他的理论标准来判断的话,实际上都是不够理性和现代化的制度。但是因为英国是一个庞大的殖民帝国,所以韦伯仍然把英国法律制度放在了现存的伟大法律传统体系中了。还有一个原因是英国在英属印度制定、颁布了印度刑法典,后者在19世纪中后期成了一个现代理性立法的典范。我书里面也提到,实际上英国19世纪上半期的法律现代化改革和印度法典化过程中,至少一定程度上受到了小斯当东翻译的中国法典的影响。因为在19世纪20年代领导英国法律改革的国会议员麦肯塔锡(Mackintosh)之前曾经竭力说服他翻译《大清律例》,而在19世纪30年代主持印度法典编撰的麦考利(Macaulay)等人对印度刑法典的构思和设计,也很可能是受到了当时英国人研读《大清律例》的影响,希望借鉴后者的一些优点和实用功效,帮助人数相对很小的殖民官僚体系来有效统治一个人口庞大而且同属"专制主义"的东方国家。

黑格尔、梅因、密尔和韦伯这批人,在欧美乃至全球范围内,对现代性、现代化以及现代主义的话语和概念来说，都属于奠基性的人物。所以他们对中国法律和对中国的定义与表述，甚至影响了1870年之后的中国清末儒家知识分子、官绅阶层和受过西方或新式教育的革新派与改革派，改变了后者对中国政治、法律、文化、社会传统的认识。这就是刚才说到的东方主义延伸到现代主义后对中国的影响。

以强调政治权利、平等、自由、理性、科技、发展等价值为核心的所谓德先生（民主）和赛先生（科学），是20世纪初中国人认为代表了现代性最重要的两个概念和标志。之前看一篇夏勇老师写的文章，说德先生和赛先生之外还应该再加上一个何女士，就是人权（human rights）。上面这些概念或者话语，加起来构成了所谓的现代性的要素。在进行所谓的"现代化"过程中，现代性话语体系同东方主义相结合，把西方尤其是欧美主要工业国家"现代化"进程中所形成的一些政治、法律、社会和文化的经验与制度，变成了全人类文明共有的价值标准和终极历史目标。这种西方中心观的线性历史发展目的论（英文叫 technological notion of historical progress），认定人类社会最终都要经历西方主要工业化国家的历史阶段和采取他们的制度，这就是我说的现代主义（modernizationism）的一个主要表现。现代主义跟现代化的区别，就是"现代化"过去曾经被认为是一个价值中性的历史进程，但是在最近几十年里，已经有很多后现代和后殖民学者认为使用这个词必须加引号了。因为它暗含了西方社会的发展过程是其他国家也必须要经历的。所以，现在再用"modernization"或者现代化这个说法时，在大陆之外或者在欧美很多地方的学术圈里经常会被人批评。所以从现代性到现代化再到现代主义这个过程是值得分析的；什么东西上升到主义（ism），它就往往成了一种意识形态，就能对人的思想、价值观和行为起到很大的主导作用，不是说一定会决定后者，但是会起到非常重要的价值导向作用。

现在说说中西交往过程中，东方主义是怎么把中国法经过现代主义话语变成了跟现代法治改革相背离的一个传统体系的。一提到1911年或者1930年之前的中国法律文化和制度，就说那是一个传统；而提到之后的法律改革，就说那是一个现代化过程。至于改革是否成功了，那是另外一个问题，我这里暂且不作探讨。但是为什么中国1911年之前的法律，就被放在一个传统的盒子里，1911年之后的法律就被放在一个现代盒子里面了呢？我那篇《中国法律传统化》的文章就是分析这种用标签把一个法律文明框起来的过程是怎么完成的，以及它背后反映了一些什么样的前提假设，这么做的后果是什么。

大家也很熟悉鸦片战争的影响。我书里面提到过，鸦片战争的影响实际上不仅仅是外国强加的一系列丧权辱国的不平等条约，以及后来列强对中国文化、经济和政治日益加深的控制。我认为鸦片战争很重要的一个后果，就是把之前一二百年来西方对中国法律、政治和社会的表述，尤其是以东方主义为主的表述，变成了一个垄断性或者控制性的话语，并通过国际条约和治外法权等形式将其合法化与制度化了。大家之后再说中国法律是不文明的、野蛮的、残酷的和专断的时候，就会觉得是毋庸置疑的，也不需要提供证据了。因为这些条约和治外法权的存在，就不停地提醒大家，那是因为中国落后以及中西方文明间的鸿沟。我刚才提到1870年之后，因为一连串屈辱性的外交和军事失败，加上1900年左右八国联军为了剿灭义和团武装入侵并强迫签订北京条约，中国有识之士的亡国危机感变得更强了。从戊戌变法到1902年开始的新政运动，东方主义和现代主义这两种影响很大的全球性话语，对中国社会的影响就更深了，所以中国知识分子和改革人士相对来说受到的影响也就更大。

我现在再讲儒家道德理想主义怎样影响了我们对中国法律、政治和文化传统的研究。实际上刚才我在谈东方主义和现代主义的时候，也简单提到了儒家或者中国"传统"社会对法律与政治、法律与社会、法律与个人间关系的论述和表达。中国人自己的论述影响了欧美人包括欧美知识分子对中国法律、政治和社会的理解与定性。我在余下的时间里把这个问题进一步粗略地剖析一下。在座很多老师、同学和学界前辈对儒家的研究远远超过我本人，所以我在这里不是想班门弄斧，而是从个人研究的角度来谈谈儒家道德观或儒家理想主义对法律、法律知识和法律职业人士的理解与定性，是怎么影响了近现代中外论者对中国法律的理解的，以及它后来是怎么跟东方主义和现代主义这两个近现代以来主导性的话语体系合流，而三者的互动又如何影响了过去这110年左右中国法律改革进程的。

我这里只提几个最重要或者说最著名的一些例子，它们是大家研读法律文献时都会碰到的。如孔子所说的："道之以政，齐之以刑，民免而无耻，道之以德，齐之以礼，有耻且格。"但凡研究中国法律史，我们就不可能不知道这句话。PPT上包括了朱熹的注解，大家都知道，他是南宋程朱理学即程朱道学的创始人之一。他对孔子这段话有著名的解释，大致意思就是说通过德和礼的教育或者教化来改善个人的言行，改善个人跟国家和社会的关系。要避免个人违背法律与社会伦理，最好通过教育而不是通过法律和刑罚的方式。如果用国家机器的强制力量，即使民众免去了罪罚也是无耻的，就是说即使让老百姓暂时逃脱了法律的制裁，他也是没有羞耻向善之心的，是不会自己改正的，所以一旦法律松弛，他就会继续犯法。如果使用法律强制措施，实际上是觉得人性是本恶的，因为人性本恶才会钻一切法规的漏洞。而如果用德与礼来教育和规制人的言行，那么他们不仅可以避免刑法制裁，而且还会培养出羞耻之心，可以最终达到自觉向善的境界，也就是朱熹的理想目标。按照朱熹的话,你如果是用政刑,仅能够让人们远离罪罚而已,但使用德和礼的教育,可以使人们日迁善而不自知。他最后告诫道:"治民者不可徒恃其末,而不深探其本也。"所以德礼是国家治理的根本,而德又是礼的本,因而政和刑,作为国家机器的制度与法律,是治理的辅助工具。"德主刑辅"这种思想就是这么引申出来的。

我另外想提的是,除了强调德礼之外,孔子提倡的仁政和《书经》中"刑期无刑"的思想,这些观念结合起来,基本勾勒出了儒家哲学中的政治理想目标。所以,作为帝制中后期文化正统的儒家思想,其所憧憬的理想政府和社会状态,可以用两个词来概括:一个是无讼,一个是无刑。无讼,按照孔子的说法就是"听讼吾犹人也,必也使无讼"。就是说他听断官司可能跟别的人也没什么区别,但是他的最终目标是让社会不再需要诉讼(litigation)。这种无讼加无刑的理想,对历史上的中国法和中国法律职业人士的地位产生了很大影响。

需要指出的是,我们谈儒家道德理想,不是说就代表了中国政治和社会及法律现实,而是说它反映了一种话语、一种表达和一种理想。理想和现实永远是有脱节的。从西汉董仲舒提倡所谓"独尊儒术、罢黜百家"之后,儒家思想及其道德观,尤其政治道德观,就逐渐变成了中国帝制社会两千年左右主流的意识形态和文化正统(cultural orthodoxy)。但这种主流话语,并没有让法家思想和它所带来的制度退出中国政治与社会的历史舞台。相反,从申不害、韩非他们所提倡的"人性本恶""严刑峻法"和"以法为本"思维延伸出来的法典化和司法机构,在西汉之后的两千多年时间里得到了持续性的发展、巩固和维护。

儒家思想借助于以四书五经为主要教材的科举考试,变成了更具垄断性的国家意识形态,几乎所有中国儒家文人、知识分子都会在某种意义上或多或少受其影响。即使在这种情况下,法家的思想,至少是法家思想所发展出来的法律制度，仍然是维系中国帝制两千年社会和政府运作的一个关键部分。因为时间关系我不详细展开，只是大致列了一些中国历朝历代法律和司法制度中一些里程碑性质的发展，包括一些主要法典，以及唐宋科举考试里专门考核法律知识的明法科进士项目，还有比如说律博士的设立。尤其在宋朝的时候，司法程序发展到了一个高峰。与此同时，很明显的一个现象就是，法律制度的复杂和严密程度从西汉之后有增无减，各种法律条文的数目、种类及其言简意赅的术语，都让人眼花缭乱，对于没有经过多年系统专业训练的人来说变得更加难以理解和运用。

而结果就是形成了表面上以儒家道德理想主义为主，但骨子里又以法家制度，至少是广泛依靠刑罚而不是只用德礼来维系基本的社会秩序，可以说是阳儒阴法、儒本法用或者外王内霸。王道就是外部表现的儒家所谓仁政、仁义礼智信，但实际上很多的行为和做法却又奉行了霸道，是法家的思想和做法。比如明太祖时期的明大诰、明初的酷刑和通过大明律这种法典来管制日常生活各个方面，这些方式在中国各朝各代都有体现。结果就是法律制度本身并没有真正变成一个可有可无的东西，但在主流话语体系里面却经常会被一些负面的形象和表述笼罩与置换。比如帝制中国两千年，帝王将相和儒家知识分子经常会说他们的理想目标是刑措之风，就是把刑具挂起来，即达到把刑具或者刑罚束之高阁而不用的地步。追求这个刑措之风的另一面，还形成了对司法工作人员的一些广为流传的偏见，包括认为这些官吏作为"刀笔吏"，都倾向于舞文弄法和刻薄少恩，认为他们精于钻法律漏洞，经常造成罪轻刑重的情况，即人们犯的过错可能较小，却用严刑峻法来对待他们。唐高祖在《颁定科律诏》里，认为自战国到唐朝之间的各朝各代的统治者都有一些问题，因为礼教败坏或者礼教不振，所以无法达到刑措之风,而法律章程混乱又给了奸吏玩法害民的机会。所以他声称要通过颁定律例,来保证司法公正,不让官吏在执法过程中任意高低。

追求刑措之风的理想还有很多例子,比如在1646年以顺治名义颁发的《大清律集解附例》的序中,也说颁订律例的目的,是为了让内外官员"勿得任意上下低昂",不能利用律例条文的漏洞来轻重不一地判案子,而且"使百官万民畏名义而重犯法,冀几刑措之风,以昭我祖宗好生之德",所以刑措对清朝的统治精英而言是一个最终目的。而"德礼为政教之本,刑罚为政教之用"这两句话,在《唐律疏议》和此后历朝历代的律典文献中经常见到,变成了一个不言自明的道理,后世文人或者律学书籍援引,不需要再找理由解释为什么主张要重德礼、慎用法律手段来管制老百姓。

这种官方和社会主流话语体系的影响,表现在至少以下几个方面:一是对法律或者说立法过程和立法结果的影响,二是对法律知识及其生产、传播和应用的影响,三是对法律人或法律职业人士的影响。我先简单说一下对法律职业人士的影响。一个非常典型的例子就是西汉时的张汤,是历史上酷吏的典型,在座研究法律史的老师和同学应该都听说过。这段《资治通鉴》的记载,其中最后一句话说:"天下谓刀笔吏不可以为公卿,果然。"这是对中国司法官员预先盖棺定论了,就是说如果你是从事法律工作的官员,是刀笔吏,就不能被提升到公卿的位置。《明实录》中记载永乐皇帝也说过,"刀笔吏知利不知义,知刻薄不知大体",所以不能当御史。为什么?因为刀笔吏道德有问题。一百个刀笔吏里面,是不是可能有些没有问题?这里不存在辩论空间,刀笔吏天生就有道德问题了。还有其他很多例子。这是对法律人本身的一个影响,我等下再具体阐述。

现在大家看到的这六个方面,是我概括的儒家道德理想主义对中国法律文化或者法律史研究的影响，是我根据自己这些年的学习和研究过程总结出来的。我 2018 年在《法律与社会科学》上发表的《史学文献与跨学科方法在中国法律史研究中的运用》一文中有过一些初步的探讨。现在根据此后进一步的思考简述如下：

一是文献档案产生和存废的影响，就是说哪些档案会存在，哪些档案会被销毁掉。认为哪些档案没有价值，决定最后保存什么文献档案，这些往往都受意识形态和主流话语的影响。

二是在现存文献里面对历史事实的表达或者叙述，也受主流文化影响。我们可能需要分析一连串的问题：究竟有哪些方面的影响？影响有多大？现存的历史资料里面，涉及的各方的利益关系是什么？他们的利益诉求如何影响了他们的故事？他们又是如何受主流话语影响的？所以，就我们所讨论的儒家主流话语或者道德理想主义而言，我们要关注它怎样影响到现存文献里面所讲的故事，所记载的情况和各种叙事的相对可信度。

三是对当时的司法制度和司法实践的影响。这种影响可能会显示在立法和司法判决的结果上。近年来很多清代法律史研究都集中在这个方面。

四是对犯人和诉讼当事人的影响。比如说为什么有的案子会被认为是值得立案并调查审理的？被立案之后具体怎么处理的？哪些案子被划分为"细故"（自理案件）？哪些案子被划分为重案？又有哪些案子被地方官员以所谓"积惯讼棍"挑唆的名义把讼状扔出去的？官方说法经常是觉得很多诉讼是无中生有（frivolous），是诬告（false accusation），或者不值得占用官府有限的时间和司法资源。但我们需要深究背后的文化考量、政治动机和司法权力关系。很多这些决定和官方理由，都受到了当时主流话语的影响。比如，底层妇女、游方和尚和光棍这些社会边缘人士，是否会因主流儒家话语体系中的歧视性表述，而在具体的案件里受到影响？

五是对法律人、法律知识和法律场域的影响。我下面会再具体分析这个方面。需要解释一下的是，我所说的法律职业人士，是指接受过法律训练的司法官员、讼师以及司法幕友（不包括其他类型的幕友）。分析正统的儒家道德理想主义对这些法律职业人士的影响，是我手头几个研究项目的主要议题之一。

六是这种儒家理想主义作为意识形态和话语体系，对近现代学者的影响是什么？这个问题是我今天报告的主题，所以这里就不重复了。

今天因时间缘故，我不可能把这几个方面都详细地解释，但是我会择要就几个方面简单讲一些。我自己在将近 20 年时间里面，对这些问题有过一些体会和思考。实际上，我最初的研究是从清朝司法幕友开始的，后来觉得当时的分析思路太老套了，没有新意。于是，在继续收集资料的同时，我转而把研究清末法律改革作为了博士论文题目。等到把档案资料收集好之后，才发现自己的分析很容易掉入那种中国和西方、现代和传统的二元对立论中。最后，我转而研究清末之前一二百年间的中西关系以及法律纠纷和话语，也就是后来改成《帝国眼中的中国法》这本书的博士论文。所以，我实际上对清代中国法律文化这方面的研究，是 20 年前刚读博士的时候开始的。

我现在手头正在做几个研究项目，一个是研究作为法律职业人士的清代司法幕友，我希望明年能写完；另外一本书前一阵子刚开始用中文写，暂时戏称为《清代律林琅琊榜》。从清代法律职业人士的 10 代人中选出 100 余位，进行评价和分析，探讨这些法律专家是如何在一个儒家文化的社会中生活和工作的。其他两个项目包括研究儒家知识分子如何把法律发展成了世袭司法资本以及研究法律场域中各种利益群体间的互动和竞争。

文献档案存废的问题前面简单说过了,我现在谈一下对现存文献档案的收集和运用。现存的文献档案有很多,大家可能都知道,最近几十年发现的或者说重新发掘开放的地方司法档案和一些中央级的档案,尤其是清朝的档案,数量比较大。我的研究以清朝为主,所以我主要谈谈清朝的相关文献和档案。清朝资料主要有中央和地方政府的官方文献档案和非官方文献档案。先说说非官方的,除了咱们经常说的民间契约文书外,还包括很多商号、公司、行业工会的相关文献。比如王飞仙老师(Feihsien-Wang)刚刚出的书,里面就使用了很多上海书业同业公会的档案。还有其他非纸质的官方或非官方历史资料,比如李雪梅老师从碑刻研究中所发掘的重要信息。

非官方的文献档案,还包括吴佩林老师那里的曲阜孔府档案。大家听说比较多的徽商文书、一些家谱中的相关资料,以及上海交大收集的石仓文书等等,还有印刷的和手抄的其他法律书籍和司法资料。我下面的图表中有较详细的分类,所以这里先不介绍了。

下面这些是最近三四十年比较主要的清代地方司法档案,不少在座的学者和同学应该都使用过其中一些。我自己除了江津(多数是民国时期档案)和紫阳县两个档案外,其他档案这些年都在使用。有的用得多,有的用得少些。我刚才说过正在写一本研究清代司法幕友的书,就是准备了近 20 年时间,现在是回过头来,想将所收集的各种官方文献档案和非官方文献档案结合起来,看看能不能研究出一些新东西。

现在我给大家,尤其是不做法律史或者清代法史的学者和朋友们,快速简单地介绍一些样本。下面这份档案(图 1),是重庆府巴县知县关于秘缉人贩的行稿。像这种简单的文件,一般是由书吏先起草稿件,之后再点串一下,再由刑名(即司法)幕友过目审核,修改一些错误或不

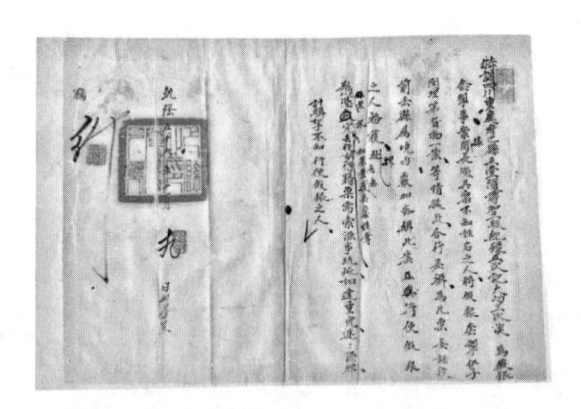

图 1 重庆府巴县知县关于秘缉人贩的行稿

够准确详细的地方，然后让主管官员，这里就是指巴县知县，在核定的稿件上画行，就是草书一个"行"字，然后再命人誊清并盖章发出去。我关于司法幕友的这本书里，有一章是专门研究"文本权力"的，就是分析控制官僚文书（bureaucratic documents）的处理过程如何形成了"textual power"。

这是台湾大学收藏的淡水厅和新竹县的司法行政档案样本（图2）。这份就是台北淡水分府淡水同知给验伤呈词的批语。

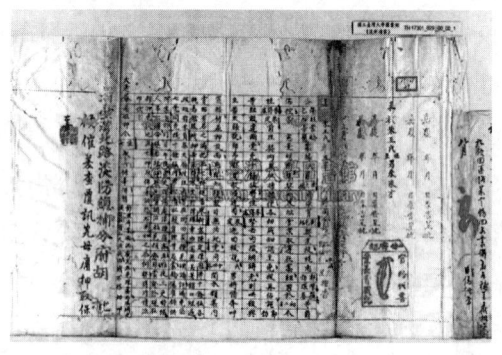

图 2 台湾大学收藏的淡水厅和新竹县的司法行政档案

这是安徽省档案馆收藏的南陵县的一个档案(图3),大致形式都是一样的。我们可以看出清朝司法行政文书在格式上都是大同小异的。

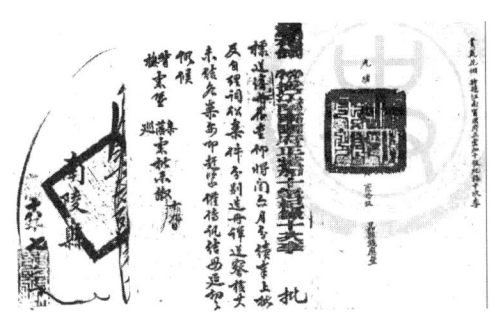

图3 安徽省档案馆收藏的南陵县清朝司法行政文书档案

这是四川南充市南部县一份司法文书(当年南部县属于四川省保宁府,图4),现藏于南充市档案馆。如果我理解没错的话,这部分内容被划掉应该是司法幕友为之,最初的文件可能是书吏起草的,因为这是个比较简单的行政文件。

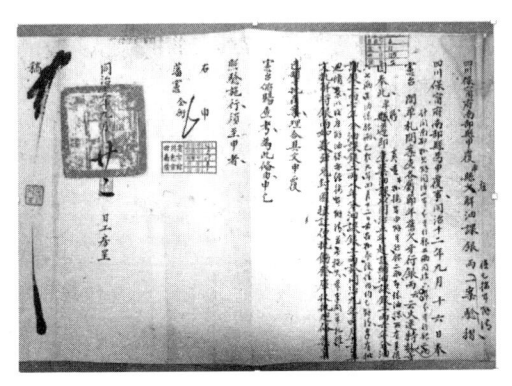

图4 四川省南部县为申复事

这是另外一份南部县档案(图5),也有很多改动的地方,而格式基本上一样。

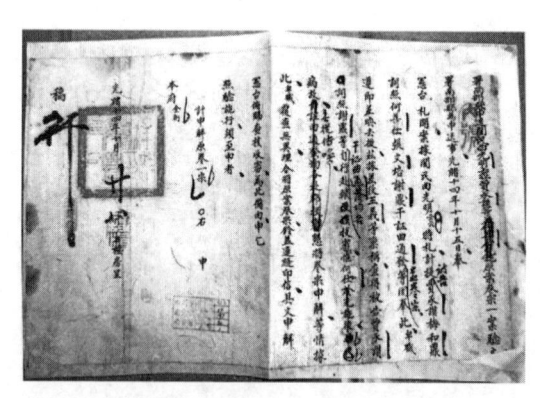

图5 四川省南部县光绪十四年申解卷宗事行稿

这是青海西宁市档案馆收藏的道光二十九年,即1849年的清代地方行政文书(图6)。

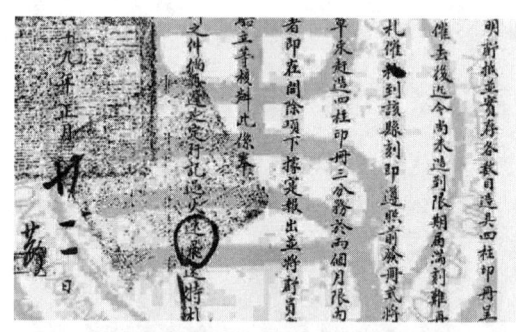

图6 青海省西宁市档案馆收藏的道光二十九年地方行政文书

这是我在大英博物馆里面找到的1810年英国在广东的洋商和两广总督关于凶杀案件的通信(图7),也属于司法档案。

还有两份是葡萄牙东坡塔国家档案馆收藏的。这个是1793年,刚好是马嘎尔尼访华的时候,发生了一起凶杀案,是广东香山县知县给澳门葡萄牙人的理事官下发的传唤葡萄牙杀人凶手的传票(图8)。我们可以看到,格式也都一样。

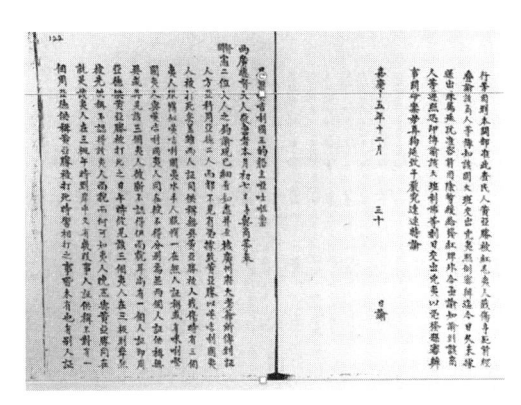

图7　1810年英国在广东的洋商和两广总督关于凶杀案件的通信

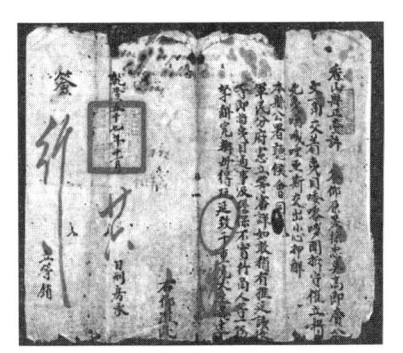

图8　广东香山县知县给澳门葡萄牙人的理事官下发的
传唤葡萄牙杀人凶手的传票

这是嘉庆六年澳门同知给葡人理事官的札谕及封套(图9)。因为时间有限,所以就不多介绍了。

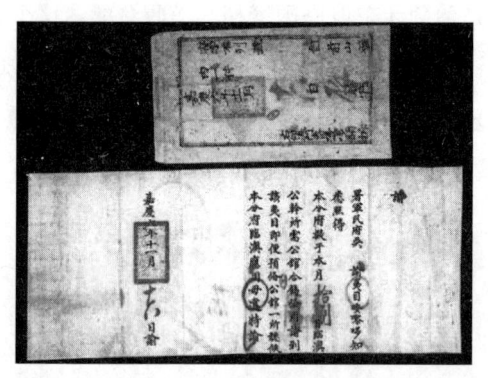

图 9 嘉庆六年澳门同知给葡人理事官的札谕及封套

刚才说到出版了的法律文献和资料,我在一篇五六年前发表在《浙江大学学报》的文章里面提到过,大家有空可以看看,所以我这里也不细说了。但是大致有这么几个大的种类,包括律令类、司法检验类、秋审类、刑部成案类、地方法制类和官箴指南类。《洗冤录》有时候也会放在官箴指南里面。张婷老师最近刚出了新书,研究大清律的出版和传播过程以及官员和民间获取法律知识的方式,大家可以参照。

我想说的法律知识的另外一个层面,就是通过抄本形式对老的《大清律例》版本进行添加、修改或者更新。对于新发布的例文、通行或者成案等,直接将抄件贴在原书上面,这是当时非常流行的做法,便于随时随地备注和更新。

下面是在《大清律例通纂》一个版本上粘贴的手抄例案(图10)。

显然讼师也有这种不断积累或者更新知识的做法。这是在所谓的讼师秘本的天头上,用手写添加的(图11)。

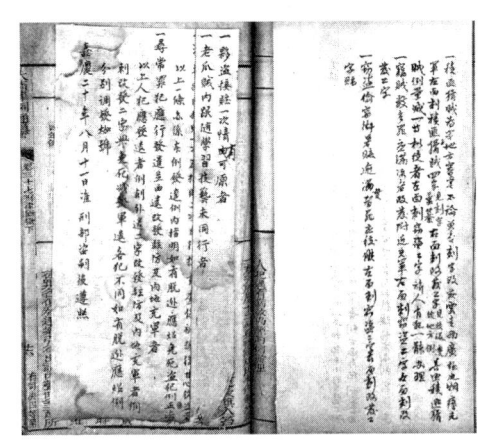

图 10 《大清律例通纂》某版本上粘贴的手抄例案

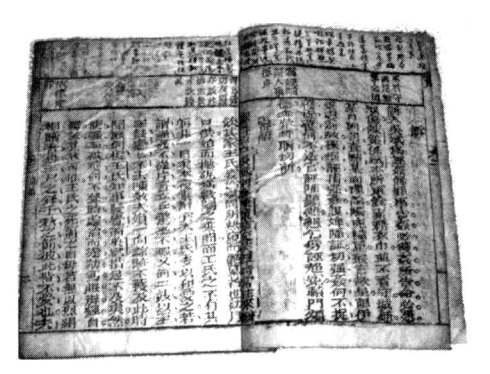

图 11 诉师秘本《新刻平治馆评释萧曹致君术》卷之二

下面是由名叫洪弘绪（饶瀚）和张光月的司法幕友分别编辑出版的《成案质疑》（1746年，图12）和《例案全集》（1731年，图13）。这两套法律司法案例集，分别得到了两位巡抚大人潘思榘和李馥的支持。如果我们仔细研究这些副文本信息的话，会发现当时不少地方官员都通过赞助出版，或者封面题字，或者作序推荐的方式，来参与或推动法律知识生产。我在《浙江大学学报》上的那篇文章里解释过，我所称的副文本（paratext），在这儿是指这些法律文献正文内容之外的关于文本的生产、出版和消费信息。我那篇文章也指出，这些出版活动和地方官员的支持或者推荐，实际上有助于增加这些法律职业人士的司法资本。

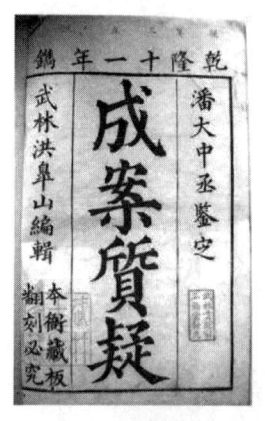

图12 《成案质疑》书影　　图13 《例案全集》书影

现在我想再谈一点法律知识的传播。在刚才说到的儒家道德理想主义话语下，我们所拥有的文献档案，不管是官方的还是非官方的，是出版了的还是手抄形式的，我们应该如何使用它们？怎么从这些现有资料文献里面，研究出脱离儒家道德理想主义框架的一些东西？限于时间，我就简单举两个例子。不是说这是唯一的方式或者最好的方式，只是说从我个人的体会出发，觉得我们可以尝试不同的方式，从现有的资料文献里面找出一些经常被忽略的东西。

比如说，下图是我在《浙江大学学报》那篇文章中提到的一个例子（图14）。谢诚钧是清朝19世纪前中期佐理直隶省按察使的刑名幕友，他编纂的《秋审实缓比较条款》，即《秋谳志》，其中很多资料来自前刑部官员。谢诚钧自己抄写之后没能出版，于是交给了外甥（或者女婿）陶小秀保管，后者又传给了其他不同的人。从图表中，我们可以看到这套书的传播,从刑部官员之手再经过谢诚钧编纂增补案例成书之后,该书至少流传到了湖北、直隶、河南和江苏,足以看出当时法律知识的传播范围相当大,参与这种知识传播活动的兴趣不少,而牵涉传播活动的人也较多。儒家道德理想主义话语给我们带来的印象往往是,儒家文人出身的官员或者幕友在从事这种活动时,是非常不情愿的,而且干了也不会大张旗鼓,不会到处去推广自己的法律知识。但是,从这些例子可以看到一个很不同的画面,即当时很多法律职业人士和官员都很活跃地参与进来。包括刑部尚书和地方督抚大员等不少高官也都经常支持和鼓励这种法律知识生产活动。

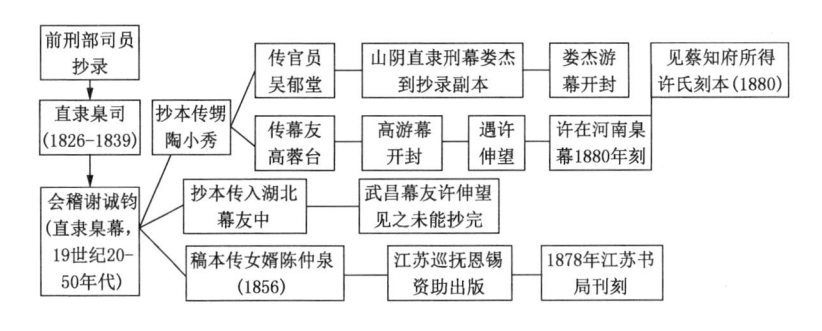

图 14 谢诚钧《秋谳志》的传播途径

《浙江大学学报》文章中的另外一个例子是白如珍的《刑名一得》(图 15)。我在 2012 年关于幕友的一篇英文文章里就提到过,王又槐更为著名的《办案要略》一书的内容,实际上几乎全部来自白如珍这本《刑名一得》。不少学者此前都误以为是王又槐自己写的(我在 2005 年收集资料时注意到《刑名一得》的传播流变并做过梳理,在 2010 年魏丕信教授的官箴书项目中曾分析过一些例子,并应邀将多年的发现于 2014 年在《浙江大学学报》发表)。我在这篇文章中追踪了白如珍的《刑名一得》延伸出的多个不同版本:包括《办案要略》《琴堂必读》《律法须知》《许葭村作幕笔记》《祥刑管见》(我当时看见《许葭村作幕笔记》书名时，真以为找到了清代著名司法幕友许葭村(即许思楣)的游幕笔记，结果发现可能是因为他名气大才冠上了他的名，其实还是抄自《刑名一得》)。即便根据《刑名一得》不完全的已知流通过程，也可以看出参与出版的人很多，和上面那个例子一样，都显示了当时多个社会群体对法律知识的重视，以及法律知识生产活动的活跃。我最近的研究中还发现，实际上白如珍的《刑名一得》一书中至少有一部分内容又直接来源于另外一名司法幕友万维翰出版更早的幕学著作。

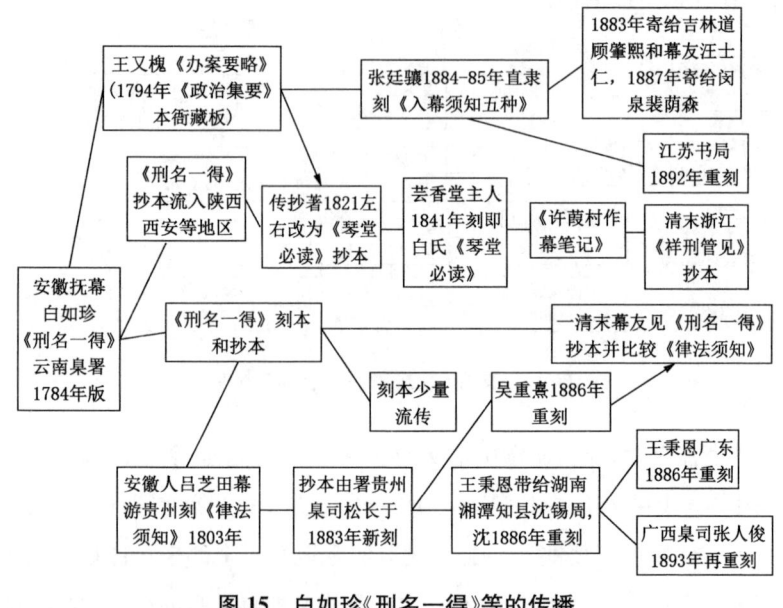

图 15 白如珍《刑名一得》等的传播

这是关于对法律知识影响的一些例子。我想说的是，我们可以通过我所说的研究法律文献的副文本(paratext)和法律知识的生产流通过程，去找出那种垄断性话语所遮掩或者覆盖了的东西。

最后再简略谈谈儒家理想主义话语对于法律职业人士的影响。我前几天给几位评议人发的一篇英文文章,题目大致译为"将帝制晚期中国的法律职业共同体具体化"("Concretizing the Legal Professional Community in Late Imperial China, 1711-1911")。这篇文章分析了清朝法律职业共同体的规模和总人数的。刚才我们说了,部分地受儒家重德礼轻法制的观念影响,很多关于当年法律实践和法律人士的资料已经散失无存了,其中很多当事人自己也没想保存下来,因为觉得没有价值。所以我们已经无法知道全貌了。比如,我们几乎不可能知道曾经有多少人当过讼师,现在只能根据现有资料信息来分析和估计。与讼师相比,我找到了更多关于受过法律训练的官员的文献资料,对司法幕友(即刑钱培训出身的幕友)的估算也有相对较多的档案资料。

据我的分析和估计,在清朝1711—1911年之间的200年里面,大约有6000—9000个受过法律训练的司法官员,有大致17000—20000个受过训练的讼师(对于后者,我是很保守地估计每个县大致有一个受过训练的讼师。至于他们在这个行业连续工作的时间是按平均20年还是25年来算,大家可以仁者见仁)。而对于受过法律训练的司法幕友,我估算大致是3万—6万个左右,比较保守的估计是3万个左右,比较乐观的估计是6万个左右。对于清代司法幕友(我目前对其他各种类型一般不需专业训练的文人幕友不予考虑),我耗时20年搜集的资料相对来说应该算很多了,但目前也只找到大约2000个有名有姓的清代司法幕友。从3万个到2000个,大致可以想象有多少资料已经流失了。

这里没有时间展开谈了。我正在研究一个法律世家的资料,法律从业人员的人数很多。我就此写的中英文文章近期将完成,也是我关于清代法律世家的专著的一部分,大家到时候可以留意。如果回顾一下刚才谈的,从法律职业个人到家庭再到群体和场域,是我过去20年来一直在做的几个项目,希望今后几年内能陆续与大家分享一些发现。

总而言之,从东方主义到现代主义,这两个主流话语,至少是晚清以后,和儒家道德理想主义完成了某种意义上的合流。那么,它们对我们理解中国近代以前的法律、文化、制度和司法实践有什么样的影响?我刚才已经从档案存废、现存档案的使用价值和方式,以及司法制度和法律实践、对当事人的影响、对法律从业人员的影响,及对我们作为现代研究者的影响这几个方面,根据自己的一些体会做了一个简单的梳理和介绍。因为时间的缘故,我想就此结束我的报告,以便有机会和大家交流。

三、与谈环节

陆宇峰教授(主持人):

陈老师今天非常辛苦,语速那么快,一个多小时的讲座信息量非常巨大,全部都是干货,我是记了满满的笔记。陈老师谈到法律史研究的三种话语体系。一个话语体系既影响到选择什么样的研究材料,又影响到用什么样的理论分析这些研究材料,还影响到依靠什么标准评价由此建构出来的历史。研究材料、理论分析和评价标准相互交织在一起,遮蔽了很多东西。这就是话语体系造成的困境。

为了破除这样的困境,陈老师想到了一个很好的办法,即找出三种话语体系的内部矛盾。在东方主义话语之中,陈老师找到了孟德斯鸠的内部矛盾,即中国的法律到底是工具性的存在,还是能够支撑中国成为一个君主国甚至是共和国的制度性存在?在现代主义的话语之中,陈老师也发现了一个内部矛盾,即到底中国法是因为专制而不够现代,还是像韦伯理解的那样,因为过度随意,并未高度理性化,所以不够现代?在儒家道德理想主义之中,同样存在一个内部张力,即阳儒阴法的现实。

陈利老师还揭示了更复杂的状况,那就是当前这三种研究的思路是交织在一起的。一方面,从东方主义向现代主义的跳跃,把中西问题变成了古今问题,变成了先进和落后之间的差别,鸦片战争对此种"跳跃"起到了辅助作用。另一方面,儒家道德理想主义也强化了类似的认识。

我想,陈利老师付出了非常巨大的努力,要摆脱三种合流的认识路径,把遮蔽的历史显现出来。他去考察中国古代的法律知识是怎样传播的,有哪些个人与家族深陷其中,整个司法场域的现实是怎么样的。所有这一切,都体现了陈利老师作为一位非常严谨的历史学家多年的辛勤付出。

接下来我们把时间交给中国艺术研究院艺术与人文高等研究院高级研究员梁治平先生,有请尊敬的梁老师!

梁治平研究员:

感谢陈利教授,也谢谢宇峰,谢谢华东政法大学组织这样一个非常好的活动。我注意到,今天有四位评论人,最后还有互动环节,时间比较紧,我会简要提出我的几点看法。

刚才陈利教授用很短的时间,讲述了他20多年的研究。陈利教授的研究跨度非常大,可以说是古今中西之学都有涉猎。而且在最后的部分,他讲到了未来的一些研究,以及一些基础性资料的搜集情况。我想,听他的讲述,现在在线上的200位法律学子可能会大受鼓舞,会有"吾道不孤"的感觉。因为我们了解到,早在清代的时候,法律之学已经非常繁荣,而且有其社会基础,比如有许多研习律学的家族。所以我们非常期待,在不久的将来能够读到陈利教授的最新研究成果。

就今天的讲座而言,有三个问题可以略加讨论。

第一个问题与我们对过去的认知有关。我想我们大家都会有一个印象,就是陈利教授今天的讲座给了我们一个相当不同的历史观照。我这样说的意思是,我们过去关于中国历史文化,包括中国法律史的认知,都是比较固定的。比如我们熟悉的流行的法制史教科书,尽管名称和作者不同,大概有一些共同特征,即给我们提供了一套关于历史真实的叙述。我们假定存在这么一套客观的历史,而且这种历史是可以被我们所认识和描画出来的,而这又是基于一种自主的、自由的、学术的认知。不过今天陈利教授的报告却告诉我们,客观的历史其实不是那么客观,我们假定的自以为拥有的这种自主的认知,其实是一种幻象。他集中谈了三种重要的话语:儒家道德理想主义、法律东方主义和现代主义。这些话语塑造了我们关于中国法律、社会和文化的认识。而且这套话语后面有一套非常复杂的形成机制,是一个非常人为地建构出来的东西。也就是说,我们关于中国历史、中国文化、中国法律的过去的许多理解,以及由此形成的知识图景,是在一种认知控制下实现的。而他的研究,通过对这些话语形成的历史分析,揭示出这些话语的内容和机制。从这个意义上来说,他把支配我们的这种认知控制展露出来,让我们意识到原来我们的认知并不那么自主,通过此种认知得出的结论,也往往有失偏颇。

这里顺便讲两个与报告主题有关的小问题。

在我看来,陈利教授的报告主题其实有狭义和广义两个层面。狭义层面,就是这个题目讲的"中国法律史研究"。讲中国法律史研究的三重束缚或者说困境，主要限于学者和学术活动，但实际上，这也是全体公众，包括学者、官员、普通平民所面对的问题。如何理解历史，包括法律史，是一个涉及公众的非常广泛的认知实践。它对我们的影响不会只限于学者，尽管学者可能会强化和传递某些东西，但是最后，真正的影响会发生在一个广泛的社会层面。我认为陈利教授的讨论，在这两层含义上都是有意义的。

另一个问题与题目里面的"困境"这个词有关。

题目讲的"三重困境"，英文原文是"The triple bind"。"bind"这个词可以译为"困境"，也可以翻译成"约束"和"束缚"。不过我注意到一个有意思的情况，陈利教授开始时自己提供的翻译是"束缚"。而在我看来，这两个词在中文里面是有区别的，这里的"bind"应该译为"束缚"，而不是"困境"。为什么这样说？作为我们思想的前定条件或者"束缚"，这些和其他一些话语也许构成了某种"困境"，一种或者多重困境。但是，它们也许不是什么困境。至于困境，我们面临的困境可能是由多种原因造成的。"束缚"可能是一个原因，也可能不是。因为"束缚"本身并不等于"困境"。"束缚"可以有两重含义，消极的含义和中性的含义，甚至可以说，"束缚"的存在是一种常态。任何前定的东西都是一种束缚，而我们的思想不可能在没有"束缚"的情况下展开，我们总是在各种束缚条件下来观察和思考的，而这并不总是意味着"困境"。所以"triple bind"译为"三重束缚"可能更确切。按照这样的理解，陈利教授今天报告的主题，确切地说应该是："关于中国法律、历史、文化、社会认知的三重束缚"。

在陈利教授的叙述里，这三种话语各有自己的面目，但又互相嵌入、交织、缠绕在一起，具有复杂的关联性。也许可以说，三者之中，东方主义是一个中心点，它把关于东方传统的东方主体的自我表达，和西方主体的东方主义的表达,以及现代性的表达结合在一起。在这种关系中,儒家道德理想主义和现代主义似乎是两个极端,分别代表了传统和现代,而东方主义本身就包含了一个重要的功能,它是在西方主体确立其现代主体性的过程当中被建构出来的。不过在这三种话语当中,陈利教授今天特别强调的,也是我最感兴趣的,其实是"儒家道德理想主义"这个部分。但由于时间关系,陈利教授在这个部分的展开不太充分,所以我希望就这个方面再提出一些问题。

第一是"道德理想主义"这个词。理想主义这个说法给人一种暗示,似乎它代表了一种非现实的东西,是一种脱离现实的表达。陈利教授刚才谈到儒家道德理想主义时也确实不止一次地用了"表达"这个词,这让我们想到"表达"与"实践"这样一个区分。这种区分应该是前些年一项海外中国法律史研究带到国内来的,那以后很多人都开始讲"表达"与"实践",似乎中国的法律传统中"表达"和"实践"是断裂开来的,似乎这是中国法律传统的一个基本特征。我一直觉得这样一种区分和概括问题很多,只是没有行诸文字来讨论。其实在一般意义上,表达和实践不一致是个很普遍的问题,不是中国的制度形态所特有的。我们熟悉的"law in action"和"law in books"的说法就是在讲表达与实践的差异。

第二,我们在讲儒家道德理想主义的时候,到底在讲什么东西?从批评的角度讲,它指的是被这种理想主义扭曲的历史图景:一个被遮蔽的、偏颇的、片面的图景。问题是,这样一幅图景到底是怎么造成的?把它归因于"儒家道德理想主义"是不是合适?这是我比较关心的问题。这里有几个问题。首先,我们讲儒家道德理想主义,马上要面对从先秦开始,我们如何去处理时代变迁的问题。同样,古代社会地域性的差异也很大,恐怕也不能做简单化的处理。此外,除了时空方面的差异,历史上有不同的人物、不同的群体、不同的观点。有儒家的观点,也有法家的观点,尽管在不同的时代重点不一样。有些观点,比如说"汉承秦制",其实是得到比较普遍认可的。整个帝国的政治制度、法律制度、行政管理,基本上都建立在法家传统上面。但另一方面,它又强调"德主刑辅",要把"德、礼"放在"刑、政"的前面,然后尽力去实现这样一种秩序。这就是所谓的儒家道德理想主义,但是这种理想主义并不是虚假的,只不过它不是描述性的,像东方主义那样,而首先是规范性的。它代表了一种真实的努力、一种文化导向,包含了一整套价值层面的、学理层面的、制度层面的、实践层面的东西。当然,这种导向可能会遮蔽一些东西,这种秩序和制度也有它的局限性,但是这些都不是中国文化特有的问题。反过来,西方的现代性里面也有理想主义的东西,比如立宪主义,为什么我们不把它叫作立宪理想主义?从意识形态角度看,法治这个观念毫无疑问也遮蔽了很多东西,为什么我们不讲法治的"表达"与"实践"?这是第二个问题。

第三,我们在用"儒家道德理想主义"这种说法指称一种我们觉得不满意的历史图景的时候,这是谁的图景?这个图景是古人提供的,是今人自己造成的,还是我们这些现代的学者在东方主义和现代主义的影响之下想象出来的?如果不是古人造成的,不是所谓道德理想主义本身造成的,或者主要不是其造成的,那么我们就要找出其他的原因。

具体一点说,造成图景扭曲的原因有多种可能性,比如说,在古人的方面,人们可能有意无意地提供了一些虚假图景,或者因为某种特定取向,导致了一些忽略和遮蔽。又比如,古代留存的档案和记录可能不完整。当然,判断是不是完整也取决于人们采取的史观;或者,从我们的角度看当时的记录应该是完整的,但没有完整地保留下来。因此,导致我们不能很好地了解当时的社会。

从今人的方面讲,有同样多甚至更多的原因可能造成上面的结果。比如我们看到的材料很有限,或者我们对已有材料利用不够,而利用不够可能是因为我们的视角有问题,因为我们的理论兴趣不在这里。也可能是因为我们没有适当的分析工具,包括概念工具。以刚才陈利教授讲到的幕友的研究为例。清代幕友是一个重要的社会群体,这个群体的存在对于法律知识的传播和运用,还有清代地方政府的运作都非常重要。不过以往我们对这个群体的了解不够,对当时的法律教育、法律知识传播和运用的情况知道的也很少,所以很容易忽略与低估当时相当繁盛丰富的律学发展和法律实践。

其实从陈利教授自己展示的材料看,这方面有大量的记录和资料留存了下来。尽管在那个时代,没有类似社会学家那样的人用我们现在熟悉的方式去把这些记录下来,但那些材料是公开流传的,很多在任高官为幕友们编撰的法政图书作序,给这些书和它们的作者很高的赞誉,也都很坦然,没有说要避讳什么。我想,如果生活在那个时代,我们的观感很可能跟现在非常不一样。

第四,我们讲的这三种话语,它们在今天怎么发生作用?法律东方主义和现代主义都有自己的载体,它们就在那里。一定意义上说,我们都是现代主义者,而且我们还可能"自我东方主义",这些都是现实的形态。但所谓儒家道德理想主义不一样。因为古人已经不在了,对吧?那套制度、机制甚至话语本身都已经退出历史了。如果它还有影响,也是通过非常间接的方式,效果也非常微弱。总之,这三种话语并列,但形态非常不同,这也是我们在讨论这三种话语的时候需要注意的。

最后,回到第三个问题,如何超越这三种话语的束缚?大概有三种做法:

第一种做法,反对或者拒绝接受某些具体的结论。比如孟德斯鸠把中国看成东方专制主义的典型，或者马克斯·韦伯说中国传统法律属于卡迪司法。今天很多人不同意这些说法，拒绝接受这类结论，并对此提出批评。但是，这有可能是一种话语内部的批评。也就是说，批评者只是反对某些具体结论，但对话语本身没有多少反思和分析。这就存在一种可能，就是他们在反对某些具体结论的同时强化了其后面的话语。这一点已经有很多人指出，陈利教授在他的研究里面也提到了这个问题。

第二种做法，可以称之为对话语的分析和批判。这可以被看成是一种话语的外部批评。陈利教授做的就是这样一种工作，他要揭示出那些话语的形成过程和机制，把人们可能没有意识到的那些认知束缚揭示出来。在这个意义上，它也有一种解构和超越的作用。

第三种做法，是在前者的基础之上，通过一种更具建设性的探索，去了解和呈现一个更真实的中国。当然，所谓真实总是相对的。这也是陈利教授还有很多学者在做的一件事情。要实现这个目标，研究者首先需要具有批判与反思的意识，包括自我批判与反思。就是要意识到你进行批判的立足点在哪里，你的理论和方法来自哪里，可能有什么问题；你的观察和研究又是受到什么样的知识和话语的支配，它的限度在哪里；等等。这要求对方法论具有高度的自觉。除了这些，还有其他一些重要的东西，比如掌握和运用材料的能力，就像刚才陈教授展示的那样。更重要的是，研究者要掌握一套合适的概念工具和分析手段。我们现在所有的概念工具和分析手段，也包括理论，都是西方的，我们怎么去建立一套恰当的，既能够呈现更真实的古代中国，同时又可以在今人之间进行有效沟通的概念工具和分析手段，这是一件非常重要但也很困难的事情。我就先讲这些。谢谢大家！

陆宇峰教授（主持人）：

梁老师对陈利老师的研究做了高度的评价，认为他的研究不仅有助于揭穿历史学的话语幻想，还涉及更重要的社会背景。

梁老师认为陈利老师的讲座表明，过去我们对于中国古代历史的认知可能是固化的、存在问题的，有必要去克服简单化的认知，还原一个更加本真的历史。

梁老师提出今天讨论的到底是话语困境还是话语束缚？这个问题我觉得非常有意思。确如梁老师所说，我们认识世界肯定不可能摆脱束缚，我们一定是带着束缚前进的，一定是一种建构主义的认识论。

梁老师还帮陈利老师做了进一步的梳理。东方主义、现代主义、道德理想主义，这三者的关系到底是什么？梁老师提出可能东方主义是其他二者之间的一个连接点，这个提法也是我们必须要重视的。

梁老师也揭示出表达与实践之间的张力，这个问题近年来法史学界的一些老师已经谈到了，但在梁老师这里有更进一步的思考。梁老师认为，这样的张力其实是普遍存在的，不光中国的法律存在，透过诸如"law in action"与"law in books"的区分，我们知道西方法律同样存在这样的张力。更重要的是，这样的张力可能是真实的，可能代表一种规范性的诉求，法律一定是规范性和实证性的结合。另外，在谈论中国的表达与实践的时候，可能还要去考虑时代与地域多样性的问题。

最后梁老师带着我们一起去畅想，如何能够超越这样的三重束缚，也给我们提了几个非常精到的想法：第一，我们必须要拒绝具体的结论，但是还要防止在拒绝具体结论的时候，反而强化这种话语。第二，要加强外部的话语分析和批判，也包括加强我们的自我批判和反思。当然梁老师也提到这项工作任重道远。如何发展一套分析工具，甚至如何发展一套能够相互沟通的概念工具，都是非常困难的一件事情。

下面有请尊敬的中山大学法学院徐忠明教授发言,有请徐老师!

徐忠明教授:

非常感谢华政的几位老师邀请我参加这次活动。刚才,听了陈利老师的报告和梁治平老师的评议,我很受启发。在听两位报告时,我做了一点笔记。陈利老师的报告,讨论了法律东方主义、现代主义、儒家道德理想主义三种话语。它们的涉及面都很广,在简短的报告里,可能很难得到清晰完整的阐述。对梁老师已经评论过的内容,我不再评论了。下面,仅提一些可能很匆忙、不周全的想法。

第一个问题是法律东方主义。我的困惑是,通过梳理孟德斯鸠、黑格尔、梅因以及其他欧洲思想家或法学家对法律东方主义的话语建构,然后反过头来考察它们是如何影响了中国人对自己传统的自我理解。这时,使我们感到比较焦虑的一件事情,也是我现在想问的一个问题,即东方主义学说隐含了一些价值判断,并且影响了我们对传统中国的自我理解。比如刚才陈利老师提到,作为东方主义参照物的西方法律,包含了自由、平等、权利这样一些价值观念,也因此,东方主义断言传统中国只具有专制性,等等。我想追问的一个问题是,我们能否暂时把好与坏、进步与落后、现代与传统这样一些二元主义的概念划分悬置起来,先弄清楚这些思想家对传统中国法律的描述是否准确?解释有无道理?如果准确或有一定道理,我们又应该怎么去重新面对这样的一套说辞?

基于这一前提,我们再心平气和回到传统中国的历史场景,而不是在脑子里先存一些价值判断。这种思考问题的姿态,对我们理解传统中国法律是不是会有一点点帮助?我觉得,当我们在批判东方主义时,会不会是另外一种视角的东方主义。也就是说,老的东方主义不妥,必须批判,比如"西方法蕴含了自由平等权利,而传统中国法则没有这类价值";"西方法是理性主义的,而传统中国法则是非理性主义的";甚至"西方有法,传统中国无法";或者"西方是法治,传统中国是人治"等等的一套说辞。实际上,我们也可以倒过头来,暂且悬置这些价值判断,进入传统中国法律内部来作一番考察和分析,弄清楚了传统中国法律体系的内在价值和外在形式的真实面貌之后,再来做出评判。如果我们急于批判法律东方主义的这套东西,那么当我们反思法律东方主义时,会不会因真相不明而仍然是一种在西方语境和西方学者影响下进行思考的东方主义?

所以我认为,在研究策略上,我们可否以更平和的眼光来看问题。通过分析法律东方主义话语包含的一些实质性的东西,把它与传统中国法律进行比较,找出异同及其生成原因,然后给出恰如其分的解释。这样,不但有助于理解现代西方法,而且有助于理解传统中国法。因急于批判而放弃理解现代西方法和传统中国法的机会,似乎得不偿失。对其动机,我们当然要去探究和分析,但这是更进一步的工作。换句话说,先做彻底清理,再分析它们的价值内涵。这是我想说的一个事情。

第二个问题是陈利老师提到的韦伯关于传统中国法律的看法。我去年也写过一篇文章,讨论过这个问题。我觉得,韦伯对传统中国法律的评判,在某些经验事实上可能不太准确,但在大尺度比较研究上,是否仍有一定道理?他讲现代欧陆法律体系是一种理性的、系统的法律体系,这种理性是一种更偏重于理论理性的、形式理性的东西,从而与传统中国的实践理性、实质理性有所不同。实际上,对传统中国的法律,韦伯也承认它是理性的,是具有实践理性的法律。

第三个问题是关于儒家道德理想主义。所谓儒家的道德理想主义,是指儒家的道德学说是否具有理想的成分,回答是肯定的。比如"德治",包括诸如"君子之德风,小人之德草,草上之风必偃",

这种"风吹草动"的说法;或者"其身正,不令而行;其身不正,虽令不从",这种"榜样感召"的话语;以及"听讼,吾犹人,必也使无讼乎"的话语,都有理想成分或是理想表达。但是,它们还有制度化与实践性的要求和特征。

还有就是,这套理想的观念系统有没有实践性?当然有了。比如"循吏"这个特殊的官僚群体,他们把儒家的道德理想(爱民、勤政、教化)贯彻于日常的行政与司法。二千余年"循吏"的实践,又成为了其他官僚的楷模,从而使他们获得了道德典范的意义,也可以说是为官行政的理想或楷模。我觉得,理想→制度→实践→理想之间的循环,可能是一个比较复杂的过程或系统。

陈利老师刚才还特别提到了儒家"耻"的概念。他引述了"道之以政,齐之以刑,民免而无耻;道之以德,齐之以礼,有耻且格"的说法,表达了"耻"的道德内涵。不过,其与西方人"耻"的概念似乎并不完全等同。也就是说,中国人更关注"耻"的关系性情境,而西方人则更强调"耻"的内省性要求。

至于刑罚里面的戴枷示众,实际上就是为了彰显"耻",让被处罚者感到羞耻,然后反省,然后改过。这种戴枷示众的刑罚,实际上是要使被处罚者在他人的目光注视下产生羞耻感,从而改过自新。他人的凝视、他人的批判话语或者指指点点,就是一种来自社会的压力,可以迫使被惩罚者反思自己。所以,这个概念可以在法律里加以讨论,不过要做一些微观精细的梳理和分析。当然,在西方法律中也有"示众"的刑罚,这种刑罚同样与"耻"的观念相关。

陈利老师刚才提到"刀笔吏"不能做公卿。原因在于,刀笔吏是那些处理日常行政与司法文书的专家,因此不识大体。也就是说,他们缺乏治国理政的大理念或大局观,缺乏政治责任或道德担当的精神。用现在的术语来说，刀笔吏不过是偏重于行政技术的官僚，可谓技术官僚，即事务官，而与政务官不同。

但是，在帝制中国，情况实际上很复杂。比如一个儒家官僚，如果无能，也做不了公卿。相反，对一个技术官僚来说，如果他能够处理好所有的事情，未必就没有做公卿的机会，这种例子很多。所以我觉得，"刀笔吏不能做公卿"这种说法，在话语上尽管可行，但在实践中却不一定如此。

打压讼师，是否可以用儒家道德理想话语来解释，恐怕是一个问题。我的理解是，儒家讲无讼、讲息讼，由于强调无讼和息讼，所以在逻辑上应该会去压抑讼师。讼师在社会上挑拨离间，激发了更多的诉讼，从而挑战了无讼、息讼的道德理想。就此而言，教唆诉讼在道德上是一种恶、一种不妥当的行为。儒家打压讼师，可以理解。法家又如何呢？实际上，基于极权主义的考量，法家对挑战国家权力的行为，可谓深恶痛绝，绝不容忍。如果有谁敢于挑战国家的权力和法律，那么帝国官方就要拿出措施来修理他们。在这个意义上，我会觉得儒家可能会更包容一些，而法家的压抑精神则可能更强一些。

关于讼师的数量，陈利老师的估算似乎有点保守。我个人认为，实际数量可能会大很多。一个县仅一个讼师，好像太保守了。清代地方社会的助讼者可能有两种人。一种是业余的讼师。这种人只是偶尔去帮人家打官司，水平也比较差。我读到过湖南的一个县，这种人居然有100多个，在每个乡村角落里都有。为了避免他们在乡村里乱窜，该县知县考虑收编他们。收编的办法是通过考试让合格的成为代书，让他们收取一点代书的报酬。另外一种是比较专业的讼师。这种人每个县也不止一个。当然，估算上的保守，可能与"什么是讼师"的界定有关。比如，陈利老师在报告里也提到过"积惯"讼师。什么叫"积惯"？即代理了几个诉状,称得上是"积惯",实际上法律里并没有明确界定。代理一次两次,可能够不上积惯讼师;代理三次五次,可能就是积惯讼师。在我看到的史料里,代理三次五次,就被定性为积惯讼师。实际上,这是非常随机的一个事情。如果在乡村社会,一个人去帮助左邻右舍或亲戚朋友写了几个状子,一不小心就变成了积惯讼师,成为国家严厉打击的对象。我觉得,讼师的数量和活动范围可能蛮广的,而陈利老师所给出的数量,只能说是一个非常谨慎的估计。

幕友群体,我也觉得应该比较广。陈利老师在考虑幕友数量时,可能更注意到刑名幕友,而排除了其他幕友。另外,还有一种临时性的师爷。学术界好像不大关注临时性的师爷。那什么叫临时性的幕友呢?比如科举考试要改卷了,由于时间紧、任务重,主考官员就会聘请一些临时性的幕友帮忙评卷。至于支付给临时性幕友的费用,则由地方官员自行筹措。

最后一个问题是表达与实践。我的初步想法是,首先厘定表达与实践这两个概念的内涵,然后再来讨论它们之间的复杂关系。在什么意义上,我们在说"表达"这个概念。现在,我们好像是把儒家官僚撰写的思想文本、官府制定的法律条文、官箴书等,都视为表达性文本。有些记录历史实践的人和事的文本,究竟是实录还是表达?很难说,比如"起居注"。皇帝的起居注,在一定程度上可以说是别人给皇帝写的日记,一种政务日记。这种政务日记虽然强调"实录"相关的事和人,但如果仔细推敲起来,我觉得在"起居注"里表达的特性也很明显。因此,在什么意义上的历史文本才是真正的实录,似乎很难判断。

什么是实践?同样不容易说清楚。在讨论实践时,我们往往会把档案作为实践的载体。由各种诉讼文书所构成的档案,固然是对诉讼两造、证人证言、书证物证、诉讼程序、官方裁判的文书记录。因为是对诉讼实践的记录，说它们反映了诉讼的实践，似乎没有问题。但是，实际上并不是那么简单的事情。因为出于各种各样的原因，文书会被剪裁，事实和实践随之会被歪曲甚至删除；与此同时，基于裁判预设，又会重组相关的文书。那么，它们是实践吗？当然是了。它们是表达吗？当然是了。可以说，司法档案实际上是"表达与实践"的混合性文书。关键在于，我们究竟应该怎么对待、怎么理解档案记录的信息。

我刚才提到的这些零零碎碎的问题，不妥之处，请陈利老师多批评多包涵。再次感谢华政的校友，感谢陈老师，感谢梁老师，感谢所有在座的老师和听众朋友。谢谢！

陆宇峰教授（主持人）：

谢谢徐老师，真的是顶尖学者在切磋学问，提出了很多问题。

首先，我们为什么要反思三种话语体系？我们怎样反思三种话语体系？我们是不是本来就在西方学者构造的东方主义语境之下，来对这些话语体系进行反思？

其次，我们是不是也要认真对待三种话语的合理性？不去妄测别人的动机，只看他做的具体评价，看看他描述的到底怎么样？徐老师举了韦伯的例子。韦伯关于中国古代司法是卡迪司法的具体判断不一定对，但是他的大尺度比较是不是有他的道理呢？他在理论理性和实践理性之间的区分对不对？甚至韦伯可能本身的目的就不是要来贬低中国的法律制度，而是要去认识自己的问题，即资本主义是怎么兴起的？

第三个问题涉及道德理想主义，它真的纯粹是理想吗？它有没有实践的东西？儒法之间是不是那么清晰、可以割裂的？我们真的可以区分什么是道德理想与法律实践吗？难道法家的才是实践，而儒家的不是实践？

还有一些问题:怎样解释"耻"？如何认识"刀笔吏不能做公卿"？讼师遭遇的压抑仅仅来自儒家还是也来自法家？讼师数量的估算是否正确？

此前梁治平老师还提出了两个很重要的问题,刚才我没有提及,现在我再复述一下。一个问题是,梁老师提出,陈利老师认为中国法律史研究受到了三种话语体系的束缚,但三种话语体系对我们今天的历史认识和社会实践来说,影响的方式、后果都是不一样的,是不是应该做出区分？另一个问题是,如果说我们对历史的认识确有扭曲,那么扭曲的原因还要分析,到底这个原因是来自古人的,还是来自我们自己的。这都是需要考虑的问题。

接下来我们有请耶鲁大学的张泰苏教授！

张泰苏教授:

大家好！首先感谢华政的老师们主办这次讲座,然后也感谢陈利给我这个机会来做评议。前面三位老师讲的都让我觉得很受启发。陈利老师对刑名幕友和讼师的研究,从我看第一篇相关的文章到现在,可能已经有七八年了,总体来说感觉已经很熟悉了。整个项目本身,我对它的评价是很高的,觉得这很有可能是今后10年中国法律史研究的重要新方向。今天陈利这个讲座,我觉得他虽然讲了很多关于这个项目的细节,但其实主要是为这样一个全新的、关于历史叙事理论的新思路去服务并作铺垫的。那么我今天主要就在"历史叙事"的体系化与概念化整理的层面上,提几个问题。

第一个问题,顺着刚才徐老师讲的那些接着说,我想问到底什么是儒家理想主义的叙事？抛开具体的定义问题,抛开跨朝代的宏观叙事与背景先不谈,有一个基本问题就是,清代的法律体系在中国历朝历代中是有一定特殊性的,而当陈利在做这些关于法律职业者的叙事与分析的时候,在多大层面上是考虑到这些特殊性的?

清朝基本上是中国各个大朝代里面,政府最小也是财政能力最弱的一个朝代。要是按人均算的话,相比于明朝,清朝的财政能力恐怕不足明朝的1/4,连宋代的1/10可能都不到。横向比较的话,在前工业化的早期近代世界里,它也基本上是最弱的财政国家。在这种相当极端的小政府主义的制度背景之下,可以想象,这对法律制度,对司法体制的建构与运作都会产生一定影响。比如说,它会使得法律的强制性功能比较弱,会使得地方官员对本地的社会行为或者经济行为的掌控能力都会比较弱。

这种情况之下,即使纯粹在法律程序内部去看,这些程序本身也会发生一定改变。比如说,它很有可能从一种相对来说比较自上而下管控的制度模式,变成一种自下而上的运作状态。也就是说,因为法院的政治与行政资源很有限,它本身没有办法维持细致的取证,或者维持对程序的主动掌控,而更多地需要依赖底下这些诉讼人本身,或者他们的"律师",去举证,去推动程序。

用美国法学的语言来说,这就等于从一种自上而下的"administrative court"(行政性法院),变成一种自下而上的"adjudicative court"(裁决性法院)。而如果有这个变化的话,首先,它会自然带动讼师和幕友的法律功能与地位大幅提高,因为这等于迫使讼师在整个法律程序里面占据更主动、更核心的地位。

与此同时,在叙事层面,在意识形态或者政治文化层面,反过来,这种资源局限很有可能会促进你所谓的"儒家理想主义叙事"的产生与推广。政府越小,政府越弱,它就越希望民间没有诉讼,它对社会稳定性的需求就会越强,因为没有资源应对动荡与纷争。这样的话,在讼师和幕友的制度功能不断上升的同时,国家对"无讼"或者"息讼"这种道德语言的政治需求可能反而在增大。而这两者都是同样基于清朝的小政府姿态而产生的现象,所以它们之间不但没有矛盾,反而是相辅相成的。不知道你考虑过这个可能性没有?这是第一个问题。

第二个问题是关于这三种叙事模式本身的。但凡是法律史这个领域里的人,都确实会对它们很熟悉,也都可以找出心目中符合这三种叙事的学者。比如说儒家理想主义,确实在滋贺秀三那一代的日本学者里面挺常见;而法律东方主义,也确实在以昂格尔等人为代表的20世纪七八十年代的欧美法学里面很常见;等等。至于现代性理论,这个当然在二三十年前的宏观历史叙事里面经常出现,但在中国法律史圈子内部,我就在想,近15年乃至近20年以来,当你说有人还在用这三种叙事的时候,你想到的是谁?

你可以不用指名道姓,但我或多或少有点怀疑:这三种叙事是不是已经被我们这个领域抛弃了?如果是的话,你还有没有必要把它们拖出来,再重新打一遍?尤其是儒家理想主义叙事,近15年来,到底还有谁是儒家理想主义叙事的代言人?前些年我写第一本书的时候,确实用到了"儒家"这个概念。而这个决定,当时令我相当紧张,因为我觉得如今的法律史领域对于这个概念的使用是极其不友好的。实际上,我当时真的觉得自己是在顶着挺大的学术压力使用这个概念。在如今这种以解构式的、质疑式的、微观式的、碎片化的历史研究方法为主流的大学术背景之下,"儒家理想主义"这种宏观叙事真的还有市场吗?它值不值得被这么大张旗鼓地批判?

第三个问题是一个学理问题。你心目中,对于历史叙事的理论建构是怎么看的?在理论层面上,存不存在纯粹客观的历史叙事?可以说,在批评这些老叙事模式时,你的批评肯定都很有道理,这个我不否认。但即使是这样,你的批评是真的在促进叙事朝着更客观的方向发展,还是说,仅仅是在拿一种新的、同样不客观的叙事范式来替代这些旧范式? 也就是说,宏观历史叙事的前进途径,是可以从"有偏见"到"没偏见",从"不客观"到"客观",还是只能从一种"有偏见的范式",跳到另外一种"有偏见的范式"里去?

在做宏观叙事的时候,史学家对思维范式和理论假设的依赖是不可避免的。纯粹在微观叙事层面上,我们可能可以做得非常细致、非常厚重,尽量不带有前提假设,但一旦上升到宏观叙事层面,我们就不可避免地会抽象化,会简化,而这个过程必然带有一些理论前缀和假设。所以我在想,你所指出的这三个老范式里面的各种问题,它们到底是纯粹的偏见,是不谨慎不客观的学术态度造成的,还是宏观历史叙事所必然带有的问题?

而如果它们必然带有这些问题的话,到底可以用什么来替代它们,比它们更客观? 比如说,现在法律史领域里风头最劲的新范式"法律与帝国",它本身也带有大量的抽象化理论假设,也有各种它自己的偏见。它对于帝国中央和边疆怎么制度互动、边疆怎么反哺中央,在宏观层面上也都是有很多模式化假设的,并不是一种纯粹实证化的叙事,甚至并不主要是以实证为基础的。以理论假设多少而论,它未见得比它试图替代的那些老叙事少多少。而这些理论假设对于建构任何像样的宏观叙事,很有可能都是不可避免的。

在我们拿这种新宏观范式去取代旧范式的时候,我们到底是在不可避免地拿偏见替代偏见,还是说,可以拿"客观"去替代"不客观"? 如果有可能做到后者的话,我们到底该怎么做?

陆宇峰教授（主持人）：

张老师也提出很多问题。一是我们在理解儒家理想主义叙事的时候，是不是要去考虑王朝财政能力的现实？二是陈利老师讨论的三种叙事到底指向什么？是否在学界还有批判的意义？三是是否真的存在客观的历史叙事，或者是否宏观的历史叙事必然有价值预设？

各位老师留下了非常多的问题，待会儿只能请陈老师选择一些来回答了。现在有请华东政法大学科研处处长屈文生教授与谈。

屈文生教授：

非常荣幸组织召集这场讲座。这场高端演讲，从计划到成形大概有一个多月的时间，今天到这个点，即将告一段落，我的感觉就是两个字：完美。

特别感谢陈利教授对国内法学界，对华东政法大学的支持。有陈老师的学术背书，我在邀请梁治平教授、我校杰出校友徐忠明教授和耶鲁法学院张泰苏教授时，一切就非常顺畅。这场讲座的规格，目力所及，在国内法学界十分罕见。所以要由衷感谢在线的陈利老师、梁治平老师、徐忠明老师和张泰苏老师！

陈利老师的演讲主要围绕儒家道德理想主义（Confucian moral idealism）的自我认知、西方的法律东方主义（legal orientalism）的他者认知以及清末后兴起的现代主义（modernizationism）域外想象这三种话语体系展开叙事。陈老师将此三者并称为中国法律史研究的三重困境（triple bind），并将其定位为认识论（epistemological）上的束缚，于我而言，启发很大。张泰苏老师在给络德睦著、魏磊杰译的《法律东方主义》（*Legal Orientalism*）一书的推荐语中写道："和萨义德的经典著作《东方主义》（国内翻译为《东方学》）一样，《法律东方主义》的真正研究对象并不是东方,而是西方眼中的东方,以及西方精英们的自我认知。"这句话讲得特别到位,我们可以借此非常好地理解什么是"西方的法律东方主义"。

我顺便想简单谈两点观察:

第一,话语的构建离不开文本、作者和读者。就西方的中国法律史研究而言,从作者来看,与中国文学史研究和中国历史的研究,特别是海外汉学家的相关研究呈现出很大的差异。西方的中国文学史研究蓬勃发展,比如最早的汉学家翟理斯(H.A.Giles)的《中国文学史》,往后再如《剑桥中国文学史》(Cambridge History of Chinese Literature)、《哥伦比亚中国文学史》(The Columbia History of Chinese Literature)、《牛津中国现代文学手册》(The Oxford Handbook of Modern Chinese Literatures)等几乎都是由西方人完成的,比如宇文所安(Stephen Owen)、柯马丁(Martin Kern)、梅维恒(Victor H. Mair)和罗鹏(Carlos Rojas)等。最近杜甫被BBC誉为最伟大的中国诗人,也是由西方人完成的。

西方的中国史研究,耳熟能详的作者有费正清(John King Fairbank)、史景迁(Jonathan D. Spence)、卜正民(Timothy Brook)等,也有华裔作者比如徐中约。卜正民主编的"哈佛帝制中国史书系"(History of Imperial China)有六卷之多,是通史研究作品。我思考的问题是,西方作者为何没有人去写大部头的《中国法律史》? 自1810年小斯当东翻译《大清律例》后,第二本法典《唐律疏议》的外译到1979年才由庄为斯(Wallace Johnson)完成,第三部法典《大明律》的外译在2005年由华裔学者姜永琳(Jiang Yonglin)完成。

那么西方人不写中国法律史,仅仅是因为"法律是一种地方性知识",还是有别的原因? 中国法律史到底由谁来书写? 我们熟悉的曾小萍教授（Madeleine Zelin），华裔的张泰苏教授、陈利教授书写的中国法律史，多是微观史和文化史视角，为什么不是宏观史或全球史视角？

第二，关于陈老师提到的《洗冤录》的西译的问题。我们最近仔细研究了该作品在法国、荷兰、英国、美国及德国等主要西方国家的文本旅行史。研究发现，《洗冤录》早在1791年即被翻译为法文，但其真正的西译高潮发生在18世纪末至19世纪。西方国家实际上并未将该作品真正视作专业的验尸指南而加以推崇并引进。《洗冤录》多被作为中世纪时期最具标志性的发达司法文化标本和法律文化故事加以看待与传播，只有荷兰人赫莱斯（Carolus Franciscus Martinus de Grijs）等少数译者将其视作实用的法医学工具书。《洗冤录》的西译者中有的是传教士，有的是医生，有的是外交官，还有的是法制史教授。这项个案研究表明，译者作为认知主体，在内容回避、词语选择、价值判断、技术导向、观念和思想引进等方面有着特殊而广泛的权力。

几个世纪的"欧洲中心主义"心态和西人总体上形成的对中国的负面描写惯性，使得早期外国译者在译介中文作品时，往往倾向于猎奇并放大中国及中文作品的局限性和陌生性，常将科学作品文学化处理，故而喜欢将扭曲的人性和畸形的社会集中呈现出来。我们不可盲目夸大《洗冤录》在西方的影响力，以为其在国外法医界的地位旷世无匹，其个别译作如布莱滕施泰因德译本，甚至激发欧洲读者对中国和中国人的无序想象和不道德推理。西方研究者的"他者"视角和域外想象，是很有问题的。

《洗冤录》外译这则实例是西方主体的法律东方主义表达，也展现了中国法学的自我认知及其所描绘的图景和中国后世知识分子对现代主义的回应。《洗冤录》毕竟是不同于合信（Benjamin Hobson）所译《全体新论》的。我就讲这么多。再次感谢！

陆宇峰教授（主持人）：

好的，谢谢屈文生老师。科研处在屈老师带领下，真的是非常认真地准备每场讲座。甚至文献，屈老师都要求我们阅读。科研处不光是做管理的工作，而且是希望通过办这样的高水平讲坛，也提升自己的科研能力和水平。我们真的感觉收获很大。

屈老师从法律翻译视角提出的问题也很有意思。为什么我们有大部头的中国文学史、中国历史，但是没有大部头的中国法律史？背后的社会原因是什么？当然不是学者不够努力，肯定不是这个原因。它背后潜藏着什么问题？另外，像《洗冤录》这样的作品，屈老师研究了它的海外传播，发现关于它的影响、我们的自我理解和它实际的影响，存在明显的差异。这又是什么原因？

陈利副教授：

梁老师、徐老师、张老师和屈老师都提了很多重要的问题，有的问题我现在可能无法给出满意的回答；有的问题非常复杂，我即便把手头这本书写完或者再写两三本书之后可能也回答不了。所以，有的问题我会私下再跟他们交流。我现在只是拣几个我觉得能够大致回答的问题回答，然后咱们就把时间开放给听众。我刚才扫了一眼听众提交的问题，大致有四五个，我可以先简短回答，然后看看剩下还有多少时间。

首先，非常感谢刚才几位评议老师很有价值的问题。徐老师非常谦虚，说他的都是小问题，但事实上他提的问题都不小，也有高水平的问题，这也是为什么我冒昧地来参加华政的论坛，因为这是很好的学习机会。

我现在就这三四个相对来说我觉得非常重要的问题尝试做简短答复。梁老师提了很多宝贵问题，我以后会再单独向他请教。其中一个很重要的问题，可能也是在座的听众比较感兴趣的问题，就是梁老师提到的，我们关注的历史问题究竟是谁的图景？我们所说的儒家道德理想主义是谁的理想主义？它究竟是我们今人投射回去的，还是说古人自己固有的？这是值得深思的问题，我觉得我下本书写完了，也不一定能找到很满意的回答。但是有一个方面我可以解释一下，就是我对这个问题的思考。刚才张老师问我的历史观究竟是什么，他问这是我的宏观叙事，还是这个领域里别人的宏观叙事，这两个问题是相关的。对我来说，更重要的是，我想研究清朝法律职业人士或者其他评论他们的人，对法律、对法律行业、对法律的社会政治及文化意义是怎么解释的？我所说的这种儒家道德理想主义，不是说我想把它跟东方主义和现代主义并驾齐驱。我刚才在讲座中也谈到了，它对东方主义和现代主义是有影响的。这个影响，不需要我们把它投射回去，这是其一。

其二，关于这究竟是谁的图景的问题。我觉得有今人的图景，但更多的是古人的图景。刚才我从西汉或者先秦开始一直追溯到清朝，但我书里分析的焦点还是清朝的官员、幕友和讼师，以及其他清代诉讼当事人和文人，等等。我想分析他们对法律与道德、与政治、与社会、与文化，以及法律与人的关系是怎么看待的。我希望从他们的角度来理解，儒家理想主义在清朝发展到什么程度了，在清朝扮演了什么样的角色，这种角色跟法律职业人士的理解有什么异同。

其中有些方面涉及刚才好像是耶鲁大学张泽坤博士提的问题，问的是司法幕友他们自己是如何理解儒家理想主义的。我研究的目的，不是要把儒家和法家的言行截然分开。实际上就像分析东方主义那样，我不是把东方主义当成一个内部和谐一致的垄断性的话语来分析，相反，我分析的是法律东方主义本身的矛盾和自身的脆弱性及不一致性。我分析儒家道德理想主义也是从这个角度，所以我刚才在报告里面也列了受法家思想影响的政治和司法制度实践的情况，这种制度延续过程是跟儒家思想发展发生在同一个大的政治社会和历史长河中的。也就是说,有儒家的话语表达及制度性发展和实践,同时还有法家的表达及制度性发展和实践。就像梁老师谈到的那样,儒家除了理想主义话语的一面,还有在制度和实践层面需要考虑的东西。

我并非想把儒家思想文化本质化(essentialize),变成似乎只有理想主义。实际上,当时不少统治精英和文人官员,在提倡儒家理想的同时,自己经常又同时做相反的事。我在一篇文章中研究了清代司法幕友如何同法家和儒家思想同时进行评判(negotiate),他们对儒法关系的理解并不是非此即彼的。我自己是反对这种简单的二分法的。

回到我要分析的儒家理想主义究竟是谁的图景这个问题。当然学者不可能完全摆脱自己对历史的投射,这个投射是一个程度大小的问题,不是绝对有没有的问题。我相信没人敢称自己是绝对客观的。

这也涉及张老师关于我持什么历史观的问题。我认为,在真正有把握能找到历史真实之前,所谓的客观真实都是相对的。我是想尽量根据自己的能力和思考,多找到一些多元的相关材料,分析出相对来说不是那么有偏见的结论。但不等于这些结论一定更客观真实,只是说自己从专业角度认为不是那么偏颇或者充满偏见。所以可以说,是持有一种历史事实或者真相的相对论。

所以对于"谁的图景"这个棘手的问题,我认为这个图景不只是我们的,更多是古人的。说是有"我的"图景,是因为我们在选课题的时候就已经包含了自己的主观因素。所以我肯定不敢否认自己的主体性(subjectivity),我自己肯定有一些先入为主的偏见。所以刚才有个问题说如果有些材料明显知道不齐全,明显知道可能有些主观因素存在,实际上这种状况并不奇怪,也是我们一直都会面对的。

与此相关的,还有刚才谈到的一个很重要的问题,就是表达与实践的关系。把表达和实践分成两个独立的东西,这本身就是个问题。实践在某种意义上也是表达;很难说有什么单纯不涉及表达的实践(没有通过表达的实践,也就没有真正进入我们的认知世界,所以也就不会成为我们所分析和评价的"实践"了)。同时,如果我们承认,没有一个绝对客观的事实,那么任何文字记录和记载,包括徐老师提到的《实录》和《起居注》,某种意义上都是一种表达(representation)。这种《实录》的表达,和很多其他材料或者野史相比,甚至和后代官修历史相比,可信度是不是就更高,还值得商榷;但如果把表达与实践绝对分开,则问题可能更大。就像刚才徐老师提出一个值得探讨的现象:我们现在似乎把司法档案当成了司法实践(的实录)。我个人认为,所有的官方档案在某个层面上也都是一种表达,只是说这个表达和非官方资料相比,有自己的一套文书档案的生成和管理机制。官方有自己的标准来确定什么是官方的文献,什么是非官方的。我关于幕友的书中有一章是分析"paper reality",是说文字资料构成的事实真相是相对的。比如,《刑科题本》中的司法审讯报告和结论所构建出来的事实真相,实际上是由刑部及下层司法官员看到什么样的文件决定的。如果《刑科题本》在形成过程中,被知县到督抚衙门的幕友层层过滤掉不一致的信息,那么最终刑部看到的《刑科题本》的内容,已经是被严重地筛选、编辑和整理过的事实。除了极少数被驳回重审或者改判的案件外,这个题本中描述的司法叙事对刑部来说就是事实真相。而对我们研究者来说,对后代学者来说,可能就不一定是事实。所以回到表达与实践的问题,可以认为,实践也是一种表达,只是说它跟我们平常所说的官方话语表达,和跟档案之外的表达有多大区别,这是仁者见仁、智者见智的问题。

至于张老师说的历史观,我一时半刻没法完全准确地描绘自己的历史观。但是,我到目前为止是力求利用自己有生之年的精力、时间,多收集一些资料,多读一些书,让自己不会得出一些过于简单化的结论。我过一阵子可能会给一些学生分享怎么写研究论文的体会。我喜欢打个比方,认为写论文的过程就像是看窗户,有人只看到窗框,或者看到玻璃上的窗花,有人看到了窗外的一棵树或者树后面的森林,还有人能通过想象和知识"看到"森林后面的大自然以及大自然与人的关系。每个人的知识层次和视野不同,有人可能不用看窗户,就能直接联想到大自然,这个人要么是学术天才,要么有超常的思维和视野。但是我是需要一层层跨过去的,初衷还是希望看得远一些,想得透一些。每个人的学术水平和思想分析角度不同,每个人在治学方法和途径上可能也就有不同的考量和取舍。

有些当代学者因为自身学术兴趣和目的,可能会受到一些过去的宏观叙事影响。但我更关注的是这些广泛传播并时常相互关联的宏观叙事,在历史特定时期或者在很长时期内,对历史资料的取舍存废,以及对历史资料本身的内容和性质产生了什么样的影响。这种影响,不管我们使用宏观史还是微观史的研究方法,都是需要重视的。比如,"杨乃武与小白菜"这个有名的案子,一史馆把相关的刑科题本和其他档案出版了,大家拿着同样的资料,但解读出来的意思可能却不一样,这都是正常的。这就是我上面说到的主流话语体系或者个人价值观对现代学者研究的问题、思路的影响。

我同意梁老师的看法,儒家理想主义话语既有表达的部分,有制度上的表现,也有实践的维度。我要考察的是它在表达、实践和制度化三者之间的互动。但是我更感兴趣的是,这三种方式的存在和运作,是如何影响了其他人对法律制度和法律实践的理解与利用的。

至于谈到宏观叙事,张老师有一个委婉的批评,说我是不是有"打死马"(beat the dead horse)的嫌疑。就像当初我读张老师那本书时，对于你在书名中使用"儒家"(Confucian)这个词，我刚开始也有些保留(reservation)，就跟张老师刚才的感觉一样。但是，张老师书中对儒家的财产和家族观念的分析不是脱离历史实践的，分析得很成功，书也获了奖。所以从这个角度上，认真谨慎地使用或者重新研究这些似乎有点过时的概念或者现象，有时还是值得一试的，也是完全可行的。而对我来说，倒不是一定要用儒家概念来研究清朝或者来帮助我对历史的理解，而是我分析的清代文人的文本中，他们确实自认为是"儒生"或者儒家文人，这不是我强加给他们的。

有人可能会质疑我这么做是不是又将儒家或者中国文化本质化了(essentialized)。但我实际上要做的，正是要挑战这种把儒家当成中国文明和中国法律传统唯一或者整体垄断性话语的趋势。我希望将这种儒家理想主义话语去神秘化(demystified)，把它的理想主义成分剥掉一些，把它放回到历史现实环境中，再将其实践和制度化的东西跟法家所奉行的东西来比较分析，研究它们之间是否有区别。

有一个同学问：幕友是否是儒家的文人，或者如果是的话，他们对儒家理想主义是什么样的态度？我自己的研究表明，清代幕友在这方面的态度同样是充满了张力。几乎所有的清朝司法幕友都可视为儒家文人，他们绝大部分都接受过十到二十年的儒家教育，不少还有科举功名。所以从这个意义上，我研究的儒家文人跟其他主张儒家理想主义的人没有本质区别。

刚才徐老师评议时，提到我在估算清代法律职业共同体的规模时，对讼师和幕友的计算可能过于保守，那是因为我的研究对象限于经过了相对系统的法律专业训练的人员。因此，清代司法幕友之外的其他各种类型的幕友就不算在内了。另外，对有专业训练的职业讼师的估算,我宁愿做保守估计,也不愿被批评夸大其词,所以我很高兴听到徐老师说我的估计偏于保守。

我这么定义这些职业人士,是觉得他们的专业训练以及他们的工作性质和几十年沉浸在法学或者司法工作中的经历,对他们的自我认同和主体意识产生了一些我们过去经常忽略的影响。但是,因为他们是儒家知识分子,所以这些在他们的家谱和传记里面都很少被提及,他们自己也很少会详细记载他们从事司法幕友或者讼师的经历。我要研究的是这批职业人士是如何被儒家理想主义影响的。

还有很多其他具体问题,有时间再与各位评议老师请教和交流,非常感谢。

四、 问答环节

翁壮壮(学生)提问:

陈老师您好!我想向您请教关于历史研究的方法问题。话语的产生往往来自对不同材料的分析。历史研究的基础是对于材料的分析,那么对材料的选用颇为关键。但是,有些材料能否问世受到一定程度的制约,而研究者的个人精力往往有限,又难以关注到全部的文献。如何保证历史研究的相对客观性?研究者自己的价值偏好是否会体现在对材料的选用与排列之中,这种价值偏好对于历史研究的利弊或者影响如何,是否在研究之中应该保持一种价值中立的立场?

以礼法关系的分析为例。黄宗智先生指出,过去西方学者、日本学者与中国学者对清代法律制度的研究,注重对于法条的分析,而忽视对大量案例的系统性分析，继而结论可能就存在一定偏差。黄宗智先生也运用了陈老师您刚刚列举的巴县、顺天府和淡水府的相关资料。昂格尔的《现代社会中的法律》和华裔学者李浩先生的《没有律师的法》（1978年）都运用材料指出礼和习俗在古代中国占据重要地位，而实证法尽管存在，但并不占据主导地位。类似论述还有像您刚刚列举到的孟德斯鸠、梅因、韦伯，包括比较法学者达维德（René David）、茨维格特（K. Zweigert）对于远东法的描述，以及法理学者昂格尔的论断。但同样有一些西方学者虽然注意到了这点，却得出了相反的结论，比如安守廉（William P. Alford）指出昂格尔对中国实证法理解的谬误，史华兹（Benjamin I. Sehwartz）也指出礼法关系的问题更加复杂。那么如何才能更好地利用材料来思考礼法关系？谢谢陈老师！

陈利副教授回答：

　　这位同学提到资料的问题，如果说一批学者对同一批资料得出跟另外一批学者完全不同的结论或印象的话，这是值得研究的，即可以研究学者个人的意识形态如何影响他的研究结果。如果我去研究，我会研究这个资料有哪些地方被我们投射回去的图景影响了，如果你们找到另外一个解说，摆脱此前两派学者的说法的话，您可能就变成大咖之一了。从这个意义上说，对同一批材料得出不同甚至相反的结论也是正常的，学术就是这么进步的。所以在座的老师同学对我的研究进行批评指正都很正常，因为我们每个人做的东西都是从自己的感受和自己的角度出发的。包括"休斯夫人号"这个案子我研究了快20年，现在如果有人找到新的资料来反驳我的分析，那也是有可能的。历史学家经常被资料绑架了。

王朝睿（学生）提问：

幕友群体怎么看待无讼、礼优位于法等"儒家理想主义"？有什么材料吗？

陈利副教授回答：

如果你有耐心的话，我那本书出版之后，你会发现很多这方面的材料。幕友群体也是用儒家文人的方式在做法家的事，然后反过来又用儒家和法家兼而有之的视角，来评论这些话语和实践的。

何伟（学生）提问：

陈老师您好，您在讲座中提到，近代西方关于中国法律的表述存在很多矛盾的地方。例如黑格尔和密尔认为，古代中国的政治和法律制度过于理性化，导致中国人没有个性和自由；而韦伯认为，帝制中国的法律制度是非理性的，因为它的司法裁判不是靠成文法，而是靠儒家知识分子的道德良心。那么，为什么不同西方学者对同样的中国法律会存在截然不同的观点表述呢？

陈利副教授回答：

一种说法认为中国政治法律制度过于理性化，导致中国人没有个性和自由，而为什么与之相反的观点，在它们并存的时间内，也同样具有国际性影响？这是我书里面想阐明的一个我认为比较重要的问题，也是东方主义一个悖论。过去没有意识到，可能不同时期不同角度，大家觉得韦伯很有影响，黑格尔也很有影响，某种意义上我们现在都受他们影响。但是他们至少在关于中国法的观点上其实是相互矛盾的，那他们为什么都能拥有这么大的影响？我书中的研究表明，东方主义骨子里面就经常是由自相矛盾的不同话语或者矛盾的利益目标构成的。我认为，与其强调这些强势话语的无处不在和无所不包的垄断性影响，不如从这些话语内部揭示他们自身的矛盾、缺陷和缝隙，从而给我们找到发声和批评的机会，说不定这样我们得出的结论就会不那么东方主义了。萨义德对东方主义的定义被批评，原因之一就在于他认为东方主义是内部一致而且具有无所不包（totalizing）的力量。但是如果东方主义真的无处不在、无所不包的话，那萨义德自己就不可能外置于东方主义去批判东方主义。所以，我的研究和分析路径与他在这个方面是有很大不同的，虽然我的研究方法也受益于他的很多洞见。

屈文生教授发言：

学界有学者批评现在的宏观史研究不足，微观史研究过多，史学研究呈现出来太多的碎片化研究，但我认为碎片化还不够碎。

陈利老师回应：

不好意思，屈老师刚才那个问题我还没来得及回答，不过我在这方面可能跟张老师的感觉一样。张老师也提到了，现代学术比较讲究微观叙事，宏观叙事比较容易引起争议（provocative），比较容易出问题和被人批评。说白了，要从细节中提炼出大的叙事，就容易过于简单化，简单化就容易挂一漏万，不可能说得详细和全面。刚才徐老师和梁老师实际上也就我关于儒家道德理想主义的表述委婉地指出了这个问题。要研究儒家道德理想主义，肯定得追溯到更早的时期，不能只谈清朝。只讨论清朝的，只能说是清朝的儒家理想主义。我确实也可以这么做，这是一个捷径。但是，即便我不是想发展出一个宏观叙事，我的着眼点是清朝儒家道德思想，我的分析仍然不得不回顾这种思潮的来源。这就像我当初本来是准备写清末法律改革的博士论文,结果却写了鸦片战争之前一百余年的中外关系史。因为我发现之前的脉络没法放在研究清朝法律改革的项目里面,所以我就单独写一本书。但是,有的学者可能直接跳到清末之前,大部分书都是这么写的,直接从鸦片战争之后开始,或者说一八七几年或一八八几年开始,然后写到一九一一年或者一九三几年。这样写有它的好处,比较集中,不会被人批评。我不是要质疑之前这些研究,但我自己感觉,我如果这么做就没法理解为什么"法律改革"到了清朝变成一个被人普遍假设必须要做的事?这个假设背后暗示了什么?大家可能说东方主义。但什么是东方主义?东方主义是怎么形成的?东方主义本身为什么能够不仅在西方人里面有影响,而且在东方人里面也有影响?这些问题后来促使我去重新研究,写了另一本书。我想回去看看东方主义话语的形成、演变和运作的特定历史环境与过程(historicity 或者 historical specificity),以及这种话语体系在全球史的背景下如何同国际政治和跨文化交往及冲突交织在一起。比如,我研究"休斯夫人号"案件,不是痴迷于所谓的案件真相本身,而是更多地去分析它怎么变成了一个近代西方在中国索取治外法权的话语起源。似乎一说到治外法权就离不开"休斯夫人号"案。我想知道这个案件如何从一个最初的话语表达变成了原始资料,也就是如何从"primary discourse"变成了"primary source"。包括乔纳森·斯宾塞(Jonathan Spence)等学术上成就很高的的学者都是直接援引这个案子的传统表述,为什么?原因是 200 多年来很多学者早已谈过这个案子了,我们还有必要讨论吗?但我后来发现,不仅关于这个案件的很多所谓的原始资料自身就有矛盾,包括英国东印度公司伦敦总部的上司都否认了他们驻华代表关于此案的报告。如果连他们上司都觉得他们对这个案情的表述有问题,那为什么 20 世纪末、21 世纪的著名历史学家们反而相信了他们的说法？这些问题是更让我感兴趣的。

我为什么会分析儒家理想主义？某种意义上可以说，是我需要找到清朝这些人对法律知识概述的根源在何处。我分析这个概念的历史演变时，对早期的分析更简单，时间上会有些跳跃，但落脚点仍然是清朝，分析清朝文人和法律职业人士怎么理解儒家道德观对法律、社会、政治和文化的意义与影响。所以从这个意义上，我不敢说我在发展一个宏观叙事，我也不觉得我是在发展宏观叙事，但不可能会避免所有的批评。

张泰苏教授：

但是你面临的学术环境和屈老师所说的国内那种学术环境其实不一样。国内的宏观叙事如果有什么问题的话，是指国内的"宏观"更多地是在被某种特定的意识形态"指导"着。至今为止，国内的宏观叙事还没有完全跳出这种政治框架。而西方的问题，首先是说它就是过去30年已经通过各种各样的后现代话语的方式，把任何在史学领域里头运用理论框架的可能性基本上都已经给搞死了。其次，当然宏观叙事不可能没有理论，所以一旦把所有的理论体系都写够之后，剩下的就是你只能做小话题，以至于现在西方别的领域可能还偶尔有点苗头蹦出来，似乎还有一定理论复苏的趋势。至于汉学系，我当年开始读博士的时候，老师给我们的第一堂课，说好的博士论文是你找一个别人从来没有写过的、与世无争的小话题把它写透，这就是所谓的好的博士论文。说白了，西方史学界从理论层面上基本已经把自己给自宫了。所以实际上，国外面临的问题和国内大家面临的过度意识形态化的宏观叙事不太一样。

梁治平研究员：

对，因为刚才泰苏讲的，陈利有没有把一些问题拿出来重新提一遍,其实已经没有了。这跟刚才泰苏讲的语境确实有关联。我个人的看法还是法律东方主义这种基本的思想方法,或者说把这一套东西自我东方主义化了以后构成了各种"亚叙事"。国内尽管这些年视野开阔了,有一些反省批判,但总的来说,这种现象还是相当普遍的,比如说20世纪80年代以来,跟自由主义叙事的关系其实非常密切,而且不限于法学界,还包括一般受过大学教育的人。80年代以来,很多人都是持这样一种观点。所以在这个意义上,它确实是一个问题,而且是今天仍然需要去清理、面对的一个问题,当然这个问题涉及其他的问题就比较复杂,不能简单地去否定。如果简单地否定就会带出很多别的问题。

相对这个问题来说还有两个问题。第一,儒家道德理想主义在今天没有一个对应性的东西。有一个事情倒是给我们一个生动的事例,你可以透过这个角度去看。大陆新儒家的出现,比如说你听过的蒋庆,我们多年前曾经同台讲中国《民法典》的事情,那时距《民法典》出台还有好久,他从儒家的角度去批评《民法典》或者西方法治的很多内在问题。而且他的儒家角度是一个相对来说比较保守,或者说比较原教旨的角度。所以你透过这个群体看到,虽然它的影响有限,但是它在思想界也是不容忽视的一个存在,它把思想生态改变了。你通过这个群体能看到当代的儒家道德理想主义如何重塑历史,如何回应东方主义的东西。他们其实很有意思,你要完全更新东方主义里面带进来的参照系,这是一个可以注意的问题。第二,东方主义的表现除了在一个比较意识形态化的、政治化的、简单化的层面上被很多人接受之外,还被他们所运用。除此之外,学术上在涉及理论方法论、概念、分析等层面上,包括比如教科书的撰写等,所有这些方面它都有一个更微妙的表达。这些方面其实对学者来说,工作挑战性更大。因为你用一些概念,比如,滋贺秀三用了一些概念,然后黄宗智又提出一种不同的解释,然后比如说马克斯·韦伯的批评,现在还有很多对于古代的民法的重新发现等等,这里面涉及的问题,普通人只是接受一个图像,不用考虑这些问题;但学者需要做非常有说服性的工作,你要去批评,去接受,去建立,最后完成你这套有说服力的叙述,这在理论上的挑战是比较大的。在这个层面上,这是东方主义带来的更看不见的,但是更根深蒂固的东西。

张泰苏教授发言:

我澄清一点,梁老师说得很对,即使在西方,东方主义在法学界也活得好好的,它值得被不断地去骂。因为至今为止,西方人对自己法治的很多核心认知是建立在对别人鄙视的基础上的,所以它只要还坚持"我们"是法治社会,它就不可避免地会说别人不是法治社会。这是法学界的一个特殊需求,因为法学界必然是这个理论,它必然是以这个(法治)理论为主的学界。但这种过度批判的问题,基本上是史学界,可能还有人类学界,特有的东西,基本上它们已经彻底摒弃了任何理论化的可能性,纯粹搞所谓的"后叙事"。所以其实即使在西方骂东方主义,在法学、经济学、政治学等很多领域都还是有价值的。唯独在历史学界,它并非还在东方主义模式下,而是已经矫枉过正了。

陈利副教授发言:

我觉得这个问题需考虑两个方面:

一方面,刚才梁老师和张老师说得挺好,而且也回到刚才徐老师谈的一个问题上。对于屈老师问的宏观叙事这个问题。宏观叙事有它的好处,有的人善于做宏观叙事,但我个人不擅长。我自己是倾向从微观史开始,先做一系列相关的微观研究,然后再看看是否能够拼出大点的图景或者促进对更大课题的理解。刚才张老师说到东方主义,我想把萨义德较为激进的一个观点拿来讨论一下,就是他认为西方对自己的理解,是借助对"东方"的定义或想象来做到的。照此说来,只要西方需要寻找自我意识和认同感,他们那个想象中的东方就必然为此而继续存在,不管其是否是一个被夸张或被歪曲了的东方。从这个意义上说,东方主义会永远存在。萨义德《东方主义》那本书中可能最重要的观点之一就是这个,即认为西方构建自己是依靠构建东方来完成的。我不一定全盘接受他的这个观点。但是某种意义上,尤其是从法律角度来研究,这个观点还是有一定的道理。与此同时,我们也必须考虑到东方主义的运作方式很复杂,而中国作为一个他者(the other)所扮演的作用也是多样的,甚至是矛盾的。当我们谈到中国对西方现代转变过程的影响时,往往只关注所谓的"正面"影响。我在《帝国眼中的中国法》一书中也确实提到了一些这方面的例子。但是,有的人可能看了我的书后会说,这书里面好像并没有很多中国法律直接正面影响西方法律的例子。比如,不像法国《拿破仑法典》那样直接援引孟德斯鸠和边沁(Jeremy Bentham)等人的观点,承认受到他们的影响。西方在法律改革中确实几乎不直接说受中国的正面启发,找到这样的证据并不容易。但是,如果认为中国似乎对西方的影响只能是正面的,那就是一种误解了。我书里面在探讨"正面"例子的同时,还指出,中国对西方的影响,有时作为一个负面的影响来得更深远长久。比如,现代法制的构建是以(东方)专制国家作为主要负面参照物的,这常常意味着:中国有什么,我们就不能有什么。这种负面的影响或者负面灵感(negative inspiration)对西方的影响,可能超过了西方人自己意识到的程度。前面提到过,包括孟德斯鸠、黑格尔、密尔和韦伯等人在内的近现代哲学界或知识界领袖,他们一边批评东方,一边又将其作为为自己理论框架而量身定制的负面参照物(foil)。他们对现代文明和制度的理想化设计,都是在不同方面或不同程度上把中国作为负面的参照物之一。这种意义上的影响非常深远,直到现在。中国为什么很难摆脱掉西方这种做法?这跟东方主义有关系,但不是完全像萨义德认为的,似乎东方主义一直是由西方垄断和被西方控制的。中国实力上升越高,对西方造成的生存危机感就越大,"负面中国"的重要性可能就越凸显出来。也就是刚才提到的,缺了对中国负面的构建或想象,西方对自我的认识就会有缺陷。这不是说它就完全不能认识自己,而是这种认识是不完整的。这是从萨义德的理论延伸过来的,但是萨义德忽略了东西方实力上此长彼消的变化以及这种变化对东方主义的影响。在他的分析中,东方主义是一个强势西方企图控制弱势东方的一种话语体系。

另一方面,我书中探讨的另外一个问题,就是当时(即18世纪和19世纪初)为什么西方对中国法律和政治描述那么黑暗?其原因不是因为西方占优势地位,而是西方觉得自己处于优势地位,但却又在中西关系中受中国政府牵制,这种情况给西方人士带来的危机感和羞辱感(他们经常说的 insecurity 和 insult)是不一样的。就像美国总统川普经常说美国(在经济利益上)被中国强奸(raped)了。世界头号强国说自己被另一个国家强奸了,和一个弱小国家说被一个大国欺负了,其宣传效果和煽动性是完全不一样的。所以,随着中国实力的提升,不管是正面的还是负面的,东方主义对中国的刻画可能影响都会更大。

张泰苏教授发言:

所以我想问的是,你写的是西方特有的现象吗?还是说它仅仅体现了现代政治的必然性?

陈利副教授发言：

第一，不能说是特有现象，因为中国也需要找一个外在自我，历史上常说的"华夷之辨"，有"夷"才有"华"，否则为什么用"华"和"夷"来区分？所以从某种意义上，中国也是需要一个参照物的。但是我不想把这个东西弄成我自己的观点，只是一个观察。我不觉得这在学术上是我能够或者想要证明的，因为这种观点听起来是先验的和跨越历史的（transcendental or transhistorical）。我想说的是，至少东方主义在当代的存在和延续，不是因为西方占据强势地位；相反，西方变得越弱势，可能这种实力转化造成的绝望感就越大，给西方社会或者政客带来的危机感也就更大。第二，至于说这个是否吻合了萨义德对东方主义的定义，实际上，他的理论分析有很多有价值的和可取的地方，但在具体的运用及结论上，还是有需要修改和重新考虑的地方。我的书本身也对萨义德的理论提出了修正。

张泰苏教授发言：

至少有一点是同样性质的偏见：在西方叫"东方主义"，在中国就会被人叫"国家主义"或者"民粹主义"。感觉意思是非西方的人不配以文化体系单位说话，非西方的人只配在国家或者民粹这种层面上跟西方人说话，而西方人则可以谈所谓的"东方主义"。

陈利副教授发言：

第一，这就回到了刚才张、梁、徐三位老师提到的问题。比如，在比较中国和西方的法律或政治制度时，我们就说西方的观点是东方主义，然后我们就没话说了？如果要说，按照徐老师的建议把价值评判先放一边，然后考虑我们该怎么谈？比如我们应该怎么看待孟德斯鸠和韦伯对中国政治和法律的描述？我个人觉得，这完全可以谈。我觉得徐老师的问题问得非常好。经常有人批评说后现代主义或者后殖民主义学者只会解构，不会或者不愿意重建。张泰苏老师可能也有这种疑问，认为我们如果把它（东方主义或者旧的理论框架）打烂了，还得想着怎么重建，不能说打烂了就散伙了，毕竟我们学术圈还得继续存在下去。那么，我们怎么去重建？徐老师的建议非常中肯。对于像我这种受后殖民主义理论影响比较大的人来说，更是如此。当然，在我第一本书里面，尤其是第二本书，都表明了我不是要打烂不重建，而是要在重建之前，先要搞清楚那些影响了我们重建的东西，搞清楚它们对我们的影响是什么？我们能不能跳出它们对我们的影响？

第二，就是回到之前的问题：我们能否跳出自己对资料的偏见？我个人觉得我们不可能完全跳出来。但是，可以按梁老师的建议，我们每个人都保持自我反省精神，那么这种偏见就会小很多，至少这个偏见可能不会像被我们所批判的人的偏见那么大。就像刚才张老师所言，现在，有的表述由中国人来说，可能就被视为民粹，在国外可能就认为是言论自由或者自由社会的表现。有的时候情况可能确实有区别，但是如果做出如此绝对的划分，就要么是东方主义，要么是种族主义。因为不可能国内所有的东西就一定是民粹，就一定没有自身的合理性，外国的言论也不可能都是理性、合理的。《纽约时报》或者《华尔街日报》文章下面的一些评论中，经常10个中有8个比我看到的民粹还民粹，但是因为美国是多元政治主张的社会，大家不会把这些言论当成代表了所有美国人或者美国政府。但中国为什么一个人说的或者一个官员说的就经常被视为代表了全中国呢？至少我会认为，这种思维需要回到孟德斯鸠的东方专制主义这个概念上去：认为东方只有皇帝一人的意见才是自由表达的意见，其他人的意见都不是个人自由意志的表现。

正是在这种思维下,一个官员的意见经常就被当作代表了整个政府或者国家的意见。可以说这是非常典型的东方主义的遗毒或流毒。在这种流毒的情况下,我们可以借鉴一些确实有优势的制度方面的东西,但不是必须承认它后面的价值判断和优劣标准,不是必须要承认它后面的文明或者文化土壤就一定好。同样,我们批评东方主义,不等于说西方就一定差,东方或者中国的就一定好。我现在关注的是三重困境,但实际上我们可以说至少有四重困境,另外一重困境就是民族主义或者本土主义,凡事变成"主义"之后,就可能变成一种意识形态,排斥其他的想法和观点了。但因为它不是我现在的研究对象,所以我对这个方面就不多说了。

所以回应刚才徐老师、梁老师的评议和问题,就是我们在这种情况下怎么研究中国法律和中国社会?一方面,我们至少应该有自我觉醒和自我反省意识,对于东方主义这种话语和研究模式,不应该对它背后的价值判断不加拷问和分析就接受。比如,判断清末法律改革是失败还是成功?清末之后的法律改革究竟是否是一种民主的、先进的和进步的或者代表现代文明的发展趋势?我不说它一定不是现代文明的发展趋势,但是至少我不会想当然地就觉得只要是跟着西方做的,或者只要是20世纪做的,就一定是比19世纪的更先进的。相反,我首先觉得这种前提假设是值得批判性分析和研究的。时间太晚了,我们就到此结束吧。

谢谢各位老师和同学!

民法典的价值理念与立法技术

华东政法大学第2期"东方明珠大讲坛"

[联合主讲]

谢鸿飞
中国社会科学院法学研究所民法室主任、研究员
中国民法学研究会副会长、中国经合

于 飞
中国政法大学民商经济法学院教授、教授

金可可
华东政法大学法律学院院长、教授

韩 强
华东政法大学人文学院处处长、教授

姚明斌
上海市"晨光学者"
华东政法大学法律学院副教授

[致辞]
屈文生
华东政法大学科研处处长、教授

[主持人]
陆宇峰
华东政法大学科研处副处长、教授

[时间]
2020.06.04 18:00—21:00

主办 | 华东政法大学科研处

第6讲
民法典的价值理念与立法技术

时　间：2020年6月4日晚上

主持人：陆宇峰（华东政法大学教授、科研处副处长）

主讲人：谢鸿飞（中国社会科学院法学研究所民法室主任、研究员，中国民法学研究会副会长）、于飞（中国政法大学民商经济法学院院长、教授）、金可可（华东政法大学法律学院院长、教授）、韩强（华东政法大学人事处处长、教授）、姚明斌（上海市"晨光学者"、华东政法大学法律学院副教授）

一、开场致辞

陆宇峰教授（主持人）：

5月28日，第十三届全国人民代表大会第三次会议通过了《中华人民共和国民法典》。作为新中国第一部以"法典"命名的法律，《中华人民共和国民法典》的颁布，彰显了超越民事单行法的体系化雄心，标志着我国民事法治迎来了新时代。民法作为一个体系，既显现出外在的技术体系，也深蕴着内在的理念体系。凝视《民法典》的价值理念，我们得以认识这部新生法典的精神气质，思考自由、平等、公平、诚信等社会主义核心价值观在当代中国社会的确立与发展；考究《民法典》的立法技术,我们也能够追溯改革开放40多年来中国民事立法的得失经验,明确"后《民法典》时代"民事法治理性化前行的方向和思路。

值此《民法典》颁布的历史性时刻,华东政法大学第6期"东方明珠大讲坛"特别邀请中国民法学研究会副会长、中国社会科学院法学研究所民法室主任谢鸿飞研究员,中国政法大学民商经济法学院院长于飞教授,与我校三位代表人物法律学院院长金可可教授、人事处处长韩强教授以及上海市"晨光学者"、法律学院姚明斌副教授一道,在线共话"民法典的价值理念与立法技术"。五位学者将分别从"《民法典》合同编的价值变迁"、"《民法典》公平分担损失规则的完善"、"动产担保制度修订之检讨:交易成本与交易安全"、"《民法典》与个人信息保护"、"《民法典》总则编的体系意义"等角度,分享自己对《民法典》价值和规则体系的看法。一如既往,我校科研处处长屈文生教授也将全程在线参加本次大讲坛。让我们向各位专家学者的到来表示热烈的欢迎。

首先,有请中国民法学研究会副会长、第8届"全国十大杰出青年法学家"、中国社会科学院法学研究所民法室主任谢鸿飞研究员为我们讲解"《民法典》合同编的价值变迁"。谢老师还是2019年"百千万人才工程"国家级人选,同时被授予"有突出贡献中青年专家"荣誉称号。有请谢老师!

二、主讲环节

谢鸿飞研究员:

当前《民法典》备受关注,但不同学者关注的角度可能各有不同,今天晚上各位老师选择的话题也非常好,包括宏观与微观两个层面。今晚我主讲的内容是合同编的价值变迁问题,从形式与实质、自由与强制、自由与公正这三个方面对这个问题予以展开。

第一个方面是形式与实质,即立法者或裁判者在立法或审判时,应当注重交易的形式还是交易的实质的问题。一般而言,形式会说明实质。比如在判断合同主体时,书面合同就起到了说明作用:在合同上签字或者盖章的人,就是合同的主体。但是,在其他情形中可能存在很多差异,比如担保中的实质与形式主义之争。

以"其他具有担保功能的合同"的范围为例。《民法典》第388条第1款规定"担保合同包括抵押合同、质押合同和其他具有担保功能的合同",那么所有权合同是否属于该规定中的"其他具有担保功能的合同"?一般认为,对此问题应当采用实质主义的肯定立场。因为不论交易的形式是所有权保留还是融资租赁等其他方式,都可以用担保的概念来处理。《民法典》新增加了第414条第2款,规定"其他可以登记的担保物权,清偿顺序参照适用前款规定"。这条规定的观念对中国的担保领域影响较大,《民法典》也受到了这种观念的影响。

第416条规定"动产抵押担保的主债权是抵押物的价款,标的物交付后十日内办理抵押登记的,该抵押权人优先于抵押物买受人的其他担保物权人受偿,但是留置权人除外"。这条是新增加的条款,借鉴了英美法的"超级优先权",即《统一商法典》中的"PMSI"。第416条和美国法相比,有非常明显的中国特色。我国对动产不作任何区分,但是美国法中却有很详细的区分,比如设备、存货、农产品等等。其中,存货的质押和设备的质押实际上就存在很大的差异。而中国法规定的动产抵押,包括浮动抵押和固定抵押这两种情况:

第一,在浮动抵押的情况下,债务人把所有财产作为担保权的抵押。如果不为购买价款的债权提供一个超级优先权的话,可能就会出现担保权人垄断债务人所有财产的情况。因此,为了促进债务人的融资和打破债权担保权利的垄断,我们借鉴了美国法的PMSI制度。就中国法而言,在浮动抵押情况下,附有价款债权的超级优先权肯定具有正当性。

第二,动产固定抵押会存在很大的麻烦。比如我买了一台机器,1月1日用这个设备向债权人甲设定抵押,但借款给我买这个设备的乙在1月10日登记了价款抵押权。此时,乙享有价款抵押权,优先于甲的一般抵押权。此时,价款债权的超级优先权就存在很大的正当性疑问。

在规定了"具有担保功能的合同"的情况下,所有权保留未经登记不能对抗善意第三人,确实会导致今后法律适用出现极大的麻烦。比如甲出售设备于乙,采用所有权保留形式,会面临如下问题:第一,在提供首付款的丙银行设定PMSI后,甲能否设定所有权保留登记?第二,甲在做所有权保留登记后,丙银行能否设定PMSI?第三,乙在甲所有权保留登记后,可否为他人设定抵押?第四,丙银行在乙的资产上设定了浮动担保,乙在之后登记所有权保留,那么该设备是否为丙的担保物?类似问题还有很多,这就涉及在解释法律规范的时候,尤其是在交易和司法实践之中,究竟该采取实质主义立场还是形式主义立场的问题。

第二个方面是自由与强制。《民法典》第494条第2款"依照法律、行政法规的规定负有发出要约义务的当事人,应当及时发出合理的要约",规定了强制性的内容,其目的实际上是为了实现那些特别法(如电力法、邮政法等)之中的普遍服务义务。但需要注意的是,普遍服务义务保障的是公民的基本人权,其对应的是国家的义务,因而这种做法特别容易混淆私法和公法的界限。当然,《合同法》中也确实有一些诸如生态保护的法定义务,比如"当事人在履行合同过程中,应当避免浪费资源、污染环境和破坏生态"、"出卖人应当按照约定的包装方式交付标的物。对包装方式没有约定或者约定不明确,依据本法第五百一十条的规定仍不能确定的,应当按照通用的方式包装;没有通用方式的,应当采取足以保护标的物且有利于节约资源、保护生态环境的包装方式"、"依照法律、行政法规的规定或者按照当事人的约定,标的物在有效使用年限届满后应予回收的,出卖人负有自行或者委托第三人对标的物予以回收的义务"。这些规定作为强制性条款确实体现了时代性,其规定的法律义务也都具有一定的正当性。

就立法技术而言,《民法典》有一处特别大的失败,那就是出现了大量的"其他法律"字样。其实总则第 11 条已经做了规定,即"其他法律对民事关系有特别规定的,依照其规定",因此在分则中大量重复没有必要。而通过统计可以发现,此种重复相当之多。此种法律规定可分为三种类型:第一种是提醒型。立法者提醒阅读法律的民众,除了《民法典》以外还需要看"其他法律",但并未告知"其他法律"指的是什么,比如第 337 条中的"承包期内发包人不得收回承包地。法律另有规定的,依照其规定"。这种类型几乎没有必要性。第二种是预留空间型。面对新的问题,《民法典》作为基本法不好仓促作出规定。因为在新兴领域还没有形成一个稳定的基本规则,所以暂时由其他单行法来规定。比如在虚拟财产、大数据等新兴领域,立法者就授权给其他单行法来进行规定。此种类型有一定的必要性。第三种是公法私法关系型。公法和私法肯定存在价值冲突,私法中的最高价值是私法自治,而公法的制度目的则多种多样,价值较为复杂。如果公法优先,涉及违反公法的合同一律无效,那么这样很可能让私法的价值全部消失殆尽。立法者必须考虑到私法不可能压倒公法,公法也不可能完全压倒私法,此时需要权衡两种价值。我个人认为,如果私法做出"特别规定除外"的规定,就表明私法在立法上是允许公法价值压倒私法价值。第三种类型在《民法典》里面很少,尽管它是最有必要的。

第三个方面是自由与公正。《民法典》第152条修改了《合同法》第54、55条规定的可变更、可撤销合同的规定。《民法通则》《合同法》也都规定了可变更、可撤销合同。奥地利学者科齐奥尔(Koziol)赞成此种规定,反对德国法要么撤销、要么全部有效的规定,认为其非常不利于当事人的利益平衡。现在立法规定只允许合同撤销,不允许变更,因为后者确实很可能会伤害契约自由。

以合同欺诈情形为例。比如甲将茶叶按照一级茶叶100元/两的价格卖给乙,结果乙回去后发现这是二级茶叶,二级茶叶的市场价格是50元/两。乙请求法院调整茶叶价格,法院决定调到80元/两,乙表示不能接受。但法院认为乙既然申请了变更,就必须接受法院的决定。这就损害了当事人意思自治,所以现在不允许变更合同。

《民法典》第533条相对于《合同法》而言,在情势变更方面有三个变化。第一,在情势变更中纳入不可抗力。根据所发生的情形对合同履行的影响,也可以适用情势变更规则。相对于不可抗力而言,情势变更具有更多弹性,更加满足公正价值。第二,删除了不太合适的"合同目的不能实现"的情形,而只保留了"对一方会造成明显的不公平"的情形。第三,增加了再协商义务以提高情势变更的效率,使得对当事人的利益调整更加完备。

谢谢各位,请大家批评指正!

陆宇峰教授(主持人):

感谢谢鸿飞老师。谢老师是融合民法、法律史、社会学研究的理论大家。从他对《民法典》的形式与实质、自由与强制、自由与公正价值三个方面的讲解之中,我们再次感受到了这种研究进路的魅力。用他获得"胡绳青年学术奖"的专著题目来说,这是一种"法律历史社会学"。说到这里不得不提及,"胡绳青年学术奖"是中国社会科学最高层次的青年学术成就奖。在第7届"胡绳青年学术奖"中共有6项获奖作品,其中谢鸿飞老师的《法律与历史:体系化法史学与法律历史社会学》是唯一的法学类作品。当然,对我来说,谢老师的名字更是和霍维茨《美国法的变迁(1780~1860)》联系在一起的。我不清楚这本译著在民法学界的情况,但对理论法学、法律史学研究生来说,这本书早已是必读书目。再次向谢老师致敬!

接下来有请中国政法大学民商经济法学院院长于飞教授为我们讲解"《民法典》公平分担损失规则的完善"。于飞教授在《中国社会科学》和《法学研究》发表了六篇论文,曾荣获"北京市青年五四奖章",入选教育部"新世纪优秀人才支持计划"。

于飞教授:

谢谢主持人陆宇峰教授,感谢华政科研处对这次会议的辛苦组织,感谢金可可教授的邀请。我讲的主题是"侵权法上公平分担损失规则的完善"。这个问题来自《民法通则》中关于公平责任的相关规定。公平责任是指:"当事人对造成损害都没有过错的,可以根据实际情况由当事人分担民事责任。"双方当事人对于损害发生都没有过错的情况下,本不会产生损害的移转,也不会有任何的责任乃至补偿,但是公平责任规则授权法官可以根据实际情况决定由当事人分担民事责任。

实际上,我们现在的观点都很统一:这里其实指的不是责任,也不是对可归责者的惩罚,因为不存在法律上的否定性评价。因此,说它是责任是不准确的,它只是对不幸事件导致的损害的分配,而没有否定和惩罚的意味。《侵权责任法》第 24 条作出了发展和完善:"受害人和行为人对损害的发生都没有过错的,可以根据实际情况由双方分担损失"。这一条最根本的进步之处是把"责任"两个字拿掉了。

但是,它仍然是根据实际情况来分配双方损失的,只不过改了个名字叫"公平分担损失规则",而思维方式和判断方法还是一如既往,仍然是在让不可归责者去承担一部分损害。而且究竟是否产生责任,以及责任的大小,都是由法官在个案中根据实际情况来确定的。所以它其实只是换了名称,但不合理性依然如故。原则上,《侵权责任法》中的"损害"应该停在原地,除非有正当性理由才能把"损害"转移出去。否则"损害"就只是个不幸事件,它发生在哪里就应当停留在哪里。如果不幸事件还要有所救济的话,那就是公法问题、社会保障和救济问题。

能够把"损害"转移出去的理由就是可归责性。第一,根本性的可归责性首先是"过错"。谁对这个损害的发生有过错,这个损害就可以转移到过错者身上。第二,在没有过错的情况下,谁把危险活动引入到社会中并且在其中受益,损害也可以转移到这个把危险引入社会的人身上。这就是作为一种无过错责任的危险责任,因为危险本身就是一种分配理由。第三,在既没有过错也没有引入危险活动的情况下,控制力是一个归责原因。某人对另外一个主体有控制力,那他应当对其控制力之下的人所造成的损害承担责任,比如一个监护人对于被监护人的无过错责任。第四,在没有过错、危险和控制力的情况下,因为这些可归责性都不存在,所以根本没有理由把损害转移给其他人,那么损害就应该停留在原地。此时,这就是一个不幸事件,不能够转移给别人。

这本来是《侵权责任法》上的根本机制,但被公平责任或说公平分担损失规则凭其一己之力整体性地打破了。在有过错的情况下,过错责任按照一般条款进行归责。危险责任和替代责任作为法定责任,在法律明文规定下才允许出现。因此,如果既没有明文规定的无过错责任情况,也不存在一般过错责任当中的过错,那就意味着不应该承担责任。这时,双方当事人对于损害的发生都是没有过错的,但法院依然可以根据实际情况来让双方分担损失。所谓公平地分担损失,就意味着使不该承担责任的一方承担责任。是否产生责任以及责任的大小,都由法官在个案当中根据实际情况自己决定。这种情况可能意味着整个《侵权责任法》因为这一个条文丧失功能了。

《侵权责任法》具有如下几个功能。

第一,维持预见的功能,即预防功能,指个体要对自己的行为在什么情况下会带来不利和风险保持预见,才可以主动采取避免损害的行为。但是,一旦出现了公平分担损失条款,你根本不知道什么情况下自己的行为会产生责任,不知道什么情况下损害会归结到自己身上。因为,虽然你没有触犯法律的所有明文规定,但仍然存在一个公平分担损失的可能。所以,预防功能失效了。

第二,惩罚功能。在公平分担损失的情况下,惩罚根本就不应该存在,因为行为人根本就没有被惩罚的理由,没有任何可归责性,所以不应该被惩罚。在这种情况下,惩罚功能实质上是在惩罚无辜者。

第三,现在剩下能去实现的只有一个损害填补功能。但问题在于,就算损害应该被填补,也不应该是由私人去填补,因为不幸事件应该是由社会保障法和社会救济法去解决的。说到底,公平责任实际上是在让私人去承受本应由国家和公权机关承受的社会保障成本。在社会保障本身还不够丰富完善的情况下,私人多替国家分担一点可能还存在合理性,但是,随着社会保障体系越来越完善,这样的条文就会逐渐丧失其正当性。所以核心问题在于,公平分担损失规则的条文其实抽干了整个《侵权责任法》的功能,使得整个侵权法的预防功能、惩罚功能等等都丧失了，沦为了一个没有原则的、没有价值指向的纯粹的损害填补，而这个损害填补本身又不是私法的问题，反而是应由公法去解决的。

那么，这样一个换汤不换药的《侵权责任法》第24条的公平分担损失规则，到了现在《民法典》第1186条中，出现了一个可喜的巨大变化，我个人认为这种完善是《民法典》侵权责任编中最大的亮点之一。现在《民法典》第1186条是这样规定的："受害人和行为人对损害的发生都没有过错的，依照法律的规定，由双方分担损失"，这里出现了两大修改。

第一个修改是增加了"依照法律的规定"。这个"依照法律的规定"就非常关键，因为这就意味着仅仅依靠第1186条本身是不能作出判决的，而必须依照另外的法律来明确具体规定，才能在双方均无过错的情况下仍然公平分担损失结果。而如果没有一个另外的明确具体的法律规定，仅仅依靠第1186条本身是不能下判的。

这里可能就存在刚才谢鸿飞教授所说的问题，即"法律另有规定"是很有意义的，因为它打破了涵盖民法全体、无所不包的公平条款。本来这个公平条款在民法中任何地方都能适用，但现在有了"依照法律的规定"，得以使它只有在几个明文规定的特别例外情况下才能适用。这是一个根本性的改变，它打破了公平条款覆盖民法侵权法全部领域的原有弊端。

第二个修改是删除了"可以根据实际情况"。"根据实际情况"其实是法官自由判断是否有责任及责任大小的根本依据。把这句拿掉了，本条纯粹就成了法定条款，也杜绝了可能的争议。

接下来的问题就转化成了民法中这种法定情形到底有哪些？法律另有规定的法定情形是可以一个个找出来的，它们通常都是用"补偿"两字体现出来，因为其不是责任，也不是赔偿。比方说，很典型的第

1190条"完全民事行为能力人对自己的行为暂时没有意识或者失去控制造成的损害有过错的,应当承担侵权责任"。其中,没有过错的,根据行为人的经济状况对受害人适当补偿。对自己失去意识、丧失控制力,但自己又没有过错的情况(比如自己也不知道自己病理性醉酒,喝了一杯直接就丧失控制力后致人损害),确实不属于法定的危险责任、替代责任和无过错责任,而就应该只是一般过错责任。在一般过错责任里行为人都没有过错,这种情况下本不应该产生责任,但对于这个特定情况有了一个衡平条款。在这种具体领域和具体案情里,立法者如果认为应该有一个衡平条款,他就可以单设一个衡平条款:没有过错的,根据经济情况对受害人适当补偿。这就是法律另有规定和特别例外的,明确其另外规定。再比如,第182条在紧急避险中也产生了公平补偿,第183条在正当防卫中也有对于公平补偿的规定,这些都是法律明文规定另有例外的情况。

如果没有这些具体的例外情况的话,原来的公平分担损失规则就不能适用,而要按照《侵权责任法》既定的规则去处理。之前,例外是一般条款化的,但现在例外被个别法定化了,这是一个非常好的完善。其实这里就反映了民法中原则和例外之间的关系,或者说区分一个规则到底是民法中要坚持的原则性规定,还是在民法中创设的例外性规定。原则在没有法定例外的情况下是覆盖全体的,在哪个地方都适用,法官不用负担论证义务就可以使用。如果是例外的话,那一定是一个法定例外,而且一定要严格限制在法律明文规定的例外的狭小范围内,适用时一定要严格控制它的范围,不能随便类推扩大适用。另外,例外一定要法定化,严格适用,否则例外就不是例外,原则也不成其为原则了。只要是没有明文规定的严格适用法定例外的地方,就全都是原则的覆盖范围,这样做才能维持民法当中原则和例外之间的关系。

民法当中，有关原则和例外的一对非常重要的关系，是以追求形式平等为原则，以追求实质平等为例外。通常情况下，民法都是追求形式平等、适用规则上的平等和起跑线上的平等；而实质平等，即结果上的平等、同时到达终点、大家领同样奖品的这种平等，一定是例外。既然实质平等是例外，那就一定要划分出来严格适用，而不能够任意扩大或类推。在《侵权责任法》领域中，按照可归责性分配损失是原则，在没有可归责性的情况下仍然进行损害转移则一定是例外。后者意图是让行为人跟受害者之间在实质上分摊，公平处理，所以作为实质平等也一定是例外的。一定要在特别具体的案情当中，在民法的一个小的点上去弥补缺口，作出衡平规定，而绝对不能够搞一个一般条款去覆盖全体领域，到处都追求这种例外。如果允许法官用自己的自由意志去追求这种例外，那根本就没有原则了。

在《合同法》中也是如此。《合同法》里面的形式平等就是合同自由，合同自由的结果就是公平，因为自愿的结果就是公平，它不受实质性的审查。同一个商品我愿意卖给谢鸿飞教授一块钱一个，而我也可以卖给可可教授一万块钱一个，这都是公平，这就是主观公平。只要我们是自由自愿的，那这里就没有审查合同权利与义务之间是不是实质公平的余地。只有在法定化的例外情况下，才允许审查实质上的公平。比如，第151条的显失公平条款；第496条的格式条款规定，格式条款要按照公平原则去确定当事人之间的合同义务；第533条的情势变更条款规定，情势变更时可请求法院对一方明显不公平的情形进行实质功能性的调整。上述都是法律规定的，如果没有这些法定的例外，则整个《合同法》都是形式公平的。大家自由自愿的结果本身就是一种公平，它不受实质的审查。所以，这就是到处都在显现的原则和例外之间的关系，它维持了民法中根本性的制度结构以及迭代体系。

最后,我认为《民法典》第 1186 条公平分担损失规则的完善和变迁,可能意味着民法中公平责任或者说公平分担损失规则的路到此走到了尽头。法官再也不能动辄用公平责任去和稀泥,在本来没有责任,损害不能转移的情况下,凭借公平责任在当事人之间去追求法定规则之外的另外一个自己想要的结果,这是个好事。因为以往依照公平原则、公平责任、公平分担损失规则的裁判其实是大行其道的,到处都有"按照公平原则、公平责任,裁判如下"的表述。用公平责任去裁判会产生完全不公平的后果,而且会使法律彻底丧失确定性、技术性和公平性,使法律职业完全丧失职业尊严,因为这个活谁都能干。按照公平责任去裁判,街上卖菜的老大妈都能干,根本不需要上法院了,这会使我们丧失职业尊严。把公平责任条款拿掉,把例外法定化,我觉得是对我们每一个法律人价值的提升。

陆宇峰教授(主持人):

感谢于飞院长紧扣"民法典的价值理念与立法技术"主题的分享。他谈及侵权法上的公平责任向《民法典》第 1186 条法定情形下的公平分担损失规则的变迁,并认为这个变化不仅体现了民法以形式平等为原则、以实质平等为例外的价值理念,而且依靠高超的立法技术落实了民法原则与例外的这一关系,实现了例外的法定化。于院长是美国哥伦比亚大学访问学者、德国洪堡基金会"总理奖学金"获得者、德国波恩大学访问学者,对于欧陆和英美的民法理论都有深刻的理解,对于公序良俗、诚实信用等民法基本原则的研究享誉学界。我在阅读部门宪法学相关文献时,也曾有幸学习了他关于《基本权利与民事权利的区分及宪法对民法的影响》的论文,于院长今天的讲解更是令我们受益匪浅。再次向于老师致谢!

接下来，有请我校法律学院院长金可可教授为我们讲解"动产担保制度修订之检讨：法律移植、交易成本与交易安全"。如果没有金可可老师，我们很难请到谢鸿飞老师、于飞老师为我们带来今天的《民法典》盛宴，有请金老师！

金可可教授：

谢谢宇峰刚才的介绍，也感谢谢鸿飞教授和于飞教授刚才精彩的演讲，我听了之后受益匪浅。今天这么多同学到来，主要是冲着谢鸿飞教授和于飞教授两位嘉宾而来的，他们的演讲确实让我们深受启发。其实本来我们的想法是谢鸿飞教授、于飞教授多讲一点，因为很难得见到他们。但是他们很客气，一定要让我也来做一下狗尾续貂的事情，所以我就少讲一点。巧合的是，今天我讲的主题和谢鸿飞教授讲的内容非常类似，但角度可能略有不同。

我讲的主题是"法典动产担保修订的检讨"，涉及在法律移植中如何注意国情以及交易成本和安全的问题。通过举一个例子，一起看下"所有权保留，未经登记不得对抗善意第三人"这个新规定引入之后，在我们中国的语境下会导致什么样的后果。我初步思考之后，认为这个规定不论是无用还是有害，都需要解决一些问题。首先，我们看无用或有害是怎么证明的。我假设了一个例子：甲出卖给乙1000只手表，约定了所有权保留并登记，乙擅自出卖或者抵押其中的一只手表，丙购买了或者接受了抵押。丙如果没有查询登记，那此时买了手表的丙是善意还是恶意的？如果认为没有查询登记是善意的，就是所有权保留登记根本没有用，善意买受人不需要对抗谁。如果认为未查登记是恶意，会引发一个问题，即丙以后凡是买手表，都需要查询登记以确保自己不会买到所有权保留的标的物。同时，从丙的角度来讲，其身份是商人还是消费者这个问题也会产生一定影响。如果增加每一笔交易中的查询成本，这个成本加给商人相对具有正当性，但加给消费者是毫无正当性可言的。

从此角度出发，我们可以分析该制度本身的收益和成本。立法者规定"所有权保留登记，未经登记不得对抗善意第三人"的立法意图是希望促进所有权保留的交易，希望有人以赊物、融物的方式把东西卖给别人，这是该制度的"收益"。那么该制度的坏处和成本在于：给每一位有可能买东西的人增加了交易成本。所有权保留交易毕竟只是一种非常规的交易，而并非一种特别常见的交易类型。为了促进这种交易的发生，而给所有交易形态中的买受人、抵押人等都增加了交易成本，我看这样的一个规定不一定合适。

接下来我们分析丙查询过登记后的情形。丙查了登记之后问乙这块手表的交易是否为所有权保留，乙回答说自己确实有所有权保留的手表，但也有同种类的其他手表，但是这块手表不是所有权保留所登记的，丙信而购买。这个时候丙算善意还是恶意？如果认定丙是善意，所有权保留的登记制度将毫无用处，因为只要出卖人主张这不是所有权保留的标的物，买受人就构成善意，那么所有权保留登记是无用的。如果认定丙是恶意的，则这个制度就有害了。这涉及普通动产登记的弊端（特殊的登记动产除外）：普通的动产登记没有识别性，登记了这个所有权保留的机器、手表或者大米，在未拿出来进行交易时，无法辨别登记的标的物和出卖的标的物是否为同一个。而车辆、船舶、航空器这类特殊动产没有这个问题，因为它们有编号可以查，在实践上可以通过车牌等等去一一对应。由于普通动产登记和最后的标的物之间缺乏一一对应关系，或者说该种一一对应关系在外界看来不具有可识别性，所以即使丙查了登记，也没有办法理性地判定所出售的标的物是不是登记过所有权保留的那个标的物。因此,这最终并不能给丙带来确定性,查询的交易成本是空耗的交易成本。

既然丙仍然会被认定为恶意,那么丙只好不买。这实际上就变相地限制了乙同类财产的交易能力。乙可能在卖很多同种类的手表,其中只有1000只手表接受了所有权保留。因为接受了1000只手表的所有权保留,变相使其他9000只手表的交易能力受到牵连。这样一看,这个条文好像要么无用,要么有害。

那到底怎么解决这个因无识别性带来的问题呢?解释适用方案的几种可能如下:

(1)把所有权保留的登记限于第三人原本即有查询登记义务的情形。其中存在两种情形:第一种,交易标的为登记动产的,如大家都知道买卖车辆、船舶、航空器要登记。在交易上这也形成了查询登记的习惯,这种情形去查登记,没有增加新的交易成本。而且这种标的物都是有识别性的,故可以解决识别性问题。第二种是接受其他动产为抵押物。动产抵押本身是规定了登记对抗的,凡是其本身规定了登记对抗的动产,在这种交易形式上本来就应该去查询登记,那么也没有增加查询登记的义务。但是这里也需要注意到无识别性的弊病仍存在:买受人在查了登记之后,也无法确定自己接受的这个抵押物到底是不是所有权保留登记的标的物。所以这个选项存在一定问题。

(2)准用正常经营买受人规则。《民法典》第404条规定,以动产抵押的,不得对抗正常经营活动中已支付合理价款并取得抵押财产的买受人。"正常经营活动中的买受人"要求"买受人取得的标的物应当是出卖人通常销售的动产,而出卖人也一般以销售该动产为业"。在这种情况下,一个正常买受人已经支付了合理价款,就可以取得抵押过的标的物的所有权。需要注意的是,即使在所有权保留里面准用了这样一个正常经营买受人的规则,在非正常经营买受人的情形下,仍然存在刚刚讲的那些弊端。所以这个选项好像也不大可行。

最后,我们可以得出一个有关解释适用的暂时和初步的结论。

第一种情形,交易标的为作为登记动产的车辆、船舶、航空器的,适用所有权保留的登记毫无问题。其他具有可识别性的动产也没问题,只要能够做到保证让交易后手一看即可对应登记和标的物。如果在技术上可以做到的话就没弊病了。

第二种情形是准用正常经营买受人规则,也就是说接受所有权保留的这个买方是以经营所有权保留的标的为业的。这意味着所有交易中的人,不需要去查登记也是善意的,类似于善意取得,因此也没问题。

第三种是其他的情形。由于不能保证无害,所以我们需要有一个结论来减少交易成本和制度弊病。想做到宁无用而不能有害,需要善意的认定从宽。如何善意地认定从宽呢?要将以下两种情形都认为是善意:第一种情形,对此类标的物的买卖抵押等交易习惯上无查询义务时,不能施加买受人查询义务,所以不查也是善意的,可以善意取得;第二种情形,即使在交易习惯上有查询义务的,如果查询登记时一个正常人不能确保登记本身和标的物一一对应,那普通交易中的第三人不应负识别义务,而具有正当交易的信赖。只要符合善意取得的其他情形,一律可以善意取得。这样一来,整个条款的适用应该是没有害处的。但是,所有权保留的登记只能在很少的情形才能适用,作用也就不大了。

与此类似的是这种泛担保主义。功能主义的担保在我看来都会导致一样的问题,融资租赁也很类似,这里不展开讨论了。我刚刚只是以所有权保留为例,其实动产抵押也具有上述的问题。

我们再看看这个价款抵押权,谢鸿飞教授之前已经把这个问题讲得很清楚了。我举一个例子，甲把一台机器出卖并交付给乙，并签订了动产抵押合同，约定要在这个机器上为甲设定价款抵押权，双方在10天内为甲办理登记。交付完的第二天，甲就把这个机器抵押或者质押给丙并登记了，丙不是善意的。此时丙肯定取得抵押权或者质权了。但是问题在于，第8天之后甲乙又做了价款抵押权登记。这个案例中乙取得质权或者抵押权的时间都是早于价款抵押权登记的，甲的价款抵押权登记虽然时间在后，但居然会优先于丙的抵押权或质权。毫无疑问，这样一种解释方案会彻底摧垮这个条文的正当性，意味着以后一切接受动产抵押、动产质押的人，都会遭受这样的不确定性，那么谁敢接受动产抵押或质押呢？这就是谢鸿飞教授刚才提出的一个问题。

为此学者们都会进行考虑，到底怎么样适用这个条文比较好，现在有两种方案。

第一种方案是我以前一直主张的：这个条文只能适用于浮动抵押，回归美国法适用的主要情形。首先，浮动抵押设定的目的就是允许标的物进进出出，浮动抵押权人知道是以抵押权确定的那一刹那来计算标的物，他估计过这个风险。其次，浮动抵押的最基本的原理是：最后留在里面的财产都是他有权主张的标的物。在价款抵押权的情形下，至少他获得了一个物的所有权，至于这个所有权上面有一个价款抵押权优先于他，对他是没有害处的。因为价款抵押权担保的债权再大，不过是以标的物为限。如果价款担保小于标的物的价值，那么对浮动抵押权人来说更是无害的。这跟留置权的原理是完全一样的。所以说浮动抵押的解释方案可以实现这个条文的无害化。

第二个方案，是我们华政的李运杨博士和我交流时提到的，他主张让一切准备接受动产抵押、质押的人，先确保标的物是在上述案例中的乙的手中。确保已经交付和标的物的来源后，一律等10天。如果10

天之内没有出现新的登记,这个时候就可以放心地接受动产的抵押和质押,因为10天已经过了。但是这个方案二的疑问在于:怎么固定交付的证据?依据的是发票、合同还是收货单?

大家知道发票的开具和货物的交付不是一回事,开具发票通常是为了付款。合同伪造的可能性很大。收货单也有可能是不准确的,即使是准确的也有可能是被伪造的。举一个例子,如果面对一个被伪造的收货单,这个接受动产抵押或质押的丙,看到收货单能不能去相信?如果他能够相信,就意味着他的动产抵押优先接受保护,即收货单可以成为一个权利外观,要保护他的信赖利益。但是,收货单能够成为权利外观这一点恐怕还不一定成立。即使认为收货单是可以相信的权利外观,但相信之后实际上使得价款抵押权的功能丧失了。而如果不能信,那他还有什么办法来固定交付的证据呢?难道一定要请工作人员把它固定下来吗?

下面一个问题是怎么样来固定证据以及如何去体现。甲拟将一台机器抵押给乙,3月1日乙确保机器在甲占有中,并请公证员进行了公证,等了10天之后,宽限期过了,3月12日办理了抵押登记。后来事实表明这个机器不是甲从丙那里买的,而是甲向丙租用的。但甲在抵押给乙的时候,他谎称是已经向丙购买,并且伪造了甲丙间买卖合同的材料。3月7日,甲因为要抵押机器给乙了,就向丙购买这个机器,约定以简易交付来替代交付,甲应该在10天内为丙设定价款抵押,3月15日还在宽限期内,甲丙去作了登记。我们看一下,这个时候乙和丙的抵押权谁优先呢?在这个例子里我们可以清楚地看到,占有绝对不是一个可靠的权利外观,占有不能表明占有人对这个标的物享有什么样的权利以及标的物的来源。在本案中,如果认为这个时候要保护甲的信赖利益,这个信赖利益的依据是什么?是甲看了合同还是看了章以后就可以信赖了？恐怕都不一定。而且这样保护信赖的话，实际上价款抵押权效力就很容易被排除。反过来，如果认为甲没有信赖利益，那么以后甲的交易安全怎么保障？怎么样用其他的方式来破解第416条？目前为止，这些问题我没有看到一个合理的解释。我目前的结论是，价款抵押权最好是只适用于浮动抵押权。

在这个分析过程中可以看到，在异国适用得非常好的一个制度，换一个语境之后可能会带来很大的成本和害处。这些成本和害处从微观上看可能是某一个人承担的，而从制度的角度来看，则可能是对制度带来的收益会小于该制度给整个社会增加的成本。所以我想以后在制定法律的时候，可能需要充分考虑这方面的问题。我对这个问题的研究和思考也还很不深入，期待各位同仁、各位同学多多指正。我就先讲到这里，谢谢大家。

陆宇峰教授（主持人）：

感谢金可可老师生动、细致的分享，把所有权保留、动产抵押等动产担保制度之下各种情况的交易成本、交易安全问题讲得太清晰了，对可能存在瑕疵的规则还提出了解释适用方案。金老师既是法律学院院长，又是上海市人大代表，最近承担了与《民法典》研究、宣讲相关的大量工作，十分繁忙。但金老师仍然认真地准备今天这场论坛，不仅亲自组织安排议程，而且考虑到大家的接受程度，又将原本准备讲解的准合同问题改为动产担保制度变化的相关问题，令我们十分感动。再次向金可可老师致谢。

接下来有请我校人事处处长韩强教授为我们讲解"《民法典》与个人信息保护"。韩老师也是我校民法学者中的杰出代表，在6月1日下午的党委中心组扩大学习会上，韩老师和金可可老师两位老师给我校全体领导干部讲授了《民法典》的重大意义。有请韩老师!

韩强教授:

好的,感谢学校科研处的组织和邀请,非常感谢于飞、谢鸿飞两位老师在百忙之中参加我们"东方明珠大讲坛",也很高兴能够在《民法典》颁布不到一个礼拜的时间里面跟各位老师和同学就《民法典》的重要问题再来做一次探讨。今天我讲的主题是"《民法典》与个人信息保护制度"。《民法典》的新规定不少,但是最引人注目的,同时也可能是争议比较大的部分,是人格权编的问题。虽然关于人格权编长期以来存在重要的理论争议,但它今天毕竟已经走向立法。既然已经成为立法,对《民法典》的解释、评注、注释总归是未来中国民法学界、法律实务界同仁们的一个基本任务。

在人格权编中,我个人比较关注个人信息保护的相关问题,因此我今天就这个问题跟大家再做一点交流。《民法典》关于个人信息保护的规定,条文数量不多,内容也相对有限,在我看来更多地是对未来的法律发展提供一个基础性的、框架性的、相对原则的规定。个人信息保护的问题靠《民法典》的五六个条文是远远不够的,将来一定要有专门的而且兼容公法和私法两种属性的一部综合性的单行法,来对这个问题加以规制或者规范。

《民法典》对个人信息的保护提供了一个私法的视角,但是在立法的过程中,学界就如何正确地理解个人信息的性质提出了不同的观点。对民法和公法在个人信息保护的职能上该如何分工、如何分担责任,也有不同的立场。因此我们观察整个个人信息保护的发展历程,可以发现在立场上这里面有非常强的观点碰撞和冲突,这里我就不展开了。这次《民法典》对个人信息的保护主要体现在两个部分,首先,总则第

111条是一个非常原则概括的规定,在2017年这个条文就已经存在了,现在它继续被收入《民法典》。其次,我们可以在人格权编看到其他几个条文。将来的个人信息保护法可能会有一个草案,这个草案里面对各类常见的人格权中的个人信息权或个人信息请求权会有一些进一步的描述,当然这些描述还不能作为正式的法律草案来看待,它离法律立法程序还有一点距离。不过,这样一个文本可以让我们窥见未来个人信息保护的一些主要的思路,是一个很值得参考的资料。

今天我要重点跟各位交流的还是《民法典》规定的个人信息保护内容。个人信息纳入《民法典》,是不是意味着个人信息已经成为一项典型的人格权,可以和我们比较公认的身体权、肖像权来相提并论?另外,除了民法以外,民法以外更广阔的法律领域,比如公法,它们对于个人信息的保护会发挥什么作用?我们正在走向一个信息化的时代,特别是人工智能蓬勃发展的时代。个人信息如果完全做一种司法的考量和观察,究竟是有利于对信息的保护,还是阻碍了对个人信息一种常规的可期待的利用?这些问题本身也值得我们进行深刻的反思和分析。

关于个人信息的法律保护到底是种民法保护还是公法保护,一直以来在学术界就有鲜明的对立的立场观点。从民法角度看来,保护个人信息主要的论点和观点,归纳起来有以下四个方面:

第一种观点,保护个人信息无论如何是从一种个人主义的哲学立场出发的。因为个人信息源自于个人的行动和个人的各种身份的事实、生物的事实。这种生物的事实、个人的行动事关个人自由。从个人主义的立场出发,能很自然地推导出个人信息产自于人的行为和他的生物事实、社会交往事实。因此,将其纳入民法保护,甚至成为一种民事权利好像理所当然,是一个非常自然的推论。

第二种观点认为个人信息是保护人格尊严的一种重要的手段和工

具。因为个人信息中承载了非常多的个人数据、个人的生活事实、交易事实,乃至于生物的事实,具有强烈的人身识别属性。如果个人信息不受法律保护,那么无异于在信息化时代我们每个人都在"裸奔",把我们的个人事实向社会无遮拦地展开,这种展开显然是对个人尊严的一种侵犯。再往后推导甚至可以嫁接一些宪法的立场。个人信息既然产自于个人,是个人生活事实的一种客观再现,那对个人信息的自决、个人信息的自主控制就有一种宪法意义。个人信息权在民法上被讨论,很大程度上是与德国法中对个人信息自决权的讨论相关联的。但我们一定要注意,德国法上讨论的个人信息自决权并不是在民法层面上讨论的,而是在宪法层面上讨论的。关于人格权的全部概念和问题在德国法上都是作为宪法问题、宪法诉讼或者基本权利问题加以讨论的,《德国民法典》几乎没有对人格权的规定。这样一个背景有时候会被忽视,特别是在中国大陆特殊的法律体制下。由于我们的宪法存在法律适用性的欠缺,民法学者有时候会有一种以民法的法律适用来发挥宪法适用的某些效果的冲动。因此,个人信息自决权、个人信息制度控制也成为支持民法保护的一种论点。

另外,如果上述观点都能成立,那么个人信息权就能够成为一种人格权。既然是人格权,它就具有支配权、绝对权的属性,所以按照绝对权、支配权来设计、规划个人信息权是合理的。总之,在个人信息的民法保护的立场上,这个意义一贯是从个人主义的立场出发来进行绝对权设计的,在逻辑上是一脉相承的,而在法律适用的现实上也的确有兼顾中国特殊法律适用背景的考虑。个人信息公法保护的主要观点概括起来有以下几种:第一种观点,个人信息是一种个人生活事实和生物事实的一种再现,但其本身就具有很强的公共属性,不仅涉及个人利益、个人的生活和交易事实,还大量地涉及公共利益。现在,个人信息中所蕴含的公共利益是完全不能忽视和不能否认的。特别是这次新冠肺炎疫情爆发以来，我们从更加广义的公共安全的角度来考虑个人信息。如果把个人信息完全定位为私人领域的私权，那我们的公共卫生体系设计和国家公共安全体系设计是根本不可能考虑的。因此，不可能把个人信息完全置于私法的领域和私人权利的范畴中。

第二种观点，个人信息不仅涉及个人的身份识别，还大量涉及个人活动，而个人活动本身就具有社会性，特别是个人活动形成大数据之后，对于社会生活的规制具有非常重大的价值。如果把个人信息完全归入私人生活的领域，对个人信息中公共利益的利用的可能性将大为降低。这对于现在社会生活的需要是一种完全的无视。

第三种观点，现在社会对个人信息不仅要保护，还要利用。正是因为前面两个论点能够成立，所以产生了对个人信息的利用需求，某种意义上这会超过对个人信息保护的需求。

基于前面三种论点，个人信息的保护不能完全交给民法来解决，民法也不能或者说无力解决。因此，不应该由民法垄断对个人信息的规制，而要通过专门立法、消费者权益保护法、刑法和行政法等等多个部门法的合作，来完成对个人信息从生成、保护、利用、交易到消灭这整个流程和生命周期的规制。

关于个人信息，在保护立场上民法和公法的观点对立还是很鲜明的。同时，这也促使我们去思考：既然关于个人信息保护本身就存在这么多争论，对于已经明确纳入我们《民法典》体系的个人信息保护规定，到底该怎么去理解？所以我要讲第三个问题：个人信息受法律保护的，纳入《民法典》的调整范围，是不是意味着个人信息就应该被赋权，是不是要把它构造成为一个"有名"的人格权，个人信息的法律属性到底是权利还是所谓的法益？

权利和法益的这个区分的形式,在传统民法理论上是有比较明确的通说的。我们来解读一下《民法典》总则编第111条和人格权编第1034条的第1款。在法律行文的字面意思上,个人信息作为法益保护的定位应该是很明确的,至少《民法典》没有把个人信息称为个人信息权,而是始终强调个人信息受法律保护。在立法的基础上和法律的用语上,这就与紧挨着它的隐私权以及上面一系列人格权做了一个明确区分。因此,从权利和法益的区分形式看,我们完全有理由认为《民法典》尽管强调对个人信息的保护,尽管将其纳入到民法的调整范围,但立法者无意将它规定为权利。

规定权利还是法益的区分的实质意义在于:一旦作为权利就意味着它不仅是消极受法律保护的,而且要赋予其相当积极的权利,否则赋予其权利地位和名号就没有实际意义。这也是很多人格权在理论上和实际运行中能否被称为权利的一个关键性的判断依据。相反,法益仅仅是一项受法律保护的利益,它的内涵具有不确定性,外延具有开放性,始终处于一种消极受保护的地位。法益自身如何生存发展和运行,并不在法律,至少不在民法所关注的范围之内。民法只关注既存利益的客观事实或者以这个利益为核心而形成的利益体系,但是这个利益本身是怎么生成和运行的,并不是民法当然的功能,而是可以交由专门立法或其他公法来完成整治。因此,个人信息到底定为权利还是法益,也绝不是简单的概念之争,而是蕴含着对个人信息是以更开放的形式来加以规制,还是把它收缩为一项权利,单纯作为私权利加以保护的根本立场之争。我相信立法者在这个问题上是有所斟酌的。

2017年的民法总则就有过这样的考虑,到了2020年《民法典》这个立场没有变。这两年大家极力呼吁要把人格权、个人信息权利化而改变立法的表述形式,但我相信这里面有立法者面向未来的考虑,知道有这样的呼声而仍然坚持个人信息的非权利化或法益化立场,应该说这也是一种鲜明的态度。

个人信息作为法益来保护更加有利,这可以从两个角度来阐述。个人信息基于个人,具有人身的可识别性、事关人格尊严和人身安全、事关交易安全和交易自由等特点,因此将个人信息作为法益保护的确有其必要。同时,这样一个法益事关国家安全、社会秩序、事关它的利用价值和交易价值,这就决定了它不能简单地以权利的方式加以保护,不能简单地以权利方式加以规定。

为了更好地说明这个问题,在个人信息的基本属性,以及基于个人信息所产生的法益受保护的地位与传统人格权之间,我们不妨再做一点比较。个人信息基本的法律属性在我看来可以概括为以下几个方面:

第一,个人信息的产生具有很强烈的非个人意志性。人格权的产生都具有很强的非个人意志性,如生命权、健康权都不是基于意志产生的。个人信息也是一样,它的产生不具有个人意志性,而是一种行为的客观记录。

第二,个人信息的产生本身有他人授予和自主产生两种路径,自主产生的机会比较少。个人信息的占有、内容与载体相结合,这是信息本身的一种特点,谁占有载体就控制信息。又由于载体的可复制性,信息的占有无法保持唯一。

第三,信息通过转让载体或复制载体实现流通。信息的占有跟一般权利的可占有性也具有鲜明的差异。个人信息,无论是针对特定人的可识别性信息还是针对不特定人的大数据,都有一定利用价值。这一点又跟一般人格权客体本身不当然具有利用价值和交易价值有着显著的区别。

第四,个人信息的公开性。个人信息本质上均为公开信息。非公开信息则是隐私,通过隐私权保护就足矣。因此隐私权跟个人信息的区别就在于个人信息从根本上是公开信息。

第五,个人信息的确反映了人格尊严。基于它对于私人尊严利益的反映,的确有保护的必要,这一点我们已反复论证。

基于个人信息的上述属性,我们不妨就个人信息权利化的可能性进行探讨。我们以肖像权或者说不同时代的肖像权作为例证,来看能不能像部分观点所认为的那样,把个人信息权利化——这种观点认为,一旦进入《民法典》那就一定是权利化的结果。传统时代肖像的制作需权利人同意,将权利人的容貌记载于特定载体之上就产生了肖像。向权利人交付载体就是交付了肖像本身,权利人可以通过对肖像的控制而取得其支配权。这是一个肖像权从产生到支配到受法律保护最后成为人格权的全过程。传统时代由于载体具有唯一性,就肖像权的可支配性而言,它作为绝对权的属性是很容易认定和设置的。但到了数字时代,肖像权的一些法律属性已经发生重大变化。数字时代肖像权跟传统肖像权的区别就在于,对载体的支配可能性或载体的唯一性发生了重大变化。以数字形式所承载的肖像很容易复制也很容易流转,因此数字化时代的肖像权的可支配性、独占性和唯一性在事实上已经丧失。但是我们仍然可以考虑通过固定载体的方式来模拟和接近传统肖像权受保护的地位,因此数字时代肖像权仍然可以成立,所以这样的概念并没有被推翻,并没有被完全否认。

时代再往后发展,数字化时代所谓的肖像信息跟传统的肖像权是存在根本差异的。第一,这个差异在于记录人首先不向被记录人交付任何载体,非有特殊约定或者法律规定也不得被要求删除。今天我们在 ZOOM 上开讲座,ZOOM 就自动记载了我们的肖像信息,包括语言信息和行动记录,而记录人并不向我们交付任何载体。同样,我们在马路上、在办公室、在任何场所都被无处不在的摄像探头记录着我们的肖像和信息,但是记录人从不向我们交付任何载体。第二,记录人有权按照约定使用上述经过加工处理后的信息,还可以以其他方式来利用这种信息。这些信息一经记录,载体就由记录人掌握。事实上,肖像信息支配的权利就天然地归属于肖像信息的记录人或载体的控制人。第三,信息一经生成原则上就是公开的。特别是在大数据的层面上经过"清洗"去除了个人识别性的肖像权信息。一旦成为大数据,它就可以自由交易和常规利用,就是一种公开信息。因此,数字化时代的肖像信息尽管跟肖像权有天然的联系,但像一种私权一样去界定数字化时代的肖像信息的可能性和必要性是大为降低的。

既然《民法典》的体系里面已经将个人信息纳入了调整范围,同时未来也会有更多的单行法律对个人信息加以保护。因此在我的理解下,个人信息权利化的可能的进步是一般法益保护和个人个别的权利确认。一般的法律保护就是在民法总则和《民法典》人格权编的范畴内,将个人信息作为一般法益加以保护,承认其具有某种绝对权属性。因为个人信息的确事关人格尊严和行动自由,但是不应该承认它具有任何支配权属性。基于个人信息的公开性、非独占性和可利用性,一定要否认它的支配权属性。它是具有绝对权属性的法益,而不具有支配权属性。同样,基于个人信息受法律保护和具有绝对权属性,我们可以从《民法典》人格权编关于个人信息保护的法律条文中派生出以下四项个别性的个人信息请求权,或者说个人信息的支配权:个人信息自主权、个人信息知情权、个人信息复制权和个人信息许可使用权。这四项权利具有《民法典》人格权编立法上的依据,同时基于个人信息作为一般法益应受法律保护的绝对权属性,所以在理论上和法律实践中,我们应该承认有派生个别权利的可能。

在民法层面上，通过一般法益保护和个别权利确认，基本上能够满足对个人信息保护的需要。至于个人信息产生和利用的其他问题，应该交由具有公法或综合性质的单行法去解决，而不应该用民法来调整。《民法典》的规定也不应该成为单行法在更广阔的意义上调整规范个人信息产生和利用的障碍。

这是我关于《民法典》个人信息保护的初步理解，不当之处也请各位同学和专家批评指正，谢谢大家！

陆宇峰教授（主持人）：

感谢韩老师的分享！关于人格权编争议一直很大，韩老师今天为我们呈现了个人信息保护这个很重要的方面。因为编辑期刊的缘故，我近两年经常收到关于个人信息保护的稿件，因而对这个问题有一点关注。通过韩老师的讲解，我更加感受到《民法典》的智慧，即通过个人信息的非权利化、法益化来实现民法面向未来的开放性。之前已经说过，6月1日下午韩老师在我校党委中心组扩大学习会上做了讲授。其实6月1日晚上，韩老师又被党委教师工作部请去做了题为"新时代《民法典》的历史定位和历史使命"的演讲。可以说《民法典》时代的到来，让我们很多民法老师都马不停蹄，十分辛苦。十分感谢各位老师的付出！

接下来有请我校民法青年学者代表、上海市"晨光学者"、法律学院姚明斌副教授讲授"《民法典》总则编的体系意义"。

姚明斌副教授：

谢谢科研处精心的组织和安排！我很荣幸能和两位校外的来宾以及两位前辈同事、老师一起做这场分享。今天要特别说一下，于飞老师是我合同法学的启蒙老师。我是在法大长大的,现在为华政服务。所以现在我是在我的工作单位与我的老师同台迎接《民法典》,来谈一些自己的初步感想,我也觉得很有意义。

今天我承担的主题是关于总则编的问题。大家可能会觉得有点意外,因为总则编的内容基本上可以说是整个《民法典》变化最少,或说最没有新鲜感的部分,2017年其实就已经有一部单行法实行了。而随着2021年1月1号整个法典的正式生效,《民法总则》也将要完成它在过渡时期的使命。今天谈这个体系意义,我主要是想揭示:虽然90%以上的条文内容基本没有任何变化,但是它们原来不在一起"住",现在"住"在一起了,"日子"还是会有所不同的。我想从三个方面简单谈一下对《民法典》总则编体系意义的初步思考,这三个方面大体上分为宏观、中观和微观。在宏观上,我想从宪法的角度来谈一下《民法典》以总则编作为领衔,在宪法的角度和意义上它意味着什么,和其他公权力之间会产生什么样的辩证关系。在中观上,我会把视角限缩到民法的内部,谈一下民法和《民法典》之间的关系,从法源的角度说明《民法典》为什么不是民法的全部,但同时又是一种带有典范特征的民法法源。最后在一个相对微观的视角,我会集中讨论技术问题,即在后《民法典》时代,当体系化适用作为一种法典的命令时,我们在总则和分则中会遇到的若干技术上需要回应和重视的问题。

我接下来就逐一展开。私法当然是孕育自市民社会,但是同时它也离不开跟公法和公权之间的关系。其实不管是私权、公权还是私法、公法,它们最后都要统辖于《民法典》第1条的宣示:为了保护民事主体的合法权益,调整民事关系,维护社会和经济秩序,适应中国特色社会主义发展要求,弘扬社会主义核心价值观,根据宪法,制定本法。如果这一条的重心在"根据宪法,制定本法"的话,我们可以追问一下:到底是谁根据宪法制定本法？在这个意义上，我们就需要回到国家、社会和个人的相互关系之中，因为宪法处理的是国家和公民之间的关系。当然，公民本身会组织成社会，所以宪法在处理公民个人和国家之间关系的时候，也肯定不可避免地要正视和重视整个社会的问题。所以在宪法的视野之下，个人是在公民权利维度中的一种理解；而在社会的角度上，则意味着要彰显实现人民福祉这样一种宪法上的愿景。为了维护公民的权利，为了实现全社会的人民福祉，国家作为宪法的一方主体，在宪法意义上负有相应的义务，或者说有相应的承诺。这个承诺必须要有一定的兑现，比如说在消极层面国家负有消极的不作为、不予干涉、非经正当程序不能侵害公民基本权利的消极义务。但是这么一种仅仅从公民角度的防御性义务，只是国家宪法义务或宪法承诺的一部分。国家除了不能干什么，还必须积极地做一些什么。具体来说，为了保护公民的权利和实现人民的福祉，国家在立法方面要供给科学的立法，在行政方面要依法行政，在执行和适用法律方面必须确保基本的公正。从这个宏观的角度来看，新生的《民法典》其实是我们国家在兑现宪法承诺中的科学立法供给的一个体现。这也是前几天金可可老师在接受采访时所表达的一个观点，我也是同意的。同时，谢鸿飞老师在接受采访的时候，也指出《民法典》生效之后，政府守法、公正执法和公正司法是非常重要的问题。

接着两位老师的想法，我继续往下稍微延伸一下。当《民法典》出台和生效之后，立法者已经完成了一部分的工作，接下来的依法行政有两个维度。一个是消极的维度，即《民法典》其实是为行政权划定了行权的边界，这是一个限权的维度，即所谓"把权力关在笼子里"。《民法典》在一个比较高的位阶划定了相对清晰的界限。另外一方面，现代社会的发展要求行政权的行使不能仅仅停留在消极意义上，还必须有良好行政的观念,有相应的行政给付和供给。结合《民法典》,一个非常重要的话题就是刚才鸿飞老师提到的:当我们从功能的角度理解和设计整个动产担保的相关规则时,有一个非常核心的规则是"非经登记不得对抗善意第三人",那怎么登记? 其实,这个实体法规则和立场的真正落地,必须依赖行政系统登记机制的建立。所以《民法典》其实也对行政给付提出了新的要求,比如动产担保登记机制和权利担保登记机制的建设和完善。

在司法层面,每一个个案都是司法的作品,所以个案的妥当解决、正确适用《民法典》的规则,当然是公正司法的应有之义。但我这里要凸显几个在接下来的一段时期可能比较重要的组织性问题,在司法层面它不仅仅限于个案,而是一个更宏观的问题:在过渡时期,相应案件应该适用的到底是旧法还是新法? 这是需要明确的第一个问题。第二个问题是:当2021年1月1号9部单行法同时废止之后,原来以之为基准所制定的一系列司法解释,是不是要作一定的清理和重整? 因为它们有一些条文已经被纳入《民法典》,有一些条文和《民法典》的规则重复,还有一些条文则可能已经不合时宜。最高法院目前也已经启动这方面的工作。从一个国家宪法承诺和宪法义务的角度来说,《民法典》确实在科学立法之外,为依法行政和公正司法提出了一些新的命题。

第二个方面涉及法源的问题。在草案讨论阶段,已经有一些学生和朋友在跟我聊:为什么我们这部法不叫《中华人民共和国民法》,而要加一个"典"字? 我们可以说,在传统的法制史意义上,法典其实意味着内容的全面完备性以及适用时间上的稳定性。但除此以外,我觉得在当下中国谈《民法典》其实还有一个非常重要的意义。比如《民法典》第2条规定民法调整平等主体的人身关系和财产关系。注意,该条的主语并没有说《民法典》调整什么关系，而是"民法"调整什么关系。从这个细微的不同，我们可以看出本条其实蕴含了两个非常重要的意思：第一，《民法典》并非民法的全部；第二，整个民法调整什么关系由《民法典》来规定。这就意味着《民法典》并非中国民法的全部，但它是中国民法中一个基石性的部分。

那么除了《民法典》，我们还要关注整个民法体系中其他哪些法源？刚才谢鸿飞老师在报告中提到第 11 条"其他法律对民事关系有特别规定的，依照其规定"。这其实是一个非常有意义的条文，因为一些不太适合作为基石性准则的规则，就应该放在特别法里面。比如惩罚性赔偿的问题，惩罚性赔偿背后依托的是私人执法或者私人强制，而不是一种纯粹平等的关系。哪怕惩罚性赔偿在局部效率上有值得推崇的地方，但是基石性的《民法典》不宜赋予它一般性的地位。所以我们在法典中看到有几处涉及惩罚性赔偿的规定，但它们都是有明确限制的。如果其他领域还有通过惩罚性赔偿来发挥相应遏制效果的必要，可以在其他法律中做特别规定。

更重要的是，民法法源的开放性不仅体现为特别法和一般法，即国家立法的特别性和一般性的关系，更是体现在"法源类型"的开放性，比如《民法典》第 10 条规定"习惯"作为民法法源。我们不仅讲法源的一般和特别，也考虑到了法源的类型到底是国家法还是非国家法。如此一来我们也更能理解《民法典》和刑法之间的区别：一个民事纠纷能通过习惯来裁决，但是很难说一个嫌疑人是否构成犯罪可以通过适用习惯来认定。从典范的意义上、从法源类型开放性的意义上，民法和刑法确实有所不同。

除了特别法和习惯，我认为同样很重要的是法律行为。我们看第 129 条，该条规定民事权利可以依据法律行为取得，那也就意味着在这一条中，法律行为其实被认定为一个民事法律事实。但另一方面，在法律行为具体的规定中我们会说法律行为的核心架构是意思表示（第133条），一个合同依法成立后是有法律约束力的（第119条），一个法律行为无效则自始没有约束力（第155条）。这种"法律约束力"不仅是当事人所追求的具体权利义务，也包含了一种他们要进入某种法律关系并自愿受到约束的意思。那么，这几个条文表达的法律行为不再仅仅是法律事实，而同时具有规范的面向。法律行为这种非正式法源在《民法典》中其实是一个核心的"基因"，导致整个民法的性格、精神气质有所不同，这种精神气质是存储在作为典范民法的《民法典》之中的。

最后花一点时间向各位报告几个目前关于体系化适用的一些技术性问题。关于总则和分则的适用，我大体提炼了以下几个问题。第一个就是所谓的"双重不完整关系与总分则的联立适用"。"双重不完整关系"其实来自总则和分则的体例结构。由于总则采用的是提取公因式的方式，所以当各分编共通的问题被提炼到总则之后，理想状态下各分编所留存的规则应该是各分编个性化的规则。当我们处理一个纠纷的时候，比如处理一个受胁迫的买卖合同的时候，首先，胁迫的问题在总则中找规则；其次，这个买卖合同的认定问题其实是在分则中找规则。所以，解决一个具体纠纷时，光靠总则的规则或光靠分则的规则有时候是不够的，它们必须携起手来一起完成这件事情。比如说第484条，合同编涉及承诺的生效时间的时候，采用了一个参引性的规范，援引到总则编的第137条的规定。第137条是关于有相对人的意思表示生效时间的规则。但是在个案中，除了生效的问题要解决，这个意思表示到底是不是承诺也得有个标准。我们马上会停留在合同编内部的一个规则：承诺是受要约人同意要约的意思表示（第479条）。但是这个规则一进来，我们会接着问：那什么是要约呢？马上我们又要看到第472条关于要约构成的规定。要约有两大构成，就外部而言必须有相对具体的表示价值，还要有明确或抽象的法律拘束意思。但怎么判断这两项要求是否满足了呢？我们又要回到总则，通过有相对人的意思表示的解释规则（第142条第1款）来予以界定。可见，光靠分则不够，光靠总则也不够，它们必须联系起来适用，这是第一种情形。第二种情形是：有时候，总则基于一定的规范重心设置了一个规则，分则基于它特有的规范重心又设置了一个规则，而基于规范目的这两种规则有可能构成竞合适用。比如第154条关于恶意串通以及第539条关于债权人撤销权的规定，法律效果其实有所不同，会形成由当事人选择适用的竞合关系。第三种情形就是我们比较熟悉的特别和一般的关系。可能总则中有一个规则，但是分则里基于它具体的规范目的，有一些特殊的问题要予以调整。形式上我们可以说一个规则的构成要件覆盖范围越大，就越像是一个一般性规则。如果有另外一个规则，其构成要件的文义覆盖范围比较小，且法律效果与前一个规则有所不同，在形式上可以说它是一个特别规定，应该优先适用。但注意这只是形式的问题，这种形式逻辑的推论有时候必须服务于规范目的，因为我们的法律适用其实是目的取向的。特别和一般的关系，比如第146条第1款规定通谋虚伪法律行为无效。但是在合同编关于保理的规定中，第763条规定如果应收账款债权人与债务人虚构应收账款作为转让标的，与保理人订立保理合同的，应收账款债务人不得以应收账款不存在为由对抗保理人，除非保理人明知该债权是虚构的。这其实是在保理的场合承认了债权让与中的通谋虚伪不得对抗善意第三人的规则，所以第763条构成了对第146条第1款适用的例外。第四种情形，有一些特别规则不是单个的特别，而是某个规范群共同基于一个特殊的价值观或立法精神而具有特殊性。例如婚姻家庭编中,《民法典》新增的规则是1053条第1款:一方患有重大疾病的,应当在结婚登记前如实告知另一方;不如实告知的,另一方可以向人民法院请求撤销婚姻。这其实就是一个消极欺诈的规则。这个规则在原来的婚姻法中并没有,原来婚姻法主要规定受胁迫的结婚行为可以撤销。但是不管是重大误解还是受欺诈,原来的婚姻法其实不太考虑,这可能是基于结婚行为本身而在法政策上应予以特别对待。但是这个条文一出来之后,马上就会遇到跟总则的两个条文之间如何协调的问题,一个是基于重大误解的撤销,一个是基于受欺诈的撤销。首先来看重大误解的撤销。例如,甲结婚前患有重病,乙不知道,但是甲自己也不知道,他们两个人结了婚。我们会发现在这个时候,重大疾病其实有可能构成结婚行为的动机错误。共同基于动机错误的情况下,如果双方愿意撤销婚姻,法院能不能让双方去办离婚,而不要来撤销?这是一个解释论需要处理的问题。另外一个问题,关于欺诈的撤销。第1053条第1款只涉及重大疾病的问题,如果一方是一个性少数人群,婚前没有告诉对方,然后对方基于错误的情况结婚了,这种情况能不能以受欺诈为由撤销呢?所以,未来在解释论上,在《民法典》某个基于特别的法律政策形成的特别的规范群落中,对于某些情形的沉默是否意味着无例外地排除了总则一般性规则的适用,这是需要认真对待的问题。

最后一个问题是意思表示解释规则的重要性。在单行法时代,至少在《民法总则》施行之前,意思表示这个概念并不是一个立法上的主角,即使我们在教学和实践中觉得非常重要。《民法总则》的一个贡献就是对意思表示提供了相对丰满的一系列规则,尤其是意思表示解释的规则。我个人认为在合体之后,意思表示解释规则在《民法典》的一个部分里将极为重要,这个部分就是刚才谢鸿飞老师和金可可老师所提到的动产担保问题。第 388 条第 1 款的第 2 句,把担保合同从抵押合同、质押合同扩展到了其他具有担保功能合同。以所有权保留为例,对于刚才金老师分析的第 641 条第 2 款"出卖人对标的物保留的所有权,未经登记,不得对抗善意第三人",大家或许会觉得很奇怪:为什么甲把东西卖给乙,约定了把所有权保留在自己手里,那不是所有权没过去吗,为什么还要办登记,而且没登记还不能对抗善意第三人?这是因为这个规定是有其语境的,所谓"保留所有权未经登记不得对抗善意第三人"中的"保留所有权"指的已经不是原来那种所有权了,而是一种担保权。这个逻辑一以贯之的话,受让人(买受人)作二次处分时,也不是通过无权处分的逻辑去处理的。现在这个规则其实是直接把所有权保留这种交易工具往担保的方向去规范,这是一个功能取向的实质主义思路,凸显了担保功能的一个面向。它最重要的意义就是尽可能地消灭隐形担保,其相应语境就是担保物权之间相互竞争的问题。意思表示解释在这里之所以重要,是因为涉及在所有权保留的语境下,到底是按照担保的路径来交易,还是按照传统所有权的路径来交易;也涉及是应该由当事人来选,还是双方只要约定了所有权保留,那就不由分说地以担保性的法律效果进行覆盖。如果是可以选择的话,那么在个案中这个交易到底是要适用传统所有权的逻辑,还是功能主义的担保物权逻辑,意思表示的解释将会是关键。

因为今天有幸能够和我的老师于飞老师同台,所以我留下几个教学方面的问题,关于《民法典》的出台对接下来的民法教学会有什么样的影响。第一个问题就是债法课程的设置,比如"债法总论"课程。第二个问题,是《民法典》对于承担"民法总论"课程的老师要求可能更高了,因为现在有一个总的体系。第三个问题就是总论中重点板块的讲解,尤其是刚才提到的意思表示解释这一类的知识点。

以上就是我准备的内容,谢谢各位!请各位老师、各位同学批评指正!

陆宇峰教授(主持人):

明斌老师谈了三个很重要也很有新意的观点。首先,要考量"私法与公法"的关系。民法的实施,要求公法的保障,要求立法、司法、行政机关不仅履行消极义务,而且要履行保护和给付等积极义务。当然这个新观点,金可可老师、谢鸿飞老师之前在接受采访的时候也有所表达。更重要的是,习近平总书记发表重要讲话说:"《民法典》实施水平和效果,是衡量各级党政机关履行为人民服务宗旨的重要尺度。国家机关履行职责、行使职权必须清楚自身行为和活动的范围和界限。"其次,明斌老师给《民法典》的"典"提供了一个全新的解释,认为中国的《民法典》不像早期欧陆的民法典那样意味着一个建立在理性自然法基础上的封闭体系。恰恰相反,中国的《民法典》是开放的民法法源体系中的一个"典范"法源。在我看来,这个讲法讲出了《民法典》的中国性和时代性。最后明斌老师还谈及《民法典》总则与分则的体系化适用,介绍了联立、竞合、优先适用等情形,也提出了未来可能存在的适用难题。

今天讲座的主讲部分就到这里,再次感谢姚明斌老师,也再次感谢谢鸿飞、于飞、金可可、韩强四位民法大咖。习近平指出,要加强《民法典》重大意义的宣传教育,讲清楚实施好《民法典》,是坚持以人民为中心、保障人民权益实现和发展的必然要求,是发展社会主义市场经济、巩固社会主义基本经济制度的必然要求,是提高我们党治国理政水平的必然要求。我想今天五位老师的讲解实现了这三个目标。按照"东方明珠大讲坛"的惯例,现在是问题解答时间。我想先请于飞老师回答姚明斌老师提出的关于债法教学等问题。

于飞教授：

好，谢谢主持人。明斌是我们中国政法大学培养出来的优秀学生，在华政也非常地受欢迎，这说明我们中国政法大学的教学质量还是经得起检验的。明斌教学科研双优，他刚才提到了教学上关于债总的问题。

首先，《民法典》确实没有债总。著名的《民法典》第468条经历了非常重要的变迁。原本第468条是在非合同之债产生的法律关系中参照适用《合同法》总则，这个参照适用在法学方法论上是一种授权的类推适用，也意味着非合同之债，如侵权行为、无因管理、不当得利、单方允诺、缔约过失等，在发生以后的法律效果是参照适用《合同法》总则中的相关规定的。这个参照适用产生了类推效果，而判断是否类推就必须要判断是不是存在相似性。法官在判断相似性的时候，可能认为是相似的就适用《合同法》总则相关规定，也可能认为不相似。这样就会造成很多同样情况无法同样判断。但实际上，在债总的范围之内，无论是基于哪种原因产生的债，其法律效果在原则上是共通的。本来是适用同样规则，结果这个规则只能在《合同法》总则里面适用，而在《合同法》总则之外都要进行类推适用，这就会出现规则上不必要的松动，带来不必要的不一致，这可以说是缺陷。因为债总范围之内，一切债发生的法律效果是明确的，是可以立法化的，在可明确之处硬要不明确是不应该的。

其次，《民法典》第468条把"参照"两字拿掉，是一个重大进步。因为确实不是参照适用，即把《合同法》通则中的实质规则都按照债权的方式表现出来——用债权人、债务人、债权债务这种方式来表述合同当事人、合同权利、合同义务。实际是在非合同之债当中，法律效果适用《合同法》通则中的规定。这样，在《合同法》通则当中实际上包含了一个隐藏的实质债总体系,就算没有法律明文规定的单独债总结构,债总的实质规则也是打散后揉进了《合同法》通则里,而且是直接适用,不是参照适用和类推适用。根据第468条把"参照"两个字变成"适用",我们可以明确判断:虽然在法典上没有一个债总的体系结构,但有实质上的债总。因此,以后的民法教学一定要维持债法的体系和债总的结构,要保障所有的债在产生的法律效果上是适用同样的规则。怎样产生债总关系、为什么给付,原因可以各不相同,但一旦给付后,接下来发生的规则效果在原则上就是相同的。大家要适用同样的规则,而不能在类推之下产生各种司法中不必要的差异,导致同样的情形不能适用同样的规则,不能产生同样的效果。

然后,对刚才明斌所说的"对于民法总论老师讲课有了一个更高的要求",这点我非常赞同。他打了一个非常好的比方:虽然人都是这几个人,但是原本不住在一起,而有一天住一起了,那生活关系就会发生变化。讲民总的老师要往返穿梭于总则和分则之间,处理各种各样细微、细致,但又技术性的问题,这对总则老师的教学确实要求很高。而另一个教学当中的问题在于:如果需要往返穿梭于这些细微而重要的技术性细节,在总则教学当中就不好讲授,因为分则的素材学生还没接触到,你该怎么去讲?这个就很不好办。明斌说的那种方式可能在研究生阶段讲总则的时候是可行的,因为学生对总体内容已经学习过一遍了。

最后,我特别赞赏明斌一开始说的这句话——"体系化适用是法典的命令"。既然《民法典》这1260条摆在这里,那么任何一个案件要求的不是一个具体规范或条文产生的结果,而是整个法典体系产生的结果。一个具体条文产生的结果可能不妥当,但用一个法典体系回答时很可能就把各种不足的地方以体系化视角予以弥补了。

三、问答环节

问题一:

如果个人信息作为绝对权保护的话,现实当中滥用个人信息产生的"纯粹经济损失",怎么用侵权法来保护?

韩强教授回答:

在我看来,把个人信息作为一种类似于绝对权的绝对法益来加以保护,就是为了将其纳入侵权责任的保护体系。如果个人信息不作为一种具有绝对性的法益来认定的话,就难以纳入侵权责任法来保护。而一旦纳入侵权责任法中保护,它就是侵权责任的客体,成为一种侵权责任。事实上,似乎也就没有必要再使用"纯粹经济损失"这个概念,因为"纯粹经济损失"作为一种特殊手段,恰恰就是针对非权利保护的。这个受侵害的法益既不是权利,也不是一种明确的法益,因此采用"纯粹经济损失"这个概念加以涵盖,以明确它是一项受法律保护的,甚至是具有绝对性的法益。那么,在用侵权法已经足以解释这种保护所需的理论幻象时,似乎就没有必要再通过"纯粹经济损失"这个提法和工具来解决保护的问题。

而且据我理解,《民法典》把个人信息纳入人格权编,就是为了解决适用侵权责任的问题。它不解决其产生、内容利用甚至大数据层面的使用问题,因为这些问题民法解决不了,也不需要解决。民法的规定是在解决如何用侵权责任法的工具来保护它们的问题。事实上,将其称为个人信息权也可以。但这里的个人信息权就是作为法益上的个人信息权,顶多是一种具有绝对权属性的法益,而不是一种真正意义上具有支配性质的人格权,因为它真的达不到主观权利应有的要求。

问题二:

《民法典》没有将个人信息权利作为人格利益保护,但是在第1037条又规定了信息主体的一些权利:知情权、更正权、删除权,那么这两者之间矛盾吗?同时,我们应当如何处理《民法典》的相关规定和日后个人信息保护法的关系?

韩强教授回答:

第一个问题,《民法典》没有将个人信息作为权利,但又规定了知情权、更正权、删除权等等个别化的权利。在我看来,这些知情权、更正权、删除权本身就具有请求权性质,是个人信息保护的一种救济手段,哪怕是不那么典型的知情权也是救济的手段。因为个人信息的发生都是别人记录、授予的,自主发生可能性很小,所以知情权无非就是我去获得、了解个人信息存在形态的一种请求权。这跟所谓的信用权很相似,后者指我有权请求信用记录机关来向我展示或告知我的信用状况。其实在这个意义上,信用的查询权、了解权和知情权就是个人信息知情权的一个具体表现。因此,这些知情权、更正权、删除权从根本上还是作为一种救济权或请求权来设计的,而不是作为支配权来设计的。因此,我们承认个人信息受保护,承认它作为绝对权受保护,但一定要防止把它作为一种支配权来理解。否则,一方面它根本支配不了;另一方面,如果在信息化时代真的给它支配权地位的话,会严重地与信息利用和交易需求背道而驰。

第二个问题，《民法典》当然是跟将来的个人信息保护法协调的，它们是有分工的。刚才我也讲到，《民法典》无非是在司法上将个人信息作为一种绝对性的法益保护，而这种保护的立法目的在于反射人格尊严和个人的行动自由，所以将来的个人信息保护法可能会重复吸收《民法典》作为私权保护的一些内容。但是个人信息保护法应当更多地从个人信息的产生、利用、交易的角度去规范，即谁有权在什么样的规则下去获取、记录他人的个人信息，获取以后的利用方式是什么，交易的要求是什么。在这些方面，个人信息保护法会从与公司法相结合的角度，提出一些制度上的设计。因此，《民法典》和日后的个人信息保护法，在功能和立法部门分工上应该是很明确的。《民法典》还是作为一种最底层、最一般意义上的消极保护制度规范来加以设计，不涉及太多有关个人信息产生、获取、利用和交易的问题。

问题三：

两个问题想请教金老师：第一，如果不规定第 641 条的第 2 款，那么所有权保留买受人破产时，就不能适用善意取得，请问是否可以这样理解？第二，第 416 条的原理其实同留置权相似，买受人的净财产中多出来的标的物是来自出卖人的，因此允许出卖人对标的物取得绝对优先权，并不是损害其他第三人的利益。老师您讲到的两个例子是否不适用第 416 条？

金可可教授回答：

好的！中国政法大学这位同学的问题提得不错。第一个问题，关于第 641 条第 2 款，它强调的是所有权未经登记不得对抗善意第三人。所以这个条文的规定重点不在于买受人的期待权未经登记不得对抗善意第三人。提问的内容是:如果不规定641条的第2款,那么所有权保留买受人破产时,就不能适用善意取得。买受人破产的时候,不会发生善意取得的问题,破产了之后,他的期待权仍然是破产财产。保留所有权的登记,对抗的是所有权保留买受人的交易后手。出卖人登记不登记都应该享有取回权,因为所有权就在他那里。至于出卖人的取回权和买受人的期待权如何处理? 这是所有权保留买卖制度要解决的问题,《民法典》中有相关规定。如果这时说所有权保留的登记要保护买受人的债权人,那这个思路完全就不对了。

因为债权人信赖的是买受人的整体财产状况,包括其中没有登记过的所有权保留的标的物,他们误认为是买受人所有的。我们都知道,对责任财产的信赖,是不受保护的,因为任何一个人的责任财产都会随时变动,所以对责任财产的信赖不是合理信赖,不属于保护范围。提问中所引的这个观点我很不赞同,它完全把信赖保护的对象弄错了。接下来的问题是:引入第641条第2款之后,如果所有权保留没有登记,出卖人不得对抗破产债权人,进而不得取回? 这句话又不对了。所有权保留的登记,对抗的是就该标的物进行后续交易的人,而绝不是进行其他交易从而对买受人的全部责任财产有信赖的人。这个观点我完全不赞同,把民法的基本原理给弄混了。对责任财产的信赖绝不能保护。归纳一下,凡是买受人的债权人对责任财产的信赖是不受保护的,需要对这个未经登记不得对抗善意第三人的"第三人"做一个恰当的解释:仅限于就此动产为后续交易者,而其他不针对这个动产的交易(包括破产债权人)均不受保护。

来看第二个问题,第416条的原理其实与留置权相同,买受人的净财产中多出来的标的物是来自出卖人的,因此允许出卖人对标的物取得绝对优先权,不损害其他第三人的利益。我现在想得出的正确解决方案的思路跟你说的是一样的。对于进入到他的财产的标的物,即使认为标的物上有优先的价款抵押权,只要对其后的担保物权人来说是绝对无害的,就没有问题。为实现这一目的,只能认为价款抵押权可以优先的范围仅限于浮动抵押权。让它优先于在先设定的浮动抵押权,一点问题都没有。对于买受人来说也是没问题的。这就是我说的无害思想,跟留置权是一样的。这个条文如果按照文义适用,真正损害的既不是买受人,也不是买受人的浮动抵押权人,而是买受人的抵押权人和买受人的质权人,买受人的后手买受人,这是不能容忍的。你的基本思想我是认同的,但你说我举的两个例子不适用第 416 条,恐怕我不是很赞同。

问题四:

《民通意见》第 157 条规定一方在为对方利益或者共同利益进行活动当中受损的,双方均无过错,一方可以责令对方或者受益人给予其一定的经济补偿。《民通意见》第 157 条这样一个经济补偿条款,原本可以看作是公平责任或是公平分摊损失的一种具体情况,这种情况似乎也蕴含一些合理性,现在,公平责任条款是否取消了这一条的合理性?《民通意见》第 157 条作为特殊衡平规则是否有其合理性?

于飞教授回答:

关于这个问题的回答,我想分如下三层意思:

第一层,我的核心观点是,公平分担损失是一种例外情况,所以需要法定化。哪里需要这种法定的、个别的衡平规则,就在哪里用立法确定下来,而不要使用一般条款的共同分担损失规则。所以,我要否定的是一般条款化的公平分担损失规则或公平责任,并不否认在某一个点上需要衡平规则,这是两个问题。所以,当我否认了一般条款化的公平分担损失规则之后,我并不否认像《民通意见》第157条的类似条款在某个具体点上追求实质平等。

第二层,《民通意见》第157条这个具体的点上要不要衡平规则?我个人认为,如果是为对方利益或共同利益受到损害的情形,可以用无因管理解决。因为这种衡平规则肯定是例外,所以如果能够被其他一般规则替代掉的话,则应该尽量少设置个别的衡平规则。如果在无因管理中为他人的利益受到了损害,则可以要求这种损害赔偿,而不用单独设一个衡平规则。

第三层,在立法论上,立法者在某一种特定情形的案情里面,经过事先的利益衡量,认为这里应该要设一个特别衡平规则的,可以设这样的特别衡平规则,就像刚才我举的那几个例子。一般条款被否定,并不意味着否认特别衡平规则的继续产生。只要保持这种特别的法定例外情况,事先立法者在利益衡量时认为出现了比原则更重要的实质性理由,那么在特别案情中这样立法是没问题的。

问题五:

在无权代理的场合,如果不构成表见代理的话,何种情况可以被视为追认?视为对合同追认的法律效果的认定,是否属于意思表示解释的问题?

姚明斌副教授回答:

这个问题涉及《民法典》第503条关于追认的认定规则。它讲的语境是:甲被乙无权代理了,然后和丙缔结了一个交易。后来这个无权代理之后,丙就向甲交货了,甲也收了货。根据原来《合同法解释(二)》第

12 条,在这种无权代理的场合,如果不构成表见代理的话,怎么样情况可以被视为追认呢?那就是甲主动开始向丙履行,这种情况下可以视为追认。第 503 条增加了一种视为追认的情形,除了甲主动向丙交货或者付款,主动向第三人履行,可以视为追认之外,还有第二种情形,那就是如果丙向甲交货,甲把这个货收了,也被视为追认。所以现在除了甲主动交货或主动付款外,甲被动地接受了这个给付,也被视为对无权代理合同的追认。

关于视为对合同追认的法律效果,傅天怡同学提出的问题涉及法律效果的认定到底是不是一个意思表示解释的问题。如果没有第 503 条,实践中出现类似的案件可不可以把客观上甲把丙的货收了的事实理解为对无权代理合同的追认?这当然是一个意思表示解释的问题。这里存在两种可能,第一种可能是丙对于无权代理是恶意的还把货送过去,那么对于已经知道是无权代理情况的丙来说,这个收货行为可以解释为对于效力待定合同的追认。但如果丙是善意的,他一开始就不知道这是一个无权代理的合同,那么在交货的时候他也就不知道这个合同是有待追认的,所以规范解释也就解释不出收货行为具有追认效力待定合同的意思。这种情况下,等于说最后反而是善意的丙受到了亏待。需要注意的是,如果丙是善意的,根据第 171 条第 3 款,他另外可以要求乙履行债务或赔偿损害。所以就丙的地位而言,需要从整体上来观察。

四、闭幕致辞

屈文生教授（华东政法大学科研处处长）：

非常感谢谢鸿飞教授、于飞教授接受华政的邀请，同我校师生分享《民法典》的研究发现。感谢金可可教授帮忙邀请、策划选题，并参加本次高端论坛。感谢韩强教授和姚明斌副教授的精彩分享。出于专业的敏感性，我感兴趣的是《民法典》的七编体例结构，因为它毕竟不同于以往欧陆民法典的体例。

在《民法典》的英译和《民法典》在海外的传播和接受效果方面，出于教学科研的敏感性，我边听大家的演讲，边想如何将其中的关键术语翻译成英文，或说回译到英文。寻找法律术语翻译的通约性是个很艰难的事。我想在这里和大家分享几个例子。

第一，"民法"译为"civil law"，但"civil law"却不一定译为"民法"，这就说明"民法"和"civil law"并非完全通约。"civil law"至少有三个译法，其一民法，其二大陆法，其三（欧陆法中的）国法或世俗法，区别于"ecclesiastical law"（教会法）。

第二，姚明斌老师提到的"典"一般译为"code"。值得注意的是，台湾地区现行之民法、刑法、民事诉讼法、刑事诉讼法和行政诉讼法五部基本法，或类似性质之基本法，其英译名皆用"code"，但中文并未出现"典"一词。2013年台湾地区行政机构正式发布《法规名称英译统一标准表》，其中将"通则"译作"general provisions"，而将"总则"译作"general principles"，与全国人大法律法规数据库、北大法宝等关于《民法通则》

和《民法总则》的译名恰好相反。可见民法英译中的译名统一与规范化问题,是个真实的问题。

第三,韩强教授提到的《民法典》"人格权编"中关于个人信息的规定的解读,我听后很受启发。最近我翻译完成了《2012年新加坡个人数据保护法令》(Personal Data Protection Act,简称PDPA)。该法是世界范围内较早规制个人数据的专门法令。《欧盟一般数据保护条例》(The General Data Protection Regulation,简称GDPR)于2018年正式生效,一般被认为标志了世界个人数据保护发展的新阶段。回到我们《民法典》中"个人信息"这个概念,英文中多是"personal data",但"个人信息"与"personal data"也没有完全通约。

第四,金可可教授演讲中屡屡提到的"抵押",我们是应该选择大陆法上的"hypothecation"还是英美法上的"mortgage",都不是一句话可以说清的问题。所以,"抵押"、"hypothecation"和"mortgage"也不完全通约。

我总的判断是:在《民法典》英译这件事上,我们肯定是不能简单地选择大陆法上的术语。如姚明斌老师所讲,法源的开放性是《民法典》的题中之义。我在翻译实践中,碰到"同时履行抗辩权"和"先履行抗辩权"这个案例时曾做过研究,发现《民法典》第525、526条这两条分开立法的做法,就不是借鉴德国、日本、我国台湾地区民法的立法例,即将先履行抗辩规则囊括在同时履行抗辩权之内,而是借鉴《国际商事合同通则》(Principles of International Commercial Contracts)第713条的做法,分别规定同时履行抗辩规则和先履行抗辩规则。这样的话翻译起来就容易了,完全可以查阅该法原文,将"不履行"翻译为"withholding performance",将"同时履行"译为"to perform simultaneously",将"先后履行"译为"to perform consecutively"。

我再谈一下这几天看英文报道后得到的海外国家对于我国《民法

典》颁布后的一些简单评价。这些声音概括起来是:《民法典》可以起到保护私有财产、鼓励私营企业的作用;《民法典》有望成为政府与市场之间最为清晰的界限;中国首次全面承认个人隐私和个人数据权利;保护个人数据、隐私,旨在保护中国快速增长的互联网行业并使其合法化,同时保护中国有价值的数据在海外流动。中国目前的个人数据保护措施不如欧洲《一般数据保护条例》有力,个人信息保护在许多域外法律中,主要强调"个人同意",规治机构如何收集、使用和处理公民的个人数据(如手机号码、身份证号码)。但《民法典》直接规定对个人数据的保护,使中国成为确立个人数据保护法律框架的少数国家之一。许多刑民交叉的案件中,刑事案件往往须首先处理,《民法典》在这一点上还有待进一步明确。

华东政法大学第 7 期东方明珠大讲坛

政治世界观的法律建构
Law's Ideological Footprint

【主讲人】
张泰苏 教授
Professor Taisu Zhang
耶鲁大学法学院教授
耶鲁大学历史系兼任教授
北京大学法学院全球教席学者

【与谈人】
王志强
复旦大学法学院院长、教授

章永乐
北京大学法学院教授

戴　昕
北京大学法学院副教授

刘　晗
清华大学法学院副教授

【致辞人】屈文生
华东政法大学科研处处长、教授

【主持人】陆宇峰
华东政法大学科研处副处长、教授

[时间]
北京时间 | 2020年6月6日 9:00-12:00 AM
美东时间 | 2020年6月5日 9:00-12:00 PM

主办 | 华东政法大学科研处

第 7 讲
政治世界观的法律建构

时　间：2020年6月6日上午

主持人：陆宇峰(华东政法大学教授、科研处副处长)

主讲人：张泰苏(耶鲁大学法学院教授、耶鲁大学历史系兼任教授、北京大学法学院全球教席学者)

与谈人：王志强(复旦大学法学院院长、教授)、章永乐(北京大学法学院副教授)、戴昕(北京大学法学院副教授)、刘晗(清华大学法学院副教授)、郑戈(上海交通大学凯原法学院教授)

一、开场致辞

陆宇峰教授（主持人）：

各位专家、各位老师和各位同学，大家周末好！第7期"东方明珠大讲坛"的主题是"政治世界观的法律建构"。近半个世纪以来，法学研究者对于"政治世界观如何影响法律制度的结构和内容"有过多次激烈辩论，涉及法理学、法社会学、批判法学等多种理论视角。与此形成反差的是，"法律制度如何影响政治世界观的建构"这一反向问题却很少得到系统讨论。这个问题看似可以通过法律的规范性与强制力做简单解答，但细想之下，则会发现相关的法律手段相当多样化。其中，最有效的几种手段与强制力并不相关,反而更多地来源于法律的信息控制能力,因此这颇受法学界忽视。那么,该如何在理论层面上整理并描述这些机制,其背后的政治与社会逻辑又该如何解读?

带着这些问题,华东政法大学第7期"东方明珠大讲坛"有幸邀请到耶鲁大学法学院教授、耶鲁大学历史系兼任教授、北京大学法学院全球教席学者张泰苏在线主讲"政治世界观的法律建构"。张泰苏教授先后在耶鲁大学获得学士、法律博士、历史学博士学位,曾任教于杜克大学法学院与布朗大学历史系,曾任中国法律与历史国际学会主席,主要研究方向为比较法律与经济史、产权理论与中国司法系统。张教授的代表性学术成果有专著《儒家的法律与经济:前工业化时期中英家族与产权制度比较》(*The Laws and Economics of Confucianism: Kinship and Property in Pre-Industrial China and England*,剑桥大学出版社2017年出版),该书荣获美国社会科学历史学会颁发的会长奖以及麦克米伦国际与地区研究中心颁发的盖迪斯-史密斯图书奖。前一段时间陈利教授主讲第5期"东方明珠大讲坛"的时候,张教授谈到清王朝羸弱的财政能力和极端的小政府,塑造了清代法律的特殊性,可能就与该书内容有关,令人印象十分深刻。张泰苏教授即将完成的新专著题为《清代财政国家的意识形态基础》,这个题目让我想起那天讲座中张教授说,清王朝国家能力的不足,与鼓吹无讼、息讼这种儒家意识形态之间存在内在关联。这也是非常有深度的话题,我们期待张教授新作的出版。

今天的与谈人阵容也非常强大,是清一色的北大学缘和美国法学院背景。让我们热烈欢迎知名法律史学家、复旦大学法学院院长王志强教授,他是北大法学博士、美国耶鲁大学法学硕士(LL.M)、法学博士(J.S.D);热烈欢迎北京大学法学院章永乐副教授,他是北大法学本科、美国加州大学洛杉矶分校(UCLA)政治学博士;热烈欢迎北京大学法学院戴昕副教授,他是北大法学本科、美国杜克大学法律博士(J.D)(2009年)、美国芝加哥大学法学博士(J.S.D);热烈欢迎清华大学法学院刘晗副教授,他是北大法学本科和硕士、耶鲁大学法学院法学硕士(LL.M.)、法学博士(J.S.D.)。当然还有一场不落地参加"东方明珠大讲坛"的我校科研处处长屈文生教授,他是美国哥伦比亚大学访问学者。欢迎大家的到来!

现在我们有请张泰苏教授。

二、主讲环节

张泰苏教授:

谢谢陆老师,也谢谢屈老师组织这一次讲座,我很高兴能够跟大家分享一些想法,当然还要感谢诸位与谈人抽时间来和我聊这个话题。我今天看到这个阵容的时候,有一种老朋友在一块聊天的感觉,因此一直很期待之后的互动环节。今天讲的这个题目叫"Law's Ideological Footprint"(法律的意识形态印记)。"ideology"这个词在中文中有几种不同的翻译,这次的中文题目选取的是"政治世界观",主要讲的是法律如何作用于世界观,即法律如何影响一套政治世界观的政治与社会地位。

首先,我简单讲一下这个思路是怎么来的。我个人最核心的研究方向并不是某一套实体法律。大家可能听说过一个笑话:耶鲁法学院的学风是除了法律之外什么都教。这句话可能确实比较适用于我,我并不是一个对哪一块部门法有特别强的兴趣的人。因此我在研究法学的时候，更多地是从方法论或者理论角度切入的。在对法律现象或者政治现象进行解释的时候，我比较喜欢分析软因素和硬因素之间的互动。所谓的硬制度，就是各种各样的法律政策制度。之所以认为它是硬的，是因为它本身就具有一定的规范性，并且其框架是清晰的。在学界，尤其在当下的美国学界，大家一般习惯用所谓的硬因素去解释硬制度，而硬因素就是纯粹的经济利益或者经济行为模式。在当下的美国学界，这可能是最主流的一种思维方式。在诸多理论分支里，可能人员最多的就是法律经济学，因为法律经济学最大的优点是从硬到硬，从具有一般性的经济行为模式里推导出硬性法律政治制度的根源。

而对我个人来说，可能是因为上学的时候主要在学这些东西，到了自己搞研究的时候就产生了叛逆心理，比较喜欢研究所谓的软因素。软因素大概包括三种。第一种是所谓的行为偏见（behavioral bias），最常见的例子就是人们的"risk aversion"和"loss aversion"，即一般的经济个体对于风险的排斥和对失去既有财产的恐惧心理。这些因素之所以被称作"行为因素"，是因为它们在主流的理论框架里被认为是普世的、超越文化与社会背景的。而与此相对的是一些具有社会特性的软因素，它们会因各个文化的不同而产生不同的形态，并产生不同的行为模式。这些因社会而变的软因素中，第二种是所谓的文化，第三种是所谓的"ideology"，也就是政治世界观或者意识形态。

我的第一本书的核心思路是从一些根深蒂固的文化因素中推导出一些社会行为模式以及社群中的权力分配模式，再从这些中间环节进一步推导出硬制度的特殊性。第二本书则希望能换一种方式，从自下而上的文化分析换成自上而下的政治世界观层面上的分析。第二本书就是刚才陆老师提到的《清代财政国家的意识形态基础》，这本书我今天就不讲了，虽然这本书实际上是今天这个题目的出发点。但这个题目做到现在,其实跟这本书已经没有什么特别大的关系了,书本身的目的是试图解释清朝财政体制的特殊性。对这本书最简单的概括是:清朝是一个非常特殊的小政府朝代,相比于其他朝代,如宋朝或者明朝,清政府的财政能力明显更孱弱。清朝最特殊的一点是农业税在将近200年的时间内几乎完全不增长,中国历史上没有其他任何一个朝代能够做到这一点。清朝的财政有一些特殊的僵化特征,史学界对其争论了多年。对于清政府的财政疲软,学术界本身不太有争议,但是到底怎么解释这种疲软则有很大的争议。在经济学占社科领域主流的当下,更多的人会倾向于各种各样的硬解释,通过清朝宏观经济背景或者宏观政治背景以及所处的世界地位、军事地位,推导出财政上的一些必要性。而我这本书试图提供另外一种论证思路:这些不管是经济还是军事的硬解释,都不足以真正解释清朝特殊的僵化特征。想要理解它,我们需要看清朝士大夫们的政治世界观,看他们怎么主观地理解他们自身所处的世界,看他们的道德世界观,以及更重要的,看他们对外部世界具有意识形态化的事实认证和认知。这是这本书的核心思路。现在这本书已经写了80%,在史实部分大体写得比较清楚之后,我就开始想该怎么拿这本书的叙事框架推导出一些理论观点。今天晚上给大家讲的这个题目,实际上就是这本书做到后期的一些理论衍生品:法律和世界观、法律和意识形态之间如何进行互动。

这种互动实际上是双向的,但至今为止,法学界主要关心的只是从意识形态到法律的单向作用。法学研究者经常会问:法律本身是否具有强烈的意识形态特征,这个问题可能是西方法学界乃至全世界法学界最古老也是最重要的问题之一。但凡大家能想到的主流法学派系,不管是教义学、法哲学、现实主义法学、批判法学、法律经济学和法律社会学都或多或少会牵扯到这个问题,而他们的态度也是截然不同的,因此争论了很多年。比如某种倾向于自然法的法教义学,会认为法律的意识形态特征都是错误的,真正具有合法性的法律应该是纯科学的,纯基于根本的自然权利以及在自然权利之上进行的科学推导,最终得出一套纯粹理性的规则体系。

法哲学领域的争论就更深了。例如哈特和德沃金之争,很大程度上就是在讨论是否存在能够脱离于社会道德或政治意识形态之外的纯法律。也有人认为,即便法律的具体内容具有一定的意识形态特征,但法律本身的体系框架、核心结构可以是客观的。即使实体法律是意识形态化的,但法治(rule of law)可以不具有任何意识形态背景,而是一种纯粹客观的、纯粹理性的制度现象。

在美国比较常见的一些现实主义法学派系里,他们基本上对法律的意识形态化持有一种相对悲观的态度,认为这是不可避免的。当然,这些派系里也存在进一步的分歧:假如你是一个纯粹的现实主义法学家,你当然会认为法律不可避免地具有一些世界观特性,但这些特性对于法律的影响是好是坏则是不好说的。而如果你是一个批判法学学者,你会认为法律的意识形态化直接促使法律为当权者服务,使法律不可避免地变成当权者压迫剥削底层人的工具。而对于法律经济学学者来说,他们在实然层面可能会认为法律具有一些意识形态特征,但在应然层面和规范性层面,则会认为法律不应该是意识形态化的,而应该纯粹基于经济理性做出最优的制度应对。大多数西方法学派系,在谈到法律是否具有意识形态特征的时候,都会或多或少对"意识形态化"这一概念持负面的看法,尤其是在自由主义社会的大语境之下,一般人都会认为,或者至少倾向于希望,政府的行为,尤其是法律,应该具有一定的意识形态中立性。政府本身不可避免地具有一些意识形态特征,如共和党、民主党、保守党或者改革党政府。政党具有党性和意识形态特性是不可避免的,但最起码对于法律,至少在西方国家里,大家心目中的理想状态是法律应该具有较强的中立性,不应该明显地倾向于某一套意识形态,而应该给各种不同的政治流派一个公开、公平的竞争框架,使他们可以合法地进行民主的、自由的、开放的博弈。

因此,在这种环境之下,当你说法律是"ideological"的时候就明显是一种负面性的指责,具有很强的谴责性。也正因为它具有相当强烈的谴责性,在政治理论与法学的岔路口上,学者们对这个问题一直关注很深,可能至今为止至少有七八十年了,从20世纪前期到现在一直是一个主要问题。与此相应,从意识形态到法律这个方向大家讨论得比较深、比较透。但反过来,法律如何反向影响世界观的建构以及普及,如何影响一套意识形态的社会地位或者政治地位,反而鲜少有人系统性地分析。一般在谈到这个问题的时候,比如谈到在某一个具体历史情境的时间点上的一套立法,大家会讨论它对当时的意识形态分布和政治派系分布产生了什么样的影响,但更系统的理论建构则相对少有人去提及。可能这是因为大家对法律的规范性与强制性有一种先天的、有点想当然的想象,觉得如果法律能影响意识形态,那必然是通过法律的强制性或规范性去影响的,因此认为这是一个简单的、不太值得深入思考的问题。而今天我要讨论的核心观点恰恰是:在现代社会里,法律影响意识形态的最有效方法,其实并不是通过法律的强制性或规范性,而是通过法律的所谓"信息功能"。

在讲这些之前,需要先简单地给一些定义:什么叫"ideology",什么叫意识形态,什么叫世界观。在传统的马克思主义政治理论里,对于"ideology"这个词的基本定位是"false consciousness",即所谓的虚假意识。作为虚假意识的"ideology"是指:一个人产生或者接纳了某一套和他自己的阶级特性不吻合的主观意识的状态。比如你是一个无产阶级,但接受了资本阶层的政治理念,因此反而去替资本主义政体背锅的时候,这种政治理念和你本身的实际物质基础不吻合,所以它是虚假的(false consciousness)。"false consciousness"这样的提法在西方根深蒂固,虽然西方大多数人会跟你说他不信马克思主义,但他们对"ideological"这个词的应用往往是非常马克思主义化的,指的就是"虚假意识"。

近三四十年来,政治理论界对"ideology"的认识发生了一些改变,认为"ideology"不是一种虚假的意识,反而是一种必要的、几乎所有人都会具备的世界观。其核心观念是:当我们在认知外部世界的时候不可能是纯粹理性的,也不可能是纯粹实证性的,而必然具有各种各样的前提假设,不管是道德层面的假设,还是解释性的、事实认知层面的假设。有了这些假设才能通顺地认知外部世界。当这些假设一旦形成了系统和体系,那就构成了我们每一个人认识外部世界时所必然依赖的世界观。

既然每个个体在认识外部世界的时候,不可避免要进行一些思维与认知跳跃,不可避免要用到一些假设,那所谓的"ideology"就是由这些假设与跳跃组成的系统性认知平台,它把所有的认知假设综合起来,变得逻辑通顺、系统、自洽,不管是在道德层面还是实证层面。这样,"ideology"不再是对阶级背叛者的负面评价,而仅仅是一种对世界观的形容,是人类社会所不可能摆脱的认知体系,它通过先验的价值观与概念体系来帮助我们分析外部世界。

在这种相对中性的说法里,世界观可能要分成两大部分。第一部分是规范性的道德体系。比如,大家想到自由主义的时候,第一个想到的就是自由,第二个想到的就是民主,第三个想到的是平等;想到马克思主义的时候,可能第一个想到的是共产主义革命。这些观念里都带有强烈的规范性和道德性。实际上,这些规范性的叙述,只不过是一套完整世界观的一部分,甚至只是其中的一小部分。而一套世界观更大的作用是它的第二部分,即帮助人们经验性地认识外部世界。也就是说,一套完整的世界观不仅仅具有规范性,更具有非常强的描述性、解释性和经验性。简单地说,规范性的部分告诉你作为一个社会个体应该追求什么,而这些描述性、经验性、解释性的部分则会告诉你应该怎么追求这些东西,应该怎么去达成自己的目标,达成了之后又会产生什么样的政治、经济后果。拿马克思主义做例子,马克思主义对旧社会的批判,对于压迫、剥削的批判,是它的规范性部分,而它的历史观则是描述性或者解释性的部分。当它说物质基础决定上层建筑的时候,就是一种叙述性的、描述性的、解释性的说法;当它说打倒万恶的旧社会的时候,就是一种规范性的说法;当它鼓励无产阶级打破枷锁的时候,就是一种规范性的说法。但具体该怎么打破这些枷锁,则属于描述性的、经验性的部分。

一般情况下,意识形态的描述性部分和规范性部分是相辅相成的,否则人们容易产生精神分裂。相辅相成不只是说两者在逻辑上一般是通顺的,而且是说它们在认知层面上可以良性互动、互相支撑。比如,当下西方有一种很主流的心理学理论,即所谓的文化认知论(cultural cognition),它的一个基本看法是,我一旦接受了一套规范性的说法,之后我不管接受什么样的外部信息,不管接触了什么样的外部事实,我都会以最符合这套规范性价值观的方式去理解这些新的信息。比如,咱们找一个美国左派和一个美国右派,同时给他们完全一样的、关于全球变暖的信息,左派就会以最能迎合左派观点的方式去理解这些事实,而右派会以最能迎合右派观点的方式去解读完全一样的事实。因此,在给两派看了同一批事实之后,两派的观点反而可能变得更加两极化,而不是趋向于达成共识。也就是说,在有了一套规范性价值观念之后,我会更容易接受和更容易相信与这套规范性价值观念配套的实证叙事。

而反过来,我一旦接受了某一种描述性的叙事之后,也就会比较容易接受这一套叙事背后的规范性的价值导向。事实上,纯粹中立的宏观叙事是很少见的。比如,我是某国的国民,我非常真诚地相信我的国家在科技或者军事上是全球领先的,那么相应的,我也就很容易变得比较国家主义化,容易有较强的爱国观念。因此,我会更愿意融入这个国家的政治主流或者意识形态主流里,而不是去怀疑它。总的来说,意识形态这两大部分:规范性的和描述性/解释性的,不管我接受哪一部分,都会促使我在认知层面与心理层面更容易接受另外一部分。

值得注意的一点是,在20世纪之后,随着整个世界变得去宗教化,变得更物质化,更"现代化",各种各样政治世界观的描述性部分的政治重要性反而越来越大。这种社会形态下,当每一个社会个体在不同的意识形态之间进行取舍的时候,大多数人想的不再是哪一种意识形态最能和我产生道德共鸣,而更多地是哪一个最能给我带来实质性的物质好处,哪一个最符合我的个体利益。某种程度上,随着马克思主义这种现代化的、后宗教式的意识形态在世界中逐渐占据主流,这些意识形态本身所具有的唯物主义特性也确实在一定程度上变成了社会主流。因此,在20世纪后半段,在不同国家进行意识形态层面的竞争时,他们比拼的往往不再是意识形态的规范性部分,而更多地在描述性的、解释性的、实证性的层面上进行角力。

有了基本概念之后,就可以开始讨论:法律制度在社会与政体的意识形态化过程中起到了什么样的效果?法律如何影响世界观的社会与政治地位?

如前所述,在讨论这个问题的时候,大家最容易想到的恐怕是法律通过强制性与规范性去直接影响意识形态的被接纳程度。我相信各位坐着想个 20 分钟，就能想到其中最明显的三种作用方式。第一种，也是最简单粗暴的一种，就是所谓的党同伐异：假设我本身具有某种意识形态信仰，那么我一旦执政，一旦掌握了法律，就可以通过法律对其他所有的派系进行清洗，或者对我自己派系的人进行奖励。这是一种直接针对人们意识形态身份的奖赏或者惩罚，而不是针对该意识形态的具体信仰。比如，美国在 20 世纪 50 年代兴起的"麦卡锡主义"和德国纳粹在 20 世纪 30 年代进行的种族清洗，都是基于某些其他人的社群或政治身份所进行的党同伐异。

与此形成一定反差的是，如果执政者觉得直接针对某人的意识形态身份进行攻击会太粗暴，那么他也可以针对这种敌对意识形态的具体观点进行法律操作。这两者的区别在于，在第一种情况里，一个麦卡锡主义者根本不对共产主义的核心观点进行反驳，而是直接对所有信仰共产主义的人进行法律与政治攻击，这就是所谓的党同伐异。相反，如果我针对的不是你个人的社会或政治属性，而是针对某种具体价值观念去进行法律攻击或褒奖，就不太一样了。在这种情况下，立法者依然有惩恶或者扬善两种不同的选项：也就是说，他可以通过法律去打压某一种具体理念（而不是抽象的立场标签），惩罚信仰它的人们；也可以通过法律手段去弘扬另一种理念，褒奖信仰它的人们，甚至要求民众信仰它。当然，现代社会已经不太运用这种手段了，但大家起码可以想象一下：政府通过立法，强制性地要求民众相信某一个领袖的天然合法性，以及他观点的天然正确性，或者相信某一种外部政治观念的天然错误性。世界上是有这样的国家的，比如我们的一些邻国。如果在大多数现代社会里采取这样的做法，我相信大家都不会同意，这是很不受人欢迎的。在当下，即使是在具有强烈意识形态特征的一些社会里，比如在中东的宗教国家里，人们依然会在某种程度上希望自己的政府不去搞思想定罪，不通过法律手段搞思想斗争，尽量不去直接通过法律手段禁止或者褒奖某一种政治观点。即使在那样的社会里，直接通过法律去"惩恶扬善"或"党同伐异"依然是不大受民众欢迎的，其社会效果也依然是比较尴尬的。

如果政府不愿意动用法律的强制力去对某种具体的政治观念进行打压或推广，但又确实希望明确打压或推广它，那这个政府会怎么做？这是所谓法律的第四种功能，也是美国法学界大概近30年来分析比较多的一个功能，即法律的表达功能（law's expressive function）。这个说法是由桑斯坦（Cass R. Sunstein）第一个提出的，指法律经常会"表达"一些意思，但并不动用其强制力，而更多的只是表个态。给大家举个例子：德国在二战之后很快确立了一套反纳粹主义的法律规则，禁止各种各样纳粹观点的公开表达。借此，政府清晰地表达了自己对纳粹主义的反感以及不赞成。但长久以来，这一套法律基本上是没有执行力的。即使你在德国大街上真的高喊元首万岁，绝大多数情况下警察也不会拿你怎么样。所以虽然这套法律在那摆着，但本身并没有稳定的强制力，更多地只是一个空法律。但这样的法律的表达功能仍然存在。政府即使不去执行法律，但依然可以通过这样的表达性去赞扬或者抨击，让社会规范处于法律的阴影之下。

之前讲的这四种比较常识化的法律操作手段，在西方的自由主义语境里都是很不受人欢迎的，都在某种程度上受到了诸多政治理念或者法律思想的批判或者制裁。就如我刚才说的那样，在自由主义的政治理想中，法律本身应该具有一定程度上的意识形态中立性。当然，在西方国家里，最基础的法律建构不可避免地需要大致符合自由主义原则，但即使是这样，很多人依然会要求法律不能去直接攻击、批判任何一种影响力较大的意识形态。直接动用强制力使得某些政治观点非法化肯定是不可以的,但即使是通过法律的表达功能去表达一些清晰的政治观点,也都很不受西方自由主义者的欢迎。

当然,他们在实际操作中往往是做得很不彻底的。但即便如此,也确实有很多很具体的法律规则在努力地限制政府的意识形态表达。比如以美国为例,第一修正案里的言论自由、宗教自由、结社自由这些宪法权利力图防止政府攻击公民的政治表达,或攻击公民的政治信仰。其中,宗教自由权甚至要求政府不能够在不同的宗教之间有任何形式上的取舍或者偏向。因此,至少在宗教层面上,美国宪法要求美国政府的一切法律性行为完全中立。对于非宗教化的意识形态,美国也有各种各样所谓的反歧视立法,宪法里也有所谓的平权理念,比如联邦政府或者各州政府不能因为任何人的任何政治观点而拒绝聘用他。很明显,美国宪制的基本姿态是希望政府在不同的主流意识形态之间,保持一种相对比较中立、比较温和、比较兼容并包的态度。

在非自由主义政体里,尤其是中东的伊斯兰国家里,政府往往不可避免地具有非常鲜明的意识形态特征与宗教特征,这些政府的意识形态建构往往不受任何法律局限。但即使在这些国家,如果政府试图通过法律,通过上述四种手段,去对某一套政治理念或者宗教理念进行直接的、强行的推广,那么这种做法也往往要面临相当高的社会成本。说白了,就是民众会比较反感。我所接触的中东研究领域里,大部分学者都认为,即使是在伊朗,政府强行通过法律手段去推行伊斯兰信仰时也往往是事倍功半的,而通过社群手段或者传统宗教传播手段则更为有效。这是因为大多数民众会觉得,我信仰什么是我自己的事,也是我所属的社团、教派的事,但不应该是你政府的事。

当然在这一点上大家都会想:由于法律的现代性道德权威,由于现代法律特殊的内化过程,是否在现代社会中公民更容易把"合法的"接受为"对的"?我觉得这种说法在某种程度上虽然很有道理,但该现象往往具有一些前提性的意识形态基础,也就是说在某些事情上,在某些社会里的人们的主流意识形态会使得人们更愿意接受法律作为一种道德权威出现。这种情况之下人们会很乐意把相应的社会规范的具体内容以及具体界限外包给政府,由政府来替我想清楚:比如不能杀人、不能动武这种大原则的具体边界在哪里,它的具体的细节的规则到底是什么样子等。

但这并不等同于法律本身就具有某种天然的道德权威性。比如法律规定不能杀人,和法律规定必须信仰自由主义,这两种情况在绝大多数人心目中引发的反应是完全不一样的。第一种情况中我会自然而然地认为,杀人只是涉及基本的社会道德,本身不具有强烈的意识形态特征,那我听政府的就好。但当法律明确告诉我:你应该相信某一种意识形态,大多数人并不会自动认为政府具有这样的权威性,而更多的是怀疑:政府凭什么这么跟我说?凭什么它能取代我自己的价值观判断,直接对我进行这种层面上的训诫?因此,政府一旦通过前四种手段中的任何一种去对社会进行直接的意识形态干涉,那么即使是在非自由主义社会里面,都将容易引发民众比较强烈的反弹,使得它的实际效果相对有限。

而我今天要讲的,是抛开这四种手段之外,法律的第五种手段:即法律制度的信息功能。第五种手段和前四种的核心区别在于:对于单个公民,即使是在表达层面上,它都不具有任何强制性,也不具有明显的说教性。它和法律对于绝大多数公民的强制力是几乎完全脱钩的。但在很多现代社会之中,这种信息功能反而是法律最有效的意识形态操纵手段。

现在政府在日常行政与立法之外，最重要的功能之一就是给社会提供信息：比如 GDP、犯罪信息、公共医疗方面的信息等等。我们生活中运用到的绝大多数宏观信息（比如我们对本国经济的宏观认知，自己所处的县、所处的市的经济状况，它为市民提供什么样的服务或什么样的资源等等）都是由政府提供的。而对于某些至关重要的政治信息，我们唯一的获取途径就是通过政府。政府不提供这些信息，我们就无法理性地讨论本国的经济发展水准、执法水准、公共医疗水准等等。非政府机构是很难系统性地提供这些基础信息的。不难想象，既然政府对这些至关重要的信息具有非常强的垄断能力，如果赶上一个比较"不讲究"的政府，那么它很可能会试图通过控制这些信息，对民众的政治意识与信仰，对重大政治议题的讨论进行各种干扰与引导。特朗普可能是这方面最鲜明的例子：所有他所不喜欢的公众信息，甚至是政府颁布的信息，他都会说是假的。前几个月美国的失业率始终居高不下的时候，特朗普就不停地质疑，说这么高的失业率是不是假的？而今天美国的失业率突然之间下跌，经济似乎有好转，特朗普立刻就开始拿这个失业率到处宣扬自己有多么伟大。像这样的人，一旦他发现了法律上的漏洞，发现法律允许他对官方信息进行某种程度上的操纵，那么不难想象他就很有可能为了自己的政治利益，干扰政府的信息收集与发布功能。

那么，法律对于这种信息操纵到底能容忍多少？甚至法律有没有给这种信息操纵留下后门？对于政府怎么收集信息，怎么进行处理，大多数国家都有一套很成形的法律体制在后面支撑并且约束。这是所谓法律的信息功能：法律直接管理我们怎么接收信息，直接管理政府怎么提供信息。我们看到的宏观经济与社会数据背后都有很复杂的法律基础。而既然有这种法律基础，那么就有可能会有人试图通过改变或是利用它，去操纵信息从而去操纵民众的世界观。

这种操纵手段与前四种非常不一样。第一，这种手段对民众本身不具有强制性。你相不相信政府的官方 GDP 数字，基本不是政府能管得了的事，甚至不是政府试图去管的事。但是，它依然会给你这样一个数字，而这个数字到底是怎么产生的，背后则有各种各样的法律制度支撑。第二，前四种手段都既可以作用于意识形态的描述性部分，也可以作用于意识形态的规范性部分，而法律的信息功能只能作用于意识形态的描述性部分。政府无法通过操纵 GDP 直接要求民众信仰自由主义。即使某个自由主义国家操纵 GDP 数据，把自己的 GDP 拔得虚高，以至于民众更加认同该政权的合法性，但是这依然不是一种直接的作用，而是在通过实证部分间接地作用于规范性的价值观。

因此，这种信息手段的适用范围以及它所能直接影响到的世界观的组成部分，都比前四种要少。但在当下的政治环境里，尤其在西方自由主义社会里，这反而是它的优势而不是劣势。如前所述，在当下的社会里，一套世界观的政治成败往往更取决于它能否成功地把自己描述成物质发展层面上的成功者。比如冷战时期的美苏之争，实际上是非常纯粹的意识形态价值观之争，一个是资本主义自由主义社会，一个是共产主义社会，这两者之间在规范性价值上是有巨大冲突的。但是，美苏在全世界范围之内进行博弈并争取世界各国民众好感的时候，它们靠的是物质层面上的竞争，靠的是显示自己更强、更富，竞争谁先上太空、谁经济更好、军事能力更强，而不是谁的价值体系更具备纯道德层面上的吸引力。它们都相信，我一旦富强，一旦军事上占据霸权，就会有更多的人愿意相信我所代表的意识形态。原因在于，大多数现代人对于两种不同意识形态的取舍，不是取决于规范性层面上喜欢哪个，而是取决于哪一种主义更能给他们带来最直接的物质上的好处。

即使是 20 世纪末冷战之后，西方自由主义者觉得自己赢了，开始庆祝胜利的时候，比如说福山在讲历史终结的时候，他们对于自己如何胜利的叙事其实也往往具有非常强烈的物质特征。西方人会说，我们为什么能拖垮苏联，不是因为我们在规范性层面上具有什么更强的优越性，而是因为计划性经济本身具有不可持续性，因为它本身具有经济发展层面上的天然劣势，而我们是通过自己更优越的经济制度去战胜了对手。因此在 20 世纪末期，西方自由主义对民众的这种号召力更多的是一种经济层面上的号召力。

而在当下的世界格局里，在全世界各国的国家主义政治都在抬头的时候，各国比拼的依然是物质层面上的优越性。当下中美之间的竞争同样有很强的意识形态特征，但它真正的战场并不在规范性或道德性层面上。双方更多地是在比经济发展，比民众的生活水准，比科技进步。比如这回面对新冠，双方在比谁能控制得更好，谁能先把疫苗做出来，谁的经济相对稳定。从更长远的方面看，双方在比中国的 GDP 在几年之内可以赶超美国，美国的科技优势能保持多久等等。谁在这些问题上能显示自己的制度优越性，谁的意识形态就更有可能在世界范围内被中立的国家接纳，谁的软实力也就越强。在当下这种越发物质化的世界大环境中，不同的意识形态进行争斗，更多地是在描述性、叙述性层面进行争斗。因此，谁能让更多的人相信自己对世界的描述，能更多地让大家相信自己的物质优越性，谁就更容易成为成功者。

与此同时，很多现代社会的公民会本能地抗拒政府在规范性层面上的训诫，会认为这不是政府应该插手的事。反过来，这样的戒心似乎并不适用于政府或法律的信息功能。似乎也不能说人们对于法律的信息功能完全没有戒心，但确实要相对弱很多。原因很简单：我们很多人会认为我们在道德层面上是自主且自足的，但极少会有人认为他们对外部世界的事实认知也是可以完全自足的。我们对外部世界的认知不可避免地要依赖于政府的一些基本功能，而政府的这些基本信息功能往往是私营单位完全无法取代的。国家和社会在纯道德层面上不见得有什么非常明显的权威性或能力差异，但在对外部世界的认知与描述上，国家天然具有一些个体完全不具备的能力。因此它对这些能力的运用更不容易受到质疑，因为民众往往根本不知道该从何质疑。最明显的一个例子，在大多数自由主义社会里，法律对于前四种法律手段的运用有非常清晰的制裁和管制，但对于政府的信息功能则往往采取比较放任的态度。以美国法律为例，政府的信息收集与整理部门虽然也受一些法律体制的制约，但其实效果非常有限。比如说美国最大的信息部门，"The National Bureau of Economic Analysis"（国家经济分析局），美国大部分的宏观经济数据都是由它来进行统计并公布的。法律对它的运作有一些基本性的要求，比如对于程序透明性的要求，比如对于专家外审的程序性要求，比如对这个部门的政治独立性的一些基本保障，这些是写进法律里的。但是如果仔细想一想，这三个基本要求其实都是非常弱的要求。独立性仅仅是指数据局的大多数员工不受白宫直接任免，走的是官僚体系内部的聘用制度。但实际上，这个数据局的局长依然是由白宫指定的官员，因此完全可以具有政治性。至于专家外审功能是指专家怎么审、请哪些专家，这些问题都是任由该机构自行决定的。美国法律中并没有对该机构的专家外审有明确的硬性规定，而只是要求有这个形式就可以了。实际上，该机构的专家外审体制是非常弱的，它和美国经济学界的来往仅限于在最终的数据整理阶段，请一些专家做一个简单的外审。说句实话，最后就是象征性地盖个章同意即可，也基本不太可能出现不同意，因为他们看不到原始数据。至于透明度，法律要求的仅仅是一些程序性的通告而已，但并没有要求数据局要把原始数据全都开放给公众,事实上由于隐私权等原因往往也无法开放。

因此,这三点其实并不足以对数据局的具体运作产生非常有效的限制。法律的基本姿态更多的是:这个数据局由专家组成,它本身具有非常强烈的专业性,法律既管不了它,也没必要管,甚至不知道怎么管。如果法律试着强行去管数据局的话,很有可能会影响数据局的正常运作,得不偿失。因此,与其去干一个不在立法者能力范围之内的事情,还不如就干脆不管了。欧盟与此大同小异,甚至可能比美国更加放任一些。究其原因,可能是欧洲政治体系里面对专家的信任比美国更高些。欧盟会有一些原则性的、纲领性的文件,要求这些部门具有独立性、透明度、公正性和中立性,但给出的都是一些精神,并没有给出什么实际的管制规则,而各国也往往采取放任的态度。

那么,这样的态度是否合理?很多人会觉得这些部门本身确实很专业化,它们给的信息也是准确的、中立的,因此没有必要对它们进行特别具体的法律管制。大体上来讲,目前为止确实没有看到美国或者欧盟的这些信息部门出过什么特别明显的、规模特别大的丑闻。但即便如此,学界对于它们的具体运作其实一直有很强烈的批评,尤其是它们对具体数据怎么界定、怎么定义的问题,一直有非常强的争议性。比如说美国政府统计的警察枪杀案的数据,在此之前已经大概有十几年,学者一直在批评这些数据本身的统计方式,认为它们数什么不数什么,都是有偏见的。甚至有很多人会说,政府刻意通过这些概念层次的操作去压低警察枪杀案的数量,通过这样的手段使得警察的执法显得不那么暴力。与此同时,还有很多经济学者对于美国政府怎么统计民众的财富、怎么统计失业率,也一直有批评,认为政府通过操纵数据的概念界定来使得经济状况显得比实际的要更好一些。这些批评虽然已经存在了很长时间,但收效一直很小。学界大多数人会认为这些批评是有一定道理的,然而即使这样,依然没有能够对政府本身的运作产生影响,更没能推动任何法律管制层面上的进展。

当然,在欧美国家,我们很难找出非常明显的例子证明存在直接造假,偶尔也有例外,但规模和影响力都很有限。一般情况下政府不会直接造假,但是政府会在概念层面上做手脚。比如说:怎么定义人均财富?怎么定义人均的房产数量以及房产的价值?怎么定义房产价值?这些概念都具有一定的可操作性。像当下大家关注的新冠医疗数据,比如说阳性率是多少?有多少人得病?也都是可以做手脚的。

此外,在数据层面上,政府往往可以通过不作为进行政治操作。前四种手段都要求政府有一些主动性的法律行为,主动去赞扬或声讨某种理念。政府如果不主动出击,则很难对民众的意识形态信仰产生任何实质性干涉,尤其是对于人们的规范性信仰。信息则不一样,一旦政府不给民众提供新的数据,民众对于社会的认知往往会停滞,而刻意制造停滞本身也是一种操纵。举一个例子,众所周知,美国在新冠疫情爆发后的一个多月内,其检测力度一直是非常不够的。官方给出的说法是当时我们没有做好准备、材料不够、资源没有调动起来,因此慢了。但实情似乎比这个要复杂一些。特朗普的女婿贾里德·库什纳(Jared Kushner)在一次采访中就直接说过:我们刚开始就是不想搞测试,所以刻意耽搁了一阵。因为不搞测试,那么检测出的阳性案例就会低一些,民众就会不那么恐慌。这样,我们的抗疫活动可以在一种相对来说比较平和、比较稳定的社会局面下进行。我们没有直接造假,只是不去推广测试而已。

对于很多社会现象,在权威性信息颁布之前,民众往往很难自发地对它形成足够强烈的认知,因而会处于一种比较混沌,比较墨守成规的状态，而这种状态会有利于政府进行具有保守倾向的意识形态操作。很多民众会更愿意相信世界和之前差不多还是一个样子。在没有新的数据出来之前，他们不愿意相信世界已经变了。而价值观层面上就完全不一样，即使没有政府的价值观训诫，我们绝大多数人依然会不停地受到新的价值观影响，因为有各种基于自身或基于社会的影响来源。但是在实证层面上，一旦政府拒绝提供一些必要的宏观数据，我们对社会的认知很有可能就会停滞不前。有的时候，这种停滞本身是具有意识形态性的。

近四五年以来，随着西方政治的两极分化，随着左右之争变得越来越剧烈，双方在这些纯数据上的争斗、争吵以及互相指责也变得越来越激烈。但与此同时，依然没有任何人试图去立法管制政府一些信息部门的运作。这是一个很奇怪的现象，人们已经意识到这些信息存在被操纵的潜在可能性，认识到它们潜在的不客观性，但在过去的几十年内依然没有人试图通过法律手段去约束政府的信息功能。而与此形成鲜明反差的是，政府一旦试图通过另外四种手段去进行政治操作或者意识形态操作，则往往会引发非常强烈的政治反弹，会有各种各样非常清晰的立法去试图管制它们。前四种手段和这第五种手段相比，法律对于它们的纵容程度可以说是天差地别。

政府能够在信息层面上拥有这么大的权力，甚至可以不受法律的制约，归根到底是因为政府在某些信息维度上具有一定的天然垄断性。在宏观信息层面，政府和民间天然存在一些巨大的鸿沟，比如GDP。私营单位怎么统计GDP？在政府不提供原始素材的前提之下，这几乎是不可能的。其他的比如说房地产信息，因为本身房地产的注册以及登记就是要通过政府，这些信息只有政府有，政府具有更强烈、更天然的垄断地位。即使是疫情这种日常生活中可以感知到的事物，在任何一个大国内也没有民间组织可以替代政府去进行大规模的检测和数据统计。对于很多宏观层面上的数据，只有政府有基本的行政能力以及资源调动能力去提供这些东西。久而久之，这种能力上的垄断性会赋予政府以一些非常特殊的数据权威性。最清晰的一个例子是，在20世纪七八十年代，包括苏联内部学者在内的所有人都知道苏联对外宣传的 GNP 是假的。当然，它到底是太高还是太低是有一定争议的，但几乎所有研究苏联经济的人都知道，这个官方数字本身肯定是有问题的。但即便如此，当时的西方报纸在报道苏联当年经济情况和经济产能的时候，第一个引用的数据还是苏联官方的 GNP 数据。所有的专家都知道它是假的，但因为实在没有任何其他数据可以用，所以大家还是用它。在政府对这种数据拥有垄断能力时，往往也就拥有了一定的权威性，这种权威性甚至可以免疫于一些技术性、科学性的怀疑。

正因如此，政府在某些信息层面具有非常强烈的天然垄断能力，所以确实很难通过法律手段保障信息的准确性。具体操作这些数据的专家与技术官僚们所拥有的信息优势、专业优势是巨大的。而他们背后的政府机构一旦不想让民众去管这个事情，民众几乎是没法去管的，甚至根本就不知从何管起。即使立法也很难违逆政府的意愿，很难通过法律规制来保障客观性。相反，如果政府想通过法律手段搞信息操纵则是很容易的。

最后讲一点前瞻性的看法。我觉得大家现在都能意识到：当下我们所处的这个世界是一个意识形态之争愈发严重的世界，不管是在各国内部还是在国家之间。由于贫富差距拉大、西方内部的左右之争、精英主义与民粹主义的争斗，传统的左右之争变得越来越剧烈。而在国与国之间，不管是中国和美国之间，还是西方和中东之间，还是中印之间，都存在非常强烈的意识形态竞争。在这种大环境之下，意识形态的政治重要性只会越来越强。在之前的二三十年,西方人会一厢情愿地认为我们已经处于一个后意识形态世界了,全世界都信仰自由主义和民主,而如今这个认知已经基本上被打破了。即使在西方内部,自由主义是不是还绝对占据上风都已经很难讲了。在这种大环境之下,各国政府通过制度/法律手段进行意识形态操作很有可能会成为常态,包括在西方。

在这种大背景之下,其中最重要的操作方式恐怕就是通过信息去进行操纵,而这恰恰是民众认知里最薄弱的一个环节,是民众的世界观体系里最不设防的一个环节。在我们主观上最不设防、最容易接受政府权威的这一环节上,政府反而是最不受法律管制的。这是一个相当危险的现象,值得格外关注。

好了,今天就讲到这里,谢谢大家。很抱歉不能给大家更乐观的前瞻,但咱们所处的这个世界大概就是这个样子。接下来就期待诸位评议人的评议了。

陆宇峰教授(主持人):

好的,我们谢谢张泰苏教授!张泰苏教授真的是一流的法律史学者,上次陈利教授也给我们这样的印象,即只有顶尖的法律史研究学者才具有这种超强的理论能力,才能把法与社会的研究和法律史学的研究很充分地结合在一起。我认真做了笔记,在此简单地回顾一下。

张泰苏教授的讲座涉及社科法学内部多元化的方法论。大多数学者研究法律制度背后的经济条件,是一种硬碰硬的研究,张教授则希望研究制度与其他软因素之间的互动关系。根据是否因社会而变,又可以区分两种软因素,一种是自上而下起作用的意识形态,另一种是自下而上起作用的文化。从软因素出发研究法律制度,是张泰苏教授的研究特色。

张教授谈到学者长期以来都批评政治世界观对于法律造成的影响，但他提醒我们，不要忘了法律也会反过来影响政治世界观。这个问题，实际上与第1期"东方明珠大讲坛"於兴中老师所谈法律自主性的问题有一定的关联。今天可以看到，一面是法律确实存在自主性，但一面是，法律与法律之外其他的系统，包括政治、意识形态，它们在结构耦合的基础上，共振能力在增强。这两个问题是同时存在的。就此而言，我认为张泰苏教授的讲解丰富了我们对法律与其他社会系统或者意识形态之间关系的认识。

张教授也介绍了西方对于"ideology"的新认识，谈到其语义变迁，即从"虚假意识"到一种"建构主义认识论"的基础。每个人都必须通过一个系统完备的政治世界观去观察世界，这是张教授给我们带来的一个新认识。他更细致地谈到政治世界观兼具两个部分，既有规范性的部分，也有描述性的部分，它们是相辅相成、良性互动的。

通过这一套高度凝练的理论和方法论，张教授今天言简意赅地分析了法律影响意识形态的方式。他认为不仅存在着党同伐异、惩恶扬善这样一些方式，而且当前最重要的是法律通过它的信息控制、信息操纵功能在影响意识形态。他经过细致的对比，提出这样一种信息操纵的功能，实际上是法律影响意识形态更重要的方式。他用美苏争霸等例子对这个命题进行了历史论证，并且指出根源在于两个方面。一是世界物质化的背景，二是道德自主和外部世界认知本身就存在本质的内外之别。在此基础上，他也谈到了信息操纵功能在当代社会的特殊政治和法律地位，以及各国如何操纵信息的问题。最后他进行了一个前瞻，提醒我们意识形态之争在这个世界上正在加剧，必须警惕通过法律的信息操纵。

现在有请复旦大学法学院院长王志强教授，王志强教授也是一位视野十分开阔的法史学家,他的研究特色在于把清代的刑事司法放在清代政治的宏观背景下加以理解,而且他特别擅长中英法律史的比较和研究。他借助与英国先例制度的比较来理解清代刑事司法的文章,给我留下了十分深刻的印象。有请王志强教授!

三、与谈环节

王志强教授:

我阅读了泰苏老师前期相关的著作、文章和这次讲座的相关材料,特别是刚刚听了他的报告,有些想法跟大家分享。主要谈两点感想,也提三个问题。

两点感想,一是泰苏老师报告给我最深刻的启发,就是我们如何来看待宏大的问题,以及对这个宏大的问题如何从学术的角度进行具体地呈现和解决。泰苏老师涉及的意识形态、思想观念的问题,在社会科学的研究当中源远流长,至少从马克斯·韦伯开始就讨论思想观念如何影响行为、制度以及经济社会的发展。他一系列著名的著作,包括《新教伦理与资本主义精神》,我想大家相当熟悉了。泰苏老师展现了一种如何具体地呈现和切入宏大问题分析的方法论和学术上的技术性方式。

具体来说,他与大家分享的是意识形态与法律制度如何互动的问题。他也介绍到了,在观念意识如何影响法律制度这个维度上,他现在正在进行有关专著的写作,关于当时低税收观念如何影响清代的财政制度,乃至如何对世界历史的格局和现实的政治产生了深远的影响。

今天他的讨论是从另外一个方向上来展开的，是法律制度反过来如何影响到意识形态的问题。他展现了五种途径，特别是第五种途径，即政府的信息控制功能，泰苏老师非常深刻、全面地展开了论述。我们作为专业学者在研究当中如何超越学科的壁垒，如何回归一个学人的本色，如何拥有这样一种胸怀和抱负？世界不是以学科的方式而存在的，我们认知这个世界，通过学科的方式、通过研究法律的方式、通过研究法律史的方式来切入，实际上只是一种选择、一种技术上的安排、一种方便。但是我们应该始终记得，我们的使命是认知这整个的世界，这是作为一个学人始终需要全方面关怀的。

最后提三个问题。第一，有关法律制度与意识形态的互动关系，特别是前者对后者的影响。现在呈现出的法律制度缺位对意识形态的影响，是一种现象，而不是一种规范，当然这个缺位也是一种规范的呈现方式。因此，我想跟泰苏老师交流请教的是：法律规制这个点的前景如何？不管它以什么方式进行规制，或是继续保持一种不规制的方式，它是不是依然受制于意识形态？因此对信息供应是否应当规制、如何规制甚或追求特定的规制效果？在这个意义上，制度的前置条件、背后动力，我们如何来确认？意识形态与制度之间的互动关系的循环，是不是可以进一步往前推导？

第二，泰苏老师刚刚也提到了美国与欧洲之间的比较，体现在对政府态度的不同，当然他最后的结论是美国和欧洲大同小异。不过，美国和欧洲在社会文化、在对政府的态度上是有相当大的差别的。如果再把中国作为一个比较对象加入到这个维度当中去，就会发现美国和中国可能是这个问题的两极，而包括欧洲在内的很多的政治体制处于居中状态。这次疫情的防控清晰地体现了这一点。对政府的信任态度，对政府必须作为到什么程度的态度，是不是一种意识形态？它后续会细无声"。这个区分或许类似葛兰西的文化领导权(cultural hegemony)。我们知道,葛兰西讲领导权或者霸权(hegemony)有两个维度,第一个是强制(coercion),第二个就是同意(consent)。那么被统治者的同意(consent)是霸权不可或缺的部分,但是被统治者如何会同意一种可能有损于他们自己利益的意识形态呢?这就需要通过一种潜移默化的方式,形成一种稳定的经验认知框架。对意识形态的规范与经验两个层面的区分,或许可以进一步丰富葛兰西的文化霸权理论。

而历史经验告诉我们,如果经验认知的框架被摧毁,规范的层面也可能会随之发生崩溃。一个重要的例子就是儒家在近代遭遇的命运。鸦片战争以来,儒家的经验认知框架一直受到西方现代挑战,比如说原来觉得轻徭薄赋能带来天下大治,最后发现一群收税收得特别狠的国家搞成了工业化,然后对传统的农业帝国进行"降维打击";原来觉得好好遵循三纲五常的伦理秩序,中国自然就是天下中心,结果来了一群伦理观念大相径庭的殖民主义者,不仅埋葬了朝贡体系,而且把中国变成了半殖民地国家。这在经验层面的认知打击很沉重,结果就是规范层面的内容也就逐渐崩溃。于是先有"托古改制"的努力,通过对经文进行重新解释,引入新的因素,后来就干脆抛弃了经学,把儒家的规范框架拆解掉了。到了 20 世纪,我们其实又重建了一个新的经验解释框架,一度还能辐射许多其他国家。但是 20 世纪 80 年代国门一打开,跟西方的贫富对比特别强烈,经验层面的冲击太大,原有的规范体系也就受到很大挑战。我认为,把意识形态的两个层面的区分,运用到 19 世纪以来中国意识形态的演变过程当中,会具有一定的解释力。

第二点,有关泰苏老师谈到的通过法律制度手段进行信息操控的问题,换一个角度来看就是国家认证的问题,每个现代国家都要先收集信息,并对信息进行归类、认证。欧树军的《国家基础能力的基础》对这种认证能力进行了研究。认证的对象大概有人、财、物、行、事5种，需要建立一个分类的体系规范，这个分类体系规范表面上看起来是客观的，但背后往往会反映特定的世界观、价值观。比如说搞经济统计，苏联长期在国内用的是工农业总产值，美国用的是GDP，这两套统计方式其实是不太一样的，它背后反映的是不同的经济观念。同样一片土地，在计划经济下的中国与苏联，它会无偿划拨；在美国会上市交易，产生一个交易数字，并用GDP来统计。在计划经济之下，你会发现好像没有产生交易，因为它的数字是0。这说明，如果用GDP来统计计划经济下的经济总量，就可能存在一个不匹配的问题。前些年，我们也会做一个回溯性的统计，给计划经济下没有GDP统计的年份估算一个GDP，然后和开始有GDP统计之后的年份进行一个对比。这个估算和对比，我想背后也是有它的政治议程的。再举一个例子，比如说身份证上写不写民族的问题，这些年也形成一些讨论。有学者认为，身份证上写民族是苏联式民族政策的体现，但苏联已经解体，所以这个方式也应被抛弃，而应该学习美国的做法。但是我们知道，美国国内也有围绕族裔问题展开的激烈的认证政治。我们这些在美国长期住过的人都知道，我们平时填的很多表格上都要求写上我们的族裔身份，有一类别叫作亚裔。但是自从2016年以来，许多州就通过法案把亚裔进一步分为好几类，这就让很多华人不满，觉得为什么欧洲裔不细分？非洲裔不细分？拉丁裔不细分？偏偏细分亚裔？这摆明了是要削弱华人的影响力嘛。所以，这种国家认证范畴就会成为族群政治斗争的出发点，它看起来与意识形态没有关系，但实际上在意识形态上是高度敏感的。所以，泰苏的研究证明，法律制度的信息功能本身跟国家的认证能力高度相关，而在认证行为中适用特定的价值观念，是有大量的操作空间的。

第三点，关于泰苏老师的结论，我提一个问题。泰苏老师展望未来发生什么样的作用?

第三,现在信息的功能由政府垄断,这个现象已经发生了一定程度的变化。虽然在泰苏老师刚刚的呈现中,确实有非常非常多的统计数据和信息是由政府所掌握的,但是随着社会信息的扁平化,获得途径的增多,这一点是否能在某种程度上改变整个发展的导向? 更进一步,由于其他各种变量的掺杂加入,我们在判断因果关系时,如果把这个因果链条拉长,会发现意识形态影响法律制度,法律制度又影响意识形态。通常我们谈到这个因果关系时,它是一个单向的、一维的链条,但这个世界的因果关系不是这么简单的。特别是人类这样一个复杂的群体,加上他们多样的生活状态。所以法律制度不是只受意识形态影响,意识形态也不是只受法律影响。关键是,如何在建构因果关系链条的过程当中控制变量,以便更准确地测度和判断它们之间起作用的程度。关于这种因果关系的密切性和充分性,我想进一步听泰苏老师跟我们分享。谢谢!

陆宇峰教授（主持人）：

谢谢王院长。王院长认为张泰苏教授的讲座是一个呈现、分析和解决宏大问题的典范。他将这场讲座纳入了一个更传统的学术脉络,从马克斯·韦伯对于观念如何影响制度和经济发展的论述出发进行理解。他同时认为这场讲座体现了超越学科壁垒、回归学人本色的雄心,强调法律不过是学人完成认知世界使命的一个切入点。这些判断都对我们深有启发。

当然王老师还提出了三个问题,我简单复述一下。第一个问题,信息操纵到底是法律制度缺位的后果,还是法律规制的结果? 对于信息操纵进行规制的法律本身,是不是又要受到意识形态这个前件的操纵?

第二个问题，美、欧、中之间关于政府信息操纵是否存在差异？第三个问题，对于张泰苏教授提到的灰暗的前景，王院长提出，我们社会获得信息的渠道增多，是不是会改变信息操纵的可能范围？另一方面，政治和法律与意识形态之间的关系，是否是单一的因果关系？是否可以把信息操纵的问题放在一个更复杂的因果链条去理解？我们首先请下一位与谈人发表见解，然后请张泰苏教授做整体回应。

再次谢谢王志强院长，接下来有请北京大学法学院的章永乐副教授。章老师这些年是中国法律史研究的议题设定者，他对清帝退位诏书的研究十分有名，涉及中华民国的正统性问题。他所讨论的"中国的光荣革命为何不能成功？"，引起了法学界和史学界共同的重视。

章永乐副教授：

非常感谢宇峰和文生老师的邀请。我上次在北大听泰苏老师谈了他正在写的有关清代财政国家的书，今天再一次在现场聆听了泰苏老师最新的研究。泰苏兄是我们同龄学人中的佼佼者，他做的研究立基于法学，理论关怀超出法学，涉及多个学科，在社会科学的高阶理论层面展开思考，展现出了大格局、大气象。今天他讲的研究内容，对意识形态的规范与经验两个层面的划分非常关键，我认为这个划分非常有分析意义。我也同意他的前瞻性结论：在当前的形势下，未来的若干年，通过法律制度手段进行意识形态操作，恐怕会成为常态，信息操纵会在里面起到举足轻重的作用。下面我大致从五个方面谈谈我的感想。

第一点，是泰苏兄对意识形态两个层面的划分。泰苏兄谈到在规范层面进行灌输，在当代条件下是成本比较高的，但是意识形态往往可以作为对经验的解释框架，作为一种经验的整合模式发挥作用，"润物时指出，未来的若干年，通过法律制度手段进行意识形态操作，恐怕逐渐会成为常态，信息操作在其中会起到举足轻重的作用。正如他之前提到的，这种情况并不是第一次发生，在冷战期间就已经很厉害了。泰苏指出了很有意思的一点，当时双方关注的核心还是经验层面，看哪个主义能够带来更大的物质上的好处，所以对经济数据都很看重——这让我想到当年海德格尔对于美苏两边共同的批判。我们现在还知道，许多苏联笑话其实都是 CIA 编造的，只不过那个时代信息战主要是在各自社会内部展开，主要是防止本国国民受另一个阵营的影响，没有今天触目可及的"信息全球化"。与以往相比，现在比较容易在对方社会里面投放一个话题，然后让它发酵，撕裂对方的社会。而当时主要还是在本社会内部进行宣传。所以我特别想请他分析一下，冷战时期的信息战和我们今天的信息战会有什么样的相似和不同之处。

第四点，关于泰苏提到的什么类型的国家会更容易数据造假的问题，我的看法是，无论是什么意识形态的国家，只要是现代国家基本上都有官僚组织和政党组织，具体的行动者要谋取利益的最大化和责任/风险的最小化，都会产生数据造假的动机。这里的关键只在于利益相关方有没有渠道质疑和挑战，做有效的事实查验。我们可以发现，美国政府给外国政府、外国人造谣，风险相对是比较小的，因为外国人与外国政府要找超级大国纠正错误信息，成本比较高。去年，美国的国务卿蓬佩奥散布关于华为的种种谣言。今年，特朗普又针对中国抗疫发表了很多看法，一开始讲中国做得很透明，他非常欣赏，但等到他自己抗疫不利时，便到处造谣说中国不透明。我们怎么来看这些政府机关和官员的造谣行为？这里面是不是存在一个领域的问题？一般来讲，在军事、外交、国家安全等领域，敌我矛盾的思维更突出一些，对透明度的要求会低一些。这里我再引用蓬佩奥的一句话，他曾在德州农工大学讲:"我曾经担任美国中央情报局的局长,我们撒谎,我们欺骗,我们偷窃,我们还有一门课程,专门来教这些,这才是美国不断探索进取的荣耀",这句话说得非常直白。所以我认为,当我们说未来会出现更大的信息操控的时候,是否要讨论国际与国内的区别、国内不同领域的区别、国际领域的不同区别,等等。

第五点,也是最后一点,有关作为/不作为(action/inaction)的问题,信息操纵到底主要是通过作为还是不作为来实现?泰苏特别强调特朗普政府通过不作为来操纵信息。但我反思了一下这几个月来我所观察到的现象,我觉得作为与不作为之间的界限好像并不清晰。比如说,特朗普虽然没有直接抛出美国疫情的假数字,但他做了一个很有意思的类比。他给你提供一个参考框架(reference framework),将新冠肺炎比作是一个大号的流感,那么很多听信他的人就放松警惕了,不把疫情当回事了。就这件事情而言,它到底是一个作为还是不作为?此外,特朗普支持国防部将"罗斯福号"航母的舰长开除,因为这个舰长想把"罗斯福"号上的疫情信息披露出来。那么,这个行为到底是属于作为,还是属于不作为?

在信息操作层面,我大致有这么一些思考和困惑,想听听泰苏老师的回应。总之,我受到了很大的启发,希望我们接下来的讨论能带来更多的启发。好,谢谢大家!

陆宇峰教授(主持人):

好的,谢谢章永乐教授。章教授高度肯定了泰苏教授今天的讲座。他认为泰苏教授有关意识形态规范性和描述性两个层面的划分具有相当的重要性,甚至提出该理论丰富了葛兰西的文化霸权理论,并且结合中国历史,进一步证明规范层面与经验层面互动理论的解释力。在章老师看来,这一讨论其实跟国家认证能力高度相关。在此基础上,他进一步提出了一系列问题,比如美苏冷战期间也有信息战,其与今天的信息操纵有何异同？此外,针对张泰苏老师讲的自由主义国家一般不会直接进行数据造假,章永乐教授提出了疑问,他认为,现代官僚组织和政党组织都有数据造假的动机。那么,关于数据造假是不是还要区分领域,比如国际与国内？军事这些特殊领域是不是数据造假也有另外的情况？最后,他还提出信息操纵的方式能不能清晰划分边界的问题,比如是通过行动还是不行动来操纵是否能够明确区分？谢谢章老师的分享。

接下来有请北京大学法学院副教授戴昕老师进行与谈。我读过戴老师很多有意思的文章,比如他在《法制与社会发展》上发表的文章,谈到"守法作为借口",法律上的"禁酒令"成了一个挡酒词,使得人们可以去破坏既有的社会规范,这可能是法律的新功能,也是对守法的新理解。我觉得这种法与社会研究非常有意思,有请戴昕老师。

戴昕副教授：

好,谢谢陆老师,谢谢屈文生老师,谢谢主办方给我这个机会。泰苏老师这个讲座对我很有启发,我本人一直以来对法律的表达功能(expressive function)、文化认知等主题的研究也很感兴趣,包括刚才陆宇峰老师讲的,之前写的文章,其实讲的就是法律的表达功能及其如何影响行为的社会含义(social meaning)问题。

泰苏老师这个讲座给我的第一个启发,实际上是让我重新思考有关法律信息功能的理论表述。我自己理解,法律的信息功能其实是一个比较宽的说法。就是说实际上泰苏老师讲了五种法律影响意识形态或者说人的认知的机制,并把最后的第五种叫作信息功能。但如果要我最开始来想这个问题,我觉得这五种其实都可说是信息机制。法律经济学,或者泰苏老师说的传统的非常硬核的法律经济学,对人的效用函数的内容界定得比较窄,基本上就要挣钱,要吃饭,其他方面的因素都不能用来解释人的实际行为。但如果稍微软一点,当代对效用函数的界定都是更加宽泛的。人实际上之所以选择、决策、行为,想追求的东西有许多相对比较软一点的价值。

所以如果按照我的理解,我倒是觉得很多时候泰苏老师说的传统机制和信息机制是勾连在一起的。我觉得像泰苏老师讲的信息,更多的是描述性的信息、客观性的信息,他可能是说,我们的法律或者制度去影响对世界的客观描述,对世界的客观描述影响人的世界观,影响世界观之后呢,再影响价值观,世界观和价值观再影响人的认知和行动。但是我觉得如果用这种传统的说法,比如所谓新芝加哥学派的说法,其实他们也都谈到这个问题,无非就是说这些都是通过运用信息影响特定效用函数的人选择某种行为,包括选择认知策略,对吧?我们希望自己感觉好一点,希望我看到的世界状况让我感觉我的主观的效应能够提升,这些东西都可以通过信息来影响。所以我不知道泰苏老师怎么去理解,当然这可能只是理论建构方式不同,建构成一类机制还是两类机制,但本质上说的是一回事。

正好我跟泰苏老师昨天参加另外一个会,讲《民法典》,那是个特别好的例子,体现出法律影响意识形态的这些不同机制往往混在一起,很难分开。官方对《民法典》首先提供了非常宽泛的造势宣传,营造氛围,提供一般性的信息,说这个东西很厉害,结果老百姓马上也会觉得很重要,然后很关注这个事情,甚至觉得因为有了《民法典》,我是不是以后应该做一个更加守法的人。这些机制实际上是很管用的,有的时候超出我们这些学者的想象。最近跟不认识的法律界以外的人吃饭,他见到我,听说是搞法律的,就说最近要有一件大事,就是《民法典》。我当时没有表现出兴奋,他很快读出我的表情,他就感到很难过,意思是你学法律的人,你居然不像我一样感受到这种激动和振奋。我看他的表情,我发现他是非常真诚的,真诚得以至于让我自己感到非常难过了,我觉得自己好像是局外人。就是这么大的一个事情,大家都这么激动的事情,你怎么不激动?所以,你会发现,通过信息确实能够营造氛围,而这对法律本身的运作很重要,这也是为什么官方要去这么做,这是一般性营造氛围。

此外,比如说像《民法典》中有很多不同的条文,绝大多数条文其实老百姓并不关注,但是给老百姓宣传的时候,讲的都是人格权,离婚冷静期,性骚扰,等等这类条文。因此我们发现,一个法典当中,有一些具体条款实际上也是为了烘托气氛,是为其他一些条款铺路的。通过这些条文传递信息,然后营造出这些氛围,对老百姓产生规训效果,实际上使得你整个法律的进一步实施会更加顺畅。

还有,学理上我们还经常说,法律的信息功能,可以理解为其直接影响人们基于自身效用函数进行选择时所面临的整体信息条件。我们所有的理性选择都是在处理信息的基础之上做出的,所以说我们发现法律上有很多这种直接调整人类行为所处的信息环境的规则。比如说,有关诽谤的规则、隐私的规则、虚假广告的规则等等。你在这个世界当中,要在生活当中做各种决策,你就要有信息,法律现在让一些信息不能说出来,让一些信息只能用一些特定的方式说出来,这样的调整方式其实是很常见的,哪怕在自由主义的法律体系当中,这种法律规则仍然很多,对人们的生活影响很大。比如像美国法里面稍微微妙一点的,拉斯特诉沙利文案(Rust v. Sullivan);比如说要求医生,你不能在怀孕的女性来找你的时候,告诉她你其实还有一个选项是可以堕胎,虽然她如果要自己主动提出堕胎的话，法律本身说了人家是有权利堕胎的。这实际上就是一种通过信息调整行为，减少你可能获得的信息，影响你的决策。

另外，还有像刚才陆宇峰老师讲我以前写的关于法律影响社会含义的问题，有时候法律向语境中增加了很多信息之后，实际上改变了一个特定的行动在社会规范当中的含义。本来不喝酒，大家都认为你这人真不像话，不给面子，但是现在法律说了，你喝酒后开车出去就要判刑，那我不是不给面子，不是对你不尊敬，我实在是怕蹲监狱，是吧？这个时候，大家哪怕其实不相信，但是行为在公开交往中的社会涵义确实是变了，大家基本上觉得这是可以进行互动的一个基础。

所以，我觉得特别有意思的是，泰苏老师说他想研究的是稍微"软"一点的东西，但其实从我自己角度来讲，当我们进入到这种非常具体的信息影响行为的机制的时候，其实至少我自己看来，这些都是非常硬的研究。我认为软的研究是，比如说我们传统上讲，因为这个国家是社会主义的，那个国家是自由主义的，所以它们就不同；或者这个国家是西方传统的，这个国家是东方传统的，所以自然就如何，这个我觉得是比较软的，因为中间那么长的解释链条全都被略过了。但是任何时候，只要我们从大前提出发，再进去找它具体的可观察或验证的行为机制进行解释的时候，这就是比较硬的理论了。所以我不知道泰苏老师怎么看他自己理论上的定位，我觉得这个挺有意思的，我也觉得特别受启发。

当然回到我比较感兴趣的关于法律塑造社会行动的信息环境这个问题，我觉得这里面还有一个具体一点的，包括宇峰老师也讲了，法律的影响有所谓作为和不作为（action 和 inaction）两种模式。比如我们刚才说过，其实法律当中有很多直接阻碍特定信息出现和传播的规则，哪怕是在美国的这种体制之下，诽谤、侵犯隐私、虚假广告、虚假宣传，甚至一些信用评价等等，这些也都会受到法律的规制。这实际上是在调整我们能够接触到的信息,然后通过这个来影响人们的行为。但是很多时候,"inaction"对信息环境同样会有重要影响,体现在哪呢？你会发现,不管是法律说你这个话能说,还是说你这个话说了我不管,最后达到什么样的对社会认知和行为的影响效果,都不是只看法律它本身如何要求,而要看它是在什么背景和语境中发挥作用,或者它在什么样的基础的信息环境当中选择"action"或"inaction"。最近很有意思的例子是特朗普和推特(Twitter)以及脸书(Facebook)之间的不同互动。特朗普在推特上发了一条有煽动性的推文,然后推特就标注说这条推文煽动暴力,但是脸书说特朗普作为用户发什么东西,我不能管,商业平台要保持中立,同时法律也没有要求我们去管。实际上美国的《通信品位法》(Communication Decency Act)是很有意思的,该法第230条讲,平台上用户说的话,平台怎么处理法律都不管,用户说的话,平台管也没有责任,不管也没有责任；虽然立法目的本来是希望平台要管的,但是实际上一直以来就没太有人管。如今的争议就是,像特朗普发这种推文,平台到底该管还是不该管,而法律到底该不该要求平台管。所以说这事管了之后,特朗普就骂推特,甚至出了行政令,说以后你小心这个第230条豁免就没了。那脸书不管,结果一帮左派出来骂扎克伯格,说你怎么不管？特朗普他胡说八道,然后你还不管。所以这个很有意思,我觉得很清楚地让我们看到,法律规制信息时,看上去的介入和不介入,这个形式自身不决定规制的影响和后果,关键还要看法律采取的措施是作用在什么样的已经存在的基础信息环境之上,没介入前已经是个什么环境,介入的话又会是个什么环境。

因此从这儿再往前走一步,言论法领域讲得比较少的,至少在美国讲得比较少,但在我们国家实践比较多的,就是所谓"government speech"(政府言论)的问题,或者在我们国家叫宣传。宣传是好词儿,在美国"propaganda"是个坏词儿，所以民众称之为"government speech"。我觉得正如泰苏老师所说，这在未来会是越来越被重视的问题。对于政府来说，你去管别人说话，大家都不喜欢，所以这个时候你要考虑，我政府自己要去说，但怎么说呢？一个当然是提供这种客观描述信息，正如泰苏老师所说，在美国，法律上基本没有什么限制，只有专业上的限制。这个是很重要的。但是实际上，除此之外，哪怕说政府讲其他很多事情，在美国法律上恐怕也没有什么特别多的限制，比如特朗普不让下面人说话，不违反第一修正案，自己胡说八道，也基本没什么事。"presidential defamation"（来自总统的诽谤）到底有什么责任，现在还在讨论，所以我觉得这个其实挺有意思。下一步的话，我们要看，不管在中国还是美国，以前的法律主要关注政府限制政府以外其他主体的言说，但未来重点可能要转到关注政府自身的言说。

如果真转到这儿来，我们现在已经有的这些知识或者理解，能否对思考这个问题有些启发？传统上，其实我们在理论上也一直有讨论，法律主动要去提供信息的时候，或主动要去建构信息环境的时候，会有何种考虑？比如说刑法理论上讲所谓音效隔离（acoustic separation），就是讲裁判规则和行为规则的区别，就是说刑法给老百姓提出的要求，我们希望尽量是很严格的，它符合人们一般的道德直觉，比较刚性，但是案件到了法院之后，法院有很大的灵活裁量的出罪空间。有人觉得这其实还不错，因为你把给老百姓说的这些东西搞得特别复杂，法律的实际行为效果就未必好了。但是，法律对专业人士说的时候相对复杂一点，精细一点，那这样的话能够处理好一点。我自己以前最早接触这个理论的时候，我就说这个东西不可能。因为根据最简化的经济学原理，信息一定是流动的，怎么可能说裁判规则、行为规则不一样呢，对吧？说你老百姓难道不会去看法官怎么判，去了解说其实虽然看上去好像跟我说很严,但实际上没有那么严,是吧?我们生活当中经常有这样的事情,这个事你别看白纸黑字说得那么严,但没关系的,有各种各样的后门之类可以走。

但在今天,我觉得比较有意思的是,可以发现这种"信息茧房"是很普遍的,包括认知的这种区隔的问题。我们这个世界把人和人之间的三观的不同,已经通过网络清晰地摆在明面上了,这个时候政府要想搞这种音效隔离,就比较容易了。当然这会产生什么样的危险,大家都知道,自由主义理论对这个说了很多了,对吧?政府说一套做一套,或者说对己自由主义,对人家长主义,等等。但未来,我觉得这种操纵可能不可避免,实际上是往这个方向在走,很多领域已经如此。最后,政府如果想通过信息的方式去实现某种政策目的、规制目的、行为调整目的,可能都是要往这个方向走,而且也可以做,对吧?商家都可以定向投放广告,政府要去定向投放宣传的话,当然也会变得越来越容易。

所以我大概就是有这几个感想,主要是感想,其中包含几个问题,看看泰苏老师有什么进一步的指教,好,谢谢。

陆宇峰教授(主持人):

好的,谢谢戴昕老师。他的发言大开脑洞,对法律的信息功能作了更广义的理解。这可能跟戴昕老师法律经济学的背景相关,他认为信息其实不仅有软的,硬的也是信息,描述性的是信息,规范性的也是信息。他举了很多例子,比如《民法典》本身就带有信息功能。他还认为可以讨论直接针对信息的法律,包括隐私、言论自由,包括马上要制定的个人信息相关法律。他谈到法律与信息基础环境之间的关系,可能对法律的实施有很大的影响,也谈到政府言论的问题,最后谈到了很有意思的裁判规则与行为规则的分离问题。我刚刚才意识到,确实如戴昕老师所讲的,这可能是法律人与所谓外行人信息环境不同的结果。

接下来我们有请清华大学的刘晗副教授,他是我母校的青年老师,也是研究美国宪法和网络法的专家,有请刘晗老师!

刘晗副教授:

谢谢陆老师! 非常荣幸能来到这个场合,评议张老师的最新研究。我先从一个小事说起:2008年金融危机刚过,我去美国读书,第一次跟张老师见面时,他还在读博士。当时中午在一个小中餐馆里吃饭,张老师穿着一件粉色的衬衫,上衣口袋里揣着一本中国护照。我为什么要说这个? 当时我就感觉到,张老师虽然在美国读了这么多年书,但很有家国情怀。所以大家可能也注意到了,张老师的 PPT 最后一页提到展望未来的时候,我自己能深深地感到他内心当中一些非常复杂的情感,我相信这也会融入到他的研究当中。

在网络环境当中大家注意力的极限是 7 分钟,所以我尽量在 10 分钟内结束。我主要是谈一些体会,主要是两个话题与一个小问题。张老师之前在做清代财政研究时,对法律与意识形态的关系已经有了深入探讨。我们可以把意识形态简称为"三观",这个话题也随之变成了法律与"三观"的关系。张老师在书中提到,为什么清代财政的基础非常薄弱,这其中就有意识形态的原因,比如儒家士大夫根深蒂固的轻徭薄赋观念。因此,我觉得这个话题特别重要。

它又可以拆分为两个话题,第一个话题是"三观"如何影响法律,这种影响是宽泛的。比如美国 1905 年的"洛克纳案"涉及是否给面包工人以最高工作时间保护的问题,美国著名的霍姆斯大法官依据自由放任主义和社会达尔文主义的三观进行了审判,可见意识形态对法律具有很大影响。特别是,对美国的大法官而言,如果他们缺乏对特定事项的了解时，同样可能因为一些很偶然的信息影响到他们的三观，以至于影响到他们的判决。比如在美国同性恋的平权运动历史中，1986年的"鲍威尔案"涉及同性恋行为是否合法。当时9个大法官中其他8个大法官形成了4∶4的均势结果，等待鲍威尔大法官形成最终意见，鲍威尔大法官当时很犹豫，因为他从来没有见过同性恋，并不了解这个事情，以至于不知道该怎么评判同性恋。他当时就跟他的法官助理聊天，其实他的法官助理就是同性恋，但是因为当时比较胆怯，就没有公开地跟鲍威尔大法官说明情况。后来整个同性恋平权运动就特别痛恨这个法官助理，并指责他的怯懦，以至于华盛顿地区的同性恋聚会都完全不让他参与。从这个例子可以看到，有些时候很偶然的信息会影响到人的三观，人的三观又会影响到具体的司法判决。

第二个话题是法律是如何影响到人的"三观"，这也是张老师讲座最具有创新性之处。关于信息和数据的问题，很多时候大数据分析都会影响人们对一些问题的看法。比如，可能过去我们都认为婚姻有七年之痒，但我上次去最高人民法院，通过司法系统的大数据了解到，结婚之后的三年是诉讼离婚的高峰期。由此观之，整个公共系统通过算法对大数据进行分析之后，得出的一些结论可能会更具有科学性，更具有说服力，从而更具有社会影响力。反过来看，如何去规制大数据，如何为大数据立法，如何限制对信息的采集、处理以及对算法的使用，这不仅仅是经济层面的问题，也不只是个人权利的问题。从更深层次来看，大数据规制具有"三观"的意涵，法律会在三观层面影响整个社会。换言之，通过张老师的讲座，我感受到有些时候数据本身也是一种社会修辞，我之前读过一本书叫"*If You're So Smart*"(《如果你这么聪明的话》)，书中提到经济学中好多数据分析被包装成科学真理，但其实也不过是一种修辞，不过是一种说服的方式。尤其在我们现在这个网络信息社会,这个问题可能会有更大的思考空间。

张老师在讨论法律与三观的关系时,是在不同的意义上使用法律的概念的。所以最后我想问一个与之相关的小问题,法律究竟是一种社会控制系统,还是一种社会改造的途径?希望张老师能够帮我们澄清一下,谢谢!

陆宇峰教授(主持人):

好的,感谢刘晗老师!他深情回忆了12年前见到泰苏教授的画面,并指出这跟泰苏教授讲座展望未来的复杂情感是联系在一起的,他也再次向大家推荐了泰苏教授的著作,关于轻徭薄赋的儒家意识形态与清代财政能力的关系的问题,确实值得我们认真阅读与思考。刘晗老师也补充了很多关于信息如何影响三观的例子,最后提出了"法律究竟是社会控制系统,还是社会改造途径"的重要问题,非常感谢刘晗老师的精彩分享!

今天临时插入了一个环节,有请上海交通大学凯原法学院郑戈教授发言。他是北京大学法学硕士、法学博士,杜克大学法学硕士,多伦多大学法学博士,对韦伯理论和法律经济学都有非常深入的研究,有请郑老师发言。

郑戈教授:

好的。今天我本来没有发言的计划,但因为在场师生中有很多是我的朋友,我跟泰苏也是阔别已久,已有两年,所以借此机会,与大家打个招呼。我想提两点,既是评论又是问题。

第一个问题是法律与意识形态的关系。这个问题与永乐刚才的评论也有关,即意识形态其实是无处不在的。泰苏刚才讲到自由主义国家强调国家中立,不应该用法律去推行意识形态,又专门讲了中东的例子,指出即使是在中东的伊斯兰教国家,如果政府强行要用法律来推行意识形态,可能也会存在一些问题。我可能会有不同的理解,我专门去研究过伊朗宪法,伊朗宪法就是典型的用法律去推行意识形态的宪法,比如国家的最高领导人被称作最高领袖,同时也是伊朗的精神领袖。因此,我可能会不太同意泰苏的观点。

法国经济学家托马斯·皮凯蒂(Thomas Piketty)的《21世纪资本论》曾经在全世界范围内产生了很大的影响,他去年又刚刚出版了《不平等与意识形态》一书。在这本书中,皮凯蒂很深入地研究了意识形态如何影响世界各国的法律,而法律又如何去巩固这种意识形态。总之,不平等无所不在,不同的国家会用各种不同的意识形态和被这种意识形态所支撑的法律来论证不平等如何是合理的,处在不平等的金字塔底端的人,应该心安理得地去接受这种状态,因为这是由于这些人自身不足又不够努力等等自身因素造成的。支撑自由民主国家不平等状态的意识形态主要就是精英主义(meritocracy)。我想听一下泰苏对这个问题的看法。

第二个问题是在国家安全领域中法律与意识形态的关系。这个问题也延续了刚才永乐提供的分领域思考问题的进路。在国家安全领域,"涉港国安法"是近期国内的热点话题,与之相关的背景是,美国有所谓的"counterinsurgency law"(简称 COIN),即"平叛法"。这当然不是一个具体的"部门法"的名称,而是一种推行美国意识形态的法律形态的名称。我有一位美国博士生专门研究美国的"counterinsurgency law"。范德比尔特大学法学院的加内什·施塔拉曼(Ganesh Sitaraman)教授也专门研究平叛法,他出版过《平叛者的宪法:小型战争时代的法律》(牛津大学出版社2013年版)。这种法律被用来指导美国去其他国家从事所谓的"平叛"工作,而认定"叛乱"与否,则由意识形态来界定。在实践中,美国往往会有选择性地支持某些和美国属于同一阵营的国家的政府,或者去支持反政府的力量。一些主权国家的合法政府有时反倒被美国认为是"叛乱者",因为它们威胁到了美国的安全利益。非常典型的例子包括美国对待叙利亚和利比亚问题,也包括对待我国的香港特别行政区问题时的态度与做法,即美国看待这些问题时,会把反政府的力量,看成是美国的盟友。"平叛法"这个例子不仅充分说明了美国的"双标",更说明美国毫不掩饰地用法律来推行自己的意识形态。我也想听听泰苏对这个问题的看法。

我就讲这些,谢谢!

陆宇峰教授(主持人):

感谢郑老师的参与和补充。大概一周多以前,郑老师就说看到了讲座预告,想要参加。我担心自己太忙忘记给郑老师发会议号,郑老师说肯定会催我,昨天晚上果然来催我了。可以看出,郑老师对我们这场讲座非常支持,十分感谢郑老师!也再次感谢张泰苏教授、王志强院长、章永乐教授、戴昕教授、刘晗教授。尽管讲座已经很晚了,几位与谈人都向张泰苏教授提出了问题,还是辛苦泰苏教授统一回复,谢谢!

张泰苏教授:

首先非常感谢诸位评议人以及郑老师提出的这些问题,整个过程让我很愉快,提问也非常好,剩下的时间可能不足以回答全部的问题,所以我只能选择几个问题,尤其是让我觉得有火花的问题做出回应。

首先回答王志强老师的两个问题。第一个问题,是关于法律缺位与主动规制的问题。某种程度上,法律对于信息的影响,是既通过缺位又通过主动规制去影响的。但在法律对于信息操纵的良性管制这一层面，法律往往是缺位的。政府和民众在数据掌握方面存在巨大的能量鸿沟与能力鸿沟，使得这种法律的缺位几乎成为必然。与此同时，如果有人通过法律搞恶性的信息操纵，则往往会通过法律手段主动规制信息。比如说，共和党前两年有一个提案，要求在美国所有由科研专家组成的信息部门里，必须保证民主党和共和党人各占一半。这相当于明目张胆地通过法律的主动规制去搞信息操作。因为美国学术界95%都是左派，右派属于绝对弱势地位，而如果要强行让右派学者在政府的这些专业部门里达到50%，很明显就会对这些信息的收集、界定、认知、分析产生非常巨大的影响，使得它偏离学术界主流的客观认知。当然，也不是说学术界的认知本身是完全客观的，而是说法律可以通过这种手段去进行各种各样的主动操作，去搞一些破坏性的操作，而这是很容易的事情。当然，我今天强调的缺位更多的是良性管制上的缺位，这是我更为关心的问题。

第二个问题，是关于信息是否正在扁平化与平民化的问题。我对大信息和对互联网的认识与其他人的直观认识似乎不太一样。大信息与互联网看似是给了民众更多的通过非政府渠道获取信息、交流意见和形成共识的渠道与平台，但这些渠道本身是否真的促进了所谓公民社会的形成，是否使得民众真正能够更独立于政府，形成自己的这个规范领域？其实仔细想一想，就会发现并不是这样子的。在绝大多数国家里，政府对互联网和大数据的操控能力都强过民众。因为互联网的存在，某种程度上使得民众面对的信息体量比之前涨了10倍到20倍，甚至几百倍。这反而使得单个民众在信息层面上处于一种过载的状态，完全不知道这些五花八门的信息里，哪个是可信的，哪个是不可信的，而越是在这样的情况之下，政府的权威性就反而越重要。政府对信息的掌控反而就比以前还要更清晰一些。因为政府不光有对大信息的分析操作能力，更重要的是能在这些互相之间存在矛盾、存在冲突、完全无法统一的纷乱的信息里，给普通民众提供一个具有权威性的结论。这种功能在当下的时代里，反而是变得越来越强。因此，信息能否在这种环境下去政府化，我是存疑的。某种程度上，反而有可能因为这些技术发展，使得政府的信息掌控比以前更加全面和具有统治性。

下面回答永乐兄的两个问题。第一个问题，是关于儒家命运的问题，这也是我很多年以来一直在思考、研究的问题。假设外国的冲击没有发生在清代，而发生在比如宋代，哪怕是明代那种环境，很有可能导致的后果都并不是传统文化的彻底没落。因为在其他两个朝代，传统文化的立足点都更多的是规范性。"道统"之所以是"道统"，在于道德层面上的权威性以及正确性，而不在于它能够带来多大的财富。清朝相比于前朝一个最大的特征就是更强调经世济用，这也是学术界的共识。清儒的叙述模式以及自我定位模式，批判的是明末时期那种所谓的道德空谈，在乎的是实学。而把传统文化重新定位成一种以实学为基础的思想体系之后，反而会更依赖于物质层面上的合法性。因此，在受到西方冲击之后，一旦丧失了这种物质层面上的优越性，道统的合法性就迅速崩溃了。儒家在清代的命运和其本身对自我合法性的界定是非常有关系的。而这恰恰说明，信息在意识形态里面到底起到何种效果，它能否对意识形态本身的合法性产生根本性冲击，其实是这个意识形态自己内部决定的，而不取决于外部的必然性。

第二个问题，是关于冷战之中的信息战问题。永乐兄提到的"内外区分"的思路是非常关键的。美国经常提到的一个案例是，在1967年，苏联内部其实基本不提所谓GDP或者GNP这些数字，但苏联在搞外部统战的时候，在对其他国家进行宣传的时候，会自己算一个GNP或者GDP,来和美国进行比较。尤其是在古巴导弹危机前后和美国在拉美国家、非洲国家进行博弈的时候,就更是如此。因此,苏联对国内和对国外用的是两套不同的数据,而它在国外进行辩论的时候,因为有和国际对接的需要,对数据的定义和操控都会产生不一样的模式。西方国家在颁布国内数据的时候基本不直接撒谎,原因是撒谎被发现的后果比较严重,也多少有一些被发现的可能性。相反,绝大部分涉及军事或者外交的数据都是机密,因此被证伪的可能性很小,民众的关注度也低。这种情况下,不管是美国还是欧洲,直接撒谎的可能性是非常高的。特别是现在白宫对中国的所谓"事实性叙述",已经基本上不具备任何客观性了。西方这些自由主义国家对于内政的法律管理和对外政的法律管理是完全不一样的。就内政而言,其基本的特征是对政府权力缺乏信任,会在政府内部设立各种各样的权力制约。就外政而言,其实并不存在太多制约。美国总统真正的权力大多在外交领域。

下面回答戴昕的两个问题。第一个问题,是关于"硬解释"与"软解释"的问题。硬性的法律经济学学者会认为,我讲到的前四种渠道,在某种程度上都可以用信息去解释。但对法律经济学并不完全信服的学者则会强调对"information"和"preference"加以区分。从概念上看,两者存在差别。"preference"指个体的信仰、喜好和追求,"information"指要实现这些"preference"所需要的外部工具。20世纪八九十年代,当时法律经济学和法哲学就侵权法问题有过长达十几年的辩论,争论的核心议题是侵权法的目的是为了合理地分配权益以及合理地降低信息成本,还是一种规范性的叙述。反对法律经济学的学者强调,涉及法律对于个体的"preference"进行操纵的时候,就已经不能单纯地视作信息操纵,而是一种更深层的规范性操作。某种程度上,我真正想说的其实也是这个区别。因为前四种渠道的作用方式往往是规范性的叙事和操作方式,而第五种渠道是一种"纯信息"的渠道。就规范性的"preference"而言，"preference manipulation"与纯粹的"information"仍旧存在概念上的差别。

第二个问题，是关于法律处理信息的姿态问题。法律在管理私人之间的信息互换与管理政府本身提供的信息方面表现出的两种姿态，是有本质不同的。私人之间的信息互换，法律介入通常是提供强制性的制度管理，或者表达某种对私人信息互换的不满，这在某种层面上会涉及法律的强制力以及法律本身的内在规范性。法律对于政府提供的信息规制，是在"society relationship"（社会关系）这个层面上，对民众而言，通常是不涉及强制力的。姿态上的差别本身具有很重要的效果，尤其在当代社会，法律是否动用自己的强制力，所引发的社会反响以及反弹是完全不一样的。法律一旦开始进入一种动用强制力的姿态，民众对于这种法律行为的戒心就会迅速提高很多。而当法律纯粹是在管理政府给你提供的信息的时候，民众的戒心一下就会降下来，而恰恰是这个层面上，反而是民众被政府操控的危险性在增大。

下面回答刘晗老师的一个问题。我其实已经不太记得我第一次见刘晗老师的时候，是不是带着护照。但如果是的话，谢谢刘晗老师提醒我，不过穿粉衬衫则是一定的。关于法律到底是控制系统还是改造系统的问题，关键是如何定义控制和改造。如果"控制"的定义是维持现状，而"改造"是推行某种新方式，那么法律当然是可以既控制又改造。法律本身天然具有一定的保守性，因此它的控制性可能大于它的改造性，当然这是一种传统的理论说法。这个说法用来形容18、19世纪的民法可能会比较恰当，但用来形容20世纪的公法，尤其是美国公法，此种说法的适用性是值得怀疑的。但如果"控制"是作为第三方的法律对私人关系比较中立的干涉，而"改造"是法律主动地去试图改造人们的认知，在这种情况之下，当然有很多传统的法学研究者会说，法律更正当的姿态是去控制，而不是改造。但我恰恰想说的是，某些传统意义上视作是法律控制系统的东西，比如说法律的信息功能，实际上是可以被用作改造的。这是很多学者没有注意到的。

最后回答郑老师关于中东国家法律的意识形态操作问题。可能郑老师对我的意思稍微有点误会，根据最近二三十年伊朗的经验，如果相关事项不涉及政府，纯粹是宗教领袖本身以宗教姿态和民众进行互动，社会效果往往都非常好，而一旦涉及政府通过法律的强制力去进行某种道德上的宣传，或者是宗教信仰上的要求的时候，民众往往都会有非常强烈的反弹，因为民众认为这不应该是政府负责的事情，而应该是宗教领袖、主教或者长老负责的事情。而这些人虽然也具有一定的半官方身份，甚至是政府通过法律认证的人，但民众依然会认为他们这些宗教领袖的姿态和政府的法律姿态是不一样的。并不是说，中东不允许法律直接进行意识形态操作，相反，这些国家绝对是允许法律进行意识形态操作的。但即使是在这些高度宗教化的国家，政府明目张胆地通过法律手段去进行意识形态的规范性训诫依然是比较难的，而且社会效果并不好。我对诸位的问题就先回应这些，谢谢！

四、闭幕致辞

陆宇峰教授（主持人）：

首先还是感谢泰苏教授又花了 20 多分钟的时间，详细回应几位与谈人提出的问题。之前在群里有很多泰苏教授的粉丝说"我们泰苏的口才是最好的",实际上口才好是他深厚学养的体现。泰苏老师是渊博而又诚恳的,包括与王志强老师交流大数据时代信息控制到底是加剧还是减弱的问题;与章永乐老师交流如果中西碰撞发生在清代以前又会如何的问题;与郑老师交流伊朗通过法律训诫的社会效果问题;与戴昕老师交流信息特别是私人信息和政府信息的区分问题;与刘晗教授讨论法律控制与法律改造的问题。他对所有这些问题都做了很深入的回应,让我们受益匪浅。讲座的最后,有请我校科研处处长屈文生教授致辞!

屈文生教授(华东政法大学科研处处长):

各位线上的朋友,各位老师,参加我们这样的学术活动,是特别需要一点"stamina"(耐力)的。张泰苏教授是我本人和我们师生非常钦佩的一位学者。感谢王志强教授、章永乐教授、戴昕教授、刘晗教授和郑戈教授的精彩与谈。

张泰苏教授在演讲中用到了"后宗教社会"概念和"去宗教化"一词。我们最近在做关于 15 世纪规范西班牙、葡萄牙两国关系的《托德西利亚斯条约》的一篇文章,其中也或多或少涉及"ideology"(意识形态)与法律构建、法律秩序构建(law and order)的问题。张泰苏教授今天的演讲,对我和我们的学生开展本项研究,都很有启发。我讲以下三点。

第一,宗教是一种特殊的社会意识形态。在天主教统治欧洲思想界时,国与国之间的关系、人与国家之间的关系、人与人之间的关系,在很大程度上都受作为"ideology"(意识形态)的 Catholicism(天主教)的调整与规范。就国与国的关系而言,比如西班牙与葡萄牙间的关系,就受天主教影响;就人与国家之间的关系而言,西班牙国王菲利普二世与英格兰这个国家的关系是受天主教塑造的;就英格兰两任女王伊丽莎白女王与"血腥玛丽"之间的关系而言,也是如此。西班牙人要英格兰人继续接受天主教这种修辞,要规训英格兰人,就要得到英格兰人的"consent"(同意)、"the consent of the ruled"(同意接受统治)。这几个说法,刚刚章永乐老师、戴昕老师和刘晗老师都有提到。天主教意识形态对于法律的最大影响,就体现在世俗法与教会法的二元并立上。教会法的威力是实实在在的,违反教令者将被处以"绝罚"(Excommunication),这意味着违反者会被宣布为"法外之人",意味着该个体的法律权利即被剥夺。这可以算作解释"意识形态影响法律制度的结构和内容"的史料。

第二,张泰苏教授今天和大家分享的则是在后宗教社会里"法律制度如何影响意识形态"这一反向问题。这其中,张老师把重点放在了"通过信息渠道(informational mechanism)推动意识形态建构"和"信息功能"(informational functions)之特殊政治与法律地位等观点的阐释上,分析了民主国家也可能出现"信息操纵"(information manipulations),并提出了"通过信息渠道推动意识形态建构,比其他制度手段更高效"和"对于意识形态之争而言,通过法律制度手段进行意识形态操纵,会逐步成为常态"等极具洞见的预判。五种功能中,规范功能(normative 或 prescriptive function)、描述功能(descriptive function)、解释功能(explanatory function)、表达功能(expressive function)和信息功能(informative function)在翻译学和词典研究中也讲。翻译学讲"text typology",也就是文本类型,翻译学中有"文本类型决定翻译策略"的学说。但是翻译学中,常将法律文本定义为规范性文本,忽略其表达性和信息性功能。由此说来,人文与社会科学各分支间的术语通约,仍是一个问题。所以,今天的这场讲座,对于在线的翻译学师生也是非常有帮助的。

第三,沿着张泰苏教授的思路,从我的研究兴趣出发,我再谈一点意识形态构建中至今也未得到重视的"名"和"实"的问题,这里涉及语言问题。我举一个例子。

就以"东方"这个词为例。张泰苏教授在其论文《超越方法论的欧洲中心主义:比较中国和欧洲的法律传统》中评价络德睦《法律东方主义》(Legal Orientalism)一书时,将络德睦的核心观点概括为:"西方帝国主义用一种'法律虚无'的意象,把中国塑造为静态的'他者'。东方进而迅速成为西方在自我认知中的主要批判性参照对象。对于美国来说,来自东方的'他者'凸显了美国在法律上和政治上的主体性,并且持续强化着这样一种观念:法律和'法治'在某种程度上不仅独一无二,而且专属于以西方为中心的政治体系。"所以说,无论是东方主义的叙事视角还是"他者"的视角,都是很不可靠的。

络德睦的东方主义,是限定到中国。但是汤因比(Arnold Joseph Toynbee)的"东方"、萨义德的"东方",19世纪上半叶欧洲人讨论的"东方问题",多半是以奥斯曼帝国为中心的讨论。"东方"主要是指土耳其等近东国家,中东、阿拉伯、伊斯兰国家等;远东则是中国、朝鲜、暹罗和日本等;"东方问题"则指的是奥斯曼帝国及其属国的领土和权益所引起的一系列国际问题。

萨义德说,东方学家与东方人的差异是,前者书写后者,而后者则被前者书写。二者之间,本质上是一种权力关系。东方无法按照西方的期待表述自己,于是就被西方表述了,而这肯定是要避免和警惕的。在意识形态和法律秩序的构建上,一定要有政府的自主性。

华东政法大学第8期东方明珠大讲坛

民法典合同编的改革与创新

【联合主讲人】

王 轶
中国法学会民法学研究会常务副会长兼秘书长
中国人民大学法学院编纂基项目领导小组秘书长
中国人民大学法学院院长、教授

周江洪
浙江大学光华法学院常务副院长、教授

方新军
苏州大学王健法学院院长、教授

韩 强
华东政法大学人事处处长、教授

【致辞人】屈文生
华东政法大学科研处处长、教授

【主持人】陆宇峰
华东政法大学科研处副处长、教授

【时间】
北京时间 | 2020年6月17日 18:30－21:30

主办 | 华东政法大学科研处

第8讲
民法典合同编的改革与创新

时　间：2020年6月17日晚上
主持人：陆宇峰（华东政法大学教授、科研处副处长）
主讲人：王轶（中国法学会民法学研究会副会长兼秘书长、中国法学会民法典编纂项目领导小组秘书长、中国人民大学法学院院长、教授）、周江洪（浙江大学光华法学院常务副院长、教授）、方新军（苏州大学王健法学院院长、教授）、韩强（华东政法大学人事处处长、教授）

一、开场致辞

陆宇峰教授（主持人）：

全国人大上月通过了《中华人民共和国民法典》，习近平总书记对这部《民法典》给予了高度评价，指出这是一部体现我国社会主义性质、符合人民利益和愿望、顺应时代发展要求的民法典，是一部体现对生命健康、财产安全、交易便利、生活幸福、人格尊严等各方面权利平等保护的民法典，是一部具有鲜明中国特色、实践特色、时代特色的民法典。

今天的第8期"东方明珠大讲坛"继续以"民法典"为主题，聚焦《中华人民共和国民法典（合同编）》。"合同编"在承继原《合同法》的基础上进行了创新和修订，坚持从我国具体国情出发，吸收司法解释的精华,贯彻契约自由、公平、诚信等社会主义核心价值观。"合同编"与时俱进、关注民生,适应愈发复杂的社会经济关系,切实保护广大人民群众的切身权益。"合同编"也展望未来,注重与其他法律规范的联动与协调,为新兴业态提供了法律支持和发展条件,体现了时代性和社会性!为了帮助大家理解《民法典》合同编的改革与创新,本期"东方明珠大讲坛"特别邀请中国法学会民法学研究会副会长兼秘书长、中国法学会民法典编纂项目领导小组秘书长、中国人民大学法学院院长王轶教授,浙江大学光华法学院常务副院长周江洪教授,苏州大学王健法学院院长方新军教授,以及我校人事处处长韩强教授联合主讲。四位学者将分别从"《民法典》的合同效力规则""中介合同规则的变化与理解""保理合同的适用范围""《民法典》合同编商法属性之确立与强化"等角度,分享自己的真知灼见。我校科研处处长屈文生教授、副处长练育强教授等专家学者将在线参加本次大讲坛。首先有请王轶老师讲解《民法典》的合同效力规则",大家欢迎!

二、主讲环节

王轶教授:

谢谢陆宇峰老师,感谢屈文生处长和练育强处长,感谢韩强教授的邀请,让我有机会通过"东方明珠大讲坛"这个平台跟各位老师和同学沟通和交流。而且特别高兴今天能和新军院长、江洪院长和韩强教授一起讨论《民法典》合同编的相关问题。迄今为止的经验告诉我,每一次跟长三角院校的老师和同学做交流,我的收获都是非常大的。我想法律面前人人平等，讲座面前也是人人平等，而民法学人就更应该讲平等了。我就用半个小时左右的时间，就《民法典》涉及的合同效力问题做一个简要的梳理和说明，然后将时间给其他三位老师以及大家互动和交流。在这半个小时左右的时间里，我想着重谈两部分内容，第一部分简略一些，第二部分稍微详细一点。

第一部分，我们先看一看《民法典》所确立的有关合同效力的规则与我们既有的民事基本法和单行民事法律相比，究竟有什么重要的改变和调整。上述民事基本法和单行民事法律，不包括《中华人民共和国民法总则》，因为《民法总则》是这次《民法典》编纂工作的第一步，所以从那个时候开始，它就属于《民法典》的组成部分。因此我针对的是《民法总则》之前的民事基本法和单行的民事法律。相对于既有的民事基本法和单行的民事法律，《民法典》所确立的有关合同效力的规则中，有一小部分可以说是重申了既有的规则，这些我就不展开来讲了。但是，相当多的条文所确立的规则还是对既有的民事基本法和单行的民事法律做了相应的改变和调整。在我看来，其中的改变和调整主要包括两种类型。

第一种类型，就是在最高人民法院的司法解释中，有一些已经确立的规则被实践证明是行之有效的，我们就让这些规则进入《民法典》。这些规则有的是进入到《民法典》总则编有关民事法律行为效力的规定中，而更多的是进入到《民法典》合同编有关合同效力的规定中。当然在进入的时候，这些规则基本上很少是原封不动的，一般都是做了进一步的发展和完善后再进入《民法典》的相关部分。为了说明这个结论，我就举例来进行简要的分析。

比如说《民法典》总则编在有关民事法律行为效力的规定中，第149条和第150条分别确认了第三人欺诈、胁迫和第三人胁迫。第三人欺诈和第三人胁迫对民事法律行为的效力产生影响，在最高法院《担保法司法解释》的第40条中确立有相应的规则：如果债务人实施欺诈或者胁迫行为，让保证人和债权人之间订立了保证合同，在这种情形下要适用《担保法》第30条的规定，就是保证人不承担保证责任。当然这个规则的确立有一个前提条件，即不管是欺诈还是胁迫，如果债权人是知道或者应该知道的，在这种情形下保证人不再承担保证责任。这一规则进入《民法典》总则编成为第149条和第150条的时候，略有改变和调整，具体说就是区分了第三人欺诈和第三人胁迫。如果是第三人欺诈的话，要求相对方要知道或者应当知道；如果是第三人胁迫的话，就不像《担保法司法解释》第40条那样设置相同的前置条件。这就是一个从司法解释中来的规则。

再比如说《民法典》合同编第502条的规定。第502条的第2款和第3款，我们都知道它最早是出现在最高法院关于《合同法》第一批司法解释第9条第1款的前段，后来最高法院关于《合同法》第二批司法解释的第8条又作出了进一步的回应，而最终成型于《最高人民法院关于审理外商投资企业纠纷案件若干问题的规定（一）》的第1条，特别是第1条第2款的规定。当然《民法典》合同编第502条的第1款和第3款，尤其是第2款，对于刚才我提到的这些司法解释的规定，还是作了进一步的发展和完善。

《民法典》合同编第503条的规定，就是关于在无权代理的情况下，什么情形会被视为被代理人进行了追认。这个规则实际上是来自最高法院关于《合同法》第二批司法解释第12条的规定，但是也作了发展和完善。因为在《合同法》第二批司法解释第12条中，只有被代理人开始履行才视为追认，现在被代理人接受了对方履行也被视为追认，这就是《民法典》合同编的第503条。

《民法典》合同编的 505 条实际上是来自最高法院关于《合同法》第一批司法解释第 10 条的规定，当然也作了进一步的发展和完善。所以司法解释经过实践的检验证明行之有效，再经过发展完善之后，成为了《民法典》中的规则。刚才陆老师提到总书记对《民法典》的评价，说《民法典》具有实践特色，我觉得从司法解释中来的这些规则就具有鲜明的实践特色。

还有一些规则从哪来的呢？从法律的比较、分析和考察中来，从学说、业已形成的学术共识和法律适用共识中来。其中比较典型的表现，就是《民法典》总则编有关民事法律行为效力的规定，大幅完善了以往认定民事行为效力或者说合同行为效力的相关规则。比如说，意思表示不真实的情形。《民法典》总则编有关民事法律行为效力的规则对双方虚伪表示和隐藏行为作出了明确的规定，整合了趁人之危和显失公平的规则，这也属于重要的改变和调整。这些改变和调整是尊重学术共识、法律共识，参考了比较法上的有益经验。这是一些主要的变化，当然还有别的，因为时间关系我只做这样一个简短的梳理。这是我想谈的第一部分内容。

第二部分，我简单地说一下四个与合同行为的效力判断有关的具体规则。第一个问题，《合同法》第 51 条有关无权处分合同效力待定的规则没有了；《合同法》第 132 条第 1 款的规定也被《民法典》合同编第 597 条第 1 款的规定取代了，这事实上就意味着出卖他人之物的买卖合同，在我们的《民法典》上是作为生效合同来对待的。当然我们知道，迄今为止还存在一个较大争议的问题，即这到底是在认可对负担行为和处分行为加以区分的背景下，把出卖他人之物的买卖合同认定成为了生效合同，还是在没有认可负担行为和处分行为区分的背景下，对出卖他人之物的买卖合同作出了这样的一种行为效力认定。我可以介绍一下我自己参与《民法典》起草讨论所了解到的一点情况。在我的印象中,在《民法典》进行编纂的过程里,负担行为和处分行为的区分这次并不像《合同法》和《物权法》起草的时候争论得那么激烈了。其中有一件事给我留下特别深的印象,2015年9月14号到9月16号,当时全国人大常委会法工委民法室召开了一次专家研讨会,对民法室2015年8月18号《中华人民共和国民法总则》的室内稿进行逐条讨论。我印象特别深,当讨论到民事法律行为这一部分内容的时候,坐在我斜对面的孙宪忠老师当时申请发言。孙老师发言的时候说了一个开场白,说还是想谈谈关于民事法律行为类型区分中所涉及的负担行为和处分行为的问题。当时梁慧星老师坐在孙宪忠老师的身边,就跟孙宪忠老师讲:"宪忠教授,这个问题当年在进行《合同法》和《物权法》起草的时候已经解决了,我们也了解你对这个问题的看法和观点,这一次是不是就不讲这个问题了?"孙宪忠老师后来就没有进一步就这个话题展开。在我的印象中,不管是参加《民法典》总则的起草,还是各分编的编纂,这是立法机关组织的研讨会上唯一一次讨论到负担行为和处分行为区分的问题。我理解梁慧星老师要表达的意思是,当年进行《合同法》和《物权法》起草的时候,应该说大家形成了有共识性的意见,就是我们还是不认可负担行为和处分行为的区分,所以这一次进行《民法典》的编纂,就以当时的这种共识作为基础,就不再展开一个新的讨论。在我看来,在《民法典》编纂的过程中,究竟要不要认可负担行为和处分行为的区分呢?当年在王利明老师的指导下做博士学位论文的时候,我形成的看法到今天也没有发生改变。在我的心目中,如果从立法论的角度去讨论,是否要认可负担行为和处分行为的区分,这是一个民法问题中的解释选择问题。说它是一个民法问题中的解释选择问题,就是想强调对于这个问题的结论,第一不是一个真假的问题,第二不是一个对错的问题,而是哪种解释选择的结论更符合人们所分享的前见的问题。从这一点上来讲的话,我还是坚持当年在做博士学位论文时所形成的看法,即就算不认可负担行为和处分行为的区分,出卖他人之物的买卖合同完全可以认定为生效合同。我当年在《物权变动论》这本书中也表达过对这个问题的看法,并且做过一些初步的论证。关于现在《民法典》中没有《合同法》第51条并且改变了《合同法》第132条第1款规定的表达方法,上述是我对这个问题的一点回应,这是第一个问题。

第二个问题,《民法典》总则编第143条,是关于民事法律行为一般生效条件的规定,它来自《民法通则》第55条的规定。该规则一是要求行为人要具备相应的民事行为能力,二是要求意思表示真实,三是相对于《民法通则》第55条作的一些改变和调整,即不违背法律、行政法规的强制性规定,不违背公序良俗。到今天为止,我总体上还是不大认同这种对民事法律行为一般生效条件作出正面规定的立法技术。我不认同的理由主要是:

第一,当事人具备相应的民事行为能力的问题,按照今天越来越被人们接受的一个观点,对于自然人才有完全民事行为能力、无民事行为能力和限制民事行为能力的区分。而对于法人和非法人组织来说,应该只要拥有民法上做"人"的资格,其民事行为能力就不应当受到相应的限制。当然这也涉及在民商法领域里一些长期存在争议的问题,比如说经营范围的限制,或者法律对从事经营活动事项所作出的限制,它们到底是构成对代表权的限制,还是行为能力的限制?我坚持王利明老师主编的21世纪《民法》教材和我们编写组所形成的意见,认为这些不构成对于民事行为能力的限制。所以在我的心目中,法人和非法人组织不存在不具备相应民事行为能力的问题。那么《民法典》总则编第143条列出的这一项生效规则,就仅仅对自然人才有意义和价值。

第二,"意思表示真实"这个要求其实是不周延的。我们的民法学教科书上都会讲到单方虚伪表示,也就是所谓的真意保留,尽管意思表示是不真实的,但通常情形下并不影响行为效力的发生,只有在例外的情形下才会影响。那从这一点上来讲,列出"意思表示真实"这个要求,表达就不够周延。

第三,不违背法律、行政法规的强制性规定,不违背公序良俗,这个问题我在参加立法机关举行的专家研讨会的时候多次表达过自己的意见。我说这个规定也不够周延,因为这事实上是想对应《民法典》总则编第153条的规定。但是,就算对上了仍然不周延,原因在于没有违反法律、行政法规的强制性规定,没有违背公序良俗,因而没有损害公共利益,但有可能损害了应受法律保护的特定第三人的合法权益。我在此前一些文章中表达过我的意见和想法,此时这个民事法律行为同样不应当是一个生效的民事法律行为,而应当是一个相对于特定第三人无效的民事法律行为。

那从这些方面来讲,这三项条件的列举都不是周延的,都有问题。在这种情况下一定要作正面的列举,到底必要不必要,正当不正当?我是一直抱持着一个怀疑的态度。而且据我了解,由于这三项列举,有些地方的法院和仲裁机构在适用法律解决纠纷的过程中形成了一种理解上的偏差,认为只要对不上这三项,就觉得有点问题,就认定行为无效。这恐怕就背离了我们对当事人自主决定的尊重,在《合同法》领域里就背离了鼓励交易的立法宗旨。对这一点今天我的观点也没有改变,这是我想谈的第二个方面的问题。

第三个方面的问题就是我们《民法典》总则编第153条的规定,其中包括两款内容。在《民法总则》出台之后,我曾经应新军院长的邀请在苏州大学王健法学院跟老师和同学们做过一次交流。应该说第153

条第 1 款目前的表述,确实具有鲜明的实践特色,但从文意上来讲的确给人一种印象,就是违反法律、行政法规的强制性规定的民事法律行为无效,好像是一个原则;而该强制性规定不导致该民事法律行为无效的除外,似乎是一个例外。但其实今天大家的法律共识是,违反法律、行政法规的强制性规定的民事法律行为原则上不是无效的,无效才是例外。当然我也理解,因为最早在《民法总则》的草案上是写违反法律、行政法规效力性强制性规定的民事法律行为无效,但在常委会审议的时候通不过。因为有常委会的组成人员说,这样很容易给人一个错觉,似乎只要不是对效力性强制性有规定的,当事人就可以随便违反。其实我们知道不是这样的,即使你违反了的不是效力性强制性规定,也可能导致不具备法定特别生效条件,所以不能成为完全生效的民事法律行为;而且违反了管理性的强制性规定也有可能要受行政处罚,构成犯罪的甚至要追究刑事责任。但是常委会的组成人员担心这样会给人造成一种错误的印象,所以后来形成了如今第 153 条第 1 款的表达方法。但我相信这个世界上没有无能的立法者,只有无能的解释者。我们完全可以通过法律解释的工作,让《民法典》总则编第 153 条的第 1 款,在妥当的价值判断结论的意义上发挥作用。

第 153 条的第 2 款规定违背公序良俗的民事法律行为无效,这一规定来自《合同法》第 52 条的第 1 项、第 2 项和第 4 项。其实最早的时候,第 153 条第 2 款的表述是,如果民事法律行为存在其他损害公共利益的情形,也可以认定无效。这句话的意思是说,没有违反法律、行政法规效力性的强制性规定的民事法律行为,不代表就不会绝对无效,因为有其他损害公共利益的情形,也有可能导致被认定无效。不过在 2015 年 9 月 14 号到 16 号的那次会议上,有几位民法学界前辈说还是用公序良俗吧,"公共利益"有点太抽象、太概括了。最后,就采纳了民法学界前辈们的意见，变成了今天的第 153 条第 2 款。但在我的心目中，如果做个制度考古学的线索梳理，既然来自《合同法》第 52 条的第 1 项、第 2 项和第 4 项，其他损害公共利益的情形比违背公序良俗更清晰易懂。对第 153 条，我表达这样一个简短的意见。

还有一点时间，我就谈第二大部分的第四个小问题，就是《民法典》合同编第 502 条，特别是其第 2 款的规定。我们都知道，第 502 条的第 2 款应该是从司法解释中来的，但是《合同法司法解释（一）》的第 9 条第 1 款的前段，《合同法司法解释（二）》的第 8 条，《最高人民法院关于审理外商投资企业纠纷案件若干问题的规定（一）》第 1 条特别是第 2 款，它们想回答的是《合同法》第 44 条第 2 款提出的问题：如果法律、行政法规规定合同应该办理批准、登记手续才生效的，那就得依照法律、行政法规的规定，但问题是，如果没办批准、登记手续的话，合同效力怎么样呢？司法解释就做出了这样一系列的回答。在这一次《民法典》的编纂中，大家都说现在找不着登记作为合同的法定特别生效条件的例子了。《担保法司法解释》第 6 条第 2 项涉及对外担保在外汇管理局的登记，规定未经国家有关主管部门登记，为境外机构向境内债权人提供担保的，对外担保合同无效。外汇管理局都很着急，因为外汇管理局没资格对合同效力做判断，人家就专门做了一个行政规章，说我这个登记跟合同效力一点关系都没有。严格来讲，外汇管理局是没资格说这个话的，这就说明外汇管理局真的是着急了，才说了这么一句话。所以这一次就把登记删掉了，就用了"批准等"这个词，主要是"批准"，"等"是为未来法律的发展留下一定的空间。那没有去办批准手续的话，合同的效力怎么样呢？我们知道，这个批准其实就是法律和行政法规上的行政许可，而这是一种什么类型的行政许可呢？2018 年韩强教授曾经邀请我给咱们华政的老师和同学交流过行政许可的民法意义，我特别感谢韩强教授的邀请,当时我记得高富平教授、冷静教授、杨代雄教授,还有好几位同学都提了特别好的问题,做了非常好的评议,对我后来思考、完善这个问题的帮助非常大。就我的认识,《民法典》合同编第 502 条第 2 款中的"批准",是许可公民、法人或者其他组织实施民事法律行为的行政许可,但是还需要再做进一步的类型区分。

行政许可可以分成两种,一种是许可公民、法人或者其他组织实施某一项民事法律行为,二是许可公民、法人或者其他组织实施某类民事法律行为。《民法典》合同编第 502 条第 2 款中,"批准"对应的行政许可是许可公民、法人或者其他组织实施某一项民事法律行为,所以这个行政许可就是该项民事法律行为,具体即该项合同行为的法定特别生效条件。没有满足这项法定特别生效条件的话,我喜欢把这种合同行为的效力类型称为尚未完全生效的合同。履行报批等义务条款和相关条款,依法成立就生效,但整个合同行为想完全发生效力,是必须拿到行政许可才可以的。

那如果按照约定应该去办批准手续的一方不去办批准手续怎么办?这种情况下,违约方就要对其违反已经生效的合同条款承担责任。承担什么责任?《民法典》合同编第 502 条第 2 款并没有作出更为明确的回答,这是一个需要在解释论上进一步去发展的问题。但我觉得《最高人民法院关于审理外商投资企业纠纷案件若干问题的规定(一)》第 6 条值得我们去参考。一方去办相应的审批手续的行为通常没法成为强制执行的对象,那对方就是不去办怎么办?《最高人民法院关于审理外商投资企业纠纷案件若干问题的规定(一)》第 6 条中确定的规则是,法院判决让你继续履行,结果你还不去办,那这个时候就要求你承担如同合同已经生效、不履行生效合同的主合同义务而要承担的违约损害赔偿责任。这样的处理是一种加重的赔偿,我个人觉得这种处理方法有合理性，因为它可以督促按照约定有义务去办批准手续的一方积极主动地去办批准手续。否则，在不能强制执行的情况下，只让他赔信赖利益损失的话，那就等于便宜他了。但是如果加重赔偿，他可能就有动力去办批准手续了，就是要让拖着不去办、故意不去办的人无利可图，这样他就会去办相应的批准手续了。从这一点上来讲，在这个问题上进行后续思考的时候，我觉得司法解释中行之有效的经验可供参考。

刚才开始的时候有一个几分钟时间的开场白，我就把这几分钟补出来了。我就做以上一个简短的梳理和说明。我们中国人的一句老话，精彩在后头，所以下面听三位老师的，谢谢各位老师和同学，我就说到这里。

陆宇峰教授（主持人）：

好的，谢谢王院长！王老师运用知识考古学的思路，讲解《民法典》合同效力规则的变迁，说明这一变迁是从实践中来的：或是从司法解释的经验中来，或是从法律的比较分析中来，或是从既有的学术共识、法律适用共识中来。包括负担行为与处分行为是否要区分的问题，也包括《民法典》第143条、第153条等问题以及未尽的一系列问题，均是如此，而且未来仍然需要在实践中通过法律解释进行补充。

王轶老师以出口成章驰名法学界，我从法理学的前辈张志铭老师，还有人大的张翔、王旭这些兄长那里早就有所耳闻，今天还是百闻不如一见。我再向大家介绍一下王轶老师，他2009年入选教育部新世纪优秀人才支持计划，是2011年第6届全国十大杰出青年法学家，现在执掌中国人民大学法学院，拥有很多重要的头衔。但他还有一个重要头衔——华东政法大学兼职教授，感谢他一直以来对华政的支持和帮助。今天早上的朋友圈被王轶老师发表在《中国社会科学》2020年第5期的新作刷屏了，据韩强老师说，这部重要作品就是王老师2018年在华政讲座时形成的思路。韩强老师还评论到，华政是王老师法学思想的主要萌发地，请大家记住这个法学学术史上的重要事实。接下来有请浙江大学光华法学院常务副院长周江洪教授讲解中介合同规则的变化与理解。

周江洪教授：

谢谢陆老师。王轶老师从体系勾连的角度去理解，对合同效力规则体系做了详细的阐述，我受益良多。我今天想跟大家交流一下中介合同有什么变化。

中介合同的变化从规则上来看，其实也就是名称等三方面的变化。但是为什么要强调这个？我稍微梳理一下。从整个历史上来说，中介制度一般会讲到居间制度，这个居间制度从哪里来？我们会上溯到欧洲甚至古希腊、古罗马。其实古代中国就有这样的制度，而且我们有自己的一个传统，但从现代民法的发展来看，至少我们的居间制度可能受欧陆的影响比较大，而且有些可能是不经意间的影响。比如，我们在居间合同部分，合同规则当中会有一条，说如果促成合同成立的，要双方当事人来承担报酬。我当时学这个的时候就不明白，明明是我委托你去促成这个合同的成立，最后为何可以向对方要报酬？当时这个就搞不太懂。

《合同法》以及《民法典》第963条写的这个规则从哪里来？我猜测，我们借鉴了德国的居间制度。德国的商事居间制度以商事合同成立作为目标，在商事居间过程中，本来是官方的中介人，慢慢发展成中立的中介人。在这种情况下，有一个特别细节的问题，他不仅仅要为了委托人的利益考虑，同时也要考虑合同对方当事人的利益。所以在这种情况下,这就类似于禁止利益背反的问题。但恰恰是因为以商事行为合同的成立为中介,大家都是从事这一行的人,他们对快速促成合同的成立是最重要的,而且他们能够判断自己的利益,因此不太容易导致这个问题。因为他在交易的时候要考虑对方的利益,这样他向对方收取一部分报酬也是合理的。实践中,我们去房产中介,你会发现中介费其实习惯上都是由一方承担的,虽然合同上面写着双方承担,但基本上有些地方是买受人或是出卖人一方承担。所以这个历史我觉得可能要稍微关注一下,我们的制度为什么是这样的。

居间合同,现在称为"中介"。"中介"这个概念老百姓听起来通俗易懂,这也是我们这次《民法典》在立法时所追求的语言风格之一。但是我们一般讲的"中介"和"居间"含义可能不太一样。中介可能会包括居间服务以外的其他服务,比如房产中介,他可能还给你提供代办产证等各种服务。而居间基本上是我们讲的媒介服务或者报告居间等,这些含义比较确定,虽然它已经改称中介合同,但是它的定义完全还是参照当时的《合同法》,所以本质上没有改变,只不过让老百姓觉得通俗易懂,这是第一个变化。第二个变化是第965条增加了禁止跳单的规定。跳单以后怎么办?这跟1号指导案例就很有关系,等会儿稍微聊一下。第三个变化,原来我们《合同法》当中居间合同没有规定可以适用或者参照适用委托合同,但这次在《民法典》中明确规定了。这是我主要讲这三个问题的原因。

第一点,来看第965条有关禁止跳单的规定。该条规定:"委托人在接受中介人的服务以后,利用中介人提供的交易机会或者媒介服务,绕开中介人直接订立合同的,应当向中介人支付报酬。"这个大家仔细看,1号指导案例的格式条款是说这个人在看过房地产6个月内,利用了提供的信息机会等条件,但是没有通过中介达成交易,这时支付的是违约金；而1号指导案例同时又判定这样的格式条款是有效的。在这个格式条款有效的前提下，再来判断本案当中的情形是不是违约。如果认为通过公众可以获知的正当途径也可以获得同一房源信息，那选择报价低、服务好的中介公司促成房屋买卖合同的成立，就不构成跳单违约。

从案情本身来看，我们对照《民法典》第965条，有人或许会说第965条是1号指导案例规则的明文化，其实不是的。因为1号指导案例明确认定是违约金构成，不是报酬构成，这个是不同的。而且1号指导案例有限缩解释的可能性，比如说6个月内，你利用了这个条件，那是不行的，这样的条款就是有效的。但是如果你约定成3年、4年或第5年内，那就可能涉及无效。

第二点，在第965条，它成了一个另行规定。它没说几年，没说时间，它说接受服务以后，如果你绕开了，利用了这个机会，就应当支付报酬，这在构成上是完全不一样的，至少1号指导案例还有限缩的可能，这里怎么办？我第3年或第5年以后再来买这个房子，最后还要支付这个报酬吗？第965条有限缩的必要。怎么限缩？我是觉得1号指导案例可以拿来作参考。比如说太长时间的这种规定，一方面如果有这样的格式条款，那可以用格式条款效力规则去判断是否有效；另一方面，如果说有10年以上的条款，那就从"利用中介人提供的交易机会"这个地方对其扩张解释。如果已经过了五六年了，你还能说它是利用这个机会吗？那就不能说是利用，这是一种解释的思路。而且利用中介人提供的交易机会或者媒介服务，跟1号指导案例也是不一样的。1号指导案例只是说信息机会等条件，并没有讲交易机会或者媒介服务。交易机会可能会与扩张后的1号指导案例中提及的信息机会有关。从历史延续性上讲，如果从早期的学说中来讲跳单禁止的问题，大家都会加上一个"恶意逃避佣金"的构成要件。如果没有这样的构成要件,那就应该对它进行限缩。对于这个限缩,1号指导案例是可以拿来参照的。至少1号指导案例认为,如果通过正当的途径,其他公众也可以获得信息的交易机会,那并不构成违约,所以这样也可以解释利用的问题,这是第二点。

第三点,这里面涉及报酬请求权构成,而不是违约金的请求权构成,这里我不具体展开,因为可能会涉及一个很大的问题。我们在说委托合同任意解除的时候,按照我自己的设想,对委托合同任意解除的损害赔偿,一种方向是损害赔偿构成像支付违约金一样,预定了损害赔偿;另一种可能是报酬请求权构成,按可归责于债权人的这种风险来要求他承担嫁接风险,进行相应的扣减。当然,支付报酬的构成有很多种,比如恶意阻止条件或者恶意促成条件等,这个我不展开讲,主要是要知道它跟1号指导案例不一样。

我们针对1号指导案例写过一个评论。相对来说,老百姓比较容易理解第965条,但是委托合同的参照适用问题,1999年为什么没有规定?按照我个人理解,这个地方是比较麻烦的。因为按照日本法的通说,虽然日本民法没有规定居间合同,但根据居间契约内容的不同,可以补充适用委托的规定。也就是说,居间合同没有约定或者没有规定的时候,就适用委托;而《瑞士债务法》的规定也非常明确,委托的规则适用于居间合同,在通常情况下都适用。

当然了,在德国《民法典》上,由于委托是无偿合同,而且居间合同规定在承揽之后,与其把居间视为委托的一种,学者们通常更愿意把它视为一种接近于承揽的契约。我国《合同法》没有规定这个问题,学界通常把没有规定的原因归结为中介人和居间人并不负有积极的调查义务,而只是像我们现在第962条规定的一样,具有消极的如实告知义务，只有当他故意隐瞒或者提供虚假信息的时候，才承担损害赔偿责任，且不能要求报酬。只有在特别的中介行业或者特殊的中介委托当中，才有积极的调查或查询义务。比如说台湾地区修改后的有关营业居间的规定就导入了一定的积极调查义务。以前的房产专属委托出售，很多国家可能会要求这种专属的调查义务。因此，通常来说，中介合同只不过是拿到了一个取得报酬的机会，获取这个报酬的前提就是要促成合同的成立，这在本质上与委托合同当中的受托人要按照委托人要求积极处理受托事务不同。因此《合同法》当时没有规定居间合同可以适用或者参照适用委托合同的规定。

这次，民法在编撰过程当中，吸收了一部分学者提出的"居间作为特殊的委托，应该把它跟委托之间做一些考量"的建议，所以最后用了一个词叫"参照适用"。《民法典》把它规定为"参照适用"，而不是"适用"，应该说敏锐地注意到了二者的区别：中介和委托是不一样的。实际上，《民法典》大概有28个地方用了"参照适用"，有80多个地方用了"适用"，严格区分了"适用"和"参照适用"。"适用"，一般来说，比如建设工程合同部分规定"本章没有规定的，适用承揽合同的有关规定"，处理的案情跟引用的法条规范之间，实际上是同一的或者被评价为同一的情况。而"参照适用"，其实是说讼争事实与法律事实之间存在特征上的差异，针对这个特征差异，慎重地认定处理的案情是否有修正这种准用的法条的必要性。

实际上，参照适用是可适用可不适用的，能不能适用要看性质上是不是允许。《民法典》这次做了很多种区分，强调了科学性。比如，行纪合同中，以前我们规定的是"没有规定的适用委托"，现在也变成了参照适用，注意到了行纪跟委托的不同。居间原来没有规定，它导入进来就变成中介合同也可以参照适用。但如果可以参照，应该怎么参照？比如,委托合同当中,原来《合同法》第 402 条和第 403 条,是方新军老师研究得最深的条文,现在是《民法典》第 925 条和第 926 条,我认为就是不能参照适用的。因为,虽然居间合同这部分没有规定,但是代理权的授予,居间当中没有这个东西,所以明确可以排除。像第 927 条规定财产交付义务参照适用财产转交义务,当然没有问题,收到财产要转交,是吧?报酬支付义务比较麻烦,第 928 条规定"受托人完成委托事务的,委托人应当按照约定向其支付报酬",也就是说这里的报酬条款是针对完成委托事务,但是居间讲的是促成合同成立,好像看起来是一样的。但从规范意旨上来看,中介合同的报酬请求权更接近于承揽合同的报酬请求权,它以结果的产生为前提,因此两者之间并不相同。

当然,委托当中也存在风险代理等成功报酬情形,也有以结果的产生作为报酬请求权的基础的情形,两者之间具有类似性。但是无论如何,就报酬请求权而言,因为中介合同部分已经作出特别规定,根据第 966 条,"本章没有规定的",参照适用就无需参照。而第 928 条还规定了一个受托事务没能完成的情形,此时,受托人享有按比例获得报酬的权利。在委托合同中,中介合同能不能参照适用?没缔结成合同,但是要求获取比例报酬,这个很荒唐。中介合同严格以促成合同成立为报酬请求权产生的前提,原则上不存在参照适用的可能。

但是,第 965 条禁止跳单的规定与比例报酬之间的关系,可以通过参照适用第 928 条来给予部分报酬,而不是全部报酬。这样就把"因为好多居间人能同时完成时可能只给一部分报酬"这种情形放进来了。把报酬解释成"相应的报酬"参照第 928 条第 2 款,这是一种可能。但不管如何,因为二者报酬构成要件不一样,参照适用的门槛就比较高,原则上不能参照。

还有一个大的问题。第 929 条说受托人有损害赔偿责任,有偿的时候怎么样,无偿的时候怎么样,过错或者故意重大过失等情形要承担损害赔偿责任。而在中介合同部分,受托人只是在第962条第2款,故意隐瞒或提供虚假信息这种情形才规定了损害赔偿责任,并未对其他合同义务的违反问题作出规定。表面上看起来,这里的"其他违反合同义务的问题"符合第966条的规定,似乎可以参照适用。但从解释论上来说,个人认为第962条事实上限制了中介人的损害赔偿责任,因为其规定只有故意隐瞒或者提供虚假情况才有损害赔偿,排除了其他损害赔偿的请求权基础。原因在于中介人不负有积极的调查义务,不存在第929条委托合同意义上的过错等情形下的注意义务问题,因此我认为也不能参照适用。

另一个大的问题,第930条受托人处理委托事务时,因不可归责于自己的事由受到损失的,可以向委托人请求赔偿损失。这个条文在有关居间合同的规定中并没有,那根据第966条,本章没有规定的,是不是就可以参照适用?如果中介人在媒介服务当中或者报告居间的过程中受损,比如说,骑着电瓶车帮你去找房子,摔了一跤,这个事故产生的费用,能不能向委托人索要损害赔偿?我认为是不行的。这种情形不能参照适用第930条,因为中介人原则上是以自己的费用来完成中介服务的。中介合同中规定"促成合同成立的,中介费用由中介人负担",是中介人自己负担费用,而委托合同当中讲的是委托人应当预付费用,或者垫付费用。在这点上,中介合同跟委托合同不一样,它跟行纪合同类似,跟承揽合同有类似性,本质上是以自己的费用来完成受托的中介事务,与以他人的费用来完成受托事务的委托合同并不相同。连支出的费用都不能向委托人要求偿付,更何况不可归责于受托人的损害,更不能转嫁给委托人了。即使在未促成合同成立的情形下,中介人可以要求委托人支付费用,但能要求支付的也只是必要的费用,并不能要求额外的损害赔偿。因此,我认为第930条绝对不能参照适用。

还有一个大的问题,第933条的任意解除及其损害赔偿的问题,我认为涉及第965条讲的跳单以及第933条的任意解除权。原则上,既然中介合同没有规定任意解除权,好像可以参照适用,但关于损害赔偿的问题,需要注意第965条对接受服务以后的跳单作了特别规定,类似于任意解除,是按照报酬请求权构成,并非按照损害赔偿请求权构成。这是否已经排除了中介人任意解除时损害赔偿请求权的参照适用,是值得探讨的。即使任意解除方面可以参照适用,但是在损害赔偿上还有第965条存在,导致它在参照适用上要非常慎重,甚至不能参照。这个问题我还没有完全想清楚,只能有暂时的结论。因为,从中介人与委托人之间的关系来看,除了接受服务后跳单,通常也不会产生损害问题,即使可以参照适用,在损害赔偿请求权的问题上,也要慎重对待。关于委托合同的终止,原则上,中介合同部分没有规定终止的情形,应该可以参照适用。

最后,《民法典》既然已经出台,我们就要去好好地梳理、阐述、研究判例。决定我们民法学水准的,不仅仅是法典,还有学说和判例的水准。谢谢大家。

陆宇峰教授(主持人):

好的,谢谢周院长关于"中介合同规则"的精彩讲解。周院长首先回顾了居间合同的简史,谈到《民法典》将居间合同更名为中介合同的原因,重点谈了禁止跳单和参照适用这两条规则,涉及司法解释的过程中必须通过解释来对它们加以限缩的问题。对于"参照适用"如何参照的问题,也做了一个详细的分析,非常精要到位。周院长是日本神户大学法学博士,入选国家首批高层次人才特殊支持计划("万人计划")青年拔尖人才,入选2012年度"教育部新世纪优秀人才支持计划",对《合同法》有很精深的研究。法律出版社2010年出版了他的专著《服务合同研究》,各位同学可以进一步学习。

接下来有请苏州大学王健法学院院长方新军教授讲解"保理合同的适用范围"。《民法典》增设保理合同规则,在典型合同部分设置第16章"保理合同",适应了我国保理行业迅速兴起的态势,以及持续健康发展的需要。正如今早方院长在微信朋友圈里所说,20年前到国图查资料时,中国的保理业务量少得可怜,现在中国已经是全球最大的出口保理市场。在他看来,《民法典》生效以后,保理合同的解释问题会成为热点。有请方院长。

方新军教授:

好,谢谢华政的邀请让我能够有机会来参加这样的一个高端论坛。今天我主要讲《民法典》的761条,对761条作一个解释。实际上在我当年读硕士的时候,选的就是《合同法》分则的题目,毕业论文就写了。开始时写了一篇《货物联合运输之承运人责任研究》,后来发表在《民商法论丛》上。本来以为可以当毕业论文,没想到徐国栋教授说不行,我又写了一篇《承揽运输人研究》作为自己的毕业论文。写完之后以为可以结束了,结果徐国栋教授说,正好有一个司法部的项目,给我了1000块钱到北京去查保理的相关资料。1999年全球保理业务量是5300亿美元,中国的保理业务量是1300万美元。写完这个东西以后,2005年也出了书,我的研究方向就转到了保理的基础理论方面。在《民法典》出来以后,我又重新上保理商联合会的网站去查了一下,结果发现2017年全球的保理业务量达到了25,980亿美元,中国的保理业务量是4055亿欧元,亦即达到3万亿人民币,这是非常大的一个量。而且国际保理商联合会用"巨龙的觉醒"这样一个表达来说明中国的情况，因为中国保理业务的增长极大地推动了世界范围内保理业务的增长。保理实际上因为全球贸易从卖方市场转向买方市场，现在是供大于求。原来是卖方市场的时候，信用证用得比较多，转向买方市场以后，随着质量的竞争、价格的竞争，最后就开始转向了支付方式的竞争。比方说中国、日本和印度都要向美国出口一批光缆，价格和质量都差不多。这时候我们中国人说："货你拿走，钱一年以后给"，美国人就会觉得这个赊销的方式挺好，赊销以后我们的做账就变成了应收账款。

当变成应收账款以后，就会出现一个问题，就是卖方的资金链可能会断掉，商家有可能要支付税款，有可能要支付工人的工资或者原材料的款项。这时候就要通过保理来融资，当然也可以通过质押融资。保理实际上就是把债权转让给银行或者保理公司，目的是获得融资，而保理公司则获得融资款和债权之间的差价或者相关服务费用。

那么我要解释的问题是什么呢？《民法典》第761条规定，保理合同就是应收账款债权人将现有的和将有的应收账款转让给保理人，保理人提供资金融通、应收账款管理、催收、应收账款债务人付款担保等服务的合同。该条列举的保理业务有4大范围，即提供资金融通、应收账款管理、催收和债务人的付款担保。国际保理公约和国际保理业务通用规则，它们里面都有规定，有的要求你要提供两项服务，也有的是一项。我们中国的一些相关规定，包括2014年中国银监会的《商业银行保理业务管理暂行办法》、2016年中国银行业协会颁布的银行业的保理业务规范，都是同样明列这4大范围，没有更细致的描述。但是从一般的理解来说，只要履行1个就可以了，但是这个问题值得讨论。以前研究保理的时候我也这么认为，4个当中履行1个就可以。上海财经大学的李宇教授对这个问题很有研究，他去年在《法学》发表了一篇论文,也提到实际上保理合同是一个要素加偶素,要素就是债权让与,偶素就是这4个当中,只要有1个就是保理合同。然后他说了一句"无让与,无保理",就是债权没有让与就不存在保理。但这样的解释恐怕会存在一些问题。

第一个问题,如果要求4项内容都具备,那就是全保理,一个完全的保理。但是这种全保理会把保理的范围设的太窄,其实不需要4项都具备。如果缺少"应收账款债务人的付款担保"这个内容,而提供另外3项服务,那实际上它就是有追索权的保理。也就是说,我不担保债务人付款,你把债权转让给我,我现在就给你90万美金,100万美金的债款我给你90万美金,然后债务到期的时候我找美国公司要,美国这家公司如果给不了钱,那我就回头找你要,或者把这个债权重新转让回来,这个就叫作有追索权的保理。如果缺少资金融通,就是说我现在跟你签订保理合同以后,我不提供融资,那这个就叫到期保理。也就是说,我现在不提供资金融资,到期的时候我再把钱给你,但是问题在什么地方?如果缺少提供资金融通这项内容,在另外的3项当中,是不是你只要选1项就构成了保理合同?不提供资金融通,而其他的3项我就选1项,比方说我只选给你管账,或者只选给你催债,而不提供债务人的担保。我们发现这会产生一个严重的问题,既违背民法的公平原则,也不符合保理的本质。因为,如果你把100万的债权转让给我,我也不提供融资,我也不提供债务人的担保,我只提供一个催账,那么马上就会发现一个问题:我把100万的债权转让给你,你只给我管一下账,如果这样的话,为什么我要把债权转让给你?如果这个时候我破产或者你破产了,那我的债权已经转让掉了,不属于我的破产财产了,这个影响非常大。如果只是催债或者只是管理的话,签订一个服务合同就可以解决了,没有必要通过债权转让的方式把它转让给你。从比较法的经验和国际保理的实务来看，英国一个非常有名的学者，叫福瑞迪·萨林格，他认为，如果你不提供资金融通，那么必须提供坏账担保。《澳门商法典》第869条也讲得很清楚，只能在提供融资或者债务人不清偿债务的担保当中二选一。《俄罗斯联邦民法典》第824条第1款也几乎是一样的。所以，我的观点是，保理商如果不提供资金融通，必须要提供坏账担保。商务部在2012年关于商业保理试点有关工作的通知里面讲得很清楚，禁止保理公司专门从事或受托开展催收业务，亦即禁止从事讨债这项业务。2012年天津市商业保理的试点管理办法、2014年上海市商业保理试点的暂行管理办法都做了同样的规定。也就是说，如果你把债权转让给我，我不提供融资，又不提供坏账担保，我只是给你管一下账，只给你讨个债，那很有可能就变成了一个讨债公司，这样就不符合保理的本质了。保理的本质，就是我把债权转让给你，我获得一个对价，就是融资；如果你不融资，你就应该给我提供这个担保，这两个东西是必须要有的。所以我的这种解释和李宇教授的解释就不一样了。李宇教授认为债权让与是要素，与任意一个偶素结合就构成一个保理合同。按照我的观点，债权让与是一个要素，但是提供融资和提供坏账担保是常素，二选一的一个常素，管账和催债是一个偶素。我需要继续分析的一个问题是关于应收账款的。第761条既包括现有债权，也包括将有的债权。同时《民法典》第761条用了应收帐款这个词，这是个会计学的术语，法律上就是债权。我认为，用应收账款这个词给我们留下了一个解释的空间。因为国际保理公约和国际保理业务通则，基本上都把个人和家庭产生的应收账款排除在保理的适用范围之外。《民法典》第761条根本没说这个问题，我觉得可以通过解释来解决。根据企业会计准则，应收账款是指企业因为销售商品、提供劳务等经营活动，向购货单位或者接受劳务单位收取的款项，向有关债务人收取的价款。通过企业会计准则的相关规定来作一个解释,就可以排除自然人的债权。

第二个问题是票据债权能不能成为保理合同的客体。2007年中国人民银行搞了一个应收账款质押登记办法,2013年中国银监会有一个关于加强银行保理融资业务管理的通知,2014年中国银监会、2016年中国银行业协会、2019年银保监会都作了规定,这些规定里面都有一个表达,即把票据债权产生的付款请求权排除在保理的业务范围之外。但从中国的司法实践来看,保理公司经常做票据债权,如果你再去查一查相关的国际保理公约,或者从国际惯例来看,其实也没有排除。为什么我们要把票据债权排除掉?我反复地查验,后来发现这些部门规章,可能是受到了2007年应收账款质押登记办法第4条规定的影响,因为该条明确排除了票据债权的质押登记。当然,应收账款质押的登记办法排除票据债权是可以的,因为票据债权可以质押,但是票据质押不需要登记,而是通过背书。不是说票据不能质押,是票据的质押不需要登记。但如果因此说保理不包括票据债权,那就错了。第一,保理业务中无法避免票据债权的让与问题。基于安全性的考虑,如果让与人转让的是债务人签发的银行承兑汇票或者商业承兑汇票,那保理商就无需对债务人的资信进行过度的调查,债权实现的可能性非常高。第二,让与人和债务人签订销售合同以后,债务人通过票据支付的,这个时候就会产生与基础关系分离的票据债权。通说认为,这种情形下应该先行使票据债权,票据债权行使不了的时候再来行使基础法律关系产生的债权。如果我把基础债权转让给你,票据没有转让也没有背书,仍在外面流通,那对于保理商来讲,他的风险就太大了。最高院在2015中信保理票据纠纷案中,就明确认可了保理公司持背书连续的票据行使追索权的主张。第三,还有一个问题需要考虑,为什么要把票据债权纳进来？因为新型的保理业务就是以票据债权让与为条件。例如天津市高级人民法院在审理保理合同纠纷案件的审判委员会纪要里面，就涉及一种叫反向保理的类型。保理商与买方达成协议（一般保理是和卖方做，结果他现在跟买方做），对于为其供货的位于供应链上游的中小企业提供保理业务。实际操作中，保理商先与资信好的买方协商，确定由保理商为向买方供货的中小企业提供保理融资，然后保理商与供货的中小企业签订保理合同。供货的中小企业履行基础合同中的供货义务以后，向保理商提示买方承兑的票据，保理商立即提供融资，票据到期以后，买方直接向保理商支付款项。天津高院认为反向保理在大幅度减少保理商风险的同时，有效地缓解了中小企业的融资困难，提高了中小企业的市场开拓能力。还有一个更加重要的问题，联合国应收账款转让公约里面，把保理业务扩大到福费廷，中国没有规定这个。福费廷实际上是出口商无追索权的贴现远期票据，本质上也是债权转让。如果我们在解释论上把保理的范围扩大到票据债权，我们也可以把《民法典》规定的保理合同扩大到福费廷，这也是一种非常新型的融资方式。

第三个问题，要讨论一下禁止让与债权的解释问题。第761条没有对这个问题作出规定，应该参照适用《民法典》第545条的规定——该条列举了3种不得转让的债权，其中有一种就是当事人约定不得转让。但是这次《民法典》关于金钱债权和非金钱债权做了一个区分，规定非金钱债权禁止让与的约定条款不能对抗善意第三人，它实际上极大地放宽了金钱债权的当事人约定不能对抗第三人的范围。我甚至认为《民法典》关于债权让与的这个规定主要就是为了解决保理的问题。因为，如果存在禁止让与条款债权就不能转让，那保理业务几乎没法做。这种约定对第三人没有效力，但在当事人之间仍然有效力，因而会构成违约。实务中为什么会出现禁止让与的约定呢？我和你签一个合同，然后我欠你 100 万，我为什么要和你约定这个债权不能转让？因为，第一，我做账会比较麻烦。如果你把 100 万债权转给 10 个人，那我要向 10 个人还钱，这是第一个麻烦。第二，如果我欠你 100 万，我在年底的时候一笔付清，你一般会给我一个折扣，那你现在转给第三人的话，我这个折扣就没了。

最后一个问题是关于将来债权的。实际上，我们中国也经历了一个在保理业务当中从禁止到允许的发展趋势。海因·克茨在《欧洲合同法》里面讲到，很多国家债权规范的突破都是因为保理业务的影响。保理业务中有两种债权转让的方法，第一种是把现实的债权逐笔转让给你，一笔一笔地转，我只要产生了一个债权，我就转让给你。还有一种是一揽子转让。在年初的时候我跟你说，我把跟美国这家公司有可能产生的 1000 万的债权全部转让给你。一揽子转让的时候，有很多的债权实际上还没有产生。这里面有一个解释论的问题，一揽子转让债权里面，需不需要有基础关系的存在？是不是合同现在已经签了？怎么判断将来债权是在约定的范围内？最好是通过登记的方法来解决。如果登记的话，相对来说比较容易确定将来债权的范围。但是问题在于，登记不是强制性的，必然还会在保理业务当中出现没有登记的问题。没有登记的，我们怎么判断？将来债权是可以转让的，也有人说将来债权必须有基础关系才能转让，但我认为还是应该考虑像《国际保理业务通用规则》《澳门商法典》《俄罗斯联邦民法典》中的一些规定，它们都在放宽对将来债权让与的限制。在将来债权转让的时候，基础关系可以不存在，但是在将来债权产生的时候，必须能够判断这个债权是否符合事先约定的范围。举个例子，我现在跟你约定，把今年我和美国一家公司签订的 6 笔债权，全部转让给保理公司，合同现在已经签了，只不过是在 2 月份、4 月份、6 月份和 8 月份，每个月分别履行，履行以后就可以产生债权。还有一种，我和保理公司约定，今年我和美国某家公司不超过 1000 万美金的债权转让给保理公司，实际上现在这个基础合同根本没有，但是我跟美国这家公司也说不清楚到底应该怎么签。也有可能到 3 月份的时候，我跟美国这家公司签了一个 500 万的，然后到了 8 月份，我又签了个 300 万的，到 10 月份，我又签了一个 300 万的，那就 1100 万了，就超过了 1000 万美金，但只有在 1000 万以内的债权是可以转让的；当然它有比较复杂的一个操作方法，叫作信用额度的循环。但有一个问题，开始的时候这个基础关系不存在，但是我跟你约定，在一年内，我和这家美国公司产生的不超过的 1000 万的债权都会转让给你，但可能签了半年生意不做了，也可能做到 600 万就结束了。只要将来债权产生的时候能够确定属于这个范围，它就属于将来债权的约定范围。时间关系，我就大致向大家报告一下。

陆宇峰教授（主持人）：

感谢方新军院长的讲解。方院长就《民法典》第 761 条对保理合同的界定（"应收账款债权人将现有的或者将有的应收账款转让给保理人，保理人提供资金融通、应收账款管理或者催收、应收账款债务人付款担保等服务的合同"）发表了高见，为我们厘清了保理合同的适用范围。方院长多年来对权利理论有很深入的研究，不仅民法学界，法理学界也非常关注他的作品。再次感谢！

接下来有请我校人事处处长韩强教授。韩老师是老科研处长，一直支持我们的工作。6 月 4 日第 6 期"东方明珠大讲坛"，韩强老师就是与谈人。今天第 8 期"东方明珠大讲坛"，则是韩强老师为我们邀请了三位院长再次给我们带来思想盛宴。上次韩老师为我们讲解了人格权编关于"个人信息保护"的问题,今天他将为我们讲解一个更宏观的问题,即"《民法典》合同编商法属性之确立与强化"。在韩老师讲解的同时,大家可以开始准备向各位老师的提问,以文字形式留言,待会儿我们请各位老师择要回答。谢谢!

韩强教授:

感谢宇峰教授!很荣幸与王轶老师、江洪老师、新军老师三位法学大咖同台,尽管这是个线上的平台,但却是我们华政的平台。感谢三位老师来捧华政的场。我校科研处对《民法典》非常重视,在《民法典》出台之际,就组织了两场重量级的讲座。今天的讲座内容,既宏观又微观,既总体又精细,三位老师讲解得非常精彩,让我也受益匪浅。我今天谈一个一直以来很关心但又相对有点抽象的问题,从《合同法》到《民法典》合同编,强烈的民商合一色彩一以贯之。当然宇峰认为这个问题很宏观抽象,其实倒也不一定,可能最后还是落实到具体规范的解读上,只不过这个解读可能贯穿整个合同编,从通则到有名合同,从头到尾会有一些全面的梳理。不当之处,请各位老师和同学批评指正。由于时间有限,我没做 PPT,就按照稿子给大家汇报一下我的基本想法。关于《民法典》合同编商法属性的确立与强化,应该说,自有《合同法》之日起,《合同法》就有着非常强烈的、很明显的商事色彩或交易法色彩。它的商法色彩有别于传统大陆法系。《民法典》债法编的契约部分,体现了中国当代合同法立法一以贯之的特点。

第一个主题,从合同编的发展历程上看,整个合同法立法有着浓厚的商法色彩的历史背景。在统一的《合同法》颁布之前,我们曾经颁布过《经济合同法》《涉外经济合同法》《技术合同法》等三部不同类型、不同范围的合同法。《经济合同法》1981 年就制定了,1993 年做了修订,

1999年废止。1981年制定的《经济合同法》,我们能从中感受到其面向社会主义商品经济和市场经济的色彩,是典型的交易规范。该法第1条就开宗明义地宣誓要保障社会主义市场经济的健康发展。"市场经济"的提法,是1993年修订的时候加进去的。

《经济合同法》第1条就明确告诉我们其立法目的,是为了促进市场经济的健康发展;同时第2条对经济合同的定义也强调,平等主体的自然人、法人之间,为了追求实现特定的经济目的而缔结这样一个合同关系,它把经济目的作为合同的主要标的或者核心标的来加以规范,并加以确认。该法第32条是一个很有特色的规定,它规定违约金、赔偿金应在明确责任后10天内偿付,否则按逾期付款处理。世界各国的民法,包括债法、合同法,对于违约金赔偿金的损害赔偿的确认是没有疑问的,有相同的规则。但是针对违约金、赔偿金,支付期限规定在10天以内,否则按照逾期付款处理,这样的立法例在世界范围内很少见。可见,我们的《经济合同法》在追求经济效率方面特色是非常鲜明的。

接下来,1985年制定的《涉外经济合同法》第5条第3款规定,中华人民共和国的法律,对于涉外经济合同的相关问题未做规定的,可以适用国际惯例——明确将国际惯例作为涉外经济合同的法律渊源来看待。国际惯例主要指的是国际经济贸易的惯例,这些惯例当然具有非常浓厚的商事交易色彩。这是统一《合同法》之前的两部主要的合同法所体现的商法属性、交易法属性。

到了1999年统一的《合同法》颁布的时候,在国内层面,我们整合了三个合同法及其司法实践经验,以及相关的司法解释和理论研究成果。在国际层面,我们着重吸收借鉴《联合国国际货物买卖合同公约》的立法例,制定了一部具有国际视野和中国特色的民商合一的统一的《合同法》。今天《民法典》的合同编基本上脱胎于《合同法》,接受了《合同法》的基本内容和它的主要特色。

第二个主题，从合同编的体系结构上来分析《民法典》合同编，它具有强烈的交易法与商法色彩。它跟传统民法、债法、契约法的内容在信息结构和内容层面，在结构上都有很大的差异。

第一个方面，《民法典》将关于法律行为和代理的规定从合同编中挪出来，纳入到民法总则编。由于我们过去采取分散立法的方式，关于合同的效力，包括代理的一些规则，在《合同法》中都有所规定。2017年民法总则制定的时候，就将法律行为的效力问题、代理问题统一纳入民法总则，后来转入了《民法典》的合同编。按照《民法典》编撰技术的要求，合同编中没有必要再规定法律行为的效力问题，包括代理问题。这种做法当然是遵循了不照顾传统民法体例结构的立法技术。但同时我们也注意到，从《合同法》到《民法总则》，关于法律行为无效的规定在《民法典》中的篇幅大幅减少。大幅减少有关无效的规定，限缩无效合同或无效法律行为的适用条件，都贯彻或体现了鼓励交易的价值取向。这一点也是与民法更偏向于鼓励交易的立法初衷是密不可分的。

第二个方面，合同编和侵权责任编的分离，彻底打破了传统债法体系。虽然说《民法典》中不再保留传统民法的债法总则、债法分则，但理论上仍然可以存在一个实质上的债法体系。但在我国的民法体系下，合同不仅仅是传统民法上的一种债，而且更多被当作是一种交易的工具，甚至是融合了公法管制色彩的一个交易工具。从颁布到现在，《合同法》就不是一个单纯用于司法的《合同法》。另外，随着债法总则的解体，《合同法》作为交易工具的独立色彩，也使它更加容易被赋予一些商法的要素和色彩。

第三个方面，在《民法典》合同编通则以下的典型合同中，存在大量具有强烈交易色彩的属于商事活动的典型合同。比如买卖合同、保证合同、融资租赁合同、保理合同、技术合同、合伙合同等,基本上都属于商事活动的范畴,其具有很强的商事法的色彩。它对于各种交易惯例、实践经验的重视、总结、归纳,超越了一般我们以演绎推理为主导的民法的立法方式和研究的进路。

第三个主题,《民法典》合同编的具体规范导致了合同编具有商法属性。这些具体规范中所蕴含的商法属性与特点,在法律适用中必须有所考虑。针对不同的适用对象所具有的属性,决定如何正确理解和适用相关的法律。《民法典》合同编是民商合一的合同法体系,在适用上应该不加区分地适用于一切民商事法律关系,或者民商事法律事实。但是由于不同的法律关系和法律事实,对于规则和法律价值取向的诉求是有差异的。因此,如何用同样的法律规范适用于本身具有重要差别的法律事实,怎么去正确地理解适用法律,就显得尤为重要。看起来这些法律关系都被平等无差异地纳入了《民法典》的调整范围,但我们不得不承认,《合同法》的适用范围是极其广泛的。哪怕是很相近的法律关系,由于发生在不同的当事人之间,具有不同的交易动机,不同的交易习惯背景,相同的规范就会适用于这些相似但又不太一样的社会生活的现实,有的偏民事,有的偏商事,有的是典型的民事法律关系,有的是典型的商事活动商事交易关系。我们在法律适用上该怎么精确地处理这些不同的法律关系中所蕴含的微妙差异,就显得很重要。我从《民法典》合同编取一些比较重要的、具有鲜明的商事规范色彩的条文跟各位作一点分享。

第一个条文,合同编的第 470 条关于合同示范条款的规定。这条规定当然是继承了《合同法》的规则,《合同法》第 10 条也跟合同编一样,对于合同的示范性条款,作了一些列举。应该说,在合同编中的示范性条款,本身并没有实质性的规范意义,严格来说不是一个真正的法条,但是合同示范条款对于指导当事人便捷高效地订立合同,具有很高的参考价值。而且这些示范性条款的主要内容都与交易合同有关,特别与典型的商事合同的主要条款有关。换言之,标的数量、质量、价款、报酬、履行方式、履行期限、履行地点等等这些内容,在一般的民事生活中,所适用的可能性是比较低的。而在各类的商事活动和商业交往中,双方主体就非常关心关于质量、价款,特别是关于履行期限、履行地点、履行方式的问题,以及对违约责任、争议解决方法的规定。因此第 470 条尽管不是一个真正意义上的法条,但它对于揭示常见的商事交易中具有合同目的性的关键性交易要素,具有提示意义,尤其对于形成很多格式合同、格式条款具有重要的推动作用。

第二个条文,合同编第 473 条第 1 款,关于邀约邀请的类型的法定列举。按照合同编的规定,拍卖公告、招标公告、招股说明书、债券募集办法、基金招募说明书、商业广告和宣传、寄送账目表等都属于典型的要约邀请。这些典型的要约邀请行为,几乎无一例外,都是商业活动和商事行为,还包括很多具有金融属性的交易行为。从《民法典》对要约邀请列举的范围来看,民法的调整对象主要面向商事活动和商业交易,这样一个出发点和立法的背景应该说是呼之欲出的。

第三个条文,合同编第 476 条关于要约撤销的规定。要约撤销的规定是我国《合同法》的一个特色的立法例,在传统民法上一般仅承认要约撤回制度,该制度是传统意思表示撤回理论的一个具体的表现形式。而要约撤销的规则源自于国际公约的立法例,在传统民法中少有这样的先例。允许要约撤销,旨在授予邀约人更加灵活的操作空间,以最大限度地贯彻合同自由,符合商业活动灵活多变的需要。从《合同法》到合同编都坚持要约撤销制度,本身就为应对复杂的市场环境,为更加灵活地处理交易关系和贯彻合同自由原则,保留了空间。因此,我们认为要约撤销制度带有典型的交易色彩。

第四个条文,第492条第2款关于合同成立地点的规定,采用数据电文形式订立合同的,收件人的主营业地为合同成立地。在这个条文里面,合同成立地强调是收件人的营业地,营业地非普通民事主体所有,只有商事主体、企业经营主体才有所谓的营业地。一般的民事主体只有住所地和经常居住地。这个条文的出发点,所考虑的交易原型,也是一种典型的商事交易。

第五个条文,第504条规定了无权代表的合同效力。在无权代表的情形中,代表行为本身,存在于企业法人作为一个交易实体,具有代表人的这种情形下。一般的民事主体不需要代表人,也不可能涉及代表人,因此有代表人的存在都是以组织体特别是商业企业为主要存在的空间和场景。按照第504条的规定,代表人或者负责人超越权限订立合同,除相对人知道或应当知道越权的以外,该代表行为有效。显然,合同编对无权代表合同效力的规定明显区别于第503条无权代理合同的效力规则,进一步减少了合同无效的情形。也就是说,在无权代表的情况下,合同以有效为原则,除非相对人知道或应当知道这个代表行为是越权处分。如此,在广泛的商业交易或者商主体的行为范畴内,无权代表导致合同无效的可能性,被降到最低,以尽可能保证商业合同的有效和顺利履行。

第六个条文,第505条关于越权经营合同的效力问题,法律也延续了之前《合同法》司法解释的立场,即不得再单纯以超越经营范围来请求确认合同无效。该规则本身不是一项新规则,早在《合同法》司法解释中就已经明确。这条规则基本上也是在商主体之间才能使用,一般的民事法律关系不讨论经营范围导致合同有效/无效的问题。因此,第505条的立法立场,仍然是面向商业交易活动的。

第七个条文,第 509 条第 2 款关于合同履行的基本原则的规定,在强调诚信原则的同时,还强调交易习惯。交易习惯,顾名思义,是基于商业活动的实现,归纳总结形成的交易惯例和交易准则。普通的民事法律关系,很难形成所谓的交易习惯。一般民事生活中的惯例与惯常做法,称之为生活习惯或者生活惯例,只有商业活动才能形成所谓的交易习惯。合同编把合同履行的基本原则归纳为诚信原则与交易习惯,显然《合同法》的立法者所主观预想的社会生活模型,是大量的交易活动和商事活动。

第八个条文,第 510 条关于合同未定条款之确定的规则。按照第 510 条的规定,合同中的未尽事项,比如质量、价款、报酬地点、履行方式等内容,没有约定或约定不明的,法律允许当事人达成补充协议;如果不能达成补充协议的,按照合同相关条款或者交易习惯确定。这一条里面仍然强调了交易习惯的地位,把交易习惯作为确定合同条款的法定的依据之一。

第九个条文,第 522 条第 2 款。这个条款规定了有请求权的第三人对合同相对性的突破。按照第 522 条第 2 款的规定,根据法律规定或当事人约定,第三人可以对债务人享有请求权。该条款未明确规定第三人对债务人的请求权,请求权的发生条件以当事人约定或法律规定为前提,同时要求第三人未在合理期限内明确拒绝履行。显然,在第三人身上赋予请求权的条件是较为宽松的。在实践中,一般认为第三人享有请求权的法律关系,是真正意义上的涉他合同,以保险合同为典型形态。合同编通则对赋予第三人请求权的涉他合同作了一般性规定,对这一类突破合同相对性的涉他合同的适用创造了更加宽松更加宏大的空间。将来,各种交易活动完全可以通过《合同法》通则的这一立法例,来创造第三人享有请求权的独特的交易关系和交易安排。这是关于合同相对性突破的一个条文。

第十个条文,第533条关于情势变更的规定。情势变更规则我们都很熟悉,在《合同法》司法解释26条也有相应的规定。这次《民法典》将情势变更规则正式纳入合同编,对于商业活动具有重大意义。另外,变更规则里面明确引入了再磋商义务,也更加符合商业惯例。

特别需要注意的是第十一个条文,第563条关于合同法定解除权的规定。它与传统债法关于法定解除的规则有显著区别。合同编规定的法定解除权的要件,不再注重"履行不能"这一个要件,而特别注重所谓"目的落空"这一要件。按照合同编的阐述,因不可抗力迟延履行,导致目的落空的,是发生合同法定解除权的主要情形,而属于传统债法范畴的"履行不能",反倒没有正面列举。当然,这不等于说履行不能不会引起合同的法定解除,但从立法的表述上,将目的落空作为引起合同法定解除的主要的法定事由,应该说与《合同法》主要考虑商事合同实践有关系。在商业活动实践中,特别是在现代的商业活动中,履行不能属于少数情形,因为大量的交易都是种类物交易、未来物交易、无形财产的交易,而以特定物交易为模型的履行不能制度,在现代商事活动中应用的场景范围反倒很小。在此意义上,目的落空反倒成为较为常见且较为重要的引起合同法定解除的客观事由。因此合同编在设计合同法定解除权的规则体系的时候,显然主要考虑的是商事活动的客观现实。

第十二个条文,第547条关于违约责任的归责原则的规定,这一点大家都耳熟能详。从1999年的《合同法》开始,违约责任就贯彻所谓的严格责任,而严格责任是典型的商法规则,特别是基于国际贸易实践所产生的规则。这一规则有利于减轻守约方的举证责任负担,利于处理相关纠纷。

第十三个条文,《民法典》合同编第580条第2款引入了一个化解合同僵局的工具。按照第 580 条第 2 款的规定，如果发生履行不能等导致合同目的落空的法定情形，任何一方当事人都有权请求人民法院或仲裁机关终止合同。这里依然强调目的落空，尽管也列举了履行不能的现象，但仍然把履行不能归入导致目的落空的法定情形。同时强调任何一方当事人都有权请求终止合同，而没有使用"解除合同"这种表述，旨在避免解除本身具有溯及力的法律效果。同时我们注意到，第 580 条第 2 款的规定，是放在合同的违约责任部分，而不是放在合同的解除部分。这样一来，这种所谓化解僵局的制度工具，仅就普通的民事法律关系而言，是不妥的，对此民法学界也多有批评的声音。但如果把它放在商事合同、商事交易的范畴内来理解，则这一制度工具的确有一定的合理性。因此，对于第 580 条第 2 款，它的妥当性与适用性，应该区分不同的适用对象来理解和判断，不能一概而论。除此以外，第 582 条关于瑕疵担保责任与违约责任的融合，这一点在《合同法》里非常鲜明地体现了出来。传统民法上各种瑕疵担保责任，都基本上是以特定物交易为模型来设计的。而违约责任是以种类物交易为模型设置，这是两种交易模型的转换带来的一种法律规则的交融和融合问题。

第十四个条文，第 597 条第 1 款规定的无权处分合同的效力问题，刚刚王轶老师也讲到了，合同编贯彻、坚持了最高法院关于《合同法》司法解释的正确立场。对于所谓无权处分合同的效力的瑕疵问题做了修正，回归到了正常的交易逻辑中去看它。

另外，在合同编的分则里面，买卖合同、货交承运人的规则，还有保理等规定，都体现了商事色彩。刚才新军讲保理问题，应收账款范围的规则也不以普通民事债权为主要规范对象，更多还是一种商事交易所生的债权，来作为保理合同的标的。这些规则都鲜明地反映了《民法典》合同编具有强烈的商事交易的规则色彩。

最后,我谈一点思考和启示。既然我们关注《民法典》合同编的商法属性,研究它的目的在于针对不同的适用对象,我们就要注意合同编中相关规则所具有的商法色彩,在适用于特定的社会现实时,针对特定的法律事实问题的适用,以及适用的适当性问题,这些需要我们特别加以关注。在普通的民事法律行为或者民事法律关系中适用《合同法》的规则时,我们要考虑这些具有强烈商法色彩的规则,能不能被适当地适用。

比如刚才我们提到的违约责任中的无过错责任问题。无过错责任作为一种商法规则无可厚非,但作为一般意义上的民事合同的违约责任的归责原则,似乎显得过于轻率。毕竟,过错责任有很强烈的评价属性、教育属性、引导功能,而无过错责任主要强调效率和便捷问题。同样,对很多商事活动和典型的商业行为,如果我们是用《民法典》合同编的一般民法规则来加以规范,本身也存在适当性的疑问。

比较典型的一个例子,是违约金调整规则的适用。对于普遍意义上的民事法律关系,对过高违约金适当降低,以避免造成显失公平的结果,避免造成利益失衡,影响生计,这一点无可厚非。但如果双方当事人是典型的商主体,他们所做的交易是典型的商事交易,那么对于违约金有没有调整的必要?这样一种履行担保的方式,为当事人所追求所期许,而且双方当事人实力相当,都具有相当的交易经验和交易的把控能力。在这种情况下,法律或者是我们的裁判者,还有没有必要费心费力地去调整违约金,特别是降低违约金呢?这一点也值得我们深思。

在西方的立法例上,针对商事活动的违约金问题,是以不调整为原则,以调整为例外。但是我们的《民法典》合同编,对于违约金调整问题恰恰没有注意区分民事活动、商事活动,而一体适用违约金调整规则,于是导致了一些适用上的不适当性,带来了一些疑问和困惑。因此,研究《民法典》合同编的这些规则的特殊属性,对于我们正确理解和适用有关规则,具有一定的指导意义。当然规范统一了以后,如何授权法官,在怎样的尺度范围内、以什么样的法律技术正确区分不同的社会现实,把握不同的立法价值取向,是一个非常复杂而现实的问题,有待法律理论界和实务界就此问题进一步展开深入的研讨和分析。时间所限,我就简单地就这一主题向各位老师和同学做个汇报,请大家批评指正,谢谢大家!

三、问答环节

韩旭至(华东政法大学副研究员)提问:

请问王轶老师,《合同法》关于电子商务或网络交易的规定似乎是不够的,虽然有数据电文订立合同形式的部分规定,但对于网络合同的特殊问题似乎回应不足。一方面,格式合同的规定基本上没有变动,无法回应网络合同的特殊问题;另一方面,更加无法直接根据《民法典》合同编回应智能合约等问题。想请问关于这些新兴问题,如何适用、解释合同编呢?

王轶教授回答:

谢谢韩老师所提的问题,我根据自己的理解对这个问题来做一个回应,供韩旭至老师参考。我们这部《民法典》在编纂的过程中,还是关注到了工业文明向信息文明的迈进。基于我们今天能够凝聚的共识,对信息文明阶段不同的社会交往领域中提出的新问题作出了相应的一些回应。

比如就韩老师关心的电子商务网络交易的问题,在《民法典》合同编中,给我印象比较深的是第491条第2款,它其实就是对所谓的电子合同的成立规则所设置的规则。在当事人没有作特别约定的情形下,它给了我们一个任意性规范,能够对电子合同的成立与否作出判断。

另外给我印象比较深的是《民法典》合同编第512条,主要涉及电子合同中的履行问题。如果属于转移财产的合同,那就是交付的问题;如果是提供服务的合同,那就是服务提供时间的问题。我觉得第512条也是作出了相应的回应,其中让我印象最深的是第512条的第2款。咱们下载一部电影,下载一首音乐,这个时候是通过在线传输的方式来交付标的物的,什么时候标的物算是交付了呢?第512条第2款告诉我们,合同标的物进入对方当事人指定的特定系统且能够检索识别的时间为交付时间。当然,这些规范都属于任意性规范,允许当事人作出与此不同的约定。我觉得第491条的第2款和第512条,都是《民法典》合同编中比较富有信息文明色彩的法律规定。

但是我们也注意到,整部《民法典》对人类迈入信息文明所作出的回应还是比较慎重的,遇到没有能够积累足够共识的问题,那就停留在我们今天能够达成共识的地方。我举个例子,比如说《民法典》总则编第127条的规定,也就是以前《民法总则》第127条的规定:法律对数据、网络虚拟财产的保护有规定的,依照其规定。我们知道,这只是对数据和网络虚拟财产的保护问题作出的一个初步的回应。但事实上,关于数据和网络虚拟财产存在诸多有重大争议的问题。比如说,在民事权利体系中,数据之上的权利究竟处于一个什么样的位置?对于这个问题争议就非常大,有人试图用物权、债权、知识产权这些传统民事权利的区分方法对数据权利的定位作出一个回应,也有人认为数据之上的权利是一种不同于传统物权、债权和知识产权的新型民事权利类型。我们的《民法典》对此持相对开放的态度,原因就在于数据背后的利益实在是太过于巨大了。从这个意义上讲,必须很慎重地推动价值共识的凝聚。我们不妨可以在未来凝聚了足够价值共识的时候,在《民法典》之外,通过单行的法律对此作出相应的回应。

网络虚拟财产之上的权利也是如此。已经有多篇学位论文讨论网络虚拟财产之上的权利究竟是什么这个问题,但到今天事实上仍然意见不一致,物权说、债权说、知识产权说和特殊权利说,各种说法都有。在没有凝聚足够多的价值共识的时候,不妨暂且停留在今天能够凝聚价值共识的地方。

对于韩老师提到的关于智能合同的问题,我想立法机关其实采取的也是这样的态度。我印象很深,今年年初还没有发现新冠肺炎疫情的时候,全国人大常委会法工委民法室在1月16号那天,对于《民法典》的三个分编开了一个专家座谈会,上午是合同编,下午是人格权编和侵权责任编,当时还讨论到了智能合约的问题。我们都知道,智能合约是以区块链的应用作为背景而产生的一种新的合约方式。对于区块链在我们未来社会交往中的运用及其前景,尽管人们作出了一个肯定性的判断,但区块链未来究竟会呈现一种什么样的发展趋势,智能合约未来的命运究竟如何?从以太坊承载的智能合约中能够看出,其实不少市场主体对于借助这种方式进行社会交往还是会心有余悸,因为这就意味着一种全新的人与人之间社会交往的方式。从这一点上来讲,我们还没有能够看得很清楚,也还没有能够凝聚价值共识,所以把它写到我们的《民法典》中的时机还不成熟。

我前边曾经提到过,总书记在对《民法典》的三个特色做总结的时候,其中一个就是具有鲜明的实践特色。意思就是说,1260个条文能进《民法典》,一定是从实践中来,能够回应实践中的现实问题、经受住实践考验,然后才能成为《民法典》中的法律条文。我觉得对于智能合约的问题,我们今天采取的态度其实还是走着瞧,看一看,也就是让子弹再飞一飞。就像对婚姻家庭法领域中的一些现实的社会问题没有作回应,其实也是基于这样一种考量。

我估计韩老师也注意到了,关于格式条款的问题,北京互联网法院前段时间刚刚作出判决的一个案件是跟爱奇艺的一个格式条款有关系的。对于自己的 VIP 用户,爱奇艺在格式条款中保留了一项可以变更合同的权利,就是你要花钱才可以超前点播。互联网法院在判决这个案件的过程中非常慎重,征求了好多实务界和理论界人士的意见,最后作出了判决。现在来看,这个判决体现了当下人们所分享的价值共识,即大家认为既然已经付费成为 VIP 客户了,爱奇艺再变更合同条款要求付费才能超前点播,这个条款应当是无效条款。我觉得这个问题主要涉及《民法典》合同编中确立的调整格式条款的规则。也就是说,我们怎么在进行法律适用的过程中,对那些框架性概念的含义作出符合人们当下价值共识的理解和运用?

以上就是我对韩老师所提的问题的一个简短回应,供韩旭至老师参考。

费秀艳(华东政法大学助理研究员)提问:

各位老师好!我是研究国际经济法的,对于民法是外行,我仅从国际法视角向王轶老师请教。当前中美之间在中国是否存在强制外商转让知识产权方面存在很大争议,我国的知识产权法目前并未纳入《民法典》范畴,那么应该如何理解《民法典》中的"典"的含义?知识产权法并未纳入《民法典》,是否是为了我国今后在此方面的立法保留空间?这是否意味着,凡是纳入《民法典》的内容都是我国民事立法方面较为成熟的范畴?谢谢!

王轶教授回答：

这是关于知识产权法入典的问题，谢谢费老师所提的问题！这件事我至今都印象深刻。2015年3月20号，《民法典》的编纂工作正式启动。没过多久，当时我在明德法学楼的1009办公，刘春田老师在1013，跟我隔着李琛教授的办公室。有一天，刘春田老师过来敲门，进来就跟我说了一句话："王轶，你要记住！一部没有知识产权编的《民法典》，没资格叫作21世纪的《民法典》！"我说："刘老师，我记住您的话了！"然后，刘老师说他已经组织了一个团队在着手进行《民法典》知识产权编专家建议稿的起草工作。我说："刘老师，您放心，作为一个从事传统民法学研究的学者，我支持您的这种学术主张。"后来我回到法学院做院长之后，刘春田老师还专门邀请国内从事知识产权法研究的重要学者，在人大法学院开了一次会。这次会议是对刘春田老师领导团队完成的《民法典》知识产权编的专家建议稿进行研讨，吴汉东老师和很多知识产权法学界的前辈学者以及优秀的年轻学者都参加了这次会议。当时我在代表法学院致辞的时候，再次表达了对刘春田老师和知识产权法学界关于知识产权法进入《民法典》成为独立一编观点的支持。而且我也认同刘春田老师和知识产权法学界所表达的一个观点，那就是知识产权是民事权利的一种，在对知识产权未确立明确和具体的法律调整规则的时候，可以参照适用对其他民事权利所确立的法律规则。当然，具体哪些能用哪些不能用，那就要像刚才江洪院长在分析中介合同什么时候可以参照适用委托合同的规定，什么时候不能参照适用那样，还需要做具体的分析。当时在会上刘春田老师很乐观地告诉我，已经有30多位全国人大常委会的常委都向他表态，支持知识产权成为《民法典》中独立的一编。当时我说，看来已经看到曙光了。

但是我们最后看到，在《民法典》中没有一个单独的知识产权编。

这在《民法典》编纂过程中是经过多次讨论的。从讨论的情况来看，没有进入的原因很复杂。一个是，有不少反对知识产权进入《民法典》成为单独一编的人士认为，现在单行的知识产权法有不少行政管理性的规定，这些规定是不适宜进入《民法典》的。我个人觉得，这个是立法技术的问题，你也可以把这些留在《民法典》之外成为单行的法律，但是调整平等主体之间社会交往关系的知识产权法规则，是可以进入《民法典》的。我觉得还有一个观点对立法机关也产生了很大的影响，那就是知识产权规则受公共政策变动的影响太大，就像费老师提到的，在现在中美之间的贸易争端中，严格来讲有一部分涉及的就是公共政策问题。再举一个例子，究竟哪些能成为著作权权利客体，其实涉及不同国家和民族的利益分配。我们中国的民间传说到底受著作权保护到什么程度，这个其实也是对应着一个巨大的利益安排的问题。在工业文明阶段，美国作为二战之后的世界头号强国，肯定主张跟工业文明相关的应该成为知识产权的客体，从而使自己在国际上处于一个相对比较有利的位置。我们作为工业文明的后发国家，肯定会对此抱持不尽相同的立场和态度。所以，它涉及民族国家之间的利益分配问题。从这一点上看就会产生一种担忧：如果知识产权规则进《民法典》了，而《民法典》的修订门槛又比较高，不会轻易去修订。如果公共政策变化了，知识产权的规则要调整，这个时候如果知识产权规则是放在单行法中，可能修订起来就比较方便。这个理由对立法机关产生了很大的影响。

前几天我看到刘春田老师在《中国知识产权报》上有篇文章，刘老师对目前《民法典》确立的规则还是比较满意的。刘老师说，《民法典》是知识产权的法律母体和精神家园，现在在《民法典》中有不少调整知识产权关系的法律规则，这些规则可以形成体系了。那么，将来我们就可以把它们跟《民法典》之外调整知识产权的单行法对接起来，在理论上再去完成相应的构造。尽管知识产权入典的雄心壮志没有实现,但是看起来刘老师对于目前《民法典》这样的现状,也保持了一种理解和接受的态度。

这是我所了解的关于知识产权是否入典的大概历程,供费老师来参考。谢谢费老师所提出的问题!

赵诗文(学生)提问:

对于《民法典》第580条第2款,有学者认为是对于违约方解除权的规范,但在目前情况下,我们是否能够通过解释,将"终止"解释为类似于德国法在给付不能时的给付义务消灭,而不解释为充满争议的所谓违约方解除权?

周江洪教授回答:

第580条第2款这个问题讲起来有点复杂。第一,赵诗文说的违约方解除权说,有些学者认为是对于违约方解除权的规范,我对这个概念是不赞成的,我倾向于认为这是个伪概念。从解除规则的发展历史来说,早期的解除是非常严格的,要严守合同。比如,法国要求必须要通过司法才能解除,后来法国债法修改后又放松了;德国最早要求须有可归责事由,后来也是跟我们《合同法》一样,不再要求必须有可归责事由。其实,关键还在于如何理解合同解除制度。这个制度的本质是,如何在合同严守与从合同的约束中解放出来之间找到一个平衡点。随着历史的发展,现在一般偏向于通过合同解除让它解放出来。1999年的《合同法》是很先进的,以合同目的是否落空作为一个最根本的要件来判断合同是否应该解除。

从这个角度来讲,违约方有权解除与否并不是关键,因为他是不是解除，不是可选择的问题，只不过是使当事人从合同的约束当中解放出来，而解放出来以后才要考虑是不是可归责。但这个可归责有各种理解，有过错角度的，有其他的可归责概念，有传统的过错归责规则等。如果是在一般的买卖合同当中，没有往过错角度走，那把责任从合同约束中解放出来，在这个方向上来理解所谓的违约方解除权，我认为这个概念本身是没有必要存在的，关键还是在于合同目的是否实现。

第二，很多老师会提到合同僵局的问题，我也不太喜欢提"合同僵局"这个概念。因为从合同本身来说，除非是合伙这种具有组织性和一定团体性的合同，否则不会存在"僵局"的概念。如果合同是双方义务，那其中一方当事人总是能通过各种规则解脱出来，理论上不会有僵局的问题。所谓的合同僵局，是制度的设计不完善，所以需要有一个新的制度。既然如此，为什么还要用违约方解除权这种伪命题来解决呢，我觉得很奇怪。

这个条文我印象比较深。当时在法工委座谈的时候，张家勇教授跟我都反对这个条文，后来去掉了，但最后又回来了，放到了《合同法》的第110条。这个条文我也认为不是违约方的解除权，而是司法终止，因此这个条文放在这里我觉得可能会有点问题。我认为，第110条，从文义解释出发，是讲三种情形导致给付义务消灭。当然，这个条文本身可能有问题，特别第2款和第3款，应该是抗辩权的构成要件，而不是消灭的构成要件。如果从比较法的角度来讲，原来的第110条缺少什么？缺少一个总则层面的风险负担规则。

这个总则层面的风险负担规则是否需要？这涉及风险负担规则和合同解除规则的交错问题。这个问题我今天没法展开。如果真要修补原《合同法》第110条的立法缺陷，规定一个给付义务消灭后的风险负担规则就可以补足了。补足后再来跟合同解除规则之间进行协调,这是一种方式。另外一种方式是压根不规定,完全从合同解除入手。从立法角度来讲,这个条文放在这里确实有点怪。当然,既然条文已经通过了,那我们就好好去解释它。第一个大问题,合同目的不能实现的时候,第563条规定可以发出通知解除,但它没说是违约方发出通知;第580条第2款规定当事人要通过法院或仲裁机构来解除合同,也没有限定于非违约方。这时候就发生交错了,非要当事人通过法院去解除,不能通过通知来解除,这肯定有问题。比如,在履行不能的情况下,至少跟第563条第1项因不可抗力不能实现的情形一样,这种情况怎么办?应该第563条先适用,通知解除就可以了,不要闹到法院去,毕竟法院案子已经够多了。

还有可能会跟情势变更发生交错。比如说,履行费用过高的时候,合同目的可能就不能实现。如果情势变更能解决这个问题,就不一定用第580条第2款的司法终止规则来解决。还有,如果风险负担规则也能处理,比如对待给付义务价金风险等情形,那我们就按风险负担规则来处理。如果涉及持续性合同的问题怎么办?是不是应该有个违约方解除权?租赁合同当中可以用吗,可以解除吗?本来借助原《合同法》第110条存在的漏洞,我们可以完善很多规则。但是现在还没有完善那些规则,又来了这么一个《民法典》第580条第2款,其实我心理上是难以接受的。但是客观现实在这里,我想强调的是,立法前我们好好批评,立法后我们就好好解释。这个条文不要动不动就拿出来用,还是应该作适当的限缩。

赵诗文的问题是它是不是可以用德国法的给付不能时的给付义务消灭来解释?它应该不是用给付义务消灭能解释的,也没有这个必要,我们在条文上也没有依据。我觉得还是回到我们自己的条文来处理问题。如果《民法典》其他制度能解决掉，优先适用其他制度，不要用这个条文，这是我自己的理解。谢谢大家。

王轶教授发言：

我申请接着江洪院长的回答稍微介绍一下情况。江洪院长刚才提到的那次全国人大常委会法工委民法室的会议我也参加了，会上关于这个问题的争论还是比较激烈的。首先，就我的了解，王利明老师、崔建远老师，包括我自己，我们从来都没用过"违约方解除权"这个词，这个词是反对设立规则的讨论者自己提出来的，自己竖了一个靶子。王老师、崔老师和我当时主张在《民法典》合同编中设置一项规则，就是给违约的一方当事人一个请求法院或者仲裁机构在特定情形下解除合同的机会。

为什么当时我们要表达这样的主张？在做仲裁员的过程中，我遇到了两个房屋租赁合同的纠纷，而且都是定期的房屋租赁合同。双方当事人订立了一个租赁期限是15年的房屋租赁合同，但没过两天，承租人就因为工作的变动，到其他的城市去工作了，长期租赁这个房子对他来讲一点意义都没有了。而双方当事人又在合同中约定，承租人是不能将这个房屋进行转租的，导致的结果是这个房子只能这么耗着，承租人还得交租金。承租人就选择了一种极端的做法，就是不按照房屋租赁合同的约定去进行租金的交付。当时我们处理这个纠纷的时候，不按照约定去进行租金的交付满足了《合同法》第94条，特别是其第3项关于法定解除权产生条件的规定。出租给承租人的房屋，是位于北京市朝阳区一个特别容易再次找到新的租赁人的房屋。我们在仲裁庭开庭的过程中了解到，出租人背后有很复杂的一些动机和背景，在这种情形下，出租人基于各种动机，就是不解除这个房屋租赁合同。承租人不履行自己的合同义务，不按照合同约定的租金交付期限履行义务，其实早就已经让出租人取得了法定解除权，但出租人就是不去行使解除权，其结果就是合同继续存续。而且合同对承租人不按照合同约定交付租金还约定了相对较高的违约金，使得承租人处在极端不利的局面。

当时我们仲裁庭在处理这两个案件的时候，我都是边裁，但我说服了首席，然后我们作出了裁决，认为出租人按照《合同法》第94条第3项已经取得解除权，而不行使解除权，已经违背了诚实信用原则，不行使这个权利的目的就是为了扩大承租人的经济损失。在这样的背景下，我们仲裁庭作出裁决，依据诚实信用原则，出租人不行使解除权其实是一种权利滥用的特殊表现形式，因此裁决解除当事人之间的租赁合同，同时违约的承租人承担相应的违约责任。否则承租人遭受的折磨才刚刚开始，毕竟这是一个15年的定期租赁合同。我参与处理了两个这样的案件，都给我留下特别深的印象，觉得承租人非常可怜。

崔建远老师也是在做仲裁员的时候，处理了类似的案件。所以有一次向崔老师请教的时候，崔老师就表达了这样的想法：权利人不行使依照法律规定所取得的解除权，已经违背诚实信用了，此时他不行使权利的目的就是为了损害对方当事人的利益。在这种情形下，在《民法典》合同编中应该给对方当事人一个请求法院或者仲裁机构让他从合同僵局中摆脱出来的机会。这是我们主张在《民法典》合同编中做出相应规则设计的一个背景和初衷。王利明老师也支持这样的主张，包括刚才江洪院长提到的石佳友教授也支持这个主张，但是石佳友教授支持这个主张的原因可能跟我们刚才讲的还不完全一样。

江洪院长谈到的那次会议围绕这个问题也出现了很激烈的争论。立法机关抱持的态度是，如果争论太大就先放一放，不行的话，通过最高法院司法解释或者民事司法政策来经受实践的检验；如果检验后效果不错，将来再讨论以什么样的方式确立相应的规则。现在《民法典》第580条第2款，很明显跟当时王老师、崔老师我们主张的规则相差是非常远的，非常不一样。当然，第580条第2款确实不像有论者讲的，是突然袭击。人大代表早就拿到这个稿子了，因为人家不需要一定要经学者同意，给人大代表看就可以了，人大代表才是有表决权的。就第580条第2款来讲，当事人所负担的债务，事后由于各种原因，如法律上、事实上、经济上、性质上等等原因而难以履行，这跟风险负担确实是不一样的。我们的《合同法》，可以说从《经济合同法》开始，在处理风险负担上就没有用传统民法的做法，即通过消灭对待给付义务来解决风险负担的问题。因不可归责于双方当事人的事由导致履行不能的，传统民法通常是用对待给付义务归于消灭这个办法。

当年我和杨明刚博士作为崔建远老师的助手，参与《合同法》草案专家建议稿起草的时候，在崔老师的指导下，专门讨论过这个问题：究竟是用传统民法上的风险负担规则来解决对待给付义务的问题，还是用合同解除权的行使来解决？崔老师为此专门发表过文章。崔老师说他当年在陈国柱先生指导下写硕士学位论文时也讨论过这个问题，所以崔老师还是一直坚持自己的观点，主张用原《合同法》第94条第1项的办法来解决风险负担的问题。而根据《民法典》第580条第1款，法律上不能、事实上不能、经济上不能等等，当然不是指因为不可归责于当事人的事由而导致的履行不能，所以它确实不属于风险负担规则要解决的问题。如果说风险负担问题，我们就没有采取对待给付义务消灭的方式来解决。那么像第580条第2款这样的情形出现的时候，究竟是否要在法律上直接规定此时所负担的继续履行义务归于消灭，对方的对待给付义务也归于消灭？也就是说，你们该去主张违约损害赔偿请求权的，就去主张，但是对待给付义务，这个时候就归于消灭了。

但这里确实也有一个问题，即这个时候到底采用什么样的立法技术？崔老师当时主张用合同解除而不用对待给付义务消灭这种风险负担的规则。崔老师认为，在中国这样处理便于解决与此有关的纠纷。通过合同解除的方法有这样的好处，而用对待给付义务消灭的方法遗留下来的麻烦在中国可能比较多。如果按照这个思路和逻辑，我觉得在中国的语境下，可能第 580 条第 2 款也有一定的合理性。

我个人做这样的一个补充，因为这个问题的争论的确是由来已久，而且我看在今年两会期间，这个问题突然成了一个争议很大的问题。当然我也看了一下，这个第 580 条第 2 款与之前部分学者主张的让违约方从合同僵局中摆脱，严格来讲完全是两回事，是不一样的。我做这样一个补充说明，供大家参考。谢谢！

周江洪教授发言：

至少我跟王老师之间有一点是共识，就是对违约方解除权这个概念的立场。不知道从什么时候开始，大家就喜欢用这个概念了。关于现在的第 580 条第 2 款，确实跟当时的主张，跟当时我们讨论的那个条文不一样，所以我把它定位为司法终止，一种特殊的司法终止。其他制度因为有漏洞而无法适用的时候就用这个条款。理论上讲，用其他制度漏洞填补规范来解决比较好，比如刚才王轶教授所举案例中无法退出的情况，承租人没办法处理的情形。如果我们在持续性合同或者长期合同中往前走一步，在合同终止或者解除上再往前走一步，比如租赁关系当中涉及信赖关系的解除问题等等，是不是可以像不定期租赁一样，在长期性合同当中也导入一定的解除权？什么条件下问题可以解决，其他制度也能弥补进来，不必出现司法终止，这样可能会更好。

这里还涉及制度体系层面的考虑。上次在台北讲登记问题，崔老师说我对实务可能不太了解,以至于我觉得登记问题不重要。我确实对实务不了解,但是从理论上推演,除了风险负担以外,还要考虑原《合同法》第114条、第119条的减损义务问题。这些如果都考虑进来,到底应该怎么做,对方是否有减损义务,等等。上述情况可能会有各种解决方法。因为我自己没有专门写过这方面的论文,所以当时对于这个条文该如何解释和适用,跟其他规则冲突的时候怎么办,以及刚才讲的,第563条合同目的难以实现的解除与第580条的解除或者司法终止的区别,这些对我来说都是问题。将来可能会因为这个条文(《民法典》第580条)的出台而争议越来越多,到底这个条文怎么用,怎么解释?这是我的一个补充。在解决问题方面我们是有共识的,问题只在于解决的路径到底是依靠这么一个条文还是也可以用其他制度来解决。

尹广闻(学生)提问:

方新军老师您好,我想问您一个关于原《合同法》第402条、现《民法典》第925条的问题。能否将传统大陆法系中"以本人名义"也理解为一种意思表示,即代理人实施的行为的法律效果归属于本人的意思表示?一方面,"以本人名义"并非机械的要式,而是法律效果归属于本人的意思表示,是有相对人的意思表示,所以相对人明知或应知代理人的意思表示有法律效果归属于本人的意思,等于代理人表示出了法律效果归属于本人的意思表示,等于代理人表示出了以本人名义,是这样吗?

另一方面,如果第三人明知或应知代理人是以代理人身份行为的,基于狭义代理下代理人要将法律效果直接归属于本人的共识,第三人明知代理人身份,等于第三人知道或应知代理人有法律效果归属于本人的意思,等于代理人表示出了以本人名义行为。如此,是否就可以统一了大陆法系的名义标准和英美法系除不公开本人代理之外的责任标准?因为责任其实讲的也是法律效果归属。是否也就统一了《国际货物销售合同公约》以及 PICC 的第三人明知代理人身份的标准?而不是像您在"第 402 条存废论"里说的,英美法、国际法中的第三人知道代理人是以代理人身份行为,只是一种动机。我个人完全赞同您的其他观点,也认为第 402 条是个完全的立法错误。

方新军教授回答:

这位同学问的是关于原《合同法》第 402 条的问题,提出是不是可以把它解释为一种意思表示直接归属于以本人名义,实际上还是在讨论第 402 条的存废问题。这个问题确实相当复杂,我只能说,这个问题当时我之所以要写"存废论"这篇论文,是因为参加了几次《合同法》的讨论,我每次在会上都说这条要删掉,结果每次说了以后必然有人反对,说这条挺好的,不需要删。我发现在理论上去纠缠的时候,你很难说服对方。后来正好去牛津做访问学者,有 4 个月的时间,我就想,与其在理论上纠缠,不如看一下这个条文在司法实践中实际运作的状况。分析以后,我吃了一惊,原来我以为第 403 条对司法实践的影响大,但是我看了一下,在 70% 的案件中当事人都主张第 402 条。因为第 402 条恰恰是说,我尽管是以自己的名义跟你进行法律行为,我只要证明你知道,然后我后面的这个被代理人就和你之间直接产生法律关系,你没有任何选择的余地。按照第 403 条,如果你不知道,那我可以行使一个介入权,这种情况下对方是可以选择的,仍然可以维持合同的相对性。后来我发现,原来当事人在实际运作的时候,第 402 条产生了太多的外溢效应,你完全想不到,它会扩展到那么大的范围。

实际上我当时在写这篇论文的时候,我也知道这个条文是删不掉的,删掉的可能性非常小。我的意见是既然这个条文仍然保留在《民法典》里面,那就通过解释的方法,把司法实践中一些不太好的问题,尽可能予以避免。我就简单地这么回应一下。

李翔宇（学生）提问：

方老师您好,我想问下方老师,保理合同现行规范是否会对债权转让的一般规则造成冲击？如保理合同中规定的未来债权、保理人作为受让人发出通知以及第786条的多个应收账款（转让）的问题,在分析其与债权转让一般规则的关系时,如何解释较为妥当？谢谢老师。

方新军教授回答：

这位同学问保理合同是否会对债权转让的一般规则造成冲击,比如保理合同中规定的未来债权,保理人作为受让人发出通知以及第786条的多个转让的问题,怎么解释较为妥当？应该来说,保理确实可能对一般的债权让与产生很大的冲击,因为它毕竟是特殊形态,与债权让与的一般规则不同。但是有一个条文：多个债权应收账款转让的,在保理合同规则中规定登记优先,同时登记的按时间先后,没有登记的看有无通知,没有通知的那就平均。实际上,这个问题本来应该规定在债权让与的一般规定里面的。如果我们去看联合国应收账款转让公约,实际上它把这个规则作为了一个附则,不放在正文里面。因此,就算是签了这个公约,也可以选择不适用这一规则,因为它觉得这个很困难。实际上,我们现在的规则就是鼓励登记,登记是优先的。李宇教授在他关于保理的论文里面也谈到,如果都登记,对将来债权的让与会比较好,相对来说更好解决。

如果你把这个规定到前面去,肯定会更好一些。但我倒觉得,在债权让与里面对此做一般性规定,对保理合同会有影响。债权让与部分有一个条文,《民法典》做了一个变化。第546条,债权人转让债权未通知债务人的,该转让对债务人不发生效力。原来的《合同法》第80条规定债权人转让债权,应当通知债务人,没有通知的对债务人不发生效力。我以前写论文的时候也提到这个问题。大家看这一条像不像王轶老师讲的倡导性规范,还是一个必须得做的规范?实际上,如果是"应当"的话就比较麻烦,必须通知,但有可能有隐蔽保理;隐蔽保理就是不通知,不通知就对债务人不发生效力。当然现在没有说应当通知,就为隐蔽保理留下了空间。因为保理的规定在《民法典》中总共只有9个条文,还有很多问题可能还是要通过前面的债权让与规则的解释来进一步解决相关的漏洞。好,谢谢同学们的提问。

鲍伊帆(学生)提问:

非常感谢老师们精彩的讲座!想向韩老师请教:有学者认为,能够通过民法和公司法,对商法总则(通则)的内容进行完全的规定。我们是否可以理解为,《民法典》(不限于合同编)已经规定了不少商事基础关系,能够对商法总则(通则)进行一定程度上的替代?谢谢韩老师!

韩强教授回答:

那我也来补充几句吧。先说《民法典》第580条的体系位置问题。这个条文的体系位置的确很奇怪,从内容上看,它解决的是权利义务终止的问题,但实际上,它解决的是债的终止问题,是给付义务终止的问题,但却放在违约责任这一章里面,所以不知道这个条文放在这里是怎么考虑的。按理说它应该在第 7 章。合同权利义务终止,哪怕不是解除,也应该放第 7 章来解决。但这个条文的位置却放到第 8 章违约责任之中,而实际上又不解决违约责任的问题,只是第 2 款最后一句话提及了不影响违约责任的承担,整个主体内容跟违约责任没关系。它的内容更接近于风险负担规则,是从给付义务和债的消灭的角度来规范的。

因此,将第 580 条放到违约责任部分很不适当,如果放到合同权利义务终止的条文之中,作为一种特殊的或者传统民法中债的消灭的简化形式,我倒觉得还说得通,放到违约责任那里就让人感觉很奇怪,这的确是个问题。我也同意这里不存在什么违约方解除的问题,这就是债的消灭的一种典型情形,不要把它过度解读为违约方解除。但这个位置排放,毕竟带来了解释上很大的困难。不管怎么解释,作为第 8 章的一个条文,都很难自圆其说。尽管从内容本身来讲,我觉得没有很大的问题。

刚才江洪教授讲到,是不是一定要穷尽其他制度规范,在不能解决的情况下才能适用第 580 条,我倒觉得未必。第 580 条可能会达到一种更加直接简便的效果,因此未必要在适用上如此纠结,去考虑体系适用的妥当性问题。立法者可能想得比较清晰,是要追求使合同不能运行的状态尽快结束,以避免浪费和低效率,避免不适当交易的情形,大概是这样一个立法动机。这是我关于这个条文的简单看法,具体就不展开了。至于《民法典》之后要不要有《商法典》,要不要有商法总则,这个问题由民法学者来回答不合适。

我只讲两条。第一条,《商法典》也好,商法总则也好,毕竟还没纳入立法规划,现在都是一个理论上的提议,全国人大没有纳入立法规划。第二条,《商法典》与商法总则的最核心内容有两块,一块是商主体,一块是商行为。就商主体而言,《民法典》的总则编对于法人的一般规定已经比较完备。在特别法里面,《公司法》《合伙企业法》的规则也很完备。既然民法总则和商事特别法都已经对商主体做了非常全面完备的规定,那么将来商法总则或《商法典》要规定什么,这是一个很大的麻烦。至于商行为,本身就很难界定。商品交易行为的主要形式是合同,合同编主要是交易规则,对传统社会关系的关注不一定很强烈。我们的《合同法》是从计划经济向市场经济转型的过程之中产生和发展的,其关注的核心是市场经济活动。平心而论,《合同法》确实在很大程度上起到了商行为的基本法的作用,因此,将来如何规定商法总则中的商行为也有难度。

因此这个商法怎么制定,要不要有一个总体上的商法规范?反正我个人感觉在技术上是有难度的,有待于中国商法学界进一步研究。但是我们很多民法学者认为,就像孙老师讲的头等舱理论,既然有了头等舱,又何必专门造一架飞机呢?这无疑值得我们深思。

四、闭幕致辞

屈文生教授(华东政法大学科研处处长):

感谢人民大学法学院王轶院长、浙大光华法学院周江洪院长、苏大王健法学院方新军院长、我校人事处韩强处长。感谢韩老师为我们邀请到法学界三位领军人物,延续学校努力经营的华东政法大学"东方明珠大讲坛"的大视野、多学科、高品味、前沿性的学术路线。

这场演讲,不仅使我们了解了新通过的《民法典》合同编的变与不变,让我们有机会了解《民法典》各法条入典的考量过程,也加深了华政同对标高校中国人民大学的紧密联系,也为华政同兄弟院校浙大法学院和苏大法学院的学术交流提供了平台,意义深远。

《民法典》是新中国第一部以"典"命名的法律。"典"这个字,此前常见于"字典"和"词典"等词语中,你会发现"民法典"和"字典"确有相似之处,都是集大成者,都给使用者提供极大方便。今后,人民群众可以像使用字典一样,遇到不懂的民事法律纠纷就查《民法典》。所以,编纂《民法典》是一件"功在当代,利在千秋"的大事件。

继续说字典。《新华字典》和《康熙字典》有无关系?有继承关系。马礼逊(Robert Morrison)《英华字典》和陆谷孙老师的《英汉大词典》有无关系?有继承关系。今天的《中华人民共和国民法典》和1911年沈家本的《大清民律草案》有无关系?杨立新老师在2002年点校出版《大清民律草案和民国民律草案》时,曾著有长篇序言《中国两次民律草案的编修及其历史意义》,今天读来仍然具有很大的启发性。杨老师说:"我国立法机关正在加紧制定《中华人民共和国民法典》,这在中国民法的发展历史上,是一个具有重大意义的举措。"那是在18年前,熟悉民法立法史的朋友知道,那个时间点是在中国社会科学院法学所梁慧星老师1999年《物权法专家建议稿》和2001年中国人民大学法学院王利明老师《物权法(征求意见稿)》分别完成后不久。跌宕起伏的20年过去后,《民法典》的编纂终于尘埃落定。《民法典》的出台,是几代法律人的夙愿,集中展示了数代民法学人的智慧、毅力和耐力。《民法典》的编纂,不是平地起高楼,而是进化的产物,是改革开放与思想解放的产物。

黄宗智老师讲,"当前的中国法律体系同时具有权利和道德理念,也具有一定实用性,展示着三种传统——来自西方的移植、古代的传统以及现代的革命传统的混合"。法学的"西方现代传统、中国古代传统和中国现代革命传统多元混合体(hybrid system)"的描述,很大程度上,不仅适用于刑事法律体系,对于现今的民事法律体系,大概也是一个恰切的判断。刚刚方院长讲的保理合同,英美法上称之为"factoring agreement",保理商称为"factor",一定是源于西方现代传统。

最后,祝愿我校的民法学研究蒸蒸日上。在可预见的未来多年里,民法学界的教义法学学派大概会更为壮大。真诚期待王院长、周院长和方院长等各位学者,能够一如既往支持华政,愿我们几校在研究生培养和学术交流、学术合作方面,继续精诚合作。

今天线上的还有新加坡国立大学的吴木銮教授、澳门科技大学的沈云樵教授等,再次感谢大家对于这场讲座的支持!

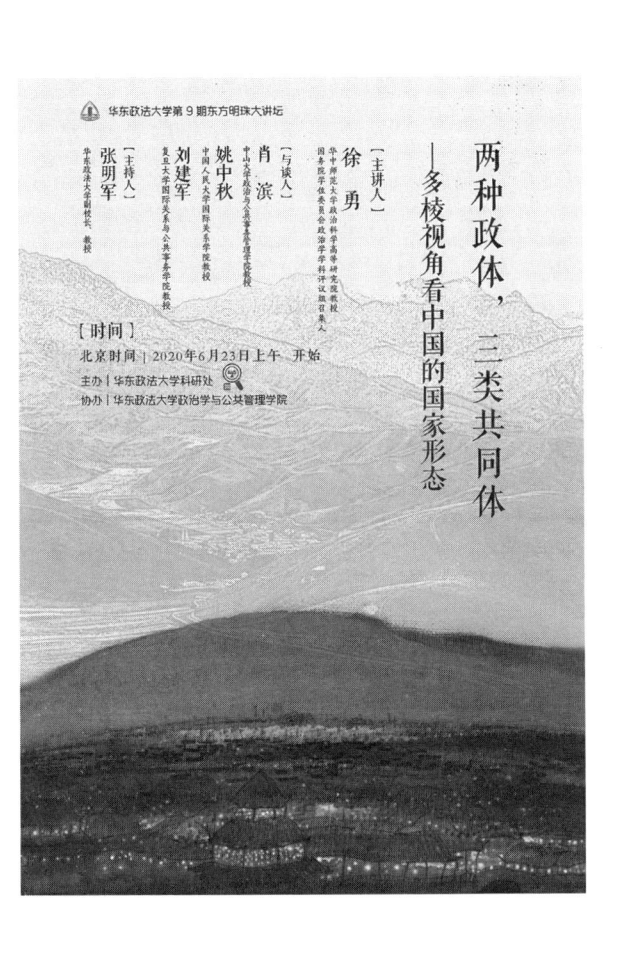

华东政法大学第9期东方明珠大讲坛

两种政体，三类共同体
——多棱视角看中国的国家形态

【主讲人】
徐 勇
华中师范大学政治学高等研究院教授
国务院学位委员会政治学学科评议组召集人

【与谈人】
肖 滨
中山大学政治与公共事务管理学院教授

姚中秋
中国人民大学国际关系学院教授

刘建军
复旦大学国际关系与公共事务学院教授

【主持人】
张明军
华东政法大学副校长、教授

【时间】
北京时间｜2020年6月23日上午 开始

主办｜华东政法大学科研处
协办｜华东政法大学政治学与公共管理学院

第 9 讲
两种政体，三类共同体
——多棱视角看中国的国家形态

时　间：2020 年 6 月 23 日上午
主持人：张明军（华东政法大学副校长、教授）
主讲人：徐勇（华中师范大学政治科学高等研究院教授，国务院学位委员会政治学学科评议组召集人）
与谈人：肖滨（中山大学政治与公共事务管理学院教授）、刘建军（复旦大学国际关系与公共事务学院教授）、姚中秋（中国人民大学国际关系学院教授）

一、 开场致辞

张明军副校长（主持人）：

第 9 期"东方明珠大讲坛"由华东政法大学科研处主办，华东政法大学政治学与公共管理学院协办。今天的讲座是华中师范大学徐勇教授对话肖滨、姚中秋、刘建军等教授，主题是："两种政体，三类共同体——多棱视角看中国的国家形态"。讲座由徐勇教授主讲，时间是一小时。在开始之前，我先对主讲人和与谈人做简单的介绍。

徐勇教授是华中师范大学的著名学者,是第一位全国政治学优秀博士论文的获得者,也是政治学界第一位进入中南海给中央政治局集体讲课的专家。他长期从事农村和基层治理研究,在研究的过程中注重调查,走遍了中国的大江南北,走过了中国的山山水水,积累了十分丰富的资料,形成了自己独特的研究风格。在中国农村政治问题研究领域,他独成一派,并且一直处于研究的最前沿,在国际上也产生了重要的影响。

肖滨教授是中山大学的著名学者,长期从事地方治理、中国政治与政体等相关问题的研究,发表了《公民认同国家的逻辑进路与现实图景》《立宪选择中的理性解释》等一系列学术成果,产生了非常广泛、深远的学术影响。

姚中秋教授是中国人民大学历史政治研究中心的主任,他翻译了《法国大革命讲稿》《哈耶克传》,还撰写了《华夏治理秩序史》等学术专著,对历史政治学的研究作出了重要的贡献。

刘建军教授是复旦大学国关学院政治学系主任,长期从事当代中国政治研究。他的著作《单位中国》我是拜读过的,确确实实具有非常深厚的学术功底。

下面有请主讲人徐勇教授开始第 9 期"东方明珠大讲坛"的讲座,有请徐老师。

二、 主讲环节

徐勇教授:

首先祝贺华东政法大学获批成为以"中国特色政治学学术话语体

系"为研究方向的上海市社会科学创新基地！这一创新基地太重要，也太有必要了。

一门学科是由多个概念构成的知识体系。无概念，不学术。人们通过概念定义事物，包括他定义和自定义。先行者拥有定义权。现代社会科学由西方人创建并建构了一系列概念。这些概念有的具有普遍性，有的具有经验性。用经验性概念理解不同的经验事实，就会出现概念与事实的错位。

长期沿用的"封建"这一概念便在西欧和中国难以通约。中国历史上的"封建"与西欧中世纪的"封建"有很大不同。秦始皇统一中国的重要标志便是"废封建，立郡县"。"封建"这一概念的古义与西义不具有通约性，此"封建"不同于彼"封建"。冯天瑜先生专门写了《"封建"考论》一书，对"封建"这一概念进行了详细考证，反对使用这一概念来概括历史中国。但对于运用什么概念来概括历史中国，还没有共识。当下，建构中国特色政治学学术话语体系非常重要，路径之一便是从中国事实出发建构既反映中国历史经验，又具有通约性的概念。过去我们引进概念较多，近几年才注重从中国经验中提炼概念，但过于本土化的概念难以让不同文化语境的人共享。

政治学的核心研究对象是国家。国家作为由领土、人民和公共权力构成的政治共同体，在不同历史阶段表现出不同的组织和治理形式，构成相应的国家形态。要理解中国的国家形态，就要理解中国这个国家。要理解中国，就要进行比较。无比较，不定性。质性研究一定在比较中产生。没有两个以上的实体的比较，质性研究是靠不住的。

刚才张校长介绍我过去做农村和基层研究，最近几年的研究方向是从基层往上走。因为要理解农村，理解基层，不从国家的角度来理解，不把农民农村放到国家的高度来理解，视野就会有所局限。最近几年我着重于国家形态研究,这一两年出了《关系中的国家》第一卷、第二卷。这本书现在已经上市了,我今天不着重讲书本身的内容,而是讲我在写这本书的过程中产生的一些思考。

第一部分

从国别比较的角度看,历史上的中国有什么特点呢?有三个关键词:

1. **时间性国家**。国家实体从发源起,长期在一个固定的空间里演进。它没有发生因为移民新大陆而出现的空间位移。以时间理解中国,以空间理解欧美。整个西方文明从古希腊罗马一直不断地进行空间转换。现在的美国已经向太空进行空间转换了。

2. **多次性帝国**。国家实体通过改朝换代的方式,实现国家的渐进演化。一个帝国灭亡后又在原有的地域上重建起新的帝国,而不是如罗马帝国那样的一次性帝国。

3. **大规模政治统一体**。国家实体拥有着广阔而复杂的疆域和众多异质性的人口,但能始终保持政治的统一性,尽管其间存在分裂,但最终是以大规模的政治统一体进入现代世界的。它没有像欧洲那样裂变为若干政治实体。

这三个关键词来自三位大师的评论:

1. 黑格尔:"只有黄河、长江流过的那个中华帝国是世界上唯一持久的国家。"

2. 美国的全球史权威斯塔夫里阿诺斯:"中国的文明是世界上最古老的文明。古罗马文明因日耳曼和匈奴人的入侵而告终,印度笈多王朝古典文明因穆斯林土耳其人的侵略而中断,对比之下,中国由一个朝代接着一个朝代绵延不断,才使中国的古文明得以持续到20世纪。"

3. 美国的头号中国学大师费正清："欧洲和南、北美洲的民族全部加起来，一般地说不会多于中国人，甚至是否有比中国更多的民族也是问题。在人数和多民族方面，欧洲人和中国人很可以相比，同样是人数众多，民族复杂。可是在他们今天的政治生活中，在欧洲和南、北美洲生活的约 10 亿欧洲人分成约 50 个独立的主权国家，而 10 亿多的中国人只生活在一个国家中。人们一旦看到了 1 和 50 的差别，就不能忽视。以上对事实的简单陈述间接地表明，民族主义和民族国家等字眼当用于中国时，只会使我们误入歧途。要了解中国，不能仅仅靠移植西方的名词。它是一个不同的生命。它的政治只能从其内部进行演变性的了解。"

从中国内部的演变性了解中国的国家形态，近代之前的中国可以分为王制国家和帝制国家。

对于历史中国的国家形态如何定性，尚无定论。当代中国政治思想界最有创见的学者刘泽华先生提出了"王权主义"的概念。从政治思想的统一性来看，这一概念有重要价值。但是，近代以前中国的国家形态很难以"王权主义"一言蔽之。秦始皇统一中国前后有很大区别，之前中国属于王制国家，之后属于帝制国家。

王制是一种政体，是以国王为最高统治者配置权力资源并组织和治理国家的体制。王制国家便是以王制为核心制度的国家。

早期中国的夏、商、周最初都起源于因血缘关系而形成的部族，只是在它们获得了超越个别部族的特殊公共权力以后，将更多的血缘共同体联结在一个共同的地域内，才形成了国家。国家建立以后，原有的部族首领成为国家首领，这就是国王。国王成为国家的核心组织者、统治者，也是国家的象征。整个国家按照以国王为核心的制度体系来组织和治理，王制成为整个国家的核心制度。国家是由一系列的制度规范建立起来的，包括我们现在讨论的基本制度，但是任何一个制度体系都有一个核心制度，核心制度决定了国家的基本构成，而王制就是整个中国早期国家制度的核心制度。

帝制作为一种政体，是以皇帝为最高统治者配置权力资源并组织和治理国家的体制。受这一体制组织和治理的国家为帝制国家，它的核心力量是皇帝，并以皇帝制度为中心。"所谓'皇帝制度'，是指自公元前221年秦始皇统一中国起，直至1911年清朝宣统皇帝遭辛亥革命推翻为止，以皇帝为最高统治者的国家体制，故它是指一种政体。"通过这一政体形式将中国地域上的人口联结起来，组织和治理国家。"国家是一个身体，而与君主同体。"（甘怀真语）

王制国家与帝制国家有很大区别。最重要的是国家权力资源的配置不同。王制国家的权力配置具有分权性，即通常所说的分封诸侯的"封建制"。孟子因此说"诸侯之宝三：土地、人民、政事"（《孟子·尽心下》）。"溥天之下，莫非王土"，只是一种所有权。土地、人民和政事的实际拥有者是各个诸侯。对于先秦，很难用"专制主义"概括。人民、土地、政事都不在国王手上，怎么专制？国王分封诸侯就是把土地分给你，你忠于我，但资源不是无限的，当国王手中控制的土地资源越来越少的时候，力量就越来越弱。当诸侯的土地、人民、政事越来越多的时候，就会产生冲突，造成了兼并争霸。正是在这个过程当中产生了帝制国家，其权力高度集中统一到皇帝手中，由皇帝雇佣官僚治理郡县。这时已不是封建制了。严复当年在翻译"封建"一词时，认为秦之前可以用"封建"，从而实现古义与西义的通约，秦之后用"霸朝"。这说明前人早已注意到政治学概念的通约性和经验性。他讲秦之前的封建，可以实现古义与西义的通约，但秦之后就不能用封建了。用什么？他用"霸朝"这两个字，这两个字非常乡土，又没办法统一了。瞿同祖先生是被学界严重低估了的一位学者,非常厉害。他写了一本《中国封建社会》,主要讲先秦之前,是非常棒的一本书。他是根据中国的实际讲的封建制度。

怎么样寻找政治学概念的通约性和经验性,确实非常难,我们这个创新基地还有很多工作可做。

第二部分

尽管王制与帝制是两种不同的政体,但又有共同的特性。这种特性是由背后的关系决定的。这是我最近几年反复琢磨的事。国家的现象看起来非常丰富复杂,但是背后一定有一种支配性的东西。我运用了关系这个概念,找到了国家背后的支配性因素。我们做社会科学的要善于把复杂的事物简单化,特别是做政治学理论的,不能像历史学家那样精细,但是我们要善于从精细的事实中提炼出一些简约性的支配因素,找到它们相互之间的因果关系。我最近几年的研究,就是找到了这么一个支配性的因素,即中国的国家演化,受到关系演变的支配。

国家是从人类社会中走出来的。将人类社会联结起来的社会关系支配着国家的产生和形态。中国的国家产生和国家演化的重要特征便是血缘关系的长期延续,表现为血缘家族与国家的结合。

王制国家以血缘关系为主导。国王既是国家首脑,又是宗族首领。国家按照血缘宗族关系组织和治理。我们过去只看到"封建制",没有看到"封建制"背后是一种血缘宗法关系,是这种宗法关系建构出来的一种制度。国家按照血缘宗法的差序地位分配资源,通过血缘宗法关系将所有人联结起来。社会与国家紧紧地包裹在一起,未能实现二者的分离和分化,即通常所说的"血浓于水"。先秦时期的封建制,整体就是一个亲戚国家,大家都亲如一家,即经常讲的天下一家。那个时候的国家还是幼年时期的,是从她刚出生的母胎里面去想象建构的,主要依托血缘关系。刚出生的国家婴儿,与作为血缘母亲的氏族社会还没有脱离。

但血缘联结也是有限的。血缘联结在一个氏族社会的小共同体中是可以的,但是要靠血缘来建构起一个国家共同体,是困难的。国家权力具有强制性和分离性。国家是利益关系,这个利益最终会冲淡血缘。春秋战国的兼并争霸战争实际上是亲戚打亲戚。过去天下一家人,现在五世以后不亲了,有利益之争,利益一直解决不了,国王也调解不了,怎么办?那只有武力冲突。这些战争也说明仅仅依靠血缘关系来组织和治理国家,已经远远不够了。正是在这些战争当中产生出统一性的帝制国家。中国从王制国家走向帝制国家,这是国家形态内生型演化的结果,无可选择。

顾准是一个非常有思想的学问家,我特别喜欢。他在比较古希腊城邦民主政体与中国春秋时代的政治走向的时候,认为二者都处在历史的大分岔关头。在这个历史的大分岔上,中国走向了集权。"春秋战国时代,正当我国历史转变的关头,但是从殷商到西周、东周长期'神授王权'的传统,已经决定了唯有绝对专制主义才能完成中国的统一,才能继承发扬并传布中国文明,虽然这种专制主义使中国长期处于停滞不前、进展有限的状态之中,但这是历史,历史是没有什么可以后悔的。"只有靠中央集权才能完成中国的统一,这是历史。他说历史是没有什么可后悔的,历史就是历史,不是因为我们今天落后了,再来后悔当初,这是没道理的,所以我在《关系中的国家》第一卷最后引述了顾准这句话。

历史是没有什么可以后悔的,但历史是可以选择的,选择是受条件限制的。实际上,在古希腊城邦民主政体和古罗马共和政体存在之前,西方也曾经经历过血缘关系主导的历史进程。恩格斯指出："按照居住地组织国民的办法是一切国家共同的。"只要是国家，它就是在地域关系基础上建立起来的国家共同体，这是任何一个国家的共性，具有通约性。但是在通约性之下有不同的道路，"当它在雅典和罗马能够代替按血族来组织的旧办法以前，曾经需要进行多么顽强而长久的斗争"。英国学者梅因著述的《古代法》《早期制度史讲义》等书，大量展示了雅典和罗马之前受血缘关系支配的历史资料，石破天惊，震撼学界。为什么？主要是这些书和近代以来的民主共和主流思想不相吻合。近代以来的西方，一直把古希腊和罗马政体视为他们的楷模，视为西方文明的起源。梅因披露的这些资料，展示了在古希腊、罗马之前也曾经历过血缘关系支配的时代，这就打破了把古希腊、罗马视为现代文明源头的固有学说。这和当时民主共和的主流思想不相吻合，甚至被集体遮蔽了。我们经常讲政治正确的问题，实际上这个问题早就存在，19世纪就有，不合当时的主流，但不合主流并不意味着不存在。

古希腊城邦民主政体和古罗马共和政体的产生，确实给予了过往的血缘关系与国家结合的方式以毁灭性的打击，这是它和现代民主共和体制接轨的地方。但是，它当时能够给予摧毁性打击，取决于其地理环境和生产方式。西方文明又被称为海洋文明，航海经商等活动对当时的西方有很深的影响。顾准在《希腊城邦制度》一书中专门讲到，航海活动最重要最深远的后果，是打破了原始氏族神授王权的以血缘为基础的政体，建立了以契约为基础的政体。包括后来的封建制，都是以地域和契约为基础的，都来自航海和商业。所以原始血缘关系瓦解得彻底与否，对以后的发展影响极大，是一个历史的分岔点。最终，西欧走向了一种民主共和契约方向的制度。

中国与西方的大分岔，便是中国长期延续的血缘关系保留了下来，与新的地域关系形成叠加。在中国思想史界,侯外庐先生是非常有创见的一位学者。他的著作《中国思想通史》,大家有兴趣也可以看一看。在侯外庐看来,就家族、私有制和国家而言,"'古典的古代'是从家族到私产再到国家,国家代替了家族;'亚细亚的古代'是由家族到国家,国家混合在家族里面,叫作'社稷'。因此,前者是新陈代谢,新的冲破了旧的,这是革命的路线;后者却是新陈纠葛,旧的拖住了新的,这是维新的路线。前者是人惟求新,器亦求新;后者却是'人惟求旧,器惟求新'"。这里所说的"旧人",便是仍然为血缘关系所支配的人,而"新器"则是新的制度。"旧人"与"新器"形成历史纠缠。我最近在《南国学术》上发表的《"郡县制"和"封建制"的历史纠缠与斗争》一文中,认为这种历史纠缠是因为血缘关系和地域关系的双重叠加造成的。血缘关系在国家形态中延续下来的一个重要特征,就是中国的帝制国家表现为家族性的特点,即通过改朝换代,一个家族统治代替另一个家族统治。在家族统治条件下,国家与社会的关系不是二元分离和对立,而是相互渗透和依赖。

社会由血缘关系构成,又必然向国家这种政治形态渗透,所以国家和社会通过血缘关系连接起来。家族性帝制国家的表现是,上层社会为皇帝家天下,"家天下"即皇帝既是主权者又是治理者,一家一姓,一个朝代一个姓;下层社会民众则是天下家,中间夹着一个郡县制。所以我把它归之为一种三明治类型的国家。韦伯将中国定义为"家产官僚制"国家,我觉得还不够,因为他没有注意到官僚制立足的根基是无数小农。我们经常讲马克斯·韦伯是试图超越卡尔·马克思的,两个马克思(斯)有一致的地方,也有不同之处。韦伯从政体的角度得出家产官僚制的结论,卡尔·马克思从政治社会学的角度突出强调官僚制立足的社会根基,他们两者又是互补的。

多层关系叠加式的三明治国家有其必然性,是大规模农业社会的产物。传统农业社会本质上是裂变性的。我们知道,一个社会的性质是由基本单元决定的,从秦始皇统一中国以后,中国的基本单元就变为个体家庭。商鞅变法做了两件当时不起眼,但事后又具有特别深远意义的大事,一个是分家,一个是立户。通过分家立户,中国成了一个家户制国家。家户制通过血缘纽带形成一个自给自足的家户共同体,建构起社会的基础性秩序。这个基础性秩序,就是不论上层的政治如何变动,基础社会不变,这就是它的稳定性。另外一方面,中国分散的家户又需要通过国家行政的力量来联结成更大的共同体。这些小农没有能力自动联合起来推举统治者,小农是一个自在的而不是自为的阶级,它无法横向联结起来,只有与国家之间的纵向关系。所以置身于中国社会中的国家,只能依靠那些强有力的家族来执掌最高权力,然后通过郡县官僚制实现各个地方和人群的联结与治理。这就是韩非子讲的"事在四方,要在中央,圣人执要,四方来效",通过"海内为郡县,法令由一统"的政治构造,最终实现"六合之内,皇帝之土"、"人迹所至,无不臣者"。

一个国家产生以后,它一定会重新定义土地和人民。在封建制下,土地是诸侯支配的,国王只是名义上的统治者;在皇帝制度下,土地归皇帝直接支配。当帝制国家产生以后,就要重新定义人民,这个时候所有人都是臣民。黑格尔特别讲到,古代中国人都是平等的,也就是对于皇帝来讲,所有人都是平等的臣民。从这个意义上说,"君主专制是作为文明中心、社会统一的基础出现的。在那里,君主专制是一个洪炉,在这个洪炉里各种社会成分被掺合在一起"(马克思)。这就是以帝制为核心的大规模政治共同体。

在古代,大规模的政治共同体通常采用的是帝制。我们知道古罗马之后也采用了一种帝制,因为这与规模密切相关。古希腊城邦民主政体适应小规模的国家,"然而自治自给的城邦制度有一个致命的弱点,它的个人主义和城邦本位主义,使它在强大的外敌侵犯面前显得一盘散沙,使它宁愿各别屈从大帝国成为它的藩属,无法团结起来外御强敌,并在对外战争中谋求统一"(顾准语)。古希腊也没有统一的条件,因为它由各个海岛构成。但是这样一个民主政体为现代国家提供了一种理论来源。为什么现在政治学的一些基本概念都可以追溯到它呢?因为它给现代国家提供了一种理论来源,引起了后人的高度关注。但事实上,即使现代西方国家也不是古希腊城邦制的翻版,因为规模不同。

小有小的弱点,大有大的难处。规模愈大,维持政治统一性愈难。规模和距离是帝制国家与生俱来的"敌人"。这个"敌人"是打引号的,也就是与生俱来的一种困难。在经济、技术十分有限的条件下,将广土众民联结起来,需要支付巨大的成本。小农经济有限的剩余难以支撑庞大的皇帝官僚集团及其统治体系,超出了一定限度便会导致政权更迭和政治共同体解体,即"天下大势,分久必合,合久必分"。"合久必分"的根源是"土崩",而不是"瓦解"。"天下之患在于土崩,不在于瓦解,古今一也。何谓土崩?秦之末世是也。陈涉无千乘之尊、尺土之地,身非王公大人名族之后,无乡曲之誉,非有孔、墨、曾子之贤,陶朱、猗顿之富也,然起穷巷,奋棘矜,偏袒大呼而天下从风,此其故何也?由民困而主不恤、下怨而上不知、俗已乱而政不修,此三者陈涉之所以为资也,是之谓土崩。故曰天下之患在于土崩。"(《史记·平津侯主父列传》)"土崩"这个词我觉得太贴切了。做政治学研究的学者,一定要去反复地读《史记》。《史记》里面的政治智慧太深奥了,《史记》里面讲到一些中国政治的道理实在太深刻了,不读《史记》很难理解中国。"天下之患在于土崩",什么是"土崩"？就是陈胜、吴广这些贵族社会根本看不上眼的底层、下层的农民起来造反,所以"天下之患在于土崩"。"土崩"的结果是国家的崩溃。我从政治学来研究农民,看到了中国农民的厉害,他们可以造就一个国家,也可以造成国家的崩溃。崩溃是这个庞大的帝制国家需要支付的高昂成本。再进一步思考,我们经常讲王制国家无农民造反,大家仔细读过历史,在先秦那时候,没有农民造反,为什么在秦始皇统一中国以后才有农民造反？第一个原因是农民自由了,第二个原因是这种自由要付出极大的代价,也就是要承担沉重的赋役,超出一定限度,农民就要造反。

第三部分　多次性帝国与文明共同体

政治共同体的生成和解体是普遍的,没有永恒不变的政治共同体。能否在同一个空间里重建政治共同体,则有所不同。尽管秦帝国延续时间并不长,但在同一地域上又不断再生成同样的帝国,而不像罗马帝国等世界大多数帝国一样,成为无法再生的废墟。秦政权灭亡了,帝制体系却延续下来了。清人恽敬说:"自秦以后,朝野上下,所行者皆秦制也。"毛泽东也认为,"百代都行秦政法"。秦帝国之后还有汉帝国、唐帝国、明帝国、清帝国等,属于一个空间地域内的多次性帝国,其特点便是通过改朝换代重建帝制国家。"土崩"了,再夯土重建。大家到农村去看,泥石流滑坡时,土一下子崩溃了,往下崩了,是很形象的。在中国,土崩以后是什么样的后果？夯土重建,而不是易地再建。在西方人看来,这里不行,那我换一个地方,地球不行了,我换太空。美国的一个商业家特别有想象力,地球上已经闹得不可开交了,我在太空上重建一个家园,这就是西方人的思维。中国人的思维,既然没有多少空间,那我就在这个空间里面再来重建。为什么中国人是这样的思维呢？

在中国，帝制体系得以长期延续，一个重要原因在于帝制体系不仅依托于政治共同体，而且依托于文明共同体。帝制国家既是政治共同体，又是文明共同体。我们讲三种共同体，其中之一就是文明共同体；我们论帝制国家，还是要从文明的角度去理解它。政治共同体是对文明社会的集中概括，它创立、继承和传播文明。前面顾准讲了，只有这种大一统的国家才能使文明沉积下来、传播下去，因此文明共同体又是对政治共同体的维护。政治共同体解体了，文明进程延续，持续推动政治共同体的重建。

大家可能又会想到一个问题。古希腊、古罗马也曾经创造了非常灿烂的文明，它们为什么没有能够使政治共同体重建起来呢？我们进一步思考，文明有不同的来源和类型。夯土重建的关键在于"土"。古希腊和古罗马创造了灿烂文明，但文明成果主要来源于商业、殖民和掠夺，具有不稳定性，特别是贵族将劳动视为奴隶专属的卑贱之事，这是致命的。恩格斯讲到，古希腊城邦解体不是因为民主，而是因为当时的贵族把劳动视为卑贱之事，属于奴隶的工作。奴隶也不会长期甘愿于从事生产，由此造成这种文明没有源源不断的财富，很难维系政治共同体的长期成长。

在古代，农业是决定性的生产部门。中国文明的积累来源于农业，人们通过劳动与土地反复交换，获得源源不断的财富，属于生产性文明。所以在中国没有出现把劳动视为奴隶专属的卑贱之事，有奴隶，但没有普遍性的奴隶制度。仅仅依靠有人殉就断定中国存在类似西方的奴隶制，这种判断有些简单化。郭沫若先生是很有想象力的一位学者，他在文字考古上做了很大贡献，他后来又有很大的抱负，要写出中国的《家私国》。但是我看他的书，感觉他还是有一点模仿的成分在里面，简单地把西方的概念套在中国，我觉得有一些不太合适。

农业文明的核心价值是勤劳。在社会主义核心价值观当中,我的主张一定要加上"勤劳"这两个字,这是中国人能够延续到现在最核心的东西。西方文明现在出现问题,我觉得就是丢掉了勤劳。新教伦理把勤劳作为一种天职,现在已经丢失了,大家都争的是权利,这是现在西方文明走向衰败的一个重要原因。无论什么财富总是生产出来的,没有生产,怎么有源源不断的文明?所以中国的生产性文明形态为帝制国家的再生提供了基础。帝制国家通过提供水利工程、军事保卫、调节冲突等公共物品维系农业文明进程,文明和国家是相互依存的。

　　政治共同体的基本要素是人,人又是分为族类的,所以我们经常讲"非我族类,其心必异"。大规模帝制国家的重要特点是具有广阔领土和大量异质性的人口,将广土众民联结起来的主要纽带是行政权力。罗马是一个超大规模的帝国,"罗马的行政和罗马的法到处都摧毁了古代的血族团体,这样就摧毁了地方的和民族的自主性的最后残余"。"广大领土上的广大人群,只有一条把他们自己联结起来的纽带,这就是罗马国家,而这个国家随着时间的推移却成了他们最凶恶的敌人。"国家是靠赋税,赋税太多,这种国家就成了人民最凶恶的敌人,"公民却把野蛮人奉为救星来祈望"。"只有野蛮人才能使一个在垂死的文明中挣扎的世界年轻起来。"(恩格斯)罗马帝国崩溃造成民族大迁徙,欧洲从文明形态坠入"黑暗的中世纪",陷入四分五裂的封建状态,其地理版图犹如"一条政治上杂乱拼缝的坐褥"。这也就是今日欧洲的版图。

　　在中国的文明和国家进程中,也存在着由边缘民族发起的对中心地带和主体民族的挑战。自秦始皇统一中国后,中国的国家进程便处于民族的互动之中,甚至出现非汉民族进入中原并执掌国家统治权的朝代。但中国人一直生活在一个统一的国家之内,并没有长期陷入四分五裂的封建状态,没有像欧洲那样出现50个主权国家。中国不是一族一国,而是多族一国。费正清先生在前面提示我们,使用"民族国家"这个概念的时候,一定要高度警惕。中国是个统一的多民族国家,它为政治统一性提供了基础。

民族共同体是具有共同地域和共同文化的人群共同体。在不同国家,人们对民族的定义有所不同。在古罗马,对民族的界定主要是政治民族这一个维度,比如在消灭原有族群文化和语言基础上形成的统一的罗马人。公民身份是古罗马人的唯一标识。只是当这一公民身份带来的只是沉重的赋役时,"公民却把野蛮人奉为救星来祈望",公民宁愿不要这个公民标识。所以政治共同体一旦遭遇危机,民族共同体就不复存在了。现在再也找不出来古罗马时期的所谓的罗马人了,没有这个族群了。

但是中国人很早就是从血缘、国家、文明和地域的多个维度来看待民族的。尽管有了国家,但地方的民族的自主性没有被摧毁,把人们连接起来的纽带除了政治和行政以外,还有共同的血缘、共同的文明和共同的地域。人们不仅是国家的臣民,还是祖宗的子孙,有自己的文明礼仪习俗和故乡情结,所以诗人讲"国破山河在,城春草木深"。国破了山河还在,只要有人,这个国家就会重建起来,他们不会把野蛮人视为救星。他们希望改朝换代,重建政治共同体。这一部分我在《关系中的国家》第三卷有详细的解读,大家有兴趣可以看一看。

另外,中国长期的地域和民族结构,是一个一主多元的结构。华夏族群为什么能够率先在各个族群中领跑,就是因为率先建立了国家。国家是一个文明的集装器,通过国家的形式积累了大量的文明,形成了有较高文明形态的核心地区和主体民族。最早的核心地区就是基本经济区,先是黄河,然后有长江,再有珠江,整个核心基本经济区支撑了中国的华夏民族,就是后面的汉民族。游牧民族这一"上帝之鞭"把欧洲抽打得四分五裂,但却臣服于强大的汉帝国。当然,任何文明有成熟期,也有烂熟时期,到了宋朝就到了烂熟的时期了,所以我们经常讲"崖山之后无中国"。烂熟了以后怎么办?需要有非主体民族来激发中华文明的原始活力。但是非主体民族很难替代主体民族,因为没有农业、汉字、行政管理机构,非主体民族的统治是很难持续的。无论哪一个民族统治,都要建立起统一的帝制国家,统一的帝制体系就更强化了多民族的统一性,为政治统一体的再生、重建打下了基础。

最后我想做个结语。我们古人说中国"天下大势,分久必合,合久必分",作为政治共同体合久必分,但是由于文明共同体和民族共同体的护持又分久必合,会重建政治共同体。我们要从多重角度来理解中国的国家形态构成及其特性。当然,帝制国家是一套成熟的政治体系,而这一套成熟的制度体系近代以来面临着前所未有的挑战,这是因为我们进入到了一个全球关系的时代。因此,《关系中的国家》第四卷我要写全球关系的时代。

过去的中国是一个区域性国家,在东亚地区,因为农业文明的发达,我们处在高度的文明形态当中。但是进入全球关系的时代,特别是进入了工业文明时代后,中国就面临着前所未有的挑战。帝制体系无法适应这种外部性挑战,所以它很难持续下去。但是帝制体系解体以后怎么办?这是大问题。在帝制体系下,皇帝既是主权者,又是治理者。近代以来人民成为主权者,而人民不可能都成为治理者,这就发生了一个大问题——主权与治权的裂变。在帝制体系下,主权和治权是合二为一的,当主权和治权不能合二为一的时候怎么办?不同的国家走向了不同的路径。西方国家是通过选举制度来实现人民主权的。中国在全球关系的时代,通过什么主体、制度、方式来组织和治理国家,特别是这样一个有着悠久历史的大规模国家,这可能还是有待解答的问题。我们在近代花了100多年时间求解这道难题,但至今还没有得到完全的解答,所以中央才提出了国家治理体系和治理能力现代化这个命题。要实现现代化,首先得搞清楚现代化的起点、现代化的来源、现代化的原型,只有准确认识历史才能更好地把握当下。这也是当下历史政治学方兴未艾的重要背景,也是创建中国特色政治学学术话语体系的重要工作。

我在这里就简单介绍一下我的一些思路,谢谢大家的聆听!

三、与谈环节

肖滨教授:

首先感谢徐老师,感谢明军校长提供了这么好的一个学习和交流的机会,也很高兴可以跟中秋兄、建军兄一起参与讨论。

徐老师今天这个讲座时间虽然不长,但我们要把今天的讲座作一个整体性的理解,即放在徐老师的五大著作的框架下来理解。虽然徐老师的书目前只出了两卷,但是它有一个总体的结构。根据我自己初步的看法,它的总体结构是由四根支柱组成的。

第一根柱子是他有非常明确的研究对象和清晰的问题意识。在第二卷那本书里徐老师也说了,他要将中国的国家演化和国家治理作为研究对象,他要解释中国的国家和国家治理是怎么长期发展、渐进改变和内生演化的,要寻求国家现象背后那只"看不见的手",徐老师的问题意识是非常清晰的。

第二根支柱是他有来自田野调查的一套理论解释框架,就是关系叠加。这是整个五本书的基本理论和方法,这也被视为是研究中国的国家演化、国家治理的一套解释框架和分析方法。

第三根柱子是基于关系叠加,在这五本书里提出的一系列学术命题。今天他讲的命题其实就是地域关系主导下的血缘关系叠加,如果我没有理解错的话,这是第三根柱子。

第四根柱子当然就是徐老师具有非常强烈的中国关怀。通过听他讲座的最后一部分,大家可以看得很清楚,还是要从历史走向我们对当代的关怀,所以说他的中国关怀意识非常强烈。

总之,徐老师这五本书是有一个总体结构的。我们要理解徐老师今天上午的讲座,我的一个建议就是要把它置于总体结构中来把握。从徐老师的研究中,我发现徐老师有一个转向,我也不知道理解得对不对。第一是从田野走进了历史。大家知道徐老师做农村研究,在田野里边调研,现在则走进了历史研究的领域。第二是从历史中去创新理论,关系叠加这套理论是一个代表性的体现。我觉得徐老师这种理论创新的气魄非常值得我们敬佩和学习。

今天徐老师讲的主题是"两种政体,三类共同体",因为时间有限,我不展开来讨论。我想跟徐老师进行一点对话,有一点商榷的性质。我的观点是一种政体,不过有两个不同的版本,蕴含着三重关系结构,所以我主要讲"一二三"。

在讲这个"一二三"之前,我先说两个小前提。

一是,我不太主张分析中国古代的国家问题的时候,用政体这个概念。这一点王绍光他们有些讨论,虽然可以商榷,但是我觉得还是值得注意的。不过徐老师他已经用了政体概念,我们就顺着用,要不就比较难讨论了。

二是,我比较主张在分析古代中国的国家形态的时候,引入学术界最近谈得比较多的一个概念,就是"天下国家"。关于这个问题,我觉得日本学者的研究特别值得注意。他们认为谈中国古代的国家概念,就不能不注意到天下,所以提出一个概念叫"天下国家",而我觉得这个概念是值得我们引入来讨论中国古代国家问题的。从"天下国家"的角度看,有三个问题跟我们今天的讨论有关系:第一个问题,谁之天下?这就涉及我们说的政体。第二个问题,如何从制度上来实现天下一统?这是一统天下的制度选择。第三个问题,天下一统的格局是什么?包括刚才徐老师提到的多民族国家共同体的构建,大概都跟这个问题有关系。

我现在来讲我的三个观点。

第一个观点,按传统的政体类型划分,王制和帝制其实是一种政体。大家应该注意到,在徐老师刚才放的PPT上,王制和帝制的定义分别是这样的:"王制是一种政体,是以国王为最高统治者配置权力资源并组织和治理国家的体制";"帝制是一种政体,是以皇帝为最高统治者配置权力资源并组织和治理国家的体制"。我觉得如果说把国王和皇帝两个词语置换一下,这两个定义其实是一致的。这也可以说明,它们本质上是没有区别的。因为,如果我们一定要用政体这个概念,它们其实就是一种类型。大家知道,亚里士多德的政体类型划分主要有两个标准:一是统治者的人数,指的是由一个人、少数人或多数人执政,这是量的标准;二是执政的目标,是以私人利益还是公共利益为目标,这是质的标准。如果参照这种标准,并适当扩展一下,那么,有三个核心元素可以说明王制和帝制是一种类型的政体。首先,最高的权力都由天子一人掌握,天子可以称为国王,也可以称为皇帝,反正一个人掌握最高权力,不管是先秦的王制,还是秦以后的帝制,这点都是一样的,没有根本性的变化。其次,在王制和帝制下,最高权力、政权都封闭在血缘家族内部转移,权力转移的方式都是世袭制。通俗地讲,天下江山始终都是我们家的,是私天下,不是公天下。私天下统治的目标具有极大的家族私利性。最后,正像徐老师指出的那样,最高权力的社会基础植根于血缘家族关系。这样来看的话,王制和帝制本质上是一种政体类型。

当然,如果要说这是一种什么政体,给它一个命名,我不主张简单地用专制政体等概念来描述它们。我自己也没有完全想好,但是,如果从天下国家的概念引申出来,不妨暂时给它取一个名字,叫作天下政体。为什么叫天下政体呢？其实古代中国的王权,按照现在的研究,它具有二重性,就是面对天。无论国王也罢,皇帝也罢,都是受命于天,统领天下,以德配天。所以,对天而言,他就是天子,但是对老百姓而言,对被治理者而言,他或者称为国王,或者称为皇帝。所以说,中国古代王权具有二重性,集天子与国王(皇帝)于一身,对天是天子,对臣民他就是皇帝或者国王。无论王制还是帝制,都属于一个政体,我们姑且称之为天下政体,这是我讲的第一个观点。

第二个观点,王制和帝制是一个政体,但确实有区别。我把它们看成是天下政体的两个版本。王制可以称为天下政体的 1.0 版本,帝制可以称为天下政体的 2.0 版本,2.0 版本是 1.0 版的升级版。二者的区别大致有三个方面。第一个区别是,相对于王制中的国王,皇帝制下皇帝的权力更具有集中性、绝对性和凌驾性。从秦始皇掌控权力开始一直到清代,这一点是非常清楚的。第二个区别是,实现一统天下的制度有不同的选择。1.0 版本的制度选择是封建制,借用徐老师的叠加说,这种一统天下的制度选择其实是王制叠加封建制。在制度功能上,封建制致力于一统天下,正如知名学者李零先生所言,"西周封建,合夏、商、周三国的领土为'天下',是继承夏、商。它是三代之终结。……西周封建,从主流和大趋势看,其实是大一统。古人说的'大一统',本来就是周的大一统"。王国维也讲过,周的大一统就是周定天下,就是以封建制来统一天下。但是,在帝制下,一统天下的制度选择不是分封制,而是郡县制,如果用制度叠加的说法,则是皇帝制叠加郡县制。当然如果说得更复杂一点,其实汉代以后也掺杂了封建制的某些元素,这里就不再讨论了,因为有机会还会跟徐老师就这个问题进行交流。第三个区别是,王制下实行封建制,奉行的是完全的亲亲原则。不仅最高权力,甚至所有权力完全封闭在血缘家族内部。换句话说,这天下旁人不得染指,但是在皇帝制下,由于实行郡县制,推行一定程度的贤贤原则。尽管最高权力、国家政权依然还是完全封闭在血缘家族内部,他人依然不得染指,但是治理权,尤其是地方的治理权,有一定程度的开放性或者弹性。民间的社会精英有可能通过科举制度进入官场,甚至可以做到宰相这些位置。因此,在皇帝之下,在郡县制之下,治权有一定的开放性和弹性,但在封建制下基本上这是不大可能的。所以,我的判断是,王制和帝制都是一个政体,但属于两个不同的版本,前者是1.0版本,后者是2.0版本,2.0版本是1.0版本的一个升级版,这是我讲的第二个观点。

第三个观点,政体牵涉到三重的结构性关系。徐老师区分过国家概念的两个方面,就是作为治理对象的国家和作为治理主体的国家。政体问题可以理解为国家治理主体的权力归属与结构组合的问题,而国家共同体则是作为治理对象的国家。我刚才讲的这三重结构性的关系,用徐老师的话讲,就是国家作为治理主体与国家作为治理对象的关系。因此,我说的"三重结构关系"涉及这两者之间的关系,主要有三层意思。

一是天下政体与国家政治共同体的结构关系。如果说西周时期的王制体系只能构建松散的天下一体格局,那么,秦以后的帝制体系作为天下政体的 2.0 版本则塑造了一个以地域关系为基础、规模非常巨大、高度一体化的政治共同体,包括"书同文、车同轨"等等。这表明,国家政治共同体在很大程度上是被政体塑造或建构的。天下政体其实很重要的功能就是要塑造建构这样一个大一统的国家政治共同体,这是第一个关系结构。

二是天下政体与文明共同体的结构关系。历史表明,中国之为国家,不仅是一个政治共同体,也是文明共同体。古代中国的政体塑造了中国的政治共同体,但确实依托、植根于中国的文明共同体。刚才徐老师比较多地强调了农业文明,那当然是非常重要的,因为这属于生产性的文明。其实中国古代文明可能还有更丰富的内容,包括它的制度文明,比如礼法传统等,这都可能是比较重要的文明内容。这些东西在很大程度上支撑了我刚才讲的天下政体,关于这一部分等会中秋兄估计有很多话说,就留给他讲。

三是天下政体与国族共同体的结构关系。这个部分徐老师大概在第三卷会详细论述,目前来看还比较简单,但是这个问题也非常重要,因为它实际上立足于天下国家这一角度,也是天下政体如何处理"华夏"与"蛮、夷、戎、狄"的关系问题,或者夷夏之辨这些关系问题。中华民族能够演变到今天,在很大程度上依赖于天下政体比较好地处理了这些关系,才有今天中华民族多元一体的格局。换句话说,今天中华民族多元一体的格局是建构的产物,但也是历史演化的结果,这种历史演化,在很大程度上就是这个结构性关系的互动过程。

最后,我们今天讨论这么多,究竟是为什么,意义何在?就像徐老师今天讲座的结尾一样,可能还是要回到下面这个问题:究竟一个什么样的政体才能匹配、支撑一个集政治共同体、文明共同体和国族共同体于一体,同时又面向世界的现代中国?这是我们今天关心的核心问题。

再次感谢徐老师,感谢明军校长,谢谢大家,我讲完了。

姚中秋教授:

非常感谢华政的邀请,也非常感谢徐勇老师给我们提供了一个内容非常丰富的报告。徐老师计划中的5卷本巨著现在已出版了两本,我最近这两周在仔细研读这两本书,收获非常大。结合今天的报告,下面我简单汇报两点心得。

第一点,读徐老师这两本书的时候,我特别认真地读了徐老师两卷著作的自序。因为我做学问东跑西跑,进入政治学领域比较晚,去年才调入中国人民大学政治学系,所以对政治学专业的研究不是特别熟悉。徐老师是政治学领域的领军人物,所以,我这次非常认真地研读了徐老师的著作,加上我们去年一起提出历史政治学,我把徐老师的各种相关文献找出来仔细阅读了。我读徐老师这两卷著作的自序,其中徐老师对自己学术历程的描述引发了我特别大的兴趣。我认为,这一学术的历程在今天具有方法论意义。包括华政在内的整个政治学界都在致力于构建中国特色的政治学的话语体系,那么怎么构建?徐老师用他这几十年的学术探索给我们蹚出了一套方法。

徐老师的学术历程经历了四个阶段,第一个阶段是学习政治学的理论,而且主要是西方的政治学理论。徐老师最为我们了解的是他的第二个阶段,即田野调查,产生了很丰硕的成果和非常巨大的影响。一般田野调查工作,多数由人类学领域的学者组织,徐老师则用政治学的方法来进行调查,有很多重要发现。第三个阶段,从田野转入历史,由此提出历史政治学。我们现在看到的计划中的5卷本《关系中的国家》就是历史政治学方法的重要成果。前两天我还跟我们杨光斌院长聊起,我们虽然提出了历史政治学的口号,但接下来就要拿出具体成果来,否则就是光打雷不下雨。徐老师的这部著作就是我们历史政治学的重大成果。第四个阶段,其实跟前面两个阶段是部分重叠的,徐老师反复讲,历史政治学不是为了研究历史,而是通过历史来发展政治学理论。所以我们看到,徐老师在他的这部著作以及其他文章中,陆陆续续地提出了一系列政治学命题,并基于田野调查,基于历史,铸造了一些重要的政治学概念,比如说"祖赋人权""关系叠加"等独创性概念,由此丰富和发展了政治学理论。

我想,徐老师学术历程的这四个阶段具有普遍的方法论意义。在今日中国,我们如何学习政治学、研究政治学?徐老师用他的人生给我们提供了一个方法论的范式。首先,从理论开始,我们要去掌握一些概念,尤其是一些分析性工具。如果我们没有这样的分析性工具,我们甚至都不能认知这个现实,当然也不能认知历史,不能描述现实和历史。所以,我们首先需要理论,而且,这个理论恐怕有相当一部分是来自西方的,这是一个现实。因为西方的现代政治学发展了一两百年,比我们的积累深厚得多。它发展出了一整套概念,又发展出各种各样的方法,我们必须要学习这些。

但是,归根到底,我们中国的政治学首先要理解中国、解释中国,所以我们在掌握了上述概念和方法之后,还是要回到现实。徐老师的"田野"可以扩展,那就是现实。我们要关注田野,基本上集中于底层社会、基层社会;同时,我们也要关注政治生活的中层和上层。这方面,我们政治学已有很多研究,比如关于人大制度,关于党政关系等等,应该说,关于中国政治现实的研究越来越多了。

但徐老师在他的书中反复强调,中国的政治和文明有一个非常突出的特点,就是历史的连续性,所以我们要准确地理解现实,就必须进入历史中。因为,中国几乎所有重要的政治制度、政治价值以及政治机制都是在漫长的历史中形成的，都有非常深远的历史渊源，中间也经过非常复杂的历史流变。我们如果能引入历史的维度，通过考察它的起源和流变，可以对它的结构有一个更为清晰的把握。这就是我们一起提出历史政治学的用意所在，我们希望把时间的维度引进来。此前大量政治学研究缺少时间的维度、历史的维度、过程的维度，我们倡导历史政治学，希望把这些引进来，让我们有一个纵深的视野，这样，对现实可以看得更清晰一些。

以上所有努力，最终指向创造理论。最初，我们学习理论，最后又归结于创造理论。看起来，我们绕了一个大圈子，我们绕到中国现实中去，绕到中国历史中去。但是唯有如此，我们才能有理论的创新，才能创造出中国特色的政治学话语体系。我近来阅读文献，觉得前些年的很多政治学研究还是从理论到理论，而且把西方的理论当成真理，仅仅用中国的现实来验证西方理论，甚至把西方的价值当成我们的价值，由此开出的"药方"就有问题。政治学归根到底是一门实践的学问，我们研究政治学和研究数学不一样，政治学归根到底是要改善我们的政治的。这里面有一些价值维度我们要心有定见。所以，至关重要的是进入中国的事实，认真对待中国的事实，认真地进入我们的历史，认真对待我们的历史，由此发展我们的理论，而不只是照搬他人的理论。

总之，今天我们发展中国特色政治学理论的基本方法，就是徐老师以他的学术历程所展示出来的：在理论、现实、历史、理论之间往复循环；亦即，掌握既有的通常是来自西方的理论、方法，进入现实，更进一步进入历史，发展和创造理论。我相信，这样的理论不仅可以改善我们的政治，也可以发展一般性的政治理论。

接下来我要加入到刚才徐老师和肖滨兄的对话中。徐老师提出，我们有两种政体：王制、帝制。肖滨兄提出了商榷意见，认为两者实为一种,可以概括为天下政体,但有两个阶段。

我有个疑问,我们发展政治学,当然要创造概念,但也要注意前人的既有概念和理论。我们在发展中国特色的政治学理论体系时,既要注意历史的连续性,也要注意学术的历史连续性。古人对政治问题也做了大量的思考,形成了诸多概念,值得我们认真对待。不管是徐老师讲的王制和帝制,还是肖滨兄讲的天下政体的两个阶段,古人都有相应的概念来描述,即封建、郡县,这是古人描述中国历史、政治的两个最基本的概念。我们可以说,它是两种政体或两种社会治理模式、政治社会的治理体系。那我们怎么对待这两个古老的概念,这对概念今天是不是还可以使用?

当然,有人可能怀疑,这对概念有没有普遍性?我觉得还是有一定普遍性的。我们看欧洲历史,的确是有一个封建阶段的。刚才徐老师也讲到了,冯天瑜先生考证过"封建"这个词在中西的不同含义。这个问题很复杂,因为现代中国的历史学家运用马克思主义的理论解读中国历史时,误用了封建的概念,导致了概念上的巨大混乱。但回到马克思本身的理论可以看到,封建还是有非常明晰的定义的。而且我认为,马克思所定义的封建跟周代的封建,也就是徐老师所讲的王制时代有高度相通之处,它们大概可以归为一类政体。我们运用政治学的分析工具可以更清楚地看到它们属于同一类型,比如都是多中心,实行间接统治,周王的权力只及于诸侯,但不能深入诸侯国的内部;还有强调习惯法,西欧的封建时代特别强调习惯法。对此,我做过一点研究。我发现,西欧的封建法和周代的礼制有很多的相通之处。总之,运用现代政治学的分析工具,对中西的封建制进行结构性分析,我们会看到两者是多有相近之处的。

到了这一点,再往下我们会发现,后封建时代的中国和西方之间也有相近之处。这个时候,我们就要把福山请出来。福山说,秦汉就是"现代国家",也即韦伯所说的现代国家,17、18世纪以后欧洲的国家形态。也就是说,中国从周代到秦汉的历史演变,与欧洲近世的历史演变,在结构和节奏上高度类似。如果我们肯定了这个事实,那我们就可以得出一系列非常有趣而重要的结论,我们可以运用基于中国政治演变历程所得出的理论,分析现代、当代西方的政治演变,从而得出普遍的政治理论命题。这样,古老的概念,也可以焕发新的生命力。

总之,我们在进行历史政治学研究时,不仅要注意到事实的连续性,同时也要注意到学术本身的连续性。我们今天要建设中国特色的政治学的话语体系、理论体系,一方面要认真地研究现实和历史,另一方面也要调动古人的政治学思考资源,这些理论资源对于进行理论创新有重要价值。

刘建军教授:

谢谢张明军校长。今天我非常激动,因为徐老师是我非常敬佩的当代中国政治学界最富有学术创造力和想象力的政治学家。今天能参加他的讲座,并且作为他的讲座的与谈人,我很激动。在我的学术发展历程中,我觉得今天是一个很值得纪念的日子。由衷感谢明军校长,感谢华政,感谢徐老师,给我如此宝贵的机会。

徐老师的普通话带有一点点湖北的味道,但是在他带有一点湖北口音、舒缓悠长且非常富有磁性的男性声音当中,我们能够体会到一种令人震撼的"思想的流动感",这是让我非常享受的。徐老师原来是做田野调查的,现在开始走进历史。记得法国有一位思想家说过:"历史是纵的地理,地理是横的历史。"这两句话在徐老师身上体现了完美的结合。首先他在做田野调查的时候,他走遍了中国的大江南北,在这个横的历史当中来体会中华文明的空间魅力。现在他又走进了历史当中,尤其是他刚才讲读《史记》,他提出不读《史记》无法理解中国,我深表赞同。徐老师将作为纵的地理的历史和作为横的历史的地理融为一体。两者的完美结合,铸就了徐老师的5卷本巨著。

我首先做一个简单的评论,然后再谈一点对徐老师讲座的感想。

第一个评论,徐老师讲概念的力量,我是深表认同的。如果我们陷入到概念的迷思当中,我们会看不清很多的东西。阿伦特等很多搞政治思想、政治哲学的人,他们一个共同的特点就是陷入到了概念的迷思当中。所以我最近在《社区中国》一书的后记中,写了这么一句话:一旦从概念的迷思中突围出来,才发现世界是那么的广阔和优美。康德在《纯粹理性批判》一书中提出:没有直觉的概念是空,没有概念的直觉则盲。用大白话来讲,就是没有直觉的概念是空洞的,没有概念的直觉是盲目的。徐老师在他的《关系中的国家》这一巨著中提出了一系列的概念,并且他特别强调概念要突破"特色"铸就的边界,使其成为一个普适性的概念,这一点让我非常敬畏。我觉得知识殖民的本质就是概念穿越边界在不同文明当中的游走,知识能够殖民,实际上是靠概念去殖民,靠概念去铸就或者重组人的思维方式。我们今天为什么有这样的思维方式,是因为我们读了这些书,因为我们接纳了这些概念,概念塑造了我们新的生命。从一定意义上来讲,父母是我们的肉体上的生育者和养育者,我们的精神父母就是概念。由概念组合成的知识体系,驾驭着我们的人生。概念体系和知识体系实际上是我们的再生父母。从一定意义上来说,我们都是"概念之子"。因此,中国政治学如果被来自西方的概念所锁定,就注定无法逃出西方政治学环绕而成的牢笼。徐老师的研究为我们杀出了一条血路,为突破西方政治学的束缚开辟出了一条新的路径。

第二个评论，刚才肖滨兄讲，古代中国没有两种政体，只有一种政体。但我更认同徐老师的看法，我也认为中国历史上确实存在两种政体。王制政体和帝制政体的权力组合方式、权力来源确实存在着根本性的不同。正如复旦大学周振鹤老师在《中国地方行政制度史》一书中所提出来的，中国古代的政体变化实际上有两大节点：第一个是从封建到郡县，这是中国古代政体的第一个变革；第二个是从君主政体向共和政体转变，这是第二次大的变革。但是，中国政体的变革不是一种革命，而是一种维新。徐老师引用了侯外庐先生的观点，提出了一个非常有张力也非常有魅力的命题，叫"历史的纠缠"，我是深表认同的。熊彼特曾提出，资本主义制度的创造实际上就是一个创造性毁灭，这就是革命。但在中国，实际上不是革命，是维新。所以说，冯友兰先生一直讲"周虽旧邦，其命维新"，他也将这句话作为其人生和学问的信条。有突破、有维新，像王制国家是分土而治；帝制国家是分民而治，人不再是"国人"之分，而是被划分为士农工商。但是，维新背后是更多的历史的纠缠，是历史的连续性。从这个角度来讲，我对徐老师提出的两种政体理论深表认同，这个可能与肖滨兄的观点不太一样。

第三个评论，针对徐老师讲的国家理论，就是要重新理解国家。我们知道西方政治学在理解国家时带有很强的实体论色彩，或者很强的宗教背景。最著名的就是黑格尔讲的国家是"上帝在地球上的进军"，用他的哲学话语来说，就是绝对理念的客观现实。这个观点带有很强的一元论、扩张性甚至侵略性。但是，徐老师在他的书里提出了一个"关系论"的思想，这个关系论的思想与实体论的思想（国家观）是完全不同的。如果说实体论的国家思想具有侵略性、一元性和扩张性的特点，那么关系论的国家理论就具有整合性、同构性和连贯性，用我的话来说是关联性。在国家理论方面，我认为徐老师可谓敢为人先。他在关系论当中重新理解国家,突破西方实体论国家思想的一元论传统,在中国文化体系中重新理解国家,这是了不起的贡献。

第四个评论,针对徐老师的三种共同体思想——政治共同体、文明共同体和民族共同体。徐老师一直强调,中国人讲的民族共同体不能使用西方的民族概念,这与我自己的一个观点不谋而合。中国人在讲民族的时候,可能更多的是讲华夏民族、中华民族,而不是西方意义上的以人种、肤色为载体的族群概念。所以说,政治共同体可以解体,可以改朝换代,但是只要我们有文明共同体(就是徐老师所讲的以文字、服饰、农历时间等很多载体形式支撑起来的文明共同体)和中国人独有的整合性的民族共同体,就能在政治共同体的所谓改朝换代中保持一种连贯性,保持一种帝制的再生产。我对于徐老师今天所讲的主题"两种政体,三种共同体"是深表认同的。

另外,徐老师刚才有一个观点还没有过多阐释——中国社会主义核心价值观应该加上勤劳,我觉得这是非常了不起的。徐老师曾经写过一篇文章,说西方人讲天赋人权,中国人则是祖赋人权。我对徐老师这一"祖赋人权"的观点有不同的看法。我认为,祖赋人权和西方的天赋人权还不能对话,如果要说一个与天赋人权能够对话的一个命题的话,那就是天道酬勤。西方人讲天赋人权,有了这个权利就可以拿救济金,就可以不劳动,就可以做有资格的穷人;中国人讲天道酬勤,这个"勤"是指中国人是一个以劳动为美的独有的一个民族。所以说,与其说是祖赋人权与天赋人权相对话,还不如说是天道酬勤与天赋人权相对话。

最后,我谈几点自己的看法。如果我的看法在徐老师看来能够成为有意义的建议,那我就非常欣慰了。

第一,对封建的理解。沿用徐老师"历史纠缠"的思想,郡县制对封建制的替代，或者说郡县制对封建制的超越，在中国古代是不彻底的。我比较同意周振鹤老师的看法，即要区分封建制与分封制，封建制终结并不意味着分封制的消失。所以周振鹤先生就讲郡县国家替代封建国家，用徐老师的观点来讲就是帝制国家替代王权国家以后，并不意味着封建制或者分封制的一些基因也从中国文化中消失了。封建制废除之后，分封制却是历代皆有。我们要研究这个历代皆有的分封制对于中国古代国家治理以及对当代中国国家治理的影响。在这个方面，我觉得我们的研究还是不够。

第二，就是徐老师讲的，在帝制国家当中主权者与治权者是合二为一的。中国的政治问题，尤其是近代以来政治问题的产生，甚至政治危机的产生，也是因为主权与治权的裂变。主权与治权的裂变直接导致了今天我们所讲的国家治理体系和治理能力现代化的重新提出。这个脉络是非常宏大的，在这样的一个脉络当中理解国家治理体系和治理能力现代化这个命题，我觉得是非常了不起的。但是，在中国古代，在帝制国家里面，主权者与治权者是合二为一的吗？我认为，在科举制推行以前皇帝是与豪族共天下；科举制推行以后，特别是宋代之后，皇帝与士大夫共天下。这里面存在着一个中国特有的一种形式，就是主权与治权的结构性统一。通过科举制度构建了国家与社会的一个链条，实际上就是皇帝与士大夫共天下。在共和制替代君主制以后，实际上我们在人民主权这样一个框架里面实现了主权与治权的新的统一。所以说帝制国家当中主权者与治权者合二为一，主权者就是治权者，治权者就是主权者，并且落脚到皇帝身上，我觉得这个命题可能是有待商榷的。准确的说法应该是主权在君，治权在官。

与这个问题相关的，我觉得牟宗三先生提出的政道与治道的关系值得研究。牟宗三先生认为，中国古代解决了政道问题，但是没有解决治道问题。治道无客观化之可能，即中国的这个治道没办法通过数字化的形式对国家进行一个技术化的管理。我觉得徐老师提出的主权与治权裂变这一命题，可能不是主权与治权的裂变，而是治权的属性没有变化，却被赋予了更多的内容和形式。治权的任务、要素变得更加复杂，但治理体系和治理能力却没有变化，这必然导致治权无法托住日新月异的庞大国家。从这个角度来讲，中国讲国家治理体系和治理能力现代化的时候，更多强调的是治权体系或者治理方式、治理能力上的突破。这个问题到现在为止中国还没有完全解决，即牟宗三先生提出的治道无客观化之可能这样一个困惑，现在也仍然存在。

第三，我同意肖滨老师的看法，即在看待中国古代国家的时候，不能过分地局限于国家与社会的关系，也不能过分地纠缠于血缘关系与地缘关系，可能还要看到中国国家背后的最高的精神实体，就是天下。中国人对天下的理解有两种，第一种就是今天大家所熟知的"溥天之下，莫非王土，率土之滨，莫非王臣"，实际上就是梁启超先生讲的私天下的问题。此外，中国人对天下的理解还有一个很重要的进路，就是《礼记》里面讲的天下为公的思想。我认为，对于公天下与私天下，借用徐老师"历史的纠缠"这样一个命题的话，实际上这里面也蕴含着公天下与私天下的纠缠。乾隆皇帝在勤奋地治理国家的时候，他到底是为了这个皇族基业，还是为了天下的百姓？是从私到公呢，还是从公到私？是亚当·斯密讲的以追求私利为目的进而实现公益呢，还是从公本身出发去追求皇族价值、家族价值、个人价值的最大实现？这里面的逻辑线路是值得研究的。

如果把肖滨老师讲的天下概念纳入，就是我的第四点，针对徐老师的关系理论的回应。徐老师有一个经典的命题，关系即权力，权力在关系中,关系塑造国家,国家重塑关系。我认为,如果纳入天下这个概念,那就有两个关系。不知道是不是可以请徐老师在以后的撰写当中,将此纳入他的关系国家理论的框架中。第一个就是天人关系。"周虽旧邦,其命维新",是因为西周不是商朝那样的大族邑,而是注入了新的价值关怀,就是天命论,这个许倬云先生已经讲得很清楚了。所以,一旦把天人关系纳入"关系中的国家"当中,正如黑格尔讲西方国家的文明源头在古希腊、古罗马,我们也可以说中国的国家文明源头可能就是在西周。这样的话,在徐老师讲的关系叠加理论之外,可能还有一个关系贯通论。天人关系是贯通中国古今的,而不仅仅是关系的叠加。天人关系可能是中国人理解国家、理解生命、理解治理的原型关系。因此,我认为关系叠加论和关系贯通论同等重要,关系叠加论会导致整个国家的制度创新,关系贯通论则能够帮助找到黑格尔所认为的文明的精神源头和精神家园。第二个关系,是人与自然的关系,这是我最近一直在想的。徐老师在《关系中的国家》第二卷第 28 页讲到:"根据自然和社会条件形成共同的习俗,如根据农时形成的二十四节气,根据节气共同举办文化活动,包括春节、清明、中秋。"我认为,如果说中国是一个文明共同体,那么这个文明共同体的背后一定还会有一个东西,就是中国人对时间的理解。我最近和学生在写一篇文章,题目叫"找回自然:现代政治的东方曙光"。在我们这块土地上,如果按照西方人缔造的时间系统来配置和设计制度,来维系这个制度的运转,可能是要出问题的。中国的制度,应该按照这块土地所孕育出来的二十四节气,这样一个自然的节奏来进行制度的设计和运转。我到崇明去,崇明的人告诉我,在立秋的前一天和立秋的后一天插在水稻田里面的秧的收成差别会很大,就差这么一天。这说明中国的二十四节气里包含着对自然、对整个文明共同体延续的精确的时间上的计算。现在关于"两会"的时间,是按照公历时间安排的。开"两会"时也恰恰是我们需要更多地呵护自然的时候。所以,我想是不是应该将地方和中央的"两会"时间往后移动。因为冬藏的时候也是多事之秋,需要治理的强化。"两会"时间安排有可能打乱这一治理节奏。农历时间系统就是中国人"为自然立法"。春生夏长秋收冬藏,既是自然的节奏,也是政治的节奏。政治节奏与自然节奏应该相配。古人讲"王者配天",既是意识形态上的,也是自然意义上的。

因此我认为,天人关系是中国的一个原型关系,第二个就是人与自然的关系。徐老师在第一卷里面讲了很多人与自然的关系,我觉得应该把人与自然的关系作为中国的一个原型关系放到"关系中的国家"这一庞大的理论体系的构建当中。把人与自然的关系和人与天的关系纳入地缘、血缘等等各种关系的叠加当中,以此来理解中国国家形成的原型关系,理解中国文明源头上的精神家园。换言之,原型关系与叠加关系同等重要。以上就是我对徐老师讲座的一些简单看法,可能不一定正确,有不正确的地方请大家批评指正,谢谢大家。

四、 问答环节

提问:

中国持续千年的国家演化与国家治理模式,以及天下观和华夷观这种国际秩序观为什么会在清末与西方异质文明交汇时彻底瓦解?

徐勇教授回答：

好，谢谢提问，刚好这个问题和前面肖滨老师还有建军老师等的问题有类似之处。

关于天下这个概念，我们在理解时首先要注意。概念可以分两类，一类是中性概念，不带有经验性的，大家都可以通约的。现在很多概念不具有通约性，只有在一定文化语境下才能读懂。天下这个概念，具有特定的文化语境。其实很早之前，大家就已经在用天下这个概念了，这不是中国人独有的。早期，人们都是以自我为中心来看待世界、看待宇宙，大家都有这种天下意识。只是后来发现，天下不是为我所有、为我所见的天下，天下之外还有天下。大家可以看一下《史记·匈奴列传》，就会恍然大悟。当时我们华夏民族认为，在我认知的范围内就是天下，天下为天子所有。到了汉族与匈奴战争之时，才发现天外有天、国外有国。此时，我们已经开始了对自己天下观的校正。在18世纪之前，中国一直领先于东亚地区其他国家，但还不知道有西方。所以，这个时候还是持有以天下为中心的意识。到了近代以后，实际上各个国家都开始改变了这种天下观。因为天下不是一国的天下，天外有天，除了你家天子以外，还有别国国王等等。这个时候人们开始有了世界观，天下观和世界观还是有所不同的，这是我的看法。

此外，对于建军教授讲的主权与治权的问题，我们过去讲天下为公，思考的是为了谁，但是并不意味着天下属于谁；现在我们讲主权，是讲属于谁，这在传统中国是没有的。因此，当后来我们讲人民主权，说国家是属于人民之时，就是我所讲的帝制体系的分裂。我在写第四卷、第五卷的时候遇到一个非常大的难题：帝制国家以后是什么制度？我把这道难题提出来，大家可以共同探讨，谢谢！

五、 闭幕致辞

张明军副校长（主持人）：

刚才徐勇老师的主题讲演,肖滨老师、姚中秋老师和刘建军老师的与谈,都让我受益匪浅。就徐勇老师主讲的内容来说,我有五点体会。

第一点,他的讲座条理分明、解读清晰,主要体现在对血缘与国家关系的解释上,让我们明白了国家在其形成以及发展脉络中所受到的制约。

第二点,他的观点具有高度的创新性。主要体现为王制与帝制的划分及其区别。肖滨老师提出不同的看法,认为王制与帝制都属于一统天下之政体,帝制只是一个2.0版本。我比较赞同徐老师的观点,因为王制,就其权力主体来说是多元的;但是帝制,它的权力主要集中在皇帝一人身上,体现出权力主体的差别性。建军老师在讲到这个问题的时候,提到了分封制与封建制的问题。我们要注意,封建制,封建的是政治权力;分封制,分封的是经济资源;虽然都具有"封",但"封"的内容是不一样的。所以,两者之间不能画等号,只能说它们都具有"封"的含义,但是"封"的内容是有很大差别的。

第三点,徐老师的讲座具有深厚的学术底蕴。他提出的关系叠加的"三明治国家"概念,体现出他在国家研究中所长期积累的理论知识和专业功底。

第四点,徐老师的讲座具有深刻的启发性。他提出的主权与治权的裂变引导我们理解了孙中山所提出的权能区分论。孙中山认为,在一个国家中主权是属于人民的,但是人民是个大的概念,不可能人人都去治理,只能让有能力的人来治理。这就衍生出了后面的代议制。代议制从某种意义上来说正是主权与治权裂变的产物。对于刚才徐老师讲的帝制之后我们是一种什么样的治理,我想到了一个可供参考的观点,就是精英治理。精英治理这个概念可能是比较好的,因为它是一个中性的概念。

第五点,徐老师的讲座具有重要的实践意义。他谈到国家权力的演变及其与血缘的关系,对于今天国家治理能力的现代化具有很重要的启示意义。进入新时代,中国必须实现国家治理能力的现代化,而治理能力的现代化不能脱离中国现实的国情,不能脱离中国的历史因素,不能脱离中国的文化因素,它一定是建立在实然基础上的应然。

最后,再次感谢参加第 9 期"东方明珠大讲坛"的徐勇老师、肖滨老师、姚中秋老师、刘建军老师以及其他老师和同学们,本次讲座到此就结束了。由于疫情关系,没法现场讲解,我期待疫情结束之后,大家能够在线下继续相见,继续就徐老师所提出的一些议题展开深刻的思考和广泛的讨论。李大钊先生说过一句话,"学术以竞而进,真理因辩而明",但愿我们在辩论的过程中能够发现真理,向真理更加接近,走向我们胜利的彼岸。谢谢大家!

华东政法大学第10期"东方明珠大讲坛"

人权与「动物权」之辩——对一种法治意识形态的省思

主讲人 **於兴中**
美国康奈尔大学
THE AND TONY W. AND LULU C. WANG 讲席教授

与谈人 **梁治平**
浙江大学光华法学院兼任教授

秦天宝
武汉大学环境法研究所所长、教授

屈文生
华东政法大学科研处处长、教授

主持人 **陆宇峰**
华东政法大学科研处副处长、教授

2020.09.16 19:00—22:00
美东时间 2020年9月16日07:00—10:00

主办：华东政法大学科研处

第10讲
人权与"动物权"之辩
——对一种法治意识形态的省思

时　间：2020年9月16日晚
主持人：陆宇峰(华东政法大学科研处副处长、教授)
主讲人：梁治平(浙江大学光华法学院兼任教授)
与谈人：於兴中(美国康奈尔大学王氏[The Anthony W. and Lulu C. Wang]中国法讲席教授)、秦天宝(武汉大学环境法研究所所长、教授)、孙全辉(世界动物保护协会科学家、动物学博士)

一、 开场致辞

陆宇峰教授（主持人）：

　　第10期"东方明珠大讲坛"有幸邀请到浙江大学光华法学院兼任教授梁治平在线主讲"人权与'动物权'之辩——对一种法治意识形态的省思"。梁老师是我这一代人的学术偶像，这样说还远不能准确传达他的盛名，因为他也是比我再高半代人的学术偶像。我高中时候知道孟德斯鸠写了《波斯人的信札》，到了2001年上大学，高年级师兄都推荐读梁老师的《新波斯人信札》，而这本书早在1987年就出版并轰动全国了。梁老师用文学家一样清新流畅的文字阐释着法律文化。梁老师也不是第一次来到"东方明珠大讲坛",第5期大讲坛加拿大多伦多大学陈利教授主讲"中国法律史研究的三重困境",梁老师就欣然应邀担任与谈人,围绕如何超越东方主义、现代主义、道德理想主义三种话语展开了十分深刻的讨论。

今天梁老师的讲座主题与野生动物保护有关,但正如大家已经看到的,梁老师将层层深入,引导我们思考背后更复杂的法治意识形态问题。今天梁老师将讨论:中国野生动物保护的主要问题是保护过度、利用不足还是相反?中国的野生动物保护立法是否超前?市场和私有产权是野生动物保护的最好方式吗?今天在中国谈论"动物权"是一种奢侈吗?讲"动物权"是否意味着要牺牲人权?动物保护思想是西方舶来品吗?"法益说"等于纯粹的"环境中心主义"吗?在近年的一起涉野生动物犯罪的诉讼和相关讨论中,一些对所谓"动物权"观念持批评态度的法律人就上述问题表达了他们的看法,这些颇具代表性的看法可以被视为一种法治的意识形态。它们看似正当,实则短视偏狭,既非能够适应未来的法治思想,亦非真正有益于人权保障,需要我们警惕和反省。感谢梁老师亲自写下了以上讲座介绍。

同样荣幸的是,第10期"东方明珠大讲坛"也邀请到了美国康奈尔大学王氏(The Anthony W. and Lulu C. Wang)中国法讲席教授於兴中。於兴中老师不仅是第1期"东方明珠大讲坛"的主讲者,也是第10期"东方明珠大讲坛"真正的策划者。他在法理学领域有着公认的世界级的学术眼光,我投入"社会理论法学"的怀抱,就是因为他的判断,因为他说自然法学、实证主义法学、社会法学三大流派轮流坐庄的时代已经过去了,法理学研究已经进入"无王期"。

今天还有两位重磅嘉宾,一位是国际法学家、环境法学家、武汉大学环境法研究所所长秦天宝教授,另一位则是世界动物保护协会科学家孙全辉博士,大家已经在公众号预告上看到他们的风采,热烈欢迎他们的到来。我校科研处处长屈文生教授等专家学者将在线参加本次大讲坛。

首先有请梁老师主讲。

二、主讲环节

梁治平教授:

谢谢宇峰教授的介绍,也谢谢华政科研处组织了今天的讲座,我非常高兴有机会能和三位与谈人一起来讨论今天的主题。兴中教授与我有多年的友谊,今天的讲座,他也做了很多筹划和沟通的工作。天宝教授和全辉博士是他们各自领域中的专家,对今天要讨论的问题都有深入的研究。所以我非常期待听到这几位朋友的深入探讨和批评。

2018年11月,我在华政做过一个讲座,讲座题目是《鹦鹉买卖与虎骨利用——中国野生动物保护的法律困境》。我提到这件事,是因为今天我要跟大家报告的主题,可以看成前一次讲座的延伸和扩展,是要把当时不能详尽讨论的问题在此作一些展开。另一个原因是,我想请大家注意到一个变化,上次讲座是在华政长宁校区举行,这次是在线上,之所以有这样的改变,就因为过去这一年半里发生了一些非常重大的事情,这些事情也跟今天要报告的内容有关。因为时间关系,涉及之前讲座的部分我会从简,不过那次讲座的文字稿已经在《法律与伦理》2019年第2期刊出,大家有兴趣的话可以找来看。

现在我先简单讲一下题目里说的意识形态是什么,法治意识形态又是什么。

关于意识形态有很多定义,我在这里主要把它看成一种具有自主性和整全性的观念系统。这种观念系统不可避免地具有历史性,而且实际上总是和一些特定的群体和利益联系在一起,但从表面上看,它是一种普遍性的话语,要为世界提供一套完整解释,所以它的特殊性和它跟特殊利益的关联性常常是被掩盖的。这样一来,意识形态的信奉者往往会丧失对社会现实的认识和批判能力。而我所谓的法治意识形态,就是从这个背景下产生出来的。法治意识形态是这样一种法律意识和无意识,它大概有这样一些特点。其一,它是立基于一套跟法治观念有关的价值,这套价值的排序和权重具有特定社会和时代的特征。其二,从人与动物关系角度看,这套价值排序明显不利于动物,但在法治意识形态的信奉者看来,这根本不是什么问题,因为在他们看来事情就是这样的,世界秩序就是如此。其三,在其拥戴者眼中,法治的主张具有无可置疑的正当性,甚至他们还有一种道德上的优越感,但这部分是因为他们对于这种观念缺乏足够的反省,这里面包含了一种法治观念的无意识。这些是我从人与动物关系角度对一些法律人的论述和观点所做的观察和概括。

在上次讲座讨论的深圳鹦鹉案中,二审律师提出了一些有关野生动物保护政策和法律的主张,他们批评所谓"野生动物产权归公"政策,强调私有产权的重要性,以及贸易、市场、经济利用价值、经济刺激这些因素在动物保护方面的积极作用。关于"野生动物产权归公"问题我们一会儿再谈,这里只说一点,他们的这些说法跟我们看到的历史事实正好相反。科学界的共识是,我们正处在第六次物种大灭绝过程中,而造成这次物种大灭绝的主要原因正是人类的活动,尤其是直接、间接跟经济有关的活动。另外值得注意的一点是,这些主张很符合野生动物利用行业和产业的利益,但在一些方面比现有政策和法律更保守。

值得注意的是,这些关于野生动物保护和财产权的主张不是孤立的,它们是二审律师讲的"法治"的一部分,而他们要透过"个案"大力推动的那个"法治",除了包括像法律至上、程序正义这些形式化的东西,还有一些很重要的价值,比如个人自由、人权、市场、私有产权等等。这些东西放在一起,构成了一个"价值包",一个思想和论述框架。在这个框架里面,动物是财产权的客体,是人,当然首先并且应当是私人,可以开发、占有和利用的资源。资源当然也需要保护,但这种保护一旦被认为妨碍市场运行,影响到私有产权的行使,或者对现有部分个人利益、个人自由有所减损的时候,那就是不可接受的。换句话说,只有把动物保护议题纳入这个"价值包",并且无碍于这些价值的实现,它才是可以被接受的。

上面从法治意识形态角度对鹦鹉案二审律师意见做了一个简单的回顾和概括。现在我们要讲的是鹦鹉案的一个后续事件。就在鹦鹉案二审后的几个月,北大法学院的一个刑法沙龙专门讨论了这个案件,会上有几位刑法学者和律师就中国现阶段的动物保护问题,特别是人权和"动物权"关系发表了不少意见。这些意见很有代表性,也可以让我们进一步认识法治意识形态下的动物观。今天的讲座主要就围绕这些意见展开。

根据沙龙讨论纪要,我把这些意见归纳为六点。

第一个可以称为国家主义批判。鹦鹉案二审律师说,他们的当事人不知道自己的行为是违法的,这在刑法上叫作"违法性认识错误"。这也是那天沙龙上讨论的一个问题。讨论中有两位学者借题发挥,大谈所谓国家主义问题。一位学者区分了所谓被告人立场和国家主义立场,主张应该以被告人的认知为基准,而不是以国家法律的判断为基准。另一位学者区分了道义责任和法律责任,认为刑法保护的对象应该是老百姓道德认可的东西,而不是国家法律认可的东西。第二个可以称之为社会发展阶段论。具体地说,跟西方社会相比,中国社会发展阶段不同,中国刑法的问题是人道化不够,而西方早已经过了这个阶段,所以现在才要去人类中心主义,讲"动物权"。这就涉及第三个问题,就是人权和"动物权"的关系。按照那几位学者的看法,"动物权"之说要么不成立,要么不适合今天的中国。中国今天的问题是人权保障,谈不上"动物权",更不能让"动物权"凌驾于人权之上。第四个是法益说和刑法的谦抑性。他们认为法益论是国家主义的,讲法益违反了刑法的谦抑性,结果导致重刑。第五个就是前面提到的野生动物保护基本政策,国有/公有还是私有?应该注重保护还是利用?他们认为现在的问题不是保护不足,而是利用不够。刑法跟国际公约接轨,太超前了,所以司法应该对那些犯罪行为睁一只眼闭一只眼。第六个问题涉及对法律的理解。沙龙上有人提出,法律是一种"地方性知识",意思是说,讲动物保护、"动物权"都是外来思潮,不是中国自己的东西,需要警惕。

  上面这几点归纳自然很简化,好在沙龙讨论有文字稿,上网查找原文也很容易。我的归纳准确与否,大家可以上网去查证。下面我们就对这些观点做一点讨论,不过在这之前,我们要先对"动物权"这个概念做一点辨析和说明。

  今天讲座的题目是"人权与'动物权'之辩",大家可能注意到了,"动物权"三个字加了引号。之所以要加引号,是因为这个说法出自沙龙上的那几位学者。这也意味着,我们下面要讲的不是作为一般概念的"动物权",而是沙龙讨论人讲的"动物权",是我们要考察的法治意识形态语境中的"动物权"。所以,我们要弄清楚的第一个问题就是,他们说的"动物权"究竟是什么?这时我们就会发现,这些学者反对"动物权"的主张,但他们并没有说这个主张是谁提出来的,也没有对他们所反对的"动物权"的概念或理论做任何描述和说明。所以,为了使下面的讨论具有针对性,我们需要把问题稍稍梳理一下。

先看几个基本概念:野生动物保护、动物保护、"动物权",这三者是什么关系?野生动物保护是我上次讲座的主题,涉及一个特殊类别的动物保护。而动物保护显然是一个更大的范畴,野生动物以外,还包括其他范畴的动物,比如说农场动物、工作动物、伴侣动物、实验动物等等。"动物权"则可以说是动物保护方面的一种特定主张,它有自己特定的理论基础,立基点更高,困难也更大。"动物权"主张可以用到不同范畴的动物保护方面,但至少在现阶段,许多与动物保护有关的理论和实践并没有也不需要讲"动物权"。我们就以中国的《野生动物保护法》为例。这部法律1988年制定,1989年实施,2016年大修。这些年来,包括大修之后,它都受到很多动物保护人士的批评。人们之所以对它不满意,不是因为这部法不是去人类中心主义的,也不是因为它没有体现什么动物权利,而是因为这部法律太急功近利、太短视、太重视野生动物的经济价值,而忽略它生态的、伦理的、美学的和公共卫生安全方面的价值。结果是它既不能有效保护野生动物,也不能很好地保障建立在这种保护之上的人的利益。这些问题因为这场疫情暴露无遗,根据全国人大常委会的要求,这部法律的修订工作已经提上议事日程了。这一点很有讽刺意味,因为它刚刚经过了一次大的修订。

现在我们再看另一组概念,一个是动物福利,一个是动物权利,还有一个是人类中心主义。这些概念之间又是什么关系?简单地说,动物福利指的是"与其生存和死亡条件有关的动物个体的身体和精神状态,是一个涉及科学、伦理、经济、文化、社会、宗教与政治等多个维度的复杂的多面向主题"。这是世界动物卫生组织有关动物福利的说法。更流行的说法是,动物福利包括动物应享有的五项"自由",它们涉及动物生理、心理、环境、卫生以及行为方面的基本需求。满足动物的这些需求,或者说满足动物福利的要求,并不一定要采取去人类中心主义的立场,也不一定要主张动物权利。相反,就改善动物福利有利于提升包括其经济利益在内的人类福祉而言,动物福利主张与人类中心主义并不冲突。只不过,要承认和提高动物福利的标准,可能需要一种更温和、更人道也更文明的人类中心主义。换句话说,人类中心主义也有更狭隘、更野蛮和更温和、更人道的区别。至于动物权利,简单说就是承认动物也享有权利,尽管动物的权利和人的权利内容可以不同,但重要的是,动物也可以成为权利主体,动物享有权利的那些资质和人类享有权利的资质有相通的地方和共同的基础。这就不是人类中心主义的了。当然,从动物福利到动物权利,这里面也可以有某种关联,某种发展和转变的可能性。

在做了上面的简单梳理之后,现在我们再回到前面的问题。那些法律人在批评"动物权"的时候,他们针对的到底是什么?从他们的立场出发,他们赞成什么?反对什么?

前面说了,北大刑法沙龙是因为鹦鹉案召开的,那里的讨论也是围绕这个具体案件展开的。所以,"动物权"的批评者也首先是讲鹦鹉案,如鹦鹉案涉及的刑法和司法解释,相关的国际公约,还有相关的野生动物保护政策等。与此同时,他们的矛头也指向一般可以归入动物保护的各种主张和活动,尽管他们没有具体指明批评对象。问题是,按照上面的概念梳理,《野生动物保护法》也好,鹦鹉案所涉及的动物利益也好,都跟"动物权"没关系。换句话说,这些学者在讲"动物权"的时候,其实是把许多不同的东西混为一谈，在上面贴了一个"动物权"的标签。他们这么做当然是因为他们对这些问题没有研究，甚至缺乏基本的了解，同时也是因为他们在动物保护问题上有强烈的偏见。而他们之所以用"动物权"而不是其他的什么做标签，大概是因为这个词最刺激，最让他们反感，而且在他们看来，这个假想敌也最容易被打倒。想想看，动物也是权利主体，这件事听上去不是很荒谬吗？还有，人权问题还没有解决，谈什么"动物权"？太奢侈了吧！把人权和"动物权"对立起来，把它们说成是一对具有对抗性、排他性和竞争性的概念，这种做法在中国很有市场，关键是，这样他们就稳操胜券了。

只是，他们提出的是一个假问题，他们树立的假想敌并不存在。鹦鹉案跟"动物权"无关，《野生动物保护法》《刑法》第341条及相关司法解释，都跟"动物权"没有关系。不仅如此，中国当下动物保护的主要议题也不是动物权利。而是，比如说，改变过去的野生动物资源观、扩大野生动物保护范围、尽量减少对野生动物的经济利用、确立全面的动物保护观念、推广和落实动物福利理念、建立完备的动物福利制度、推动动物保护立法、禁止动物虐待等等。这些议题基本上都不涉及动物权利，跟真正意义上的"动物权"没有直接关系。但是根据上面的分析，这些主张却都可以被归入那几位学者所说的"动物权"，被他们以这样或那样的理由来反对。

好了，我们现在就来看看他们的理由。

先说国家主义。这是个大词，后面有一套宏大理论。在一个基于具体案件的刑法专业研讨会上提出这样的问题有点不寻常，所以当时就有人说这问题太大了，我们讨论不了。更重要的是，讲国家主义的两位学者把他们的推论建立在"违法性认识错误"的基础上，让人觉得头重脚轻。前面说了，鹦鹉案二审律师说他们的当事人不知道自己的行为是违法的,但他们没有提出什么像样的证据。后来参加沙龙的学者也认为,二审律师的"违法性认识错误"辩护并不成功。实际上,在涉野生动物犯罪案件中,被告人说不知道自己的行为触犯了法律,这种抗辩很常见,但成功的不多。另一方面,现实中,行为人明知违法,但抱着侥幸或者从众心理还去做的情况很多,比如在候鸟迁徙季节(现在就是),从南到北,山上林间,鸟网遍布,捕鸟人有个人,有团伙,有业余的,也有职业的,这些人不知道自己的行为是违法的吗?当然不是。各地鸟市的情况也是这样,业内人对法律法规比你我都熟,也知道怎么规避法律,钻法律的空子。一边是有法不依,另一边是执法不严、违法不究,结果就是违法现象普遍,阻挠执法甚至抗拒执法的情况也时有所闻。我们国家野生动物保护不力的情况,由此可见一斑。在这样的背景下讲"当事人主义",抵制"国家主义",究竟意味着什么呢?

再看阶段论。阶段论强调中国社会和西方社会发展阶段上的差异,以此来说明"动物权"在中国的超前性。这是一种我们经常听到的说法,也是一种缺乏论证的断言。因为它没有说明,当然更没有证明,为什么中国现在要讲人权、法治、民主、宪制但不需要讲"动物权"?为什么前面那些是中国的问题而后者不是?而且,只要放宽视野,我们马上就会发现,这种观点过于狭隘,过于简单化,没有说服力。我举几个例子。

过去,动物一直是财产权的客体,是法律上的"物",这种情况现在有了改变。先是奥地利民法典,然后是德国民法典和瑞士民法典,都有了"动物非物"的条款。中国呢?刚刚颁布的《民法典》是世界上最新的民法典,据说也是世界上最先进的民法典,是不是这样我不知道,但至少在动物法律地位这个问题上,我知道它不能算是太先进。尽管在《民法典》制定过程中有人提出了这方面的建议,但是没有受到重视和采纳。当然，阶段论者有现成的理由为这种"落后"辩护，我们在发展阶段上落后于人家嘛。但我刚才说了，社会发展阶段有差异是一回事，应不应该讲"动物权"是另一回事。所以，只说发展阶段不同说明不了什么。

换个题目，看一下动物保护法。世界上很多国家和地区，包括中国的香港、澳门和台湾地区，都有一般性的动物保护法，有的还有很长的历史。许多发展中国家，经济上不如中国发达的国家，也有这类法律，但中国大陆没有。这个问题显然不能用社会发展阶段来解释。

进一步说，除了动物保护法、"动物权"观念，还有自然权利的观念。於兴中教授的《法理学前沿》讲到了大地法理学，讲的就是这个问题。自然权利包括了非人类生命的权利，也包括了无生命自然物的权利。推动这个观念最有力的不是西方发达国家，而是发展中国家，像是印度和南美的一些国家。厄瓜多尔2008年宪法就明确引入了"自然权利"的概念，并围绕这个概念设计了一系列条款，给予厄瓜多尔政府和人民一系列义务，让他们要尊重这种自然权利。2010年，也是在南美，玻利维亚组织召开了一个几万人参加的"世界人类大会"，会上通过了《地球母亲权利世界宣言》，而让这个宣言成为联合国宣言，是他们的下一个目标。

如果讲社会发展阶段，我们就要问，厄瓜多尔和玻利维亚处在什么阶段？印度又处在什么阶段？为什么他们会提出这样的问题？为什么到我们这里就只能讲人权，不能讲"动物权"，更不用说"自然权利"了？当然，因为上面说过的原因，我们今天不讨论真正意义上的动物权利，更不会去讨论自然权利，但这不等于说这些问题不存在或不重要。其实，这些都是非常重要和严肃的问题，同我们的生活和生存有密切关系。

最后，我们可以再换个角度来看一下阶段论。《野生动物保护法》规定，中国对野生动物的基本方针是"加强资源保护，积极驯养繁殖，合理开发利用"。这一条从1988年写进法律，到2016年修订，实行了将近30年。这条法律从哪里来？你看一下之前由国务院制定的政策就明白了，那条政策的具体表述是"加强资源保护，积极驯养繁殖，合理猎捕利用"。什么时候制定的？1962年。政策变为法律，只有两个字的差别，前面是"捕猎"，后面叫"开发"。60年代的时候野生动物数量相对较多，1988以后不行了，所以改为"开发"，主要是人工驯养繁殖。2016年法律修订，这条又改成"保护优先、规范利用、严格监管"。表面上看更重视保护了，但是通观整个文本，再对照现实，你会发现，修订之后的《野生动物保护法》并没有改变原来那个开发、利用的政策导向，不但没有改，它还把原来的东西制度化、扩大化，把它升级了。结果我们看到这样一种现象：它在表述上做了一些调整，在实质内容方面却很少改变。这说明了什么问题呢？我们知道，修法议案是2013年由全国人大的几十位代表联署提出的，推动力主要来自社会，也来自动物保护界。他们希望通过修法把这部法律变成真正的野生动物保护法，而不是"野生动物利用法"。但一些政府部门和野生动物利用行业不这么想，他们要保护自己的既得利益，要继续开发、利用野生动物。所以就有了法律的表里不一。当然这是另一个话题了。如果回到阶段论，那我们就要问，60年代的中国和80年代以后的中国处在同一个发展阶段吗？答案不言自明。那为什么这个政策不变呢？阶段论者需要好好想一下这个问题。

其实，问中国社会处在什么发展阶段，不如问中国现在主要面对什么问题更切题。跟我们这里讨论的问题有关的是，过去40年，我们在经历经济高速发展、财富大量积累的同时，也造成了严重的环境问题。

野生动物栖息地的缩小和碎片化,野生动物种群的濒危和灭绝,就是自然环境遭到破坏的一个表现。与此同时,其他方面也有巨大改变。比如野生动物养殖和农场动物方面,动物数量增长非常大。给大家一个数据,改革开放以来,中国的肉类、禽蛋、牛奶产量增长了150倍,肉、蛋总产量居世界第一。这意味着,我们今天的生活方式跟40年前大不一样了,但这种生活方式是有代价的。工业化和规模化养殖,带来环境污染、能源消耗、药物滥用、食物浪费、甲烷释放、生存条件恶劣、人畜共患病等难以避免的问题。这些问题与动物福利有关系,发达国家比我们早一点遇到这类问题,我们可以从他们那里汲取一些经验和教训,来解决我们目前碰到的问题。所以,不能借口有发展阶段差异就不谈这些问题。重要的是,这是我们自己的问题。

另外我们还要看到,中国的问题也是世界的问题。比如中国国内野生动植物消费市场过去这几十年迅速扩张、膨胀,相应地带动了全球野生动植物贸易和走私的高涨,对世界其他国家和地区的野生动物保护构成了极大的压力。这方面的事例很多,我们经常看到各地海关破获走私犯罪案件的新闻,一次搜缴的野生动物活体、尸体、制品就可能数以千百计。成吨的象牙,还有穿山甲、虎骨、犀牛角等,铺满整个篮球场,令人瞠目结舌。我在上次讲座里也提到象牙问题。非洲大象的数量,20世纪初还以千万计,一个世纪以后只剩下百万头。过去10年,大象的数量从120万头降到了60万头。造成非洲大象数量锐减的主要原因是偷猎,非常血腥残忍的屠杀,其目的是得到象牙,谋取利润。很不幸,中国是全球最大的象牙消费市场和象牙走私目的地。2017年底,中国开始全面禁止象牙贸易,这个举措受到全世界的欢迎和称赞。但穿山甲就没有这么幸运。中华穿山甲在野外早就看不到了,世界上存在的另外七种穿山甲,也都面临灭绝的危险。但现在人们对穿山甲的捕猎和走私不是减少了,而是增加了。有调查表明,现在穿山甲走私贸易数量上已经超过了象牙,而最主要的走私目的地和消费国还是中国。

除了上面的这些事例,我们还可以提到大家更熟悉的伴侣动物、流浪动物的例子。在过去几十年时间里,这类动物数量激增,也带来种种社会的、伦理的和法律的问题。

从上面列举的这些问题看,我们正处在一个亟需改变生产和生活方式,增加社会经济发展可持续性的阶段。为了解决我们所面临的许多重大问题,我们必须调整和改善人与动物、人与自然的关系,其中就包括重视和加强动物保护,提高动物福利水平。如果要讲阶段的话,我们就处在这个阶段。

我这样说,批评者可能会回答:我们并不反对动物保护,但中国现阶段最重要的是要解决人权保障的问题,无论如何,总不能把"动物权"放在人权之上吧。这种说法可能包含两层意思,一是认为"动物权"和人权是互相对立、互相排斥的,"动物权"进一步,人权就要退一步;或者,二者不完全排斥,但有个先后问题,必须先人权,后"动物权"。有一位学者就说,讲"动物权",人与动物平等,要后一步,后到什么时候呢?要到共产主义阶段。问题是,这种关于人权和"动物权"对立的假定可能并不存在,两者的关系可能不是排斥性的,而是互相促进和共同发展的。至少,我们能观察到这样一个简单和普遍的现象:在当今世界,一个社会中人权保障的程度,"动物权"观念的发达程度,还有这个社会的文明程度,这三者基本上是成正比的。

现在我以19世纪英国的动物立法为例来说明这个问题。不过要先说明一下,我之所以举这个例子,是因为沙龙上的一位"动物权"批评者提到了英国的动物立法。他说,英国是人权观念出现最早也最发达的地方,所以英国就出现了"动物权",这证明了一个观点,即"动物权是人权的延伸"。照理说,我们由此得出的结论应该是:人权和动物权有非常密切的关系,二者互相促进。如果说人权孕育了"动物权",那"动物权"也应该能促进人权。但奇怪的是,那位学者接下来却说,现行野生动物政策的问题是保护过度,利用不够。因为野生动物就是人类的资源,我们就应当把它当作资源使用,现在的问题是用得还不够。我们很难理解这种自相矛盾的说法。也许他的意思是说,人权问题解决了,"动物权"的问题也就不存在了,所以只要讲人权就够了。换句话说,人权吸纳了"动物权"。但是不管怎么样,英国这个例子不可能被用来支持这位学者的立场,相反,它恰好证明这种立场是错的。下面给大家列举英国在19世纪通过的一些法例。

1822年的《马丁法案》(Martin's Act)禁止虐待马、牛、驴等家畜,首开现代动物福利立法之先河;1835年的《皮斯法案》(Pease's Act)禁止斗牛、斗狗和其他一些残酷娱乐行为;1819年的《棉纺厂法案》(Cotton Mills Act)禁止在棉纺厂使用童工;1833年的《废奴法案》(Slavery Abolition Act)废除了奴隶制;1848年的《公共健康法》(Public Health Act)创建了国家公共健康计划;1870年的《儿童教育法》(Elementary Education Act)开始实施大规模儿童教育活动;1876年的《禁止虐待实验动物法》(Cruelty to Animals Act(experimentation))对实验动物的使用加以规范。我们看到,19世纪英国出现了一系列动物保护立法,其中,《马丁法案》通常被认为是近代最早的动物保护法,也是现代动物福利立法中最早的一个重要法律。这个法律先是在欧洲、后来在世界范围内都有影响。跟这些法律同时出现的,还有禁止使用童工的法律、废除奴隶制的法律,也有建立国家公共健康计划的法律和实施大规模儿童教育的法律。这些法律有一个共同点,它们都体现了一种深切的人道关切,这种关切及于动物,也及于人,尤其是社会中的弱势群体。当然,这个过程不是一帆风顺的,当时也有人反对废奴,反对动物保护。但是这些法律最终还是出现了,而推动这些法律的有时是同一批人,比如英国政治家和慈善家威廉·威尔伯弗斯。此人在1833年去世,英国的《废奴法案》也是在这一年颁布,就在他去世前几天,而他本人正是英国废奴运动的领袖。他同时也是英国第一个动物保护组织"英国防止虐待动物协会"(RSPCA)的创始人之一。

之所以出现这种现象,是因为把动物纳入道德关切,其实也是人类自身破除歧视、追求平等的努力的一部分;提高和保护动物的福利,也是人类通过法律促进自身福祉的努力的一部分。说到这里,我想提到之前也在这个论坛作过讲座的陈利教授的获奖著作《帝国眼中的中国法》,那本书里专门有一章讨论18、19世纪西方社会情感文化的兴起和影响。根据他的研究,19世纪英国等西方社会的很多制度变革和法律进步,包括当时的司法改革和反对"动物权"的学者提到的刑法人道主义化,背后的推动力就是这种"情感文化"。这种新的情感文化催生了一套新的态度和情感习性,其核心是对众生的痛苦和苦难的同情心。随着这种情感文化的发展,越来越多的人认为,道德和文明的个人及其共同体,应当同情那些遭受身体和精神伤害的众生,包括以前受鄙视的人,比如奴隶、罪犯,也包括动物。尽管陈利教授关注的问题不是人权和"动物权",但他的研究对我们理解这两者的关系是很有帮助的。

现在看一下法益论。法益论算是一种比较新的学说,这种学说为环境保护提供了一些新的手段,可以更有效地实现环境保护方面的目标,所以在环境法学界比较受欢迎。但是批评者认为法益论有害,是国家主义的体现。因为按照法益论的观点,一种行为即使没有造成人身伤害和财产损失,也可能要承担法律责任甚至刑责。据说这违反了刑法的谦抑性,会导致"重刑主义"。鹦鹉案判决、刑法第341条,还有两高的相关法律解释,都被认为是重刑主义的表现。那些法律人以人权之名反对法益说,反对"动物权",这也是一个重要理由。

那么,这个重刑问题到底应该怎么来看呢?我想可以从几个方面来考虑。首先,一般意义上,中国的刑法有重刑问题,这是多数学者的看法。不过也要清楚,这个重刑是结构性的,也就是说,这是个一般性问题,并不是野生动物保护方面的法律是这样。其次,只说中国存在结构性的重刑,并不足以准确描述中国刑法的特点。相反,这种说法很容易产生误导。实际上我们经常看到,在许多具体问题上,与很多发达国家的刑事法律相比,中国的法律实在是太轻了。在很多发达国家会严厉惩处(如判刑数年)的行为,中国可能只是批评教育、劝说或最多治安拘留。这方面的案例很多,比如校园霸凌和"医闹"。"医闹"这个词很有意思,本来是典型的法律问题,说成"医闹"就变成不知道是什么东西了,这是中国特色。顺便说一句,这里拿西方发达国家的法律做比较也不是我的创意,是那些批评重刑主义的人要这样。他们说,我们这动不动就判个 5 年、10 年(指涉野生动物犯罪),人家那里就判个社区服务什么的,这不是重刑是什么?这时候他们不讲社会发展阶段不同了。自然,他们对在那些国家虐待动物属于犯罪、可能入刑这样的事也不以为意。相反,你要是在中国主张立法禁止动物虐待,他们又会搬出阶段论、重刑论,说中国还没发展到那个阶段,我们一直受重刑主义之苦,不能再新设罪名,加重刑罚了。再次,单看《刑法》针对涉野生动物犯罪的规定,不能说处罚太轻,但这些年涉野生动物犯罪有愈演愈烈之势,问题出在哪里呢?如果把行政监管、执法和司法这些环节都考虑进去,你就会发现,主要问题跟刑法轻重无关,而是违法成本太低。就像前面说的,有法不依、执法不严、违法不究,这种情况比较普遍,被抓、被罚、被判的是极少数,你说这是重刑还是轻刑呢?显然,问题没有那么简单。

不管刑法规定如何，在动物保护的问题上，我们面临的不是什么重刑依赖，而是制度供给的严重不足，而出现在监管、执法、司法，甚至立法上的种种问题，恐怕都与人们尤其是法律人的认知和观念有关系。

再看动物保护与私有产权的问题。鹦鹉案二审律师特别强调私有产权在动物保护方面的重要性，或者不如说，他们是借鹦鹉案来弘扬私有产权的理念，这种论调在北大沙龙上也能听到。但我已经说了，他们提出的理据是反事实的，站不住脚。问题是，他们为什么会罔顾事实，力主私有产权制度呢？我想，他们真正在意的其实不是什么动物保护，而是私有产权、市场经济这些东西。这也不难理解，这些本来也是在中国亟需加强的东西。不过我们也要看到，在特定背景下，财产权的重要性有被放大和绝对化的趋势。有人就写文章说，财产权的有无不仅是文明和野蛮的分界，也是人和动物的区别。人有私有财产的观念，动物没有，所以这是人区别于动物的一个根本特征。这种论证很有意思，它把私有产权的正当性建立在人与动物有别的基础上，等于是诉诸"物种歧视"这种人类最根深蒂固的偏见，但在这样做的时候，作者自己的偏见也暴露无遗了。

因为强调私有产权的重要性，所以要批评"野生动物产权归公"。但是这种批评的含义并不像看上去那么清楚明白，需要稍加分析。说"野生动物产权归公"（沙龙上有人说是"国家所有"）根据在哪里？首先是宪法，宪法第九条规定，自然资源属于国有，也就是全民所有。这条没有提到野生动物，但可以被理解为包括野生动物。其次是《野生动物保护法》，这个法律明确规定野生动物资源属国家所有。但问题在于，《野生动物保护法》同时也鼓励私营部门对野生动物的驯养繁殖和商业性利用，实际上这也是国家针对野生动物采取的一贯政策，一个非常庞大且发展迅速的野生动物经营利用行业就是从这里被催生出来的。法律和政策这样规定,理由就是这样有利于野生动物保护。所以,那些批评"野生动物产权归公"的人提出的主张,像什么"以动物养市场,以市场保护动物""投入民间资源去保护动物",本来就是国家野生动物政策的既定方针,这与"野生动物产权归公"完全不矛盾。所以,如果对"野生动物产权归公"的批评是有意义的,那它的实际主张就是野生动物资源应当私有,否则这种批评就没有意义。但是如果这样理解,那就必须承认,这是一个非常激进的私有化主张。当然,对自然资源的归属做理论上的讨论是没有问题的,提出激进主张也没问题,问题在于,提出这种主张的人没有提出任何可以证明其合理性的理据。如果包括野生动物在内的自然资源不属于国家(按宪法说法也就是"全民"),而属于私人所有,根据是什么?在私人间应该怎么分配?这些私人权利应该如何行使?这种制度对野生动物保护可能产生的后果是什么?这些重大而基本的问题完全没有被涉及。在这种情况下,我们甚至有理由怀疑,他们是不是真的知道自己在说什么,他们对中国野生动物经营利用方面的情况又了解多少。上面讲了,他们主张的私人对野生动物的占有、利用和开发一直是我们的国策,而在这种政策的扶持、鼓励和推动下,中国野生动物经营利用行业这些年的发展可以说如火如荼。结果是,中国现在成了世界上规模化驯养繁殖野生动物种类最多的国家。所有已知的野生动物,只要是有经济价值的,都是被开发、利用的对象。如此大规模的开发利用,极大地推动了野生动物消费市场,反过来又带动了对野生动物的各种非法利用,除了前面提到的走私,还有人们经常提到的"洗白",更不用说经济利益驱动下的各种非法捕猎。有人用"灭绝性捕猎"来形容这些年来的这类违法活动,这方面的调查和报道很多,大家可以找来看。那么,透过驯养繁殖来利用野生动物,有没有促成那些官员、行业和学者所想象和声称的"野生动物保护"呢?野生动物野外种群的生存状况有没有因此得到明显的改善呢？很遗憾，没有。下面给大家看两组数据。

1970—2010 年间，中国陆栖脊椎动物种群数量下降了 50％。其中，两栖爬行类物种下降幅度最大，为 97％，兽类物种下降了 50％，面临灭绝危险的哺乳动物种类达到 50％以上。这个数据来自世界自然基金会发布的一份报告。另外一个数据出自环保部和中科院的《〈中国生物多样性红色名录——脊椎动物卷〉评估报告》(2015)。根据那份报告，中国境内除海洋鱼类以外的已知 4357 种陆生脊椎动物，属灭绝等级的 4 种、野外灭绝等级的 3 种、区域灭绝的 10 种、极度濒危等级的有 185 种、濒危等级的有 288 种、易危等级的有 459 种、近危等级的有 598 种。最近一个被宣布灭绝的物种是长江白鳍豚，这个消息可能很多人都听说了。实际上，这些年来，物种灭绝和濒危的速度在不断加快。仅 20 世纪 80 年代以来，在中国灭绝的主要物种就有华南虎、印支虎、白颊长臂猿、白掌长臂猿、白鲟等，更多物种如穿山甲、黄胸鹀、大壁虎、鲎、斑鳖、野牛、儒艮、蜂猴、金猫、巨蜥、云豹、赤颈鹤、马来熊、犀鸟、绿孔雀等也都处于不同程度的危殆状况。

如果把这两份报告和有关野生动物行业发展的报告放在一起，我们会得到一个什么样的印象呢？一面是野生动物经营利用产业的蓬勃发展，一些人津津乐道的经济业绩；另一面是野生动物野外种群日益加深的危殆状况，前景黯淡，令人担忧。面对这样的图景，我们的政策制定者，还有那些认为对野生动物利用不够、市场化不够的法律人，是不是应该有些反省呢？

大规模的野生动物驯养繁殖和经营利用还带来一个问题，那就是人畜共患病的公共卫生安全风险大大增加了。讲到这一点，大家可能马上想到食用野生动物的问题，全国人大常委会 2020 年 2 月份紧急通过的关于全面禁止食用野生动物的《决定》就是针对这一点的。但这里的问题不只是食用,食用只是人和野生动物密切接触的一种方式。在食用之外,还有很多其他可能出问题的接触方式,包括对毛皮动物的饲养和利用,还有中医药的利用等等。这些利用也都增加了病毒溢出以及人畜共患病的可能性。要知道,像SARS和这次的新冠病毒这样的能够在人畜之间传播的病毒,并不是轻易产生的。它们要有适宜的条件,要经过长期的和无数次的变异才能产生出来。那些产业的存在就是孕育危险的温床,新的未知的致命病毒不知道哪一天又会从这里爆发出来。这是我们现在面临的一个很大的问题。

最后我们可以讨论一下"法律是一种地方性知识"这种说法。

那些"动物权"的批评者除了强调社会发展阶段差异,还强调国情,强调法律的地方性。在他们看来,我们的作为地方性知识的法律是不讲"动物权"这类东西的。这种看法很有代表性。我们经常听人说,讲动物保护,那是西方的观念。国内的动物保护都是从西方学来的。这看上去是一种陈述,里面其实是批评。我不否认,今天中国社会动物保护的很多概念、理念、理论甚至行动方式、组织方式,是随着中国社会的开放与西方很多事物的传入而发展起来的。但是我想指出两点:第一,如果认为动物保护是这样,那么人权、财产权、宪制、法治这些重要的观念,不也都是在过去一百多年里随着社会的开放、中西文明的交汇而被不断地引进、吸纳进来的吗?今天,它们已经成了我们自己的"地方性知识"。换句话说,"地方性知识"也在改变。如果回到一百多年前,中国刑法学家的地方性知识是大清律例,但是今天他们所有的概念、范畴、学说和理论都是西方刑法学的东西。所以,简单地贴个标签,说这个是外来的、西方的,那个是中国的、地方性的,什么问题都没有说明。如果把"地方性知识"当作一个不变的标准,那就不但不能谈人权,我们这些刑法学者连自己的饭碗也保不住了。所以，说"动物权"观念是西方的，不是中国的地方性知识，没什么意义。第二，"动物权"批评者所说的"动物权"，我们说了，其实跟权利没有关系，而与一般动物保护或对动物的某种关切和尊重有关。但是按照这样的理解，那我们可以说，"动物权"就是中国的地方性知识，是中国自己的传统，而且这种传统内容非常丰富，与法律的关系也非常密切。

我们先讲一个齐王舍牛的故事。故事说，有人牵牛去祭祀，齐王看到了，就让那人把牛放了。他为什么要这样做呢？他说他看到牛将赴死觳觫发抖的样子心中不忍，因为那就好像是"若无罪而就死地"。这个故事很有名，出自《孟子·梁惠王上》。孟子对齐王表现出来的仁爱之心非常赞赏，认为君子对于禽兽不忍见其死，不忍食其肉，是一件非常重要的事情。这里涉及两个非常有意思的观念：一是"若无罪而就死地"，这个讲法跟法律有关，表达了一种同罪与罚有关的正义观念，而它的特别之处，是把这种观念推及动物，或者说是把人和动物视为一体。秦律有一个规定，狗进入皇家禁苑，如果没有追猎和伤及它物，就不能杀害，因为它是无害的。汉平帝《四时月令诏条》里也有类似观念。也就是说，杀死一个生命时要考虑它是否有罪或者有害，是否罪有应得，无论涉及的是人还是其他动物。这是古人一个很重要的正义观念，但好像很少有人注意到。另一个观念很有名，就是孟子非常看重的"不忍"或"不忍之心"，孟子把它与"仁"联系起来，从仁心讲到仁政。当然，过去这主要是针对王者和国君的，但也可以看成是君子修身的一个重要内容。而在今天，它可以发展成为一种与普通个人有关的道德和文明的观念。而这种特定的感受、情感，类似上面提到的情感文化，可能会促成一种更好的制度的形成，因此是具有现代意义的。

这里要特别说明的一点是，中国古代的动物保护思想不光是理念性的,也有非常丰富的制度内涵。既表现在正规制度方面,如法律、诏书、会典等,也表现在礼俗方面,非常有中国特点,值得我们重视。讲到礼俗,大家可能想到日常生活中的风俗习惯、民间规约之类,其实远不止那些。古代经籍如《礼记》《吕氏春秋》《淮南子》都有关于"时禁"的内容,就是节制人类行为,规范人与自然关系,具有生态和动物保护意义的礼俗。礼俗本身具有很强的规范作用,而且"位阶"很高,对实在法有深刻影响。比如1992年在敦煌悬泉置发现的西汉《四时月令诏条》,其中对野生动植物的保育有非常细致的规定,如禁止滥砍滥伐,禁止取卵、摧毁鸟巢等,禁止伤害幼小的鸟兽和怀胎母兽等等。《四时月令诏条》是正式的法律,也是目前见到的这方面内容最完整的早期法令,它的很多内容和原则都是从《礼记》《吕氏春秋》《淮南子》中来的。其中还有一条很有意思,它规定夏季要注意掩埋动物的尸骨。为什么要做这样的规定呢?合理的解释是夏季暴露在外的动物尸骨容易滋生病菌,造成疫病。这是古代的公共卫生观念。

除了时禁观念和制度,还有一些动物保护的观念和制度曾经很流行,有些在特定时代还很兴盛,比如唐代很长时间都实行而且一直延续到五代的"禁屠钓"制度。我给大家看一道唐代的诏书,看看唐人对这件事是怎么说的:"释典微妙,净业始於慈悲;道教冲虚,至德去其残杀。四时之禁,无伐麛卵;三驱之化,不取前禽。盖欲敦崇仁惠,蕃衍庶物,立政经邦,咸率兹道。朕祇膺灵命,抚遂群生,言念亭育,无忘鉴寐。殷帝去网,庶踵前修;齐王舍牛,实符本志。自今以后,每年正月五月九月,及每月十斋日,并不得行刑,所在公私,宜断屠杀。"这是唐高祖李渊颁布的《禁行刑屠杀诏》。其中涉及佛教、道教的教理,时禁的礼俗,还有像齐王舍牛这样的儒学仁政典范。诏书文字很短,但把中国这方面的思想传统展现得很清楚。这里规定"每年正月五月九月,及每月十斋日,并不得行刑,所在公私,宜断屠杀",禁止行刑是对人的,禁止屠杀是对动物的,人和动物放在一起。你看,古人的正义观念就是这样。这方面的例子很多,张载著名的《西铭》讲的其实也是这个道理。

那么,近代的情况怎么样呢？我们可以提到民国时期的一位著名女性吕碧城。

吕碧城既是中国近代动物保护思想和运动的先驱,也是中国最早的女权主义者。这让我们想到前面提到的英国人威廉·威尔伯弗斯。关于吕碧城还有一个大家可能感兴趣的小故事。她年少的时候曾经给伍廷芳写过一封信。伍廷芳大家都知道,是中国近代法律制度的开山人物,也是一位大律师。他当年在上海推动和成立了一些跟法律没什么关系的组织,其中一个是"蔬食卫生会"。吕碧城对这个"蔬食卫生会"不满意,认为"蔬食卫生会"讲的"卫生"完全是从利己角度出发的,这不好。她在信里提出,"蔬食卫生会"应该标明戒杀,弘扬仁恕理念。伍廷芳给这位少女回信表示,原来他们也有这个意思,但是担心标明戒杀会让世俗的人认为是在宣扬迷信佛学,"故托卫生之说,以利推行"。从这里可以看出,伍廷芳本人也是认可这种理念的。20世纪的二三十年代,在吕碧城这样的人的推动下,主要是一些有佛教背景的人士在上海成立了"中国保护动物会"。这个保护动物会"仿照各国保护动物会之办法,阻止虐待或残杀各种动物为宗旨"。它的理由是:"人类虐杀动物,实为以强凌弱,有乖正义之事。我国古礼,有无故不杀之条;近代列邦,有禁止虐待之会。"简单的几句话,却很令人回味。除了动物保护组织,20世纪30年代还出现了一部《南京市禁止虐待动物施行细则》(1934年),这虽然是一部地方性法律,但在当时是有典范意义的。有意思的是,这部法律是由动物保护组织起草的,而且它的实施也是由动物保护组织配合警察进行的。可惜的是,那几十年内忧外患,没有和平的发展环境,这些组织、法律和相关活动很难发展起来。

上面讲的这些,可以说就是我们的"地方性知识",一个丰富的、也是不断发展、变化的传统。遗憾的是,今天很多人,包括大学里的教授们,对这段历史茫然不知,却口口声声说现在讲动物保护的都是从西方来的。陈利教授在讨论欧洲 18、19 世纪兴起的情感文化的时候,是把这个过程同西方对中国的批判性认识联系在一起考察的。那时的中国是欧洲人建立自我意识的"他者"。为了确立那种新的"情感文化",欧洲人塑造了一个残酷的中国形象:冷漠、自私,没有司法正义,草菅人命,滥杀无辜。中国有没有这些东西,有,但中国并不是只有这些。但在当时,所有符合那种刻板印象的东西被记录、描述、编织在一起,形成一个非常鲜明的面貌,用来同西方对照:人道和人性的西方,对愚昧和残酷的东方,也就是中国。这就是我们说的东方主义叙述。遗憾的是,尽管现在有越来越多的人开始认识到这些问题,这种东方主义的中国认知还是以不同方式一直延续了下来。今天仍有很多人,特别是中国人自己,还在重复和强化这种因为无知和偏见而形成的扭曲、刻板的中国认知,这是很可悲的。

在今天讲座的最后部分,我想转回到当下,和大家一起来看一下与动物保护有关的一些事件、个案,看看存在于其中的问题,以及围绕这些问题表现出来的公众意识、社会需求,还有政府行政部门、立法部门的回应。我先列举最近十几年来引起较大社会反响的与动物保护有关的几个事件。

第一个就是 2002 年某大学生的北京动物园伤熊事件。这个事件很有名,百度上有详细的记载,我就不复述具体情节了。就说一点,事发后,这个大学生的冷漠、残酷行为激起了社会公众的强烈愤慨,法律也介入了。但当时刑法学者们争论的问题是,这种行为到底属于毁坏公私财物还是扰乱经营秩序，刑法上相关的罪名就这两种。从这里我们能看到法律的严重不足。因为不管把这种行为归入哪个范畴，都不能回应公众的愤慨和其中表达出来的法律意识和正义观念。很简单，如果只是财物损坏或者经营秩序问题的话，社会不会有这样的反响。人们之所以群情激愤，是因为他们感到震惊：我们的教育怎么了？怎么会培养出对生命如此漠然、如此残酷的人？这里涉及的是生命的问题，不是公私财物或经营秩序的问题，而当时的法律在这方面可以说完全失语。更可悲的是，现在快 20 年过去了，法律的这种状况基本没有改变。比如 2006 年有高跟鞋踩踏虐猫视频事件，2010 和 2015 年围绕"归真堂"申请上市有相当规模的抗议"活熊取胆"事件，最新则有一系列谴责和抗议动物虐待和传播、贩卖虐猫视频的事件。在这些事件里，公众意识非常强烈和鲜明，他们的抗议对于阻止动物虐待也起到了一些作用，但在所有这些事件里，法律都是缺席的。相反，以虐待动物谋取利益的企业可以拿法律做自己的挡箭牌。他们说自己是合法的，证照齐全，有政府支持。甚至那些为了取乐或者牟利，以残忍手段虐杀动物的人，也敢公开声言没有法律禁止他们这样做，所以谁也管不着。但越是这样，社会呼吁为保护动物立法的呼声也越高。所以，最近这十几年来，每年的两会期间，都有相当数量的人大代表和政协委员提交动物保护方面的议案和提案。这些议案、提案的主要议题包括禁止活熊取胆并逐步淘汰养熊业，禁止象牙及象牙制品贸易，限制、禁止穿山甲鳞片入药，禁止猫狗肉制品进入餐饮市场，还有就是制定《禁止虐待动物法》或《动物保护法》等。《野生动物保护法》在 2013 年被列入人大的立法规划，最初也是由社会公众、动物保护人士和全国人大代表共同努力推动的。

那么，对于这些来自社会公众和人大代表、政协委员的呼吁，政府方面又是怎么回应的呢？给大家两个例子。2018年两会期间,全国人大常委会法工委副主任王超英在回答香港卫视记者有关禁止虐待动物立法的提问时明确表示,遗弃和虐待动物都是社会所不耻的丧失公德的行为,应当予以谴责,这是社会的共识。但是这种行为应该承担什么样的责任,他认为还要作更具体的研究。2019年9月,农业农村部在对全国人大代表夏吾卓玛提出制定《禁止虐待动物法》的建议的回复中,也承认了现有法律的不足,给出了比较正面的回应。此外,2020年2月全国人大常委会关于全面禁止食用野生动物的决定颁布以后,出现了一波地方立法,其中有明确禁食猫狗肉的,也可以被认为是在间接地回应这个问题。

其实,动物福利议题已经在官方层面展开,并在近年取得了一些进展。从2017年到2019年,世界农场动物福利大会先后在杭州、北京和青岛举行,农业部副部长于康震在一次大会致辞中对动物福利的立法进程予以肯定,而且特别提到：人类经济社会发展到今天这个阶段,人的基本利益是和农业发展、食品安全、健康消费联系在一起的。现在,因为疫情的突然爆发,以及2020年2月份全国人大常委会相关决定的推出,《野生动物保护法》的再次修订也提上了日程。这意味着,动物保护问题,进而人与自然关系的问题,再一次进入我们的视野,要求我们对目前问题重重的现状,还有造成这种现状的思想、观念、制度、理论和心理方面的原因作出反省和改变。当然,我们知道,做出这种改变是很不容易的。这次如果不是有新冠病毒疫情爆发这样一个对人类安全有重大威胁的突发事件,像禁食野生动物的决定这样的法律是很难想象的。尽管这样,看过去几个月里相关部门为落实这个法律拿出的各种方案,你就会发现,仅仅是把禁食决定落到实处就困难重重,以此为契机重新调整人与自然关系,把中国的动物保护真正向前推进一步,更不容易。所以,接下来的野生动物保护法修订能做到什么程度,还很难说。对于这些年社会公众和人大代表们不断呼吁的动物保护法的制定,我更是不敢乐观。

最后,回到法治意识形态问题。大家也许注意到了,在中国语境里,法治意识形态有一种突出的双重性格,即兼具批判性和保守性。所谓批判性,主要表现为强调人权和财产权的重要性,以及基于这些价值对"恶法""重刑"和国家主义的批判。但是他们的主张,落到人和动物、人和自然的关系上,又变得非常保守,比他们经常批评的现行制度更保守。比如,他们认为中国野生动物的问题是保护太多而利用太少,跟国际公约衔接的国内法太超前,甚至说那是"不平等条约"。还有像是对"野生动物产权归公"的批评,如我们上面分析所表明的,背后隐含的主张非常激进,但本质上又很保守,毫无批判性可言。这和那些基于生物多样性、生态保全、公共卫生安全、生命价值以及改善人与自然关系的考量对现行制度做的批评是完全不同的。二者可以说是在两个相反的极端。如果我们把这样一种对立放到一个超越人类的更大的历史语境里,把生物、生命甚至整个地球都放进来,它们之间的不同就更加意味深长了。着眼于未来,我们需要超越那些短视、封闭、缺少自省和批判意识的立场,从法治意识形态中获得解放,这件事情非常重要,而且刻不容缓。

最后要说明一下,我在这里批评所谓法治意识形态,指出其中的种种问题,并不是认为法治不重要,人权不重要,财产权不重要。相反,在我看来,这些东西很重要,在今天的中国都是要大力推进的。但正因为这样,它们就更不应该被一些狭隘的观念所绑架,如果是那样,它们就没有办法成为未来中国社会健康发展的力量和资源。顺便说一句,对于所有为保障人权而抗争的法律人,我个人向来都是很钦佩的。我今天的讨论和批评,针对的是事,而不是人。我们需要从法治意识形态当中获得解放,需要看到那些被这种意识形态遮蔽、忽略甚而扭曲的一些重大的社会问题。只有这样,我们才可能有一个未必是多么美好但却是可以想象和期盼的未来。我就报告到这里,谢谢大家。

顺便再说一句,今天报告的这个主题已经写成文章,会发表在《中外法学》2020 年第 6 期。大家如果想看到更完整的讨论,或有引证方面的需要,可以参阅那篇文章。

陆宇峰教授(主持人):

梁老师讲座十分辛苦,连续一个半小时,一气呵成。我首先还是要表达对梁老师的钦佩。前两年读梁老师相关文章的时候,感觉当时火力更猛,对于"既有利益者"甚至是对于立法者,都直言不讳地展开了批评。现在因为疫情的原因,动物保护立法朝着梁老师指出的方向发展了,但梁老师并没有夸耀先见之明,而是仍旧表示一种忧虑。我觉得这是真正的学者本色,学者讨论问题本身,不论个人得失。

梁老师多年来持续观察法治文化。但今天的梁老师又多了一个批判的维度,他从多个角度批判了反动物保护的法治意识形态。第一,当代中国社会即使还不到承认动物权利和自然权利的地步,难道还没有发展到一个保护动物的相对文明的人类中心主义的阶段吗?第二,个人权利与动物权利相互排斥吗?历史和现实的例证都表明,两者是相互促进的关系。第三,中国对于野生动物的刑法保护是重刑主义的吗?由于执行不力和制度空白,重刑主义并不成立。第四,市场机制可以保护野生动物,这个逻辑行得通吗?事实胜于雄辩,中国法律那种表面上主张野生动物产权归公,背后将野生动物产权私有化的逻辑,根本不可能保护野生动物。最后,梁老师着重批评了用"地方性知识"理论反对动物保护的做法。一方面,地方性知识不能仅仅被视为一个空间问题,它也是一个时间问题,本身需要改变;另一方面,很多"地方性知识"可能只是"东方主义"的标签,或者并不属于古代中国的"大传统",而是属于当代中国的"小传统",应当加以甄别。

梁老师的上述批评,不仅伸张了动物保护的理念,更重要的是进一步深入考察了当代的法治意识形态。他的洞见在于,指出了当代的法治意识形态兼具批判性与保守性,只有扬长避短,发扬它批判性的、维护人权的一面,同时避开绝对人类中心主义的另一面,才是适应未来的法治意识形态。

再次感谢梁老师。接下来有请美国康奈尔大学的於兴中老师。大概三个月前,於老师就建议我们邀请梁老师一起讨论最前沿的动物权利问题。拖到今天,很大程度上是因为,我们希望在第10期大讲坛的特殊日子,请於老师和梁老师同台。在征得嘉宾同意的前提下,未来我们计划每10期大讲坛出一本书。於老师讲了第1讲,即法治自主性问题,他今天又来论坛的第10讲,与谈动物权利的问题。可以说,在"东方明珠大讲坛"的第1季,於兴中老师是最支持、最关爱我们的人。有请於老师!

三、与谈环节

於兴中教授:

非常感谢宇峰,也很荣幸再一次能在这个非常好的讲坛上和大家一起讨论问题。今天梁教授从"鹦鹉案"的讨论入手,针对法治意识形态,详细地阐述了关于"动物权"的主要内容,而且对几个案子中表达的一些观点进行了检讨。这些检讨涉及了很多方面,比如国家主义、刑法的人道化、阶段性的差异、公有和私有的对立、野生动物的保护、其他动物的保护等等,以及东西方关于动物保护的思想、资源和实践,涉及的范围非常广泛。梁教授的主题发言,理论与现实相结合、法学与人文社会科学交叉互证、古今呼应、中西合璧,内容非常的丰富,是一场真正的学术盛宴,可能需要大家慢慢消化。我听了深受启发,进一步了解了治平教授对生命的深切关怀和对众生平等的渴望。

我们是多年的老朋友,很了解彼此的性情及研究的范围和性质。因为时间的关系,我就不再重复治平教授的观点,他的很多观点我都赞同并表示支持。我想在治平教授报告的基础上,再强调三个问题。第一个问题是为什么要用权利来保护动物。第二个问题是人权与"动物权"的关系。第三个问题是"动物权"保护中存在的最大的障碍,也就是治平前面提到的物种主义和物种歧视的问题。因为时间的关系,我就简略地讲一下,然后把宝贵的时间留给后面两位专家,他们两位是真正的动物保护的科学家和专家。

第一个问题,为什么要用权利来保护动物?1892年亨利·索尔特(Henry S. Salt)出版了《动物的权利》(*Animal's Rights*)一书,反对在人类与其他动物之间建构巨大的鸿沟。书中指出,我们应该承认,人类的共同的纽带把所有的生物都团结在一个普遍的兄弟关系中。在书的开篇,他引了几句话,我觉得他写得非常好:

> 我在动物的眼睛深处看到人类的灵魂注视着我……
> 在小鸟颤动的翅膀里,蕴藏着天使的合唱团,而主自己也近在眼前。

读了之后，我感到特别震撼。在130多年前，就已经有人在讨论这样的问题了。可见，动物权利保护是一个老问题了。人们在很久之前，就意识到了动物保护的问题。大家都比较赞同的是，对动物福利的保护。这些保护采取了非常好的措施，有各种各样的有情怀人士的关心，也有政府的支持或者财团的支持。所以，对动物的保护一直都在进行，但总是达不到一个最佳的状态，因此才进入了用权利保护的时期。那么，用权利来保护动物的道理是什么？因为"right"这个词，有权利的意思，还有公正的意思，又有法律的意思。有了权利保护的时候，同时就意味着有法律的保护和公正的关怀。

用权利来保护动物，和对妇女、儿童、残疾人的权利保护类似。保护动物福利是一件非常好的事情，但是这种保护只是在有限的范围内的保护，是在一定的场景之内的保护。它不是一种普遍的保护，而且更重要的是，一旦涉及权利之后，相应就有义务，对动物权利保护的义务，这种义务到底是什么？这也是值得讨论的。

实际上我想强调的是，用权利来保护动物应该是最有效的保护措施，强于用动物福利来保护动物。很多心地善良的人，都会对动物采取一种比较好的态度，比如提供一些资助，但这只是停留在动物福利的层面，而没有进一步把它推广到一个更大的普遍意义上的保护，即通过权利的保护。为什么要用权利来保护动物，主要还是权利本身和法律、公正是三位一体的概念，这个概念要求人们做出相应的努力。我想这是一个大家应该都能理解和接受的观点。

第二个问题，其实人权与"动物权"并不矛盾。治平教授在前面讲的也是这样的观点，我也赞成。用权利保护"弱势群体"是一项不断发展的事业。就像前面谈到的，妇女保护、儿童保护、老年人保护、残疾人保护、动物保护、自然的保护等等都采取了权利的途径。治平也谈到了,厄瓜多尔的宪法规定有一些自然权利。除了厄瓜多尔之外,新西兰、玻利维亚也都有一些类似的规定。从这个意义上来说,我还是比较赞同治平教授的观点的。还有一种理论,认为"动物权"的概念要大于人权的概念,人是动物中的一种,而人权是动物权利中的一种。所以,动物权利的概念要大于人权的概念,比如说有大猩猩的权利,黑猩猩的权利、鹿的权利、狗的权利、牛的权利,还有人的权利。

这样的说法,可能有些人会觉得太荒谬了,认为这是对权利的一种亵渎。人是动物,因此人权在"动物权"之下,这样的观点当然是比较激进的。但事实上,无论如何,这两者之间实际上是并不矛盾的,是可以同时并进的。比如说,一面可以提倡人权,一面也可以提倡动物权利,不区分是发达社会还是不发达社会,也不区分是何种社会发展阶段,而是考虑人的权利和动物权利可不可以同时实现。当我们在讲动物权利的时候,我们不是说动物有言论自由或者动物有选举权,那么我们说的动物权利到底是哪些呢?大部分的人谈的都是动物生存的权利,不受虐待的权利,不要被关起来做实验的权利。大家都谈到这些东西,其实人们要尽这些义务的话,并不是一件很难的事情,是相对容易的。我们不要干扰别的动物,要让动物有自己的家,而不是以各种名义把动物关起来。所以,从这个意义上来说,承认动物的权利并不是一件难事。而且,动物权利与传统人权及各种各样的新兴权利也不会产生矛盾。

我那天读到一篇文章,谈人权和动物权利之间的关系,是前大赦国际美国负责人彼得·塔切尔(Peter Tatchell)写的。作者谈到了他自己的观点转变。过去他认为动物没有权利,但是后来慢慢反思,到现在他认为自己以前是错的。他说人权实际上可以和动物权利结合起来讨论,而两者并不矛盾。彼得·塔切尔写道:"虐待动物并不比虐待人类更有道理。道德的试金石是感情,而不是物种。物种主义的'人类第一'意识形态类似于恐同症、种族主义和厌女症。残忍是野蛮的,不管是对人类还是对其他物种施加。我们需要承认并接受我们共同的动物本性。"

第三个问题,关于物种主义和物种歧视的问题。为什么有些人不想给动物权利?提倡动物权利的最大的障碍在什么地方?不是别的,就是物种歧视或物种主义。也就是我们经常听到的"人就是人,动物就是动物"这个传统的观点。它在我们每个人的心中都是根深蒂固的。

从历史上来看,不论是东西文化,还是神圣传统或世俗传统,都会对人和动物做出一个区分。这种区分是说人强于动物,动物不如人,动物有很多方面达不到人类的状态,比如动物不会说话,不会推理。这种观念,再加上生活中很多人需要吃肉,于是形成了一种非常强大的传统,而这个传统也是在动物保护的过程中遇到的最大障碍。从物种角度,把人和动物区分开来的做法在当代受到了很多批评。比如现在很多人在批评基于物种歧视而反对动物权利的人的时候,会指出,物种歧视和种族歧视、性别歧视、少数群体歧视的本质是相同的。歧视整个物种、人种或者某个类别的人,这是不对的。很多人都会强调妇女解放、妇女权利、儿童权利、残疾人权利,这些他们都支持,因为他们都是人,但是动物毕竟不是人。这样的观念是非常根深蒂固的,保护动物权利就必须要面对所谓的"物种偏见"。"物种主义"这个词实际上是在1970年的时候,由英国心理学家莱德(Richard Ryder)提出来的,他自己出资出版了一本小册子,名字就叫作《物种主义》(*Speciesism*)。他在这个册子里指出,从达尔文开始,科学家们就一致认为,从生物学的角度讲,人和其他动物之间并没有"神奇"的本质区别。那么,我们为什么要在道德上作出人与动物的截然不同的区分呢?如果所有的生物并无本质的区别,那么我们也应该在同一个道德的连续体上。所以种族和物种这些术语,并不是建立在一个理性的推理基础上的,而是一种自私的感情基础上的表达。

陆宇峰教授（主持人）：

於老师因为网络原因暂时需要退出一下,但是讲座继续。於老师围绕动物权利做了一个很有意思的演讲,特别是接续了梁老师关于物种歧视的话题。与此同时,於老师也一直强调梁老师主张众生平等。其实物种歧视最大的障碍是什么？就是心障,由于心障发不了平等心,无法认同众生平等。这样一谈,就涉及了后人类哲学和去人类中心主义,这都是梁老师担心时间不够,没有深讲的内容。就此我提一提托依布纳的论文《非人类的权利》。几年前,我在格鲁吉亚跟托依布纳聊天,他问中国现在研究什么？我说很多人在研究人工智能有没有主体地位的问题。他就谈到上述文章,说他在2007年就写了这个问题,而且是把动物的权利和人工智能的权利放在一起写的。他的想法与梁老师是比较一致的：在古代的时候,一方面,部分人类被排除出了主体的行列,比如女人不是主体,小孩不是主体,黑人不是主体,他们都不是主体；另一方面,山川大地,一草一木都是主体。作为社会学家,他认为要不要给一个事物以主体地位,关键不在于它是不是人,而在于它影不影响社会沟通,以及它在社会沟通中的重要性如何。以为人类是世界的中心、唯一的主体,这种观念十分狭隘,也是人类社会在一个非常短暂的时间段的偏见。

接下来有请武汉大学环境法研究所所长秦天宝教授。他既是国际法学家,又是环境法学家,出版了《生物多样性国际法原理》。他还曾任最高人民法院环境资源审判庭副庭长、审判员。有请秦老师。

秦天宝教授：

非常感谢陆处长对我的热情的介绍，也感谢我们华政，感谢梁老师给我这样的机会，能够参与这么高规格的一个大讲坛，非常荣幸！我首先还是要纠正一下，我不是什么国际法学家、环境法学家，我就是国际法和环境法领域的一个普通法学工作者。我谈谈我的一些学习体会。其实我最开始接到梁老师讲座题目的时候，包括收到梁老师讲座课件材料的时候，其实还是挺紧张的。当时我感觉梁老师的很多思想非常前沿，我担心自己领会不到，与谈的时候不一定能够把握得住。

第一个感想。梁老师和於老师的很多观点我都是特别赞同的，也大概能够理解梁老师为什么在关注这些问题。我作为一个部门法学的工作者，在定位方面跟梁老师、於老师和陆老师的研究有所不同，我更多地在做一种形而下的制度性或部门法学的研究。其实梁老师和於老师讲的很多东西，充分体现了前辈学者非常充沛的人文主义关怀，对人类社会和自己所生存的环境都有自己的思考，并希望对现有的法治范式或法治意识形态进行调整，以推动社会的进步，推动人民观念的转变，推动我们生活环境可以往一个更好的方向发展，这是一种大师们所具有的思想和观点。像我本人做的这些研究，更多是在操作层面上，是在制度层面上做一种像工匠一样的研究，我觉得自己跟梁老师不在一个层次上。所以一开始我很紧张，我在想我能不能很好地把这次讲座跟下来，但是我又很想来听一听，学习一下。因为梁老师是我们读书的时候的偶像级的大师，能听梁老师的课实在是太不容易了。

第二个感想。当前法学界存在法教义学和社科法学之争，我个人觉得，按照这两种范式划分出的两种研究类型，具有一定的意义。梁老师可能不太赞同这种争论，因为我记得梁老师以前好像讲过，不要说我是做哪种法学研究的，我是作为一个学者从事学术研究的。就我的理解而言，法教义学可能更多是从法律内部，或者法学内部来看法律；社科法学可能更多从法学之外，从社会学、人类学、经济学等其他更多的角度来看待法律问题。我们今天选的话题是非常好的一个交叉领域和大家共同关心的话题。刚才梁老师对律师的抗辩理由和法官的裁判理由做了很多的批判，其实我们可以看出，这些理由基本上都是从教义学的角度去思考保护该怎么样去做、怎么去处理，这可能暴露出法教义学这种模式本身存在一些缺陷，不能完全符合社会发展的需求，也不能回归规范背后的很多价值考量。社科法学这种研究范式，能够在某种程度上去弥补这些东西。今天梁老师讲的很多内容，其实可能让我们跳出教义学，从一个更宽广的视野，从社科法学这种角度来看待相关问题。这其实是一个非常好的视角，对我来讲是一个很大的启发。

第三个感想。最开始看到这个题目的时候，我其实是有些犹豫的。我长期从事环境法学研究，也形成了自己的一些观点。我不是一个特别激进或者特别极端的环保主义者，我也不是一个极端的动物保护主义者。所以我当时就在想，梁老师的这个观点似乎和我一样，但是我仔细听完以后，我发现我还是没有很好的理解，可能本质上是一致的。我发现梁老师和於老师谈的不是我们要去赋予动物在法律权利意义上的某种权利，而是说怎么样用法律去更好地保护动物，也是更好地保护人类。我们现有的法律，用梁老师的话来讲，它的法治意识形态本身是有缺陷的。目前的很多法律，在思想观念上、在指导思想方面、在法律原则的设定方面，都对动物非常不友好。在这个意义上，我们现行的法治是存在很多问题的，在这一点上我是完全赞同梁老师的。从道德意义上，在价值层面上，要不要保护动物？用动物权利也好，用其他词也好，我都赞同，我们肯定是要保护的，不能再像以前那样。这次疫情，一个重要的原因是我们漠视动物，漠视自然的权利，忽略自然体的应有保护,从而给人类自己带来极大的伤害和冲击。

这就回到了一个问题,梁老师在报告里面提到了好多次,我们到底是要人类中心主义还是生态中心主义,或怎么样去看待人类中心主义这种争执?我刚才讲了,我不是那种很极端的学者,所以我可能不太能接受所谓生态中心主义的观念,说人和动物是绝对平等的,人只是自然界中的普通一员。我觉得,首先毫无疑问,人是生态系统中的一部分,人跟其他动物在很多意义上是平等的,但是人在法律意义上可能跟其他动物之间没有办法实现平等。

人类中心主义,其实有两种,一种是绝对人类中心主义,一种是相对人类中心主义,我个人支持梁老师温和的相对的人类中心主义思想。2020年疫情发生之后,我在《中国政法大学学报》上发了一篇小文章,谈如何看待野生动物保护的问题。我提出来说,要在大保护、大安全的理念下去推动法治理念的进步,不是简简单单的就条文或者措辞或者制度的这种修改。要从认识论上根本改变这种传统上对野生动物不太友好的做法。在此基础上,再去修改相关的制度设计,我的思路可能跟梁老师是比较接近的,但是我的思想没有梁老师那么深刻、深邃和深远。我的一个基本观点是,野生动物乃至于动物一定是要保护的。第二,保护动物有没有限度?我那篇文章认为要保护,在保护限度层面,涉及了利益平衡的问题。即便把人和动物放在完全同等的地位上来看,利益平衡的问题仍旧存在。

梁老师一直在用心良苦地讲"要不要保护"的问题,因为我们发现很多人完全没有保护动物的意识。在这个意义上,我是完全赞同和支持梁老师的思想和观点的。赋予动物某种权利,不过到底怎么样理解权利,可能涉及多种不同的认知。推动野生动物的保护,我之所以说要有限度,是因为我反对那种绝对主义的极端观点。用什么样的方式、手段、方法进行保护,可能更多的是技术层面的问题,但是我们首先要在价值观念上,在认识上要达成共识,肯定是要保护,这是第三点感想。

第四个感想,回到环境法学。怎么理解环境法学,怎么学习环境法学,我在很多场合都讲了一种观点,就是环境法的发展首先要回归,其次要系统。回归是什么意思?就是说环境法实际上是传统学科在环境领域的一个自然延伸。现在保护野生动物也好,或者其他环境资源的保护也好,其实是需要现有的公法、私法、程序法和国际法等多种手段。

在推动一个学科发展的时候,可能不需要上来就创设一个新的东西。我们首先要在传统的学科领域里面找一找"本土资源",看看有没有现成的法学思想和法律制度。如果有,那么这些思想和原理就可以用来保护野生动物,这是第一步。如果我们能找到一些,又发现可能仅仅保护还不够,或者保护的思路不对,比如说是以利用动物为前提,而非纯粹的保护。在这种情况下,我们要考虑第二个层面的问题,能不能用系统的整体的观念,来看待整个环境法的发展和野生动物的保护。现在我们对野生动物保护,以及扩大到整个环境资源法各个领域的保护,要两条腿走路。一方面,在传统的法学原理和法律制度中找资源,另一方面,用一个更为系统的整体的共同体观念,特别是生命共同体的观念来推动法学尤其是环境法学的发展。就此而言,今天梁老师讲的很多东西对我们学科发展有非常大的启发。我就简单说这么多,谢谢大家!

陆宇峰教授(主持人):

感谢秦老师从方法论角度的讨论。首先,秦老师谈到了梁老师跳出法教义学的社科法学思维。其实我更愿意说,梁老师是一种社会理论法学的思维,他不是简单地采用社科方法,他的研究背后潜藏着一套对法治意识形态的社会理论分析,这跟普通的社科法学研究完全不一样。其次,秦老师认为当前的动物保护法确实存在梁老师指出的缺陷,也同样主张采取一种相对人类中心主义的态度,但与梁老师不同的是,他强调了动物保护的限度问题。最后,秦老师着重讨论了怎样构造当代环境法的问题,提出既利用我们已经有的资源,不重复浪费法律资源,同时在不足的地方,又通过引入体系化的生命共同体的理念加以补充和完善。感谢秦老师的分享!

下面有请世界动物保护协会的科学家孙全辉博士,他已经从事野生动物研究和保护工作20多年,并在2011年加入了世界动物保护协会,目前主要负责野生动物保护项目,并为国内开展的其他项目提供科学支持。

孙全辉博士:

谢谢陆老师的介绍,也感谢梁老师的邀请。每次看到梁老师关于动物保护的文章和评论,我都有一种特别"过瘾"和"解渴"的感觉,今天认真听了报告更是如此,解答了很多我日常工作中遇到的跟野生动物保护法有关的困惑。在我心里,梁老师是一位既有"高度"又有"温度"的法学大家。所谓"高度",是指他在法学方面公认的造诣;所谓"温度"是指他的目光超越了人类自身,经常投射到那些处于弱势地位、无法为自己辩护的动物身上。在工作中,我也经常接触一些法律人士,但是谈到动物的话题,给我的一个感觉就是,他们往往更关注法律本身,较少考虑法律背后的伦理和意识形态。而梁老师谈到动物往往充满了人文关怀,甚至旗帜鲜明地主张,要从一个更广大的角度来思考人与动物的关系,反思人类应该如何对待动物,应该如何给予动物恰当的保护。我是因为喜欢动物才走上了保护动物的道路,但我认为中国动物保护的进步,其实更需要像梁老师、其他专家以及参加我们今天论坛的听众,需要其他行业、其他领域人的参与和关注,只有这样动物保护事业才能继续健康推进。

我想结合我从事的动物保护工作,具体谈谈梁老师在报告里提到的几个非常重要的概念:一个是动物权利,一个是动物福利,另外一个是物种保护。目前国内很多对于动物保护的误解,实际上正是源于人们对这些概念的内涵缺乏正确的理解。把这些概念搞清楚,消除人们的误解,才能扫除中国动物保护的障碍,才能凝聚各界的共识,早日推动中国的动物保护立法。

我的看法如有不当之处,请各位专家指正。

上面这三个概念,刚才梁老师和於老师其实都提到了。动物权利是一种社会思潮和意识,它具有伦理的基础但不是从科学的角度出发的。因此,动物权利的观念基本上是反对人类利用动物的,比如把动物用于食用、皮草、实验、娱乐表演等。对很多人而言,在中国当下提倡动物权利过于激进,超越了现阶段的社会现实。但作为一种信仰和生活方式,动物权利运动近年来在世界各地却蓬勃兴起,也有很多的追随者,其中不乏明星和公众人物。在欧美等动物保护运动启蒙较早的国家,动物权利实际上已经成为一种被社会接纳的潮流和趋势,在民众中的影响力也越来越大。所以,我觉得从观念和理念上探讨动物权利是非常有意义的,它甚至会引领动物保护的未来方向。

说到动物福利,我想花更多时间来探讨一下,因为它就是我现在从事的工作。比起动物权利,动物福利的主张更加理性、务实和温和,具有坚实的科学基础。也正是这个原因,动物福利得到了国际社会的普遍认可。2005年,在成员国的积极推动下,拥有180个成员的政府间国际组织——世界动物卫生组织(OIE)把动物福利正式纳入其工作领域,并在其出版的《陆生动物卫生法典》里,制定了一系列动物福利的标准和规范。

中国是 OIE 成员国,所以我国有义务执行 OIE 制定的动物福利标准,包括贯彻和普及动物福利理念。那动物福利究竟是什么呢?梁老师引用了 OIE 的定义,即动物所处的状态或动物适应其所处环境的状态。这个定义主要参考了剑桥大学唐·布鲁姆(Don Broom)教授的说法,其好处是可以定量评估动物的状态。但我想很多人看到这个定义对动物福利还是一头雾水,不知道动物福利到底是什么。我个人更喜欢另外一个更加通俗易懂的定义,即从动物的生理、心理和行为三个方面来保证动物生存和生长的基本需求。请大家注意,它强调的是动物的基本需求。

这个定义可以简称为动物福利的"三个方面"。除了这三个方面(生理、心理、行为)之外,人们还经常会提到另外一个常用的概念,即"五大自由"。在国内,我更愿意把它翻译成"五项原则",因为"自由"在中文语境里是个很高的境界,而动物福利并不是要给动物多高的待遇,而是强调要保障动物生存和生长所需的基本条件。所以,我觉得"五项原则"的说法可能更贴近概念本身的含义。无论是"三个方面"还是"五项原则",任何一个方面不能满足,都会引发动物福利问题。

"三个方面"和"五项原则"并不矛盾,后者其实是对前者的细化,并且经常作为动物福利科学评估的理论框架。很多人也许会说,人类不是动物,怎么能知道动物的感受和它们的心理活动?运用科学的手段,我们还是可以通过生理、心理、行为等方面,客观评估动物所处的状态,揭示它们存在的动物福利问题的。有时我们可能会用拟人化的方式,类比和推测动物所处的状况。这种做法有时是对的,但有时可能会得出完全相反的结论。所以,动物福利评估还是要基于科学基础。比如,很多人看过水族馆的海豚，认为它们在微笑，因为海豚微微翘起的嘴角看起来很像人类的微笑。但事实是，水族馆的海豚生活得并不愉快，因为在大海里它们可以畅游无阻，但在狭小的水族馆里，它们活动的空间往往只有篮球场那么大。水质污染、食物单调、人类近距离接触以及表演场所巨大的噪音都会损害它们的健康，所以水族馆海豚的寿命通常都很短。在巨大的压力下，这些动物还会出现抑郁甚至自杀的倾向。这方面的例子有很多，时间关系就不再列举了。总之，动物福利问题是客观存在的，不是人类凭空想出来的，有很多科学方法可测量。

动物福利问题又是怎么产生的？无忧无虑生活在自然界的野生动物有没有福利问题？动物福利问题产生于人类对动物的利用。在利用的过程中，我们影响到动物自身的需求，当超过一定限度，就出现了动物福利问题。反过来说，如果没有人类的介入和影响，理论上就不存在动物福利问题。所以没有人类干扰，自然界自由生存的野生动物是没有福利问题的。野生动物之间当然也会相互捕食，有时看起来也非常血腥和残忍，但没有人类介入，就不存在动物福利问题。在当下，人类的活动对环境和自然界的影响实在太大了，对空气、河流、土壤、大气、森林、草原的影响几乎无处不在，身处其中的野生动物也很难得以幸免。从这个角度来讲，我们人类要对自己的行为负责，要尽量减少和避免给其他动物造成负面的影响。

我刚才提到的"动物利用"，是个中性词，它可以指好的利用，也可以指不好的利用。什么是好的利用？比如在不打扰动物的情况下观鸟、观鲸，救助受伤生病的动物，待它们康复之后再重新放回大自然，这些都是好的利用。当然也有不好的利用，比如活熊取胆、运动狩猎、动物表演等严重伤害动物的行为，都是不好的利用。人类对动物的利用如果超过一定限度，就会对动物造成滥用和误用。严重的就会造成动物虐待。动物承受的痛苦有些是人类主观造成的,比如梁老师提到的硫酸伤熊、高跟鞋踩猫,都是人类故意伤害动物的行为。但动物虐待也可能出于人类的无知,出于对动物的不了解,在客观上导致了动物遭受伤害,比如很多游客因为喜欢动物,在出游时会骑大象或观看动物表演。这些活动表面上看起来开心和愉悦,似乎没有伤害动物,但他们并不了解,其实这些活动背后隐藏了大量的动物虐待。以大象为例,如果要被人骑乘,小象从小就要跟母亲分离,并且要经过残酷的训练,才有可能提供给游客进行骑乘。表演动物也是如此。自然界动物是不可能做出违背天性的动作的,只有被人类残酷地训练,它们才有可能做出讨好人类的动作。无论主观故意还是客观疏忽,最终造成的结果是一样的,那就是动物会为此承受不必要的痛苦。

动物福利不反对利用动物,反对的是对动物的滥用、误用和虐待。动物福利主张在利用动物时,要尽量减少给动物造成的负面影响,尽量满足动物的生理、心理和行为方面的基本需求,保证动物生存和生长的需要。动物福利也鼓励"动物友好"的活动,例如观鲸、观鸟,在不打扰的动物情况下在野外观赏动物的自然的魅力;人道养殖和屠宰家禽家畜;负责任地饲养猫狗等宠物;支持动物福利产品,帮助和照料受灾难影响的动物等。

需要强调的是,提倡动物福利,并不是要给动物多高的待遇,也不是要把动物的需求置于人类的需求之上。无论是动物福利的"三个方面"还是"五项原则",本质上都是满足动物生存和生长的基本需求。换句话说,就是让动物有吃的喝的,有适宜的生长环境,没有伤病,能够正常表达行为等。提升动物福利也不会影响人的福利,恰恰相反,提高动物的福利会增加人类的福祉。以人道屠宰为例,如果做到人道屠宰,就会大大减轻动物的痛苦,同时也会提高肉品的品质和安全性,减少残次品，提高企业的经济效益。负责任养宠和给犬只注射狂犬病疫苗，会有效减少流浪动物的数量，减少因为流浪动物狂犬病的爆发所导致的大规模动物捕杀。这些措施减少了对动物的伤害，也有效保障了人类的生命和健康安全。所以说，动物福利跟人类的福祉是密切相关的。

从全球层面看，人类面临的许多的重大挑战，包括科学研究、环境保护、公共卫生危机、食品安全、气候变化、可持续发展等，其实都与动物的状况密切相关。联合国千年计划制定的17个全球发展目标中，至少有7个涉及动物。作为唯一具有联合国全面咨商地位的动物福利保护机构，世界动物保护协会也参与了上述政策的协商。我们认为只有妥善解决动物问题，人类才能解决自身面临的重大挑战，才能实现可持续发展。

动物福利的确是一个外来词汇，正如梁老师刚才提到的，但提倡善待动物、保护动物的理念中国自古有之。中国的儒家、道家、佛教都有很多这方面的优秀传统，在当下，更有必要传承和弘扬。

最后来看野生动物保护。野生动物保护有时也称作"物种保护"，它关注的是野生动物种群在自然界的存续，关注的是生物多样性，以及生态系统的功能和完整性。除了极度濒危的物种，野生动物保护不是特别关注个体的状况，因为他们认为在种群层面的保护才有意义。因此，只要对野生动物的利用不影响野外种群稳定，野生动物保护主张允许资源开发、管理和利用。

在新冠疫情背景下，我们探讨野生动物保护话题，其实更加凸显了它的现实意义。根据世界卫生组织的统计，60%的新发传染病来自动物，其中70%的疾病又来自野生动物。近年来全球范围爆发的各种重大疫情危机，大都是因为人类食用或与野生动物密切接触造成的。另外，把动物大规模用于食物、娱乐、医药、异域宠物产业以及低福利工业化养殖系统,也会引发更多动物应激性疾病,从而显著增加人畜共患病传播和扩散的风险。经验表明,多年来人类过度利用动物和自然资源的做法,正在限制人类自身的可持续发展。只有妥善地解决动物保护这个关键问题,人类才能更有效地应对自身发展面临的各种严峻挑战。

生态文明的核心是尊重自然规律,实现人与自然的和谐共生。这是人类文明发展到一定阶段的必然趋势,也是人类社会实现持久繁荣的必要条件。保护人类的利益固然重要,但是我们要不断调整并不断减少人类活动给生态环境和动物造成的影响。人与动物都是地球的居民,应该共享我们的地球家园,改善我们与动物的关系至关重要。

最后我想强调的是,厘清动物权利、动物福利和野生动物保护概念的异同,会让我们对中国动物保护的现实有更清晰的认识。我完全同意梁老师对于当前中国动物保护议题的看法,我们需要扩大野生动物的保护范围,需要减少野生动物的经济利用,需要推动尽快给动物福利或动物保护立法。当下,我认为动物福利立法可能更为迫切,因为动物福利保护对动物而言是一种更基础的保护,它当然也直接关系人类自身的福祉、生命健康安全以及可持续发展。中国现在已经到了这样的历史关头,我期待这种变化能够早日实现。谢谢大家。

陆宇峰教授(主持人):

世界动物保护协会的孙全辉博士着重讨论了动物福利与动物权利以及野生动物保护之间的异同。他强调动物福利是有科学基础的,从生理、心理、行动三个方面和五项原则出发,对动物福利做了一次很好的科普。他也谈到动物福利的问题产生于人类的利用,他并不反对利用动物,而是要求区分有益的利用和有害的利用,反对滥用和虐待动物。孙全辉博士也谈到,动物福利的保护者并不特别关心动物个体的状况，这也与动物权利的保护者存在很大的差别。最后他强调，就当代中国的动物保护立法而言，可能更基础和更迫切的是动物福利的保护问题。我想孙老师与三位法学家的观点差异肯定是存在的，法律的论证与科学的论证也不能相互替代。不过，做法学研究、法律论证的时候，至少不能违背科学的常识，这一点非常重要，感谢孙老师的分享。接下来还要请於兴中老师再作一点补充。

於兴中教授：

我现在再简单补充两点。第一点，有一个非常有意思的现象，关于动物保护的研究，现在有些人将其和家暴联系起来思考。比如在美国，有一篇文章说，美国现在大概有 7000 万只宠物狗，有 7400 万只宠物猫，他们是美国人生活里的日常伴侣。另一方面，在美国每分钟大概就有 20 名男性和女性受到家人的攻击。那就是说家暴这方面的问题非常严重。人们做了一些调查，在调查中发现，据 71% 的家庭暴力受害者说，他们的施暴者也以宠物为目标。

另一项针对虐待儿童的调查发现，在 88% 的受虐儿童家庭中都发生过虐待宠物的情况。因此，研究者们现在开始思考如何把这两项结合起来。美国在 2015 年的时候提交给国会的一个法案，叫 PAWS(《宠物与妇女安全法》)。PAWS 法案将为家庭虐待的受害者提供逃离虐待者的手段，同时保证她们的伴侣动物的安全——许多受害者因为担心宠物的安全而留在虐待家庭中。这个法案叫人哭笑不得。它是一个善意的举动，但同时又反映出提案的设计者本身对妇女的偏见。

第二点，我想再补充一下美国在这方面的法律。现在美国各州都把虐待动物作为一种重罪(felony)来处理，严惩虐待动物者。2016 年，FBI 在其统一犯罪报告里面增加了虐待动物的内容。统一犯罪报告指的是人的犯罪，但是它把虐待动物也加了进来，可见它对虐待动物的行为非常重视。从美国立法的历史来看，大概1867年的时候，美国就有一部《更有效地防止虐待动物之法》，内容涉及对动物的忽视、遗弃、酷刑、打斗、运输、扣押标准和许可标准等。1900年颁布的《莱西法》禁止非法贩卖野生动物，它是第一部保护野生动物的联邦法律，禁止非法采集、拥有、运输或出售野生动物和植物的贸易；它还禁止伪造有关野生动物销售和运输的文件。1958年美国通过了《人道屠宰法》，1966年又通过了《动物福利法》等等。简言之，美国的动物保护立法实际上也很多了，保护也是很早就开始，并发展到了一定水平。

陆宇峰教授（主持人）：

好的，感谢於老师的补充。那么我们接下来还是先请梁老师给几位与谈嘉宾做个回应。

梁治平教授：

感谢三位与谈嘉宾，也感谢宇峰的解说，各位讲得都很好。当然，我也注意到，他们都很客气，没有对我的报告提出批评，而更多引申的讨论。这些讨论拓宽、深化了今天的主题。在对这些观点做出呼应之前，我想先做一点澄清。

今天的讲座里用了比较多的时间对"动物权"这个概念做必要的梳理和说明，是因为我加了引号的这个概念是我的考察对象提出来的。甚至可以说，人权与"动物权"是他们设定的议题，我要做的只是对这些概念和议题加以考察，提出我对这些问题的看法。我着力描述和批评的所谓法治意识形态，也是在这个基础上归纳出来的。但我这样做，实际上受到一个很大的限制，就是要先说清楚，他们都说了什么？他们这么说的意思是什么？他们这些观点和意见对我们的社会和法律意味着什么？不管我自己是不是同意这些观点，首先要真实、准确地呈现这些意见，不能夸大、增减，更不能无中生有。这个工作并不像看上去那么容易。比如"动物权"这个概念，这是他们的核心概念，但他们自始至终没有把这个概念说清楚，真实的情况是，他们自己就没有把这个概念弄清楚，也没打算把它说清楚。在这种情况下，要展开有针对性的讨论，我们就必须通过梳理当时的整个语境，来弄清楚他们说的"动物权"到底是什么意思？他们对"动物权"的抵制和批评到底意味着什么？把这种立场放到现实的中国语境里，他们支持的是什么，反对的又是什么？受这样限制的一个结果就是，今天的报告不可能涉及真正的"动物权"议题。

不过，我很高兴地看到，兴中教授刚才的发言从正面讨论了"动物权"问题，这是对今天讲座内容和议题的一个很好的拓展。他提出了一个重要的问题，那就是，人们在讨论动物保护问题时，为什么要使用权利概念，为什么把这样的概念用到动物身上？我觉得这是一个很好的思考路径，也是需要我们认真思考和回答的问题。实际上，"动物权"主张遇到的很多困难可能也是从这里生发出来的。兴中教授认为，权利是一种强保护，如果你想加强对某种利益的保护，那就把它确立为一种权利好了，这是我们的思想资源和制度资源里面能够找到的一个现成和有效的工具。我觉得这个是一个很好的解释。我的文章在讲到动物权利理论时，把它定义为一种动物保护的强主张，和兴中教授的说法是一致的。

我想引申的一点是，我们在构想世界，去设想某些解决方案的时候，不可避免要从我们现有的工具库里去寻找工具。权利是一个现成的东西，方便使用，但同时也可能带给我们一些困难，因为权利这个概念最早不是用在动物身上,而是用在人身上,哪怕是只用在某一部分人身上。后来,这个概念被推广开来,用到更大范围的人身上。那时,因为同样是人类,共同性多,相对来说就比较容易。即便如此,一个完整的权利理论还是要面对一些例外情况,比如说智障者的权利、婴儿的权利、植物人的权利,甚至某个阶段的胚胎的权利。关键是核心的东西,只要这些东西能成立,就可以允许一些例外。但如果我们出于某种需要,把权利概念再向外推,用于动物,从动物里面较为复杂的种类比如脊椎动物,推到无脊椎动物,甚至更简单的生命类型;再从动物扩展到植物,由进化阶段较高的植物,到更初级的植物;最后扩展到山川河流、无生命物、无机物。如果把权利概念这样一层层推出去的话,它的不适用性,或者说它的可适用性问题,就会变得越来越明显。换句话说,权利概念是不是一个最好的选择就成了一个问题。问题是,我们现在可能没有一个更好的概念。目前我们能想到和方便使用的,可能还是权利这个概念,但这样就造成了很多理论上的困难和争论。

兴中教授刚才在补充性评论里提出的另一个问题也很重要。我们区分了动物福利概念和动物权利概念,二者理论基础不同,这应该没有太大争议。但兴中教授指出了二者的内在关联,它们相通的一面。动物福利讲的"五种自由"不一定就是权利,但这种表达是可以向权利方向发展,认识到这一点也很重要。我看到一些听众的提问,涉及动物权利的,应该可以从兴中教授的讨论中得到回答。

天宝教授和全辉博士,也都从他们各自的角度对今天的议题做了引申和细化。天宝教授从环境法具体实施的角度,做了一些有实践意义的区分。对于动物和环境保护以及保护的限度和利益平衡等问题,也做了一些说明。这些,从操作层面看也都很重要。当然,采用什么标准,平衡点定在什么地方,这些都有讨论的空间。全辉博士对动物福利等相关概念,结合中国当下的主要问题,做了非常详实和清晰的说明,表现出严谨的科学训练,对我们深入了解今天报告里讨论的这些问题很有帮助。遗憾的是,很多法律人,包括一些法学教授、博士生导师们,在讨论这些问题的时候不具备这方面的知识。这也说明,有关动物保护知识的普及,无论对普通人还是学者,都是非常需要的。

总之,几位与谈嘉宾的发言对今天讲座的议题有了很好的拓展和丰富,再次感谢各位。至于听众提出的问题,我想有些已经在上面的讨论里回应了,另外一些问题,比如美国一个为大猩猩争取权利的案例,因为时间关系,恐怕也不能在这里讨论。有一位听众的问题是:产生这种法治意识形态的原因是什么?我想借最后这个机会回应一下。

在一般意义上,人类中心主义也好,法治意识形态也好,并不是中国所特有的,但以我们所讨论的这个样本来看,它是有中国特点的,需要放在中国社会的语境里去理解。首先,我们看到,当代法律人,当然也不光是法律人,对有些问题比如财产权特别关注,特别看重,鼓吹不遗余力,有的还付诸行动,这当然有它的意义。但这种关注、执着强烈到某种程度,就可能变成迷信,造成盲点,看不到其他东西了。结果是,一些重大的现实问题被忽略了,一些重要的利益和价值被牺牲了。人们可能会问,为什么他们会有这样的表现呢?

要回答这个问题,涉及的方面更多,关键是要了解这一代人甚至几代人是在什么样的背景下成长起来的,他们都经历了什么,他们的爱与恨,理想和追求,还有他们的知识结构、胸怀、视野、想象力及其限制,当然,还有种种他们自己都意识不到的偏见。这样,你就要去了解过去一个多世纪尤其是过去六七十年中国经历了什么,包括政治、经济、社会、思想、文化方面的各种变革,以及在这个过程中形成的各种各样的群体性经验和个人经验。今天我们看到的各种现象,包括今天报告中提到的那些，都是这些变化的结果、经验的折射，因此也只有放在这些变化的背景下才可以得到合理的解释和更好的理解。当然，每个人关心的问题不同，知识背景和看问题的角度也不同，对同一现象的解释和理解会因人而异。所以，这些问题最后还是要每个人自己去思考和回答。在这里我只能说，我们讲的这种有中国特点的法治意识形态，是中国问题的一部分。今天我借这个机会把这个问题提出来，我们的几位讨论嘉宾凭着他们良好的专业素养和广阔视野把这个问题加以深化。但我觉得更重要的是，参加今天讲座的年轻一代学子，可以通过这次活动参与到对这个问题的思考当中，进而发现解决问题的可能途径，这才是希望所在。谢谢大家。

陆宇峰教授（主持人）：

感谢梁老师跟於老师、秦老师和孙老师的对话，以及老师们耐心地系统地回答我们同学提出的问题，通过这些回答又把我们对法治意识形态的认识往更深的地方引申了。我们现在除了感谢各位老师之外，必须进入最后一个环节，有请我们华政科研处的处长屈文生教授做闭幕致辞。

四、闭幕致辞

屈文生教授（华东政法大学科研处处长）：

非常感谢尊敬的梁治平教授、於兴中教授、秦天宝教授、孙全辉博士。时间过得非常快，三个多小时的演讲已经过去，让人意犹未尽。四位学者联袂为华政组织的这场难忘的高水平的学术讲座,我本人也是非常受益。我想我们在线的师生,包括校外的一些嘉宾,一定都是感同身受。

梁老师在演讲中回顾了鹦鹉案的讨论,提出了令人深思的"动物权"问题,作为一个形而上的、被遮蔽的问题。我在教学和研究工作中常常是围绕翻译来展开的,所以我经常是从语言出发思考一些问题。各学科的研究范式中几乎都有一个所谓的语言转向的说法,引起了我个人的兴趣。首先是梁老师的概念研究,梁老师的研究对象或者梁老师在演讲中一直提到的动物权利这一类概念。於兴中老师在与谈环节也提到了,1892年出版了一本叫《动物权利》(Animal's Rights)的书。孙全辉博士在评议环节中提及的五项自由和五项原则的转换也涉及语言问题。从词语上看,权利是天赋的,还是因为其他什么原因而产生的?所谓的天赋人权,是从英文中翻译过来的。受梁老师的启发,我觉得天赋人权本身可能就是人类中心主义这种意识形态支配或者操纵的产物,人们在潜意识里认为权利就等于人权。即便是"人"的指涉或涵摄范围,当时和今天肯定也有所不同。但"natural rights"本意是指天赋权利、自然权利或者天生就有的权利,其主体肯定不仅仅是人,应当也包括动物。所以如果信奉"natural rights"(自然权利)这种意识形态,那动物肯定有动物权利。如果认为权利不是天赋的,而认同洛克或者马克思的劳动创造价值学说,劳动是产生财产等权利的基础,那么可能除了马戏团中被驯养的野生动物以外,其他的野生动物是没有动物权利的。因为在逻辑上野生动物没有劳动故没有权利。

但这里存在非常黑色幽默的一点。你会发现在实然状态中,那些通过劳动为人类创造价值的野生动物反而没有享有动物权利,只有表演的义务,所以它们的权利和义务是不对等的。所以,拒绝承认动物权利的这种意识形态依据的理论基础,肯定不是天赋权利,也不是劳动创造权利学说。动物权利的批评者反对提高动物福利的想法,依据的大概就是大家刚才提到的人类中心主义,这是一种现实。我觉得所谓人类中心主义的提法过于自恋。我对西方社会的直观感受尽管时间不长,但是我的一个主要感受是,西方社会连白人中心主义、欧美人中心主义或者所谓的 WASP(White Anglo-Saxon Protestant,盎格鲁-撒克逊白人新教徒)中心主义都还没有跨过去。於老师刚刚提到的防止虐待女性和宠物保护放到一起就是一个非常有趣的例子。因此,我十分赞同梁老师所讲的更温和的人类中心主义,或者说更人道和更文明的人类中心主义。有趣的是,现在国际法领域中也在提更人道和更文明这个定语。秦天宝老师在点评中也谈到,他不是激进的环保主义者。我觉得这种中庸的观点可能会为最大多数的人所接受。

刚刚我从语言的本身出发,谈了对动物权利的理解,我想我的第二个关键词就是野生动物保护。我的翻译团队刚刚完成了新加坡的野生动物和禽鸟保护法、越南生物多样性法和马来西亚野生生命保育法的翻译。我们在翻译几部法律的时候就特别注意到,关于"野生动物"一词,英文中除了"wild animals"之外,还有一种非常有意思的提法叫"wildlife"。"野生动物保护"一词,除了有"protection of wild animals",还有"wild conservation"这种提法。所以在翻译的过程中,我是把"wild life"和"conservation"都翻译出来了,希望用"野生生命"一词翻译马来西亚的这部法律。对于"conservation",我也希望翻译成保育而不是保护。关于其中的差异,我很赞同孙老师刚才所提到的五项自由和五项原则。

关于这场野生动物保护和法治意识形态反思的高水平对话,一定会为立法机关、学者展开野生动物保护的研究和实践提供丰富的思想资源。

我们"东方明珠大讲坛"到今天办了 10 期,本来叫"法学东方明珠大讲台",后来改成了现在的名字。这主要考虑这个论坛不仅是海派的,也不仅是高端的学术交流平台,而更主要具有一种开放性、跨学科性和多科性。今天,四位演讲嘉宾所发表的演讲和评论,确实让人感到脑洞大开,有了更加深入思考的机会。除了线上的朋友能直接受益以外,我们还会把今天演讲的文字稿整理出来,放在学术华政微信平台上全文推送。除了这两种方式以外,我们还找了第三种方式,就是把前 10 期的汇编稿交给商务印书馆出版,所以敬请大家期待,这里也是做一个小的宣传。

　　最后感谢现场的各位朋友、老师和同学,谢谢大家的一路陪伴。再次感谢主讲人梁治平教授,感谢策划人於兴中教授和陆宇峰教授,感谢本期的与谈嘉宾秦天宝教授和孙全辉博士,谢谢各位老师的支持和参与!

后 记

华东政法大学"东方明珠大讲坛"前十讲实录,定名《自主性与共同体——"东方明珠大讲坛"讲演录(第1辑)》,在这里与学界师友见面了。翻看着这些文字,仿佛又回到一个个思想之夜,朵朵思想的浪花,荡漾起澎湃的心潮。不过,作为"后记",既要回味学术,更要留下学术之外的温情记忆。

康奈尔大学的於兴中教授,是"东方明珠大讲坛"的开坛人。他总是热心地帮助我们邀请专家、策划选题,还时常从线上讲座现场的"潜水区"突然浮出水面,给观众很多惊喜。让我们过意不去的是,由于疫情原因,他被困在与国内相差12小时的康奈尔已两年。因此,他每次莅临大讲坛都必须很早起床,而我们知道,多年以来,他的睡眠一直不好。

梁治平先生,既是法学家,也是艺术家。他既给"东方明珠大讲坛"带来了"人权与'动物权'"之辩证关系的前沿思考,也从细节处提升了大讲坛的品位。他曾花费大半天时间,从创意构思、色彩搭配到字体选择、视觉效果,逐项指导助管同学设计海报,让大讲坛的审美水平迅速上了一个台阶,也让我们从内心深处感受到了学术的雅趣。

为了让更多未能挤进线上会议室的师友也能看到讲座,每期"东方明珠大讲坛"之后,"学术华政"公众号都会发布文字实录。出于质量保障的考虑,我们通常还会厚着脸皮请求嘉宾修改、审定同学们整理的初稿,这给他们增加了很多额外的负担。但每位嘉宾都十分支持这项工作,就连公务非常繁忙的徐勇、余凌云等教授,也亲自承担。实录两小时左右的讲座文字,工作量有多大呢?加拿大多伦多大学陈利副教授在改完他图文并茂的讲座稿后感叹:"连续鏖战了四五天,这强度不亚于改一篇三四十页的论文。"

随着耶鲁大学法学院张泰苏教授等学者的加盟,"东方明珠大讲坛"越来越富有国际化色彩。他们不仅吸引了一大批海外关注者,而且重视与国内研究者的对话,由此呈现的思维方式的碰撞,更加增添了大讲坛的魅力。当然,国际化并不简单地意味着海外学者的参与,而是意味着大讲坛的主题具有世界价值,或者能够向世界展示法治的中国理念、中国精神、中国道路。就此而言,中国社科院谢鸿飞教授、中国政法大学于飞教授等联合主讲的"民法典的价值理念与立法技术",人民大学王轶教授、浙江大学周江洪教授、苏州大学方新军教授等联合主讲的"民法典合同编的改革与创新",以及厦门大学蔡从燕教授关于"跨国司法对话"的讨论、人民大学尤陈俊副教授关于"话语/权力分析"的讨论,也是高度国际化的。

除了主讲人,与谈人同样对"东方明珠大讲坛"的成长助益良多。大讲坛不是灌输知识的地方,而是切磋学问的地方,因此每期通常都会设置2—4名与谈人。我们相信,学问是沟通、交流的产物;我们也看到,一流学者之间的对话,总是能够增进学术友谊,产生学术增量。这就是为何清华大学高鸿钧教授多年来秉持"不讲座"原则,但欣然应允担任大讲坛的首场与谈人。在此特别致谢高鸿钧教授,以及何其生教授、霍政欣教授、刘建军教授、秦天宝教授、王志强教授、肖滨教授、徐忠明教授、姚中秋教授、郑戈教授、戴昕副教授、丁玮副教授、马剑银副教授、赖骏楠副教授、刘晗副教授、鲁楠副教授、余盛峰副教授、章永乐副教授、王鑫编辑、杨静哲博士、孙全辉博士等众多与谈人!

"东方明珠大讲坛"也是华政科研人共同推进的一项系统工程。没有郭为禄书记、叶青校长、应培礼副书记、唐波副书记、陈晶莹副校长、张明军副校长、周立志副校长等校领导的鼎力支持,没有陈金钊教授、金可可教授、韩强教授、章志远教授、杜涛教授、于明教授、韩逸畴副教授、姚明斌副教授、张文龙博士的"义务劳动",没有科研处处长屈文生教授每一期的运筹帷幄和亲临指导,没有科研处副处长练育强教授对大讲坛前身"法学东方明珠大讲台"的积极探索,没有陈蓉、陈叶、王海波、甘芬等科研处同事牺牲休息时间操持会务,没有科研处助管翁壮壮、任缘两位研究生整理本书初稿文字,并与何伟、林沁然、梁葵珍、吴术豪、徐佳蓉、王逸菲、谢婧轩、冯紫祥、张文胜、刘芳辰、杨云皓等同学一道设计海报、实录文字和制作公众号推文,大讲坛不会如此顺利地走到今天。至于我自己,则是最获益的一个,为了主持大讲坛,每一期我都和屈文生教授一道,提前阅读相关文献,还"近水楼台先得月",得以随时向众多顶尖学者讨教。正如屈文生教授所说:"东方明珠大讲坛",再辛苦也要持续办下去,因为华政的科研,一定会与大讲坛共同成长!

陆宇峰

2021 年 9 月 11 日

图书在版编目（CIP）数据

自主性与共同体："东方明珠大讲坛"讲演录. 第1辑 / 郭为禄, 叶青主编. —北京：商务印书馆, 2021
ISBN 978-7-100-20443-9

Ⅰ.①自… Ⅱ.①郭… ②叶… Ⅲ.①法学—演讲—文集 Ⅳ.① D90-53

中国版本图书馆 CIP 数据核字（2021）第 215862 号

权利保留，侵权必究。

自主性与共同体
"东方明珠大讲坛"讲演录（第1辑）
郭为禄　叶　青　主编

商　务　印　书　馆　出　版
（北京王府井大街36号　邮政编码100710）
商　务　印　书　馆　发　行
南京新洲印刷有限公司印刷
ISBN 978-7-100-20443-9

2021年11月第1版	开本 880×1240 1/32
2021年11月第1次印刷	印张 15⅛

定价：98.00元